생각
문법 ❹

연결어편

생각문법 ❸ 명사편 · 문장편을 먼저 보시길 바랍니다.

생각문법 ❹

연결어편

쓰고 엮고 꾸민 이 하상호

초 판 1쇄 발행일 2020년 3월 16일
개정판 1쇄 발행일 2021년 12월 23일
개정판 2쇄 발행일 2025년 4월 21일

발행인 하상호
발행처 봄찬
신고번호 제 2013-000039호 (2013년 1월 29일)
주소 서울시 강남구 강남대로 320, 5층 LS40 (역삼동, 황화빌딩)
전화 02) 565-0926 / 팩스 0504-417-0926
메일 thinkinggrammar@naver.com
유튜브 https://www.youtube.com/@thinkinggrammar
　　　　(http://thinkinggrammar.co.kr)

ISBN 978-89-98894-08-5 13740
　　책값은 뒤표지에 있습니다.
　　잘못된 책은 바꾸어 드립니다.

ⓒ 2020 하상호
책은 저작권법에 따라 보호를 받는 저작물입니다.
이 책의 내용을 무단으로 복제하거나 발췌하는 것을 금합니다.

「이 도서의 국립중앙도서관 출판예정도서목록(CIP)은 서지정보유통지원시스템 홈페이지
(http://seoji.nl.go.kr)와 국가자료공동목록시스템(http://kolis-net.nl.go.kr)에서 이용하실 수
있습니다. (CIP제어번호: CIP2020008120)」

서문 2

전화번호는 암기한다. 익히는 것이 아니다. 자전거 타기는 익힌다. 암기하는 것이 아니다. 그럼 영어문법은?

암기하느냐, 생각하느냐

암기하면 뇌 바깥 부위에 저장된다. 그곳에 저장되면 '의식적으로' 지식을 불러내야 한다. 저장 상태를 유지하기 힘들어 안 나올 때도 많고 지워지기 십상이다. 이와 달리, 익히면 뇌 안쪽 부위에 저장된다. 그곳에 저장되면 지식이 '무의식적으로' 나온다. 내재되어 여간해서는 지워지지 않는다. 과학자의 말을 듣고 알게 된 사실이다.

뇌 바깥은 넣기가 쉽다. 암기하면 된다. 전화번호를 암기해 보라. 시간도 암기하는 동안만 걸린다. 반면에, 뇌 안쪽은 넣기가 어렵다. 자전거 배우기처럼 일련의 과정을 거쳐야 한다. 그만큼 시간이 걸린다.

영어문법을 어디에, 어떻게 넣을 것인가?

[이제 막 자전거를 배우기 시작한 아이, 처음이라 올라타기가 무섭게 떨어지고 또 넘어진다. 하지만 몇 번을 그러다 보면 몸을 가누게 되고, 이내 중심을 잡고 두 발로 페달을 힘차게 밟는다. 세상을 다 얻은 표정으로 쌩쌩 달린다. 이렇게 한 번 익히고 나면, 아이는 신기하게도 언제든 다시 잘 탄다. 자전거 타는 법을 익혔기 때문이리라. 이렇게 익혀서 저장된 기억을 "절차기억"이라고 한다.]

영어문법은 암기하는 것이 결코 아니다. 이유는 명백하다. 문법이 개념이기 때문이다. 관념인 개념을 어떻게 암기한단 말인가? 영어문법은 익히는 것이다. 익힘은 과정을 통한 체험이 중요하다. 말인즉, '의문 → 생각 → 이해 → 인식 → 인지' 이러한 일련의 인지 과정을 통해 머리로 영어문법을 체험해야 한다. 그래야 익혀지고, 뇌 안쪽에 저장된다. 비로소, 내 것이 된다.

지식의 세계냐, 감각의 세계냐

익힘은 지식을 쌓는 것이 아니라 감각을 기르는 것이다.

수영 감각은 없고, 수영 지식만 있으면 수영을 잘할 수 있을까? 언어도 다르지 않다. 아무리 언어 지식이 많아도, 언어 감각이 없으면 말을 잘할 수 없다. 지식을 실현시키는 것은 감각이다. 지식의 세계에서 감각의 세계로 가야 한다. 어떻게? 인지 과정을 거쳐라. "왜, 왜, 왜?"라고 주문을 외라.

why가 있는 곳이 감각의 세계다. why를 모르면 지식의 세계에 있는 것이고, why를 알면 감각의 세계에 있는 것이다.

언어 지식은 외부에서 들어온다. 그럼 언어 감각은? 그 어디도 아닌 내 안에 모자람 없이 온전히 있다. 언어 감각을 얕잡아 보지 말라, 스스로를 얕잡아 보는 것이니. 해결책을 외부에서 찾지 말라, 내 안에 오롯이 있으니.

"그냥 외워!"

이런 일이 계속되면, 호기심이 메말라 궁금할 법한 문제도 궁금해 하지 않는다. 흥미를 잃고 잃어 '그런 거 알아서 뭐 해?' 이 지경에 이른다. 시험 위주의 주입식/암기식 교육, 이래서 무섭다. 혹여, 암기하는 것이 나쁘다는 말이 아니다. 암기력은 사고력만큼 중요한 정신능력이다. 문제 삼는 것은 밑도 끝도 없이 그냥 암기하는 '암기식'이다.

언어는 고도로 발달된 논리 체계다. 이를 암기식으로 어찌 해보겠다는 것은 어림없는 일이다. 그렇다고 벌써부터 걱정할 필요는 없다. 내 안에 고도로 발달된 언어 감각이 어릴 때부터 자리하고 있으니. 나는 이미 엄청난 언어 감각의 소유자다. 이를 자각하고, 언어 감각을 일깨우고 끌어올리고 기르면 된다.

영어를 시험 과목으로 대하고 암기하면, 시험이 끝나는 그 날로 영어도 끝난다. 암기하면 망한다. 포기하는 지름길이다. 의문을 품고 생각하자. 이해하고 인식하자. 문법답게 익혀 문법답게 쓰자. 말같이 익혀 말같이 하자. 자전거처럼, 한 번 익히면 평생 간다.

2014. 9.
하상호

목차

7장 접속사

Unit 18 접속사 25
　└ 명사절 26
　└ 부사절 69

Unit 19 관계사 119
　└ 형용사구 120
　└ 형용사절 129
　　■ 관계대명사 138　　■ 관계대명사 'what' 196
　　■ 관계소유한정사 173　■ 복합관계대명사 201
　　■ 관계한정사 178　　■ 복합관계소유한정사 206
　　■ 관계부사 184　　　■ 복합관계한정사 207
　　■ 복합관계부사 194

Zoom in Grammar　'절'과 '접속사' 13
　■ 중문 18
　■ 복문 22

─| 'that I am late.'와 'to be late.'는 어떻게 다를까? 37
─| 동격이 과연 같은 말일까? 62
─| 구문이 무슨 말일까? 91
─| 'in the morning'은 전치사구? 부사구? 122
─| 관계대명사가 왜 있을까? 134
─| 관계대명사 'that', 왜 쓸까? 144
─| 한정적 용법? 계속적 용법? 155

- 구 14
- 절과 접속사 16
- that절 28
- whether절·if절 47
- 의문사절과 간접의문문 50
- 명사는 설명의 대상 – 명사 설명어 63
- 부사절을 이끄는 접속사 70
- 분사구문의 개념 92
- 분사구문의 시제와 태 94
- 선행명사를 설명하는 형용사구 123
- 관계대명사와 격 137
- 선행명사와 관계대명사 'that' 146
- 필수 설명절과 추가 설명절 159
- 형용사절의 시제와 수 180
- 부사절을 이끄는 관계사 194
- 명사절을 이끄는 관계사 196

8장 전치사

Unit 20 전치사 225

- OF 227
- WITH 246
- BY 268
- FOR 278
- TO 297
- ON ↔ OFF 313
- IN ↔ OUT (OF) 340
- AT 364
- FROM 372
- AWAY 380
- UP ↔ DOWN 384
- OVER ↔ UNDER 392

- of와 격 241
- UPON, ONTO 329
- INTO 354
- UP TO 388
- BEYOND 402
- ABOVE ↔ BELOW 412
- AFTER ↔ BEFORE 416
- AHEAD ↔ BACK 419
- ABOUT, AROUND 420
- ACROSS, THROUGH 422
- AGAINST, ALONG 425
- LIKE, AS, BUT 427

Zoom in Grammar '전치사'와 '불변화사' 218

> 구동사 220
> 전치사를 수반하는 동사 223
> 'inform A of B' 이런 식으로 암기할 것인가? 230
> 'provide A with B' 이런 식으로 암기할 것인가? 257
> 'tired of'와 'tired with', 어떻게 다를까? 264
> 'at ten dollars'와 'for ten dollars', 어떻게 다를까? 293

생각 더하기

61. 상관접속사 20
62. 간접화법과 명사절 54
63. 시제의 일치 60
64. 'the fact that …', 'the fact'를 왜 쓸까? 67
65. 양보 부사절을 이끄는 접속사 'whether' 89
66. 진행분사와 형태가 같은 동명사 99
67. 강조 108
68. 도치 112
69. 명사절의 that과 형용사절의 that 153
70. 관계대명사 'what'이 쓰인 표현 200
71. 유사 관계대명사 'as, but, than' 210
72. 'make a decision' vs. 'decide' 224
73. a cup of coffee 236
74. '타동사＋직접목적어', 전치사의 목적어 244
75. 서술식 구조 267
76. It's five to ten. 307
77. 부정사와 to 312
78. '이틀 후에'를 영어로 하면? 351
79. in school, at school 370
80. 무생물 주어 378

"그냥 외워!"
가르치는 사람이 해서는 안 되는 말

[**생각문법**은 볼 때마다 다르고 새롭게 인식됩니다. 처음엔 개념 위주로 정독하시고 이후에는 예문 위주로 익히시길 바랍니다.]

> [ ] : 본문과 관련된 문법을 부연, 또는 당부의 말씀을 드림
> ※ : 본서 외 생각문법, 또는 참고 서적을 안내
> ❸ : 생각문법 3권을 뜻함

7장

접속사
Conjunctions

"선생님, 어떻게 하면 영어를 잘할 수 있어요?"
"영어적으로 생각하면 돼."
"그럼 어떻게 생각하는 게 영어적으로 생각하는 거예요?"
"……."

영어적으로 생각 = 서술식으로 생각

가장 중요한 말이 제일 먼저 나오면서
앞말을 뒷말이 설명해 나간다.

잘 알고 계시죠? 문장편에서 심도 있게 다룬, 영어문장의 구성원리입니다. 앞말을 뒷말이 설명해 나간다는 것, 이것만 깨쳐도 영어는 한결 수월해집니다. 영어문장은 서술식 구조라는 것, 영어를 보는 순간 자동으로, 영어문장의 구성원리가 머릿속에서 불이 켜지며 작동해야 합니다. 앞으로, 연결어를 공부할 때도 마찬가지!

연결어에는 '접속사'와 '관계사'와 '전치사'가 있습니다. 잘 모르면 말을 잇지 못하고 토막말만 하게 되는, 한 번쯤 들어봄직한 '중문·복문'과 '명사절·형용사절·부사절'을 살펴볼 것입니다.

Zoom in Grammar

'절'과 '접속사'
Clause & Conjunctions

문장은 구조를 기준으로 아래와 같이 나뉩니다.

문장의 종류 (구조에 따른)
└ 단문 Simple Sentence · 홑월
└ 중문 Compound Sentence · 거듭월
└ 복문 Complex Sentence · 겹월
└ 혼문 Compound-Complex Sentence · 섞임월

['단문 단순문장'은 문장에 주어와 서술어가 하나씩 있는 문장으로, 새롭게 알아야 할 구문적 특성이 없습니다. 하지만 '중문 중복문장'과 '복문 복합문장'은 구문적 특성이 있습니다. 새롭게 구와 절을 알아야 하고, 말과 말을 잇는 '접속사'를 알아야 합니다.]

['혼문 혼합문장'은 '단문+복문' 또는 '복문+복문'을 말하는데, 그리 좋은 문장은 아닙니다. 단순함을 추구하는 요즘 세상에 뽐내듯 혼문을 쓰면, 도리어 글을 못 쓴다는 말을 들을 수도 있습니다. 혼문은 되도록 안 쓰는 것이 좋습니다.]

문장은 의미의 총체로, 갖가지 의미로 이루어졌습니다. 의미를 이루는 단위를 "의미단위 meaning units"라고 합니다. 의미단위에는 구와 절이 있습니다.

〉구

- My mother went out at two in the afternoon.
  ① ② ③ ④ ⑤ ⑥ ⑦ ⑧ ⑨

위 예문은 '아홉 개의 단어'로 이루어진 문장입니다. 그런데 단어를 단위로 한 단어씩 읽으면, 읽기가 상당히 불편할뿐더러 내용 파악도 빨리 되지 않습니다. 대개 아래와 같이 읽습니다.

- My mother went out at two in the afternoon.
  ①   ②   ③   ④

①②③④와 같은 의미단위를 "구"라고 합니다. 구를 단위로 읽으니, 읽기도 한결 편하고, 내용 파악도 빨리 됩니다.

"**구** 句·Phrase·조각"란 '주어+서술어'의 형식을 갖추지 않은, 두 개 이상의 단어로 이루어진 의미단위로, 절이나 문장의 한 성분이 되는 말입니다. '명사구·동사구, 형용사구·부사구' 등이 있습니다.

[두 개 이상의 단어로 이루어졌다고 무조건 구가 아닙니다. 그것이 의미단위가 되어야, 즉 '하나의 의미를 이루어야' 구입니다. 그렇지 않으면, 단어의 나열에 지나지 않습니다.]

['Betty'는 명사고, '한 단어'입니다. 한 단어라도 문법에서는 'Ø+Betty' 이렇게 Betty 앞에 한정어가 생략된 구로 봅니다. 즉 '명사구'입니다. 단어는 어휘적인 말로 단어의 형태를 말할 때 주로 씁니다.]

아무도 'in / the / afternoon' 이렇게 한 단어씩 쪼개어 보지 않습니다. 누구나 'in the afternoon' 이렇게 한 덩이로, '오후에'라는 하나의 의미로 봅니다. 한 단어와 같은, 하나의 의미인 '한 덩이 단어들' 이것이 구라는 의미단위입니다.

구는 두 개 이상의 단어지만, 한 덩이 단어들로, 하나의 의미로 보고, 아래와 같이 말과 말을 이어 가십시오.

- <u>My mother went out</u> <u>at two</u> <u>in the afternoon</u>.
  ①　　　　　　　②　　　③
  － ①: 영어는 주어를 바로 설명하니, '주어&서술어'로 봄

  <u>My mother went out</u> <u>at two in the afternoon</u>.
  ①　　　　　　　　　　②
  － ②: 같은 시간 부사구니, 'at two'와 'in the afternoon'을 하나로 봄
  － '엄마는 외출하셨다. (언제?) 오후 2시에.'

  <u>My mother went out at two in the afternoon</u>.
  　　　　　　　　　①
  － 서술식 영어 문장구조에 익숙해지면, 문장을 '통문장' 하나로 보게 됨

문장구조를 파악하기 위해 처음에는 문장을 나누고 쪼갭니다. 하지만 문장구조를 파악하고 나면, 최대한 말과 말을 이어야 합니다. 문장이 하나의 '통문장'으로 보일 때까지, 의식적으로 '생각연습'을 하십시오.

〉 절과 접속사

의미단위
　└ 구 ('주어＋서술어'의 형식을 갖추지 않음)
　└ 절 ('주어＋서술어'의 형식을 갖춤)

① He is a boy. [단문]
② He is a boy and she is a girl. [절]

①의 'He is a boy.'는 '단문'이라는 문장입니다. 그런데 ②의 'He is a boy'는 문장이 아닙니다. 다름 아닌, '절'입니다. 똑같은 말이 왜 문장이고, 절일까요?

"**절** 節·Clause·마디"이란 '주어＋서술어'의 형식을 갖춘, 두 개 이상의 단어로 이루어진 의미단위로, 문장의 한 성분이 되는 말입니다. '명사절·형용사절·부사절'이 있습니다.

② He is a boy and she is a girl.
　- 절 'He is a boy'와 절 'she is a girl' 이렇게 두 절로 이루어진 문장
　- 두 절이 and로 이어진 한 문장

②는 'He is a boy'라는 한 부분과 'she is a girl'이라는 한 부분, 두 부분으로 이루어진 문장입니다. 요컨대, '주어＋서술어'의 형식을 갖춘, 문장을 이루는 한 성분으로, 문장의 한 부분일 때 그것을 "절"이라고 합니다. (①은 자체로 한 문장입니다. 문장의 한 부분이 아니므로, 절이라고 부르지 않습니다.)

['in the afternoon'에는 '주어+서술어' 형식이 없음으로 구입니다. 부사구입니다. 반면에, ②의 'He is a boy'에는 '주어+서술어' 형식이 있으므로 절입니다. 이렇듯 구와 절의 차이는 형식의 차이입니다.]

절이라는 말을 하려면, 아래와 같은 조건이 만족되어야 합니다.

절은 한 문장에 '둘'
- 절이 하나? 그것은 절이 아니라 (①과 같은 단문인) 문장

두 절은 '접속사로 이어져야'
- ②에서 접속사 'and'를 빼면, 'He is a boy. She is a girl.' 이렇게 마침표가 찍히고 두 문장이 됨, 한 문장이 되려면 접속사로 이어져야 함
- 한 문장이 되어야 'He is a boy'와 'She is a girl'을 절로 부를 수 있음

절이 쓰이는 조건 ■ 절+접속사+절

절은 한 문장에 '둘'이고, 두 절은 '접속사로 이어져' 있습니다. 이렇듯 절과 접속사는 불가분의 관계에 있습니다. '절' 하면 '접속사' 하는 것이고, '접속사' 하면 '절' 하는 것입니다.

[절이 한 문장에 두 개 이상 있을 수 있습니다. 특히, 문학서에는 절이 여러 개인 문장이 적지 않습니다. 다만, 우리는 지금 (글을 쓰려는 것이 아니라) 기본적이고 문법적인 문장을 배우고 있습니다.]

절이 쓰이는 조건을 알았습니다. 자, 그럼 '절+접속사+절'로 이루어진 중문과 복문을 살펴보겠습니다.

■ **중문** 앞절과 뒷절이 대등한 관계로 이어진 문장

앞절과 뒷절이 '대등한 관계로' 이루어진 문장을 "중문 중복문장"이라고 합니다. 대등하게 이어진 두 절을 "대등절 나란히마디"이라고 하고, 두 절을 대등하게 잇는 'and · or · but, so · for' 등을 "대등접속사 또는, 등위접속사"라고 합니다.

- He's my uncle, <u>and</u> she's my aunt. [중문]
    he는 우리 삼촌이고, she는 우리 고모다.
    - 대등절 'He's my uncle' + 대등접속사 'and' + 대등절 'she's my aunt'
    - 대등절은 '독립절', 두 절의 위치를 서로 바꾸어도 말이 됨
            (= She's my aunt, and he's my uncle.)
    - 대등접속사 앞에는 쉼표를 찍는 것이 원칙
      예) Mike likes me, but I don't like him.
            마이크는 나를 좋아하지만, 나는 마이크를 좋아하지 않는다.

    ▶ 명령문, and ...: 해라. 그러면 ... / 명령문, or ...: 해라. 그렇지 않으면 ...
        예) Turn to the left, and you'll see the post office.
            좌회전하세요. 그러면 ... > 좌회전하면 우체국이 보일 거예요.
            (= If you turn to the left, and you'll see ...)
        Close the window, or you'll catch a cold.
            창문 닫아. 그렇지 않으면 감기에 걸릴 거야.
                (= Unless you close the window, you'll catch ...)

    ▶ 동사 and 동사
        예) You must come and see me. 날 보러 와야 해. (= You must come to see me.)
        Stay and have dinner. 있다가 밥 먹어. (= Stay to have dinner.)

    ▶ 명사 and 명사: 두 개체를 한 개체로 봄. 어순 고정. 단수 취급
        예) bread and butter 버터 바른 빵 (NOT butter and bread)
        ham and eggs 햄에그 (NOT eggs and ham) / black and white 흑백
        a cup and saucer 받침 접시가 딸린 잔 / a knife and fork 한 벌의 나이프와 포크
        This watch and chain is not cheap. 줄 달린 이 시계는 싸지 않다.

▶ 같은 말을 and로 연결, 의미를 강조

　　We waited and waited. 우리는 기다리고 기다렸다.
　　I walked on and on. 나는 쉬지 않고 계속 걸었다.
　　again and again 몇 번이고, 되풀이해서 / more and more 더더욱

- It was raining, <u>so</u> I didn't go outside. [이유, 결과]

　　비가 내리고 있었다. 그래서 (방금 말한 이유로) 밖에 나가지 않았다. 〉
　　비가 내리고 있어 밖에 나가지 않았다. (so = therefore 그러므로)
　─ 직접적이고 보다 논리적인 이유 · 원인을 나타내는 'because'와 비교
　　예 I didn't go outside because it was raining. [복문]
　　　비가 내리고 있었기 때문에 밖에 나가지 않았다.

- I didn't go outside, <u>for</u> it was raining. [결과, 이유]

　　밖에 나가지 않았다. (이유는) 비가 내리고 있었으니까.
　─ for ...: 이유가 추가되는, 이유를 곁들이는 느낌
　　예 It's morning, for the birds are singing. 아침이다. 새들이 지저귀는 것이 보니.
　─ 'for + 주어 + 서술어'는 격식체, 보통 'because + 주어 + 서술어'가 쓰임
　─ for는 주로 전치사로 쓰임
　　예 We could hardly see for the mist. [단문]
　　　우리는 안개로 앞을 거의 볼 수 없었다. (for: 전치사 / for the mist: 부사구)

동일한 어구는 생략할 수 있습니다.

- in Korean, (in) Japan, or (in) China 한국, 일본 또는 중국에서

　　예 He fell downstairs, and (he) broke his leg.
　　　he는 아래층으로 떨어져 다리가 부러졌다. (and = then 그 다음에)
　　He can speak English, but (he) can't read (English).
　　　he는 영어를 말할 수는 있지만, 읽지는 못한다. (but = however 하지만)
　　I'll go to a movie, or (I'll) stay at home.
　　　영화를 보러 가거나 집에 있을 것이다. (or = and not 아니면)

생각 더하기   61. 상관접속사

관련된 말과 서로 짝을 이룬 대등접속사를 "대등상관접속사 또는, 등위상관접속사", 줄여 "상관접속사"라고 합니다.

아래 예문은 대등접속사 'and · or[nor] · but'이 상관어구와 짝을 이루며 말과 말을 잇고 있습니다.

- She's <u>not</u> a nurse <u>but</u> a doctor.
  she는 간호사가 아니라 의사다.

  not A but B A가 아닌 B

  예 I study not Japanese but English.
     일어가 아닌 영어를 공부한다. (= I study English, not Japanese.)
  He'll finish college not this year but next year.
     he는 올해가 아닌 내년에 대학을 마칠 것이다.
  It's not me but Mike who messed everything up.
     모든 것을 엉망으로 만든 사람은 내가 아닌 마이크다.

- She speaks <u>not only</u> English <u>but also</u> French.
  she는 영어뿐 아니라 불어도 말한다.

  not only A but (also) B   A뿐 아니라 B도 (= B as well as A)

  – 이때의 but의 뜻은 ('그러나'가 아닌) '이외에(except)'
  – 직역하면 'A가 유일한 것이 아닌, A 이외에 B도'라는 말

  예 Betty is not only pretty but also charming.
     베티는 예쁠 뿐 아니라 매력적이다.
  This book is not only fun but also helpful.
     이 책은 재미있을 뿐 아니라 도움도 된다.

  – A보다 B를 말하고 싶은 표현, B에 중점이 있음, B에 수를 일치시킴

  예 Not only you but <u>I am</u> (also) satisfied with the result.
     너뿐 아니라 나도 그 결과에 만족한다.
  Not only you but <u>Mike</u> (also) <u>has</u> a car.
     너뿐 아니라 마이크도 차가 있다.

- She speaks French <u>as well as</u> English.

  she는 영어뿐 아니라 불어도 말한다.

  `B as well as A`　A뿐 아니라 B도　(= not only A but also B)

  − 직역하면 'B도 A만큼 좋다, 완전하다'는 말
  − 앞의 as는 부사, 뒤의 as는 명사가 왔으니 전치사
  − '주어+서술어' 형식이 오면 접속사

  > 예 It's not as hard as I thought. [as(부사) − as(접속사)]
  > 그것은 내가 생각한 것만큼 힘들지 않다.
  >
  > Betty is charming as well as (she is) pretty.
  > 베티는 예쁠 뿐 아니라 매력적이다.

  − B에 중점이 있음, B에 수를 일치시킴

  > 예 <u>Betty</u> as well as you <u>is</u> satisfied with the result.
  > 너뿐 아니라 베티도 그 결과에 만족한다.

- I want to major in <u>either</u> economics <u>or</u> politics.

  경제학 아니면 정치학을 전공하고 싶다.

  `either A or B`　둘 중 하나, 양자택일

  `neither A nor B`　둘 다 아닌, 양자부정

  > 예 She's <u>neither</u> a nurse <u>nor</u> a doctor.
  > she는 간호사도 아니고 의사도 아니다.

  − 어느 한쪽에 중점이 있지 않음, 동사에 가까운 B에 수를 일치시킴

  > 예 Either you or <u>I am</u> to blame. 네가 아니면 내가 잘못이다.
  > Neither you nor <u>Mike has</u> a car. 너도 마이크도 차가 없다.

- I like <u>both</u> math <u>and</u> English.

  수학과 영어 둘 다 좋아한다.

  `both A and B`　A와 B 둘 다, 양자긍정

  　　　　　　　(= at once A and B: 동시에 둘 다)

  − '둘 다'를 말하므로, 양쪽에 중점이 있음, 복수동사로 받음

  > 예 Both Betty and Mike <u>are</u> doing very well at college.
  > 베티와 마이크 둘 다 대학생활을 아주 잘하고 있다.

■ **복문** 앞절과 뒷절이 주절과 설명절의 관계로 이루어진 문장

드디어 나올 것이 나왔습니다. 앞절과 뒷절이 '주절과 설명절의 관계'로 이루어진 문장을 "**복문** 복합문장"이라고 합니다.

- I know that Mike likes Betty. [복문]
  나는 마이크가 베티를 좋아하는 것을 알고 있다.
  - 주절 'I know' + 종속접속사 'that' + 종속절 'Mike likes Betty'

복문의 주(主)가 되는 절을 "주절 으뜸마디"라고 하고, 주절에 딸린 절을 "종속절 딸림마디"라고 합니다. 종속절을 이끌며 주절과 종속절을 잇는 'that'과 같은 접속사를 "종속접속사"라고 합니다. - 이렇게 흔히, 보통 문법책에 나옵니다.

위 예문의 해석에서, '나는 알고 있다.'를 "안은문장"이라고 합니다. 이와 반대로 '마이크가 베티를 좋아한다.'는 "안긴문장"이라고 합니다. 안겼으니, 종속된 말로 볼 수 있습니다. 이렇듯 종속절은 국어문장에 적용되는 말입니다. 영어는 국어와 문장구조가 다릅니다. 달라도 많이 다릅니다. 영어문장도 종속절로 불러야 할까요? 영어 문장구조에 맞게 다르게 불러야 하지 않을까요?

질문입니다. 위 예문과 아래 예문은 무엇이 같고, 다릅니까?

- I know the secret. [단문]
  나는 비밀을 알고 있다.

[보통 문법책을 보면, '주절, 종속절' 하면서, 'Mike likes Betty'가 'I know'에 종속된 말이라고 나옵니다. 그렇다면 위 예문의 'the secret'도 'I know'에 종속된 말입니다. 그렇지 않습니까? 'Mike likes Betty'가 종속절이면, 'the secret'는 '종속구'입니다. 그렇지 않습니까? 독해하는 데, 종속구라는 말을 몰라도 아무런 지장이 없습니다. 종속절이라는 말도 마찬가지입니다. 몰라도 전혀 지장이 없습니다.]

- I know <u>the secret</u>.　[단문 - 설명구]
  나는 알고 있다. 무엇을? 비밀을. (앞말을 뒷말이 설명)
  - (무엇을 알고 있는지) know를 the secret가 설명
  - the secret: 앞말 'know'를 설명하는 구, '설명구'

　　영어문장은 앞말을 뒷말이 설명해 나가는 '서술식 구조'입니다. 위 단문이 그러하듯이, 아래 복문도 다르지 않습니다.

- I know <u>that Mike likes Betty</u>.　[복문 - 설명절]
  나는 알고 있다. 무엇을? 마이크가 베티를 좋아하는 것을. (앞절을 뒷절이 설명)
  - (내가 무엇을 알고 있는지) 'I know'를 'that Mike likes Betty'가 설명
  - that 이하: 앞절 'I know'를 설명하는 절, '설명절'

　　구와 절로 의미단위가 다를 뿐, ('I know'를 'the secret'가 설명하듯이) 'I know'를 'Mike likes Betty'가 설명합니다. 다만, 의미단위가 절이라 두 문장이 되면 안 되니, 한 문장이 되려면 두 절을 이어야 하니, that과 같은 접속사가 추가되는 것입니다.

주절과 설명절의 관계

　　영어문장에서, 복문의 뒷절은 종속절이 아닙니다. 다름 아닌 '설명절 풀이절'입니다. 강조합니다, 복문은 앞절과 뒷절이 '주절과 설명절의 관계'로 이루어진 문장입니다. 이것이 서술식 영어 문장구조에 부합하는 복문의 정의입니다.

　　[어렵게 '주절, 종속절' 하지 마십시오. 독해하는 데, 영어 문장구조를 이해하는 데 아무런 도움이 되지 않습니다. '앞말, 뒷말' 하듯이, 편하게 '앞절, 뒷절' 하십시오. 서술식 영어 문장 구조에 맞게 '앞절을 뒷절이 설명해 나간다'고 생각하면 만사형통!]

- I know that Mike likes Betty.
  - 주절 'I know' + 설명접속사 'that' + 설명절 'Mike likes Betty'

복문의 뒷절은 주절을 설명하는 설명절입니다. 설명절을 이끌며 주절과 설명절을 잇는, that과 같은 접속사는 (종속접속사가 아닌) '설명접속사'로 부릅니다.

문법은 정말이지 문법답게 배워야 합니다. 매우 중요한 설명이 나옵니다. 모르면 영어를 접어야 합니다. 집중! 집중!

서술식 영어 문장구조, 앞말을 뒷말이 설명하되, '문법적으로' 설명하는 방식이 세 가지입니다.

첫째, '**명사적**'으로 설명하고,
둘째, '**형용사적**'으로 설명하고,
셋째, '**부사적**'으로 설명합니다.

의미단위에 따라,

명사적으로 설명하는 말을 "명사 · 명사구 · **명사절**"이라고 하고,
형용사적으로 설명하는 말을 "형용사 · 형용사구 · **형용사절**"이라고 하고,
부사적으로 설명하는 말을 "부사 · 부사구 · **부사절**"이라고 합니다.

['명사적 = 명사 역할을 함'이고, '명사적으로 설명 = 명사 역할을 하며 설명'입니다. 형용사적, 부사적도 마찬가지입니다.]

Unit 18

접속사
Conjunctions

설명접속사 설명절을 이끄는 접속사
　└ 명사절을 이끄는 접속사
　└ 형용사절을 이끄는 접속사
　└ 부사절을 이끄는 접속사

[특히, 형용사절을 이끄는 접속사를 "관계사"라고 합니다. Unit 19에서 다룹니다.]

설명절 앞절(주절)을 설명하는 뒷절
　└ 명사절 Noun Clauses (명사적 설명절)
　└ 형용사절 Adjectival Clauses (형용사적 설명절)
　└ 부사절 Adverbial Clauses (부사적 설명절)

설명접속사와 함께, 명사절부터 하나씩 자세히 살펴보겠습니다.

명사절
Noun Clauses

명사는 문장에서 '주어·목적어·보어' 역할을 합니다.

명사절은 문장에서 명사 역할을 하며 – '주어·목적어·보어' 역할을 하며 – 설명하는 절입니다.

명사절: 명사 역할을 하며 설명하는 절

[앞말을 설명하되, 의미단위에 따라, 구가 명사 역할을 하면 '명사구'고, 절이 명사 역할을 하면 '명사절'입니다. 마찬가지로, 구/절이 형용사 역할을 하면 '형용사구/형용사절'이고, 부사 역할을 하면 '부사구/부사절'입니다. 어려울 것이 전혀 없습니다.]

명사구와 명사절을 비교해 보십시오.

- I know <u>the secret</u>. [명사구]
    나는 알고 있다. 무엇을? 비밀을. (앞말을 뒷말이 설명)
    – the secret: know의 목적어, 목적어라는 명사 역할을 하며 명사적으로 설명
        명사 역할을 하므로 명사구

    예 You have wanted <u>to go</u> abroad <u>to study</u>.
        너는 외국 유학을 가고 싶어 했다.
        (have wanted: 동사구(문장의 서술어) / to go: 명사구 / to study: 부사구)
        (to go: wanted의 목적어, 목적어라는 명사 역할을 하며 명사적으로 설명
            명사 역할을 하므로, 역할로 말하면 명사구, 형태로 말하면 부정사구
            명사적으로 쓰인 부정사, 부정사의 명사적 용법)
        (to study: 목적을 의미, 부사적으로 쓰인 부정사, 부정사의 부사적 용법)

- I know <u>that Mike likes Betty</u>. [명사절]
  나는 알고 있다. 무엇을? 마이크가 베티를 좋아하는 것을. (앞절을 뒷절이 설명)
  - 주절 'I know' + 설명접속사 'that' + 설명절 'Mike likes Betty'
  - that 이하: know의 목적어, 목적어라는 명사 역할을 하며 명사적으로 설명
    명사 역할을 하므로 명사절 (형태로 말하면 that절)
  - 설명접속사 'that': 한 문장이 되도록 주절과 설명절을 이음. 명사절을 이끎
    예 Do you think that it'll rain tomorrow? 내일 비가 올 것 같니?

아래는 주어와 보어로 쓰인 명사절입니다.

- <u>That Mike likes Betty</u> is a secret. [주어]
  마이크가 베티를 좋아하는 것은 비밀이다.

- The secret is <u>that Mike likes Betty</u>. [보어]
  비밀은 마이크가 베티를 좋아하는 것이다.

명사절을 이끄는 접속사로 'that'을 비롯해 'whether·if'와 '의문사', 관계대명사 'what'과 '복합관계대명사'가 있습니다.

      명사절을 이끄는 접속사
        └ that
        └ whether · if
        └ 의문사
        └ 관계대명사 'what'
        └ 복합관계대명사

[명사절을 이끄는 관계대명사 'what'과 '복합관계대명사'는 Unit 19 관계사에서 다룹니다.]

〉 that절

절의 내용은 '사실'이나 '정보'입니다. 다시 말해, 절은 사실·정보를 나타냅니다. 아래는 접속사 'that'이 이끄는 절, that절을 수반하는 동사입니다. 의미상, 사실·정보와 잘 어울립니다.

acknowledge 인정하다	**mind** 상관하다
admit 시인하다	**notice** 알다
allege 제기하다	**object** 반대하다
allow 허락하다	**promise** 약속하다
argue 주장하다	**propose** 제안하다
command 명령하다	**prove** 증명하다
confess 자백하다	**realize** 깨닫다
decide 결정하다	**recommend** 추천하다
declare 선언하다	**regret** 후회하다
demand 요구하다	**require** 필요하다
deny 부정하다	**report** 보도하다
doubt 의심하다	**say** 말하다
expect 기대하다	**see** 알다
explain 설명하다	**show** 나타내다
feel 느끼다	**state** 진술하다
hear 듣다	**suggest** 제안하다
hope 바라다	**suppose** 가정하다
imagine 상상하다	**think** 생각하다
intend 작정하다	**understand** 이해하다
know 알고 있다	**urge** 권고하다
mean 의미하다	**wish** 바라다

예문63은 명사절로 'that절'이 쓰인 문장입니다.

63-1] <u>That the earth is round</u> is true. [주어]
63-2] It is true <u>that the earth is round</u>. [진주어]
63-3] The fact is <u>that the earth is round</u>. [보어]

63-1/2] 지구가 둥글다는 것은 사실이다. [63-3] 사실은 지구가 둥글다는 것이다.

63-2] 절은 의미의 단위가 크기 때문에, 주어 자리에는 절이 잘 오지 않습니다. 대개 이 예문처럼 '가주어(It)–진주어(that 이하) 구문'을 씁니다.

> 예 It's possible that he didn't go there. he가 그곳에 안 갔을 수도 있다.
> It didn't seem that he had finished it. he가 그것을 끝낸 것 같지 않았다.
> (= He didn't seem to have finished it.)

또는, that절 앞에 'the fact'를 씁니다. (사실·정보를 나타내는 that절이니 'the fact'와 잘 어울립니다.)

> 예 <u>The fact that the earth is round</u> was proved. [주어]
> 지구가 둥글다는 사실이 증명되었다.
>
> <u>The fact that I was old</u> made it difficult for me to get a job.
> 나이가 많은 사실이 나로 하여금 일자리를 구하기 힘들게 만들었다. 〉
> 나이가 많아 일자리를 구하기가 힘들었다. [가목적어(it)–진목적어(to 이하)]

63-3] 보어 자리에는 that절이 곧잘 옵니다.

> 예 The trouble is that I don't have enough money.
> 곤란한 것은 내가 돈이 넉넉지 않은 것이다.
>
> The most important thing to us is that we make money.
> 우리에게 가장 중요한 것은 돈을 버는 것이다.

주의! 'That is ... [지시대명사] / That book is ... [지시한정사]'와 같이, '지시사'로 쓰인 that은 '댓[ðæt]'으로 제대로 발음합니다. 하지만 접속사로 쓰인 that은 약하게 '덧[ðət]'으로 발음합니다.

■ that의 생략

that절은 주로, '목적어 자리'에 옵니다. 일상생활에서 비교적 자주 쓰이는 동사 다음에 오는 경우, that은 종종 생략됩니다.
(생략이 가능하다는 말이지, 무조건 생략해야 한다는 말은 아닙니다.)

- agree, believe, expect, feel, hear, hope, know, mention notice, promise, say, see, think, wish etc.

63-4] We <u>know</u> (that) the earth is round.
63-5] I don't <u>think</u> there'll be time to see you.
63-6] Do you <u>think</u> it'll rain tomorrow?
63-7] He <u>said</u> he was in Busan.
63-8] I <u>hear</u> you've been abroad.
63-9] I <u>wish</u> I hadn't eaten so much.

63-4] 우리는 지구가 둥글다는 것을 안다. [63-5] 너를 볼 시간이 없을 것 같다. [63-6] 내일 비가 올 것 같니? [63-7] he는 부산에 있다고 했다. [63-8] 해외에 갔다 왔다면서. [63-9] 그렇게 많이 먹지 않았으면 좋았을 텐데.

63-8] 예 I see you've broken the window.
　　　　네가 유리창을 깼구나.
　　　I felt you'd like to go there.
　　　　네가 그곳에 가고 싶을 줄 알았다.

63-9] ★ I wish 가정문 ☞ ❷ p. 252

자주 쓰이는 동사라도, that절의 내용이 중요하거나 정보로서 가치가 높으면 that을 생략하지 않습니다. 다만, 이 점은 상황에 따라 다르고, 사람마다 차이가 있어 다소 임의적입니다.

63-10] He didn't believe that his son was dead.
63-11] We all hope that you'll be able to come.

63-10] he는 아들이 죽은 것을 믿지 않았다. [63-11] 우리 모두 네가 올 수 있기를 바란다.

덜 자주 쓰이거나 자주 쓰이지 않는 동사 다음에 오는 경우는 that을 잘 생략하지 않습니다. 특히, 공식적인 문서는 자주 쓰이는 동사라도 that을 생략하지 않습니다.

- admit, answer, argue, complain, confess, decide, demand deny, doubt, explain, intend, suggest, reply, warn etc.

63-12] He confessed that he had stolen the money.
63-13] Do you doubt that I can do it?
63-14] We intended that you should be invited.

63-12] he는 자기가 돈을 훔쳤다고 자백했다. [63-13] 내가 그것을 못할 것 같니? [63-14] 우리는 당신을 초대하려고 했습니다.

63-14] 예 I write to inform you that your application has been accepted.
귀하의 지원이 합격되었음을 (서면으로) 알려드립니다.

■ that절과 should

(바람직한 일과 같은) 마땅히 하는 일은 그만큼 중요합니다. 중요한 만큼 필요하기도 하고, 갈망하기도 합니다. 'important, right necessary, anxious'와 같은 형용사는 '권고의 should'가 쓰인 that절과 의미상 잘 어울립니다. ★ 권고의 should ☞ ❷ p. 196, 200

- It's <u>important</u> that you <u>should</u> quit smoking first.
  너는 담배를 먼저 끊어야 하는 것이 중요하다.
  − that절의 내용: 화자의 권고
  예 Is it <u>necessary</u> that Betty <u>should</u> be informed?
  베티에게 꼭 알려야 할까? (= Is it necessary to tell Betty?)

마땅히 하는 일은 또한, 하도록 '추천·제안·충고'하기도 하고 하라고 '주장·요구·명령'하기도 합니다. 'recommend, suggest advise', 'insist, ask, demand, order, command'와 같은 동사도 의미상, 권고의 should가 쓰인 that절과 잘 어울립니다.

- I <u>recommend</u> that he <u>should</u> see a doctor.
  나는 (권고의 의미로) he가 의사에게 진찰을 받아 볼 것을 권했다.

때로는 should를 생략하고 '동사원형'을 그대로 쓰기도 합니다. '직설법 동사'가 쓰인 경우와 비교해 보십시오.

- I insisted that he <u>go</u> there. [go: 동사원형 (should가 생략됨)]
  나는 he가 그곳에 갈 것을 주장했다.
  − 미국영어나 비격식체에서는 that절에 쓰인 권고의 should를 생략하기도 함
  예 He insisted that I <u>not give</u> in, but stay.
  he는 나에게 포기하지 말고 버티라고 힘주어 말했다. (= ... that I <u>should not give</u> ...)

생각문법

32

- I insisted that he went there. [과거형]
    나는 he가 그곳에 갔다고 (객관적인 사실과 관련된 내용을) 주장했다.
    - that절의 내용: 객관적인 사실
        객관적인 사실을 말할 때는 that절에 should를 쓰지 않음
            (조동사를 쓰면 화자의 주관적 생각이나 감정이 들어감)
        직설법 동사를 씀 (should를 생략하는 것과 안 쓰는 것은 다름)
    - 직설법 동사: 현재형[과거형] 동사 (시제의 일치에 주의할 것)
        예 He insists that she's innocent. [현재형]
            he는 she가 무죄라고 주장한다.

한편, '실현 가능성이 없거나 낮은 일이 실현되었을 때', 'sorry strange, natural, normal', 'interesting, surprising, amazing shocked'와 같은 형용사에 이어진 that절에는 예측의 should가 쓰입니다. 예측의 의미를 '반어적으로' 표현함으로, 화자의 '주관적 판단'이나 '감정적 반응'을 나타냅니다.

아래 예문을 비교해 보십시오.

- It's strange that he should say that to you.
    (당연히 그럴 리가 없는데) he가 너에게 그런 말을 한 점은 〉 그런 말을 하다니 이상하다.
    - that절의 내용: 화자의 주관적 판단이나 감정적 반응
        예 I regret that she should have married him.
            (결혼할 줄 몰랐는데) she가 그 사람과 결혼한 일은 〉 결혼하다니 유감스럽다.
        I'm sorry that you shouldn't see the lawyer.
            (만나 볼 줄 알았는데) 네가 변호사를 만나 보지 않아 유감이다.

- It's strange that he says/said that to you. [현재형/과거형]
    he가 그런 말을 하는/한 것은 (객관적으로) 이상하다.
    - that절의 내용: 객관적인 사실
        예 I regret that she married him.
            she가 그 사람과 결혼한 일은 (객관적인 사실에 대해) 유감스럽다.

■ that절과 전치사

전치사 다음에는 that절이 오지 않습니다. that절이 오면, 있던 전치사도 없어집니다. 왜일까요?

- We know <u>the Great King Sejong</u>(?)
    - 세종대왕은 우리가 겪어 볼 수 있는 사람이 아님. 이 말은 세종대왕을 겪어 본 동시대 왕비나 집현전 학자 정도는 되어야 할 수 있음
    예 I know Betty. 베티를 (겪어 봐서 체험적으로) 알고 있다.
    NOT We know the sun. (태양은 가 보거나 만져 볼 수 있는 대상이 아님)

- We know <u>about the Great King Sejong</u>.
    - 전치사를 쓰면 세종대왕에 '관한(about)' 사실·정보가 됨
    - 우리는 세종대왕에 관한 사실·정보를 알고 있는 것. 전치사를 써야 함
    예 I know about Betty. 베티에 대해 (이런저런 베티에 관한 사실·정보를) 알고 있다.
    We know about the sun. (태양에 대해 이것저것 안다는 말)
    ★ about ☞ p. 420

아래 예문과 비교해 보십시오.

- I know <u>the story</u>.
    (사실·정보인) 그 이야기를 알고 있다.
    - the story 자체가 사실·정보, 전치사를 쓰지 않아도 됨
    예 I know the secret. 그 비밀을 알고 있다.
    - 구체성을 드러내고 싶으면 전치사를 씀
    예 I know about the secret.
    그 비밀에 대해 (이것저것 구체적으로) 알고 있다.

살펴보았듯이, 전치사를 쓰면 목적어는 사실·정보가 됩니다. 사실·정보를 나타내는 절, 요컨대, that절 자체가 사실·정보라 전치사를 쓸 필요가 없는 것입니다.

- My mother knew <u>about my problem</u>. [단문]
  어머니는 내 문제를 (내 문제에 관한 사실·정보를) 알고 계셨다.

- My mother knew <u>that I had a problem</u>. [복문]
  어머니는 나에게 문제가 있다는 것을 (내 문제에 관한 사실·정보를) 알고 계셨다.
  − that절의 내용은 사실·정보, 전치사를 쓸 필요가 없음
  예 He worried (that) he failed in the exam.
  　　he는 시험에 떨어진 사실에 대해 〉 떨어진 것을 걱정했다.
  　　(= He worried <u>about</u> his having failed in the exam.)
  　I was surprised (that) you won the lottery.
  　　네가 복권에 당첨되었다는 사실에 대해 〉 소식에 놀랐다.
  　　(= I was surprised <u>at</u> the news of your winning the lottery.)
  　They complained (that) they had been underpaid.
  　　그들은 급여를 적게 받은 사실에 대해 〉 급여를 적게 받았다고 불평했다.
  　　(= They complained <u>of</u> being underpaid.)
  　We're sorry (that) the train is late. 열차가 지연된 점 사과드립니다.
  　　(= We are sorry <u>about</u> the delay of the train.)
  　I'm sorry (that) I am late. 늦어서 미안해.
  　　(= I am sorry <u>for</u> being late.)

that절 앞에 'the fact'를 쓸 수 있습니다.

- This is evidence <u>for</u> <u>the fact</u> that he's a murderer.
  이것은 he가 살인자라는 (사실과 관련된) 증거다.
  − 이때는 명사 앞이니, 전치사를 the fact와 함께 쓸 수 있음
  예 I'm ashamed <u>of</u> <u>the fact</u> that I lied.
  　　거짓말한 사실에 대해 〉 거짓말한 사실을 부끄럽게 생각한다.
  　He had to faced up <u>to</u> <u>the fact</u> that he couldn't walk again.
  　　he는 다시 걸을 수 없다는 사실을 인정해야 했다.

예외적으로, in 다음에는 that절이 올 수 있습니다. 이유는 in 을 쓰지 않으면, 문맥상 의미가 통하지 않기 때문입니다.

- Men differ from animals <u>in that</u> they can laugh.
  사람은 웃을 수 있다는 점에서 동물과 다르다.

  in that …라는 점에서 〉 …라는 이유로 (= for the reason that, because)

  예 He's different from you in that he's disabled.
  he가 장애인이라는 점에서 (장애인이기 때문에) 너와는 다르다.
  I have the advantage over you in that I can speak Vietnamese.
  베트남어를 말할 수 있는 점에서 (이런 이유로) 내가 너보다 유리하다.

덧붙이면, 아래의 except와 now는 접속사입니다.

- It's perfect <u>except that</u> it's expensive.
  비싼 것을 제외하면, 그것은 완벽하다. (= only[save/but] that)

  except (that) …라는 점을 제외하면, …을 하지 않으면, …이 아니면

  예 Except (that) you helped me, I would have failed.
  네가 도와주지 않았으면, 나는 실패했을 거야. (= Except for your help, …)
  I'd love to come only that I have to work. 일만 없다면 꼭 가고 싶어요.
  I'm well save that I have a cold. 감기 든 것 말고는 건강합니다.

  – but that: 부정어가 있는, 부정적인 내용에 이어짐
  예 I know <u>nothing</u> about her <u>but that</u> she's a widow.
  과부라는 것 이외에 그 여자에 대해 아무 것도 모른다.

- The fans are leaving <u>now (that)</u> the game is over.
  경기가 끝나 팬들이 떠나고 있다.

  now (that) 이제 …한 상황이니, …이므로

  예 Now (that) he's married, he must come home early.
  이제 결혼했으니, he는 집에 일찍 들어와야 한다.
  Now (that) you're 20, you're responsible for what you do.
  이제 스무 살이니, 네가 한 행동에 대해 책임을 져야 한다.

―| 'that I am late.'와 'to be late.'는 어떻게 다를까?

■ that절과 형용사

형용사 다음에 that절이 올 수 있습니다.

형용사 다음에 오는 that절
└ 진주어
└ 명목상 전치사의 목적어

모르면 안 되는, 그냥 넘어갈 문제가 아닌데, 보통 문법책은 잘 다루지 않습니다. 초급 수준을 벗어나려면, that절과 관련된 구문은 빠짐없이 잘 알아야 합니다. 신경을 써야겠습니다.

주의! 전치사의 목적어로 ('in that'을 제외하고) 명사절과 부정사는 쓰이지 않습니다. 이유인즉, 명사절은 이미 사실·정보를 나타내기 때문이고, 부정사는 '주관적/이성적'이라 사실·정보와 상반되기 때문입니다.

여러분

어떤 형용사는 that절과 어울리고, 어떤 형용사는 부정사와 어울립니다. 이를 어떻게 구별해야 할까요?

진주어

절은 의미의 단위가 크기 때문에, 주어 자리에는 절이 잘 오지 않습니다. 대개 '가주어(It)-진주어(that 이하) 구문'을 씁니다. 부정사 못지않게, that절의 가주어-진주어 구문도 중요합니다.

- <u>It</u>'s important <u>that you should quit smoking</u>.
  네가 담배를 끊는 것이 중요하다.
  (= It's important for you to quit smoking.)
  - 가주어: It / 진주어: that 이하 / 주보어: important
    예 It's necessary that he should go there. he가 그곳에 가는 것이 필요하다.
    (= It's necessary for him to go there.)

that절은 사실·정보를 나타냅니다. 객관적입니다. 반면에,

- *NOT* It's <u>difficult</u> <u>that we learn English</u>.

difficult와 같은, 판단과 관련된 형용사는 '주관적/이성적'입니다. 위 예문과 같이, 객관적인 사실·정보를 나타내는 that절과 어울리지 않습니다. 부정사는 '주관적/이성적'입니다. 아래 예문과 같이, 판단과 관련된 형용사는 부정사와 잘 어울립니다.

- It's <u>difficult</u> for us <u>to learn</u> English.
  우리가 영어를 배우는 것은 어렵다.
  - 'difficult 어렵다·easy 쉽다/편하다·hard 힘들다'와 같은 뜻의 평가에 따른 '판단'과 관련된 형용사는 진주어로 부정사가 옴
    예 It's easy to persuade Mike. 마이크는 설득하기가 쉽다.

역으로,

- *NOT* It's <u>true</u> for us <u>to have learned</u> English.

true와 같은 '사실'이나 '확신·가능'을 뜻하는 형용사는 위 예문과 같이, 부정사와 어울리지 않습니다. (부정사는 '주관적/이성적'이라 객관적이거나 사실적인 내용과 상반되기 때문입니다.) 아래 예문과 같이 사실·정보를 나타내는 that절과 잘 어울립니다.

- It's <u>true</u> <u>that we learned</u> English.
    우리가 영어를 배운 것은 사실이다.
    - 'true 사실인, certain 틀림없는 · clear 확실한 · apparent 분명한 · obvious 명백한 possible 가능한 · likely …할 공산이 있는, well-known 잘 알려진'과 같은 '사실·확신·가능'을 뜻하는 형용사는 진주어로 that절이 옴
    예 It's obvious that we win the game. 우리가 경기를 이기는 것은 명백하다.

하지만 possible은 사실일 가능성이 있을 뿐, 사실이 아닐 수도 있으므로, 진주어로 부정사도 옵니다. 물론, 차이점은 있습니다.

- It's <u>possible</u> <u>that Mike will go</u> there.
    마이크가 그곳에 갈 가능성이 있다.
    - 객관적으로 가능한 일을 가능하다고 말함 (이때의 possible은 '실제적/현실적' 가능성)
    - 'He can go there.'에 가까운 의미

- It's <u>possible</u> for him <u>to go</u> there.
    그곳에 가는 것이 (다른 사람은 몰라도) 마이크에게는 가능하다.
    - 주관적/이성적으로 판단해 봄 (이때의 possible은 '일반적/이론적' 가능성)
    - 'He may go there.'에 가까운 의미

한편, 'kind'나 'rude'와 같은 사람의 성격이나 성품을 뜻하는 형용사 다음에는, 이 또한 주관적이고 이성적이라, that절이 오지 않습니다.

- *NOT* It's <u>kind that you help me</u>.

칭찬이라도, 'You're kind. 당신은 친절합니다.' 이렇게 직접적으로 대놓고 말하면, 오히려 듣기에 거북할 수도 있습니다. 해서, 'It's kind of you.' 이렇게 간접적으로 말합니다.

- It's <u>kind of you</u> to help me.
  나를 도와주다니, 당신은 친절하군요.
  - 'It's kind of you.'는 온전한 문장
  - It은 형식적인 주어, you는 kind의 주어, kind는 주보어
  - to help me: 부사어 (온전한 문장 뒤에 덧붙는, 없어도 되는 말)
    부사어라 'Of you to help me is kind.'로 바꾸면 말이 안 됨
    kind를 부사적으로 설명, 부사적 용법의 부정사

  예 It's really good of you to pray for me.
    나를 위해 기도하다니, 너는 참 착하구나.
    (*NOT* It's really good that you pray for me.)
    It was careless of you to leave the door unlocked.
    문을 잠그지 않고 나가다니 네가 부주의했구나.
    (상대방이 무안하지 않게 간접적으로 표현)

  ★ 판단과 관련된 형용사와 부정사, 부정사의 의미상의 주어 ❷ p. 265
  ★ It's kind of you. ☞ p. ❷ p. 266

that절을 알면 부정사가 새롭게 보이고, 부정사가 새롭게 보이면 that절이 또 새롭게 보입니다. 이렇게 자꾸 문법이 눈에 들어와야 합니다. 문법은 인식의 문제! 영어는 감각의 문제!

명목상 전치사의 목적어

- *NOT* I'm aware his problem.

형용사는 구문적으로 목적어를 취할 수 없습니다. 형용사가 목적어를 취하려면, 아래 예문과 같이 of와 같은 전치사를 수반해야 합니다. 이때의 목적어를 "전치사의 목적어"라고 합니다.

- I'm aware of his problem. [전치사의 목적어]
  그이의 문제를 알고 있다.
  - his problem: 목적어가 전치사 뒤에 있어 '전치사의 목적어'로 부름
   ('his problem'은 문장의 목적어로, 영어는 목적어가 두 군데 위치함
   목적어가 타동사 뒤에 있으면 '타동사의 목적어'로 부르고
   전치사 뒤에 있으면 '전치사의 목적어'로 부름)
  - be aware of: 타동사구는 아니지만, 일종의 타동사구[서술어]로 보면 좋음
   [주어(I) + 서술어(am aware of) + 목적어(his problem)]
   예 I'm sure of it. 당연하죠. (= No doubt.)

그런데 목적어 자리에 that절이 오면, 전치사 다음에는 that절이 오지 않으므로, 아래 예문과 같이 있던 전치사가 없어집니다.

- I'm aware that he has a problem. [명목상 전치사의 목적어]
  그이에게 문제가 있다는 것을 알고 있다.
  - '의문사 + 부정사' 구문도 마찬가지 ☞ ❷ p. 269
   예 I'm not sure how to use it. 그것을 어떻게 사용하는지 잘 모르겠어.
   (how 이하: 명목상 전치사의 목적어)

that절이 와서 전치사가 없어졌을 뿐, 전치사의 목적어 자리에 that절이 쓰였습니다. 이때의 that절은 이름만 갖춘 '명목상 전치사의 목적어'로 부릅니다. 목적어니, 명사절로 봅니다.

아래는 감정과 관련된 형용사 다음에 구와 절이 온 문장입니다.

① I'm sorry to be late.
② I'm sorry for being late.
③ I'm sorry that I'm late.

그 말이 그 말 같습니다. 하지만 말이 쓰이는 상황이 다릅니다.

① **I'm sorry to be late.** [부정사 'to be']

(지금 가고 있어. 미팅에 앞으로) 늦게 되어 〉 늦어서 미안해.

to be late 형용사(sorry) 설명어로 쓰인 부사구
　　　　　　　미안한 이유를 나타냄 (sorry를 부사적으로 설명, 부사적 용법의 부정사)
　　　　　　　부정사라, 'to be late'에 나름의 평가 · 판단이 들어가 있음

－ 현재 상황, 즉 '하고 있거나 하게 될 일'에 대해 사과할 때는 부정사를 씀
　 예 I'm so sorry not to attend the meeting.
　　　미팅에 (갑자기 바쁜 일이 생겨) 참석하지 못하게 되어 〉 참석하지 못해 정말 미안해.
　★ 형용사 설명어, 부정사의 부사적 용법2 ☞ ❷ p. 311

② **I'm sorry for being late.** [동명사 'being']

(미팅 후, 오늘 미팅에) 늦게 와서 〉 늦어서 미안해.

for being late 형용사(sorry) 설명어로 쓰인 부사구
　　　　　　　　'being late'는 전치사(for)의 목적어
　　　　　　　　미안함에 상응하는(for) 내용(being late), 즉 '늦은 사실'
　　　　　　　　동명사라, 'being late'는 실제로 일어난 사실
　　　　　　　　'늦은 사실'에 대해(for) 미안하다는 말

－ 과거 상황, 즉 '한 일'에 대해 사과할 때는 동명사를 씀
　 예 I'm so sorry for not attending the meeting.
　　　(지난) 미팅에 참석하지 못해 정말 미안해.
　★ 상응의 for ☞ p. 285

질문입니다. ③은 ①에 가까운 말일까요, ②에 가까운 말일까요?

집중! 집중!

③은 ②에 가까운 말입니다.

③ I'm sorry that I'm late. [that절]
    늦은 점 사과드립니다.
    that I'm late   절은 사실·정보를 나타냄
                  'that I'm late'는 실제로 일어난 사실
                  늦은 사실에 대해 〉 늦은 점이 미안하다는 말
                  전치사의 목적어 자리에 that절이 쓰임
                  명목상 전치사의 목적어, 명사절
  – that절로 풀어서 말하면 정중함이 더해짐
    예) I'm sorry that I didn't attend the meeting.
        (지난) 미팅에 참석하지 못한 점 사과드립니다.

[어떤 보통 문법책은 ③의 that절을 부사절로 봅니다. (이유나 원인을 나타내는 부사적 의미로 해석되다 보니 그런 것 같습니다.) that절이 명사절도 되고 부사절도 된다? 이런 식으로 문법 범주를 넘나 들 수 없습니다.]

명사절

아래는 형용사 다음에 that절이 온 문장입니다.

63-15] It's important <u>that he (should) know it</u>. [진주어]
　　　(= It's important for him to know it.)

63-16] It's strange <u>that he doesn't know it</u>.
　　　(= It's strange for him not to have known it.)

63-15] he가 그것을 아는 것이 중요하다. [63-16] he가 그것을 모르는 것이 (객관적으로) 이상하다.

63-15] should: 권고의 should

　예) It's necessary that exception (should) not be made.
　　　예외를 만들지 않는 것이 필요하다.
　　　(not의 위치에 주의: NOT ... that exception <u>be not</u> made.)

　It's essential that we (should) begin now.
　　우리는 지금 시작하는 것이 중요하다.
　　(= It's essential for us to begin now.)

　It's right that he (should) be punished.
　　he가 처벌을 받는 것은 정당하다.
　　(= It's right for him to be punished.)

63-16] that절의 내용: 객관적인 사실

　예) It's not surprising that he passed the exam.
　　　he가 시험에 합격한 사실은 〉 합격한 점은 놀라운 일이 아니다.
　　　(= It's not surprising for him to have passed the exam.)

　▷ should가 쓰인 that절과 비교 ☞ p. 33

　　예) It's incredible that he <u>should buy</u> such an expensive sports car.
　　　　(당연히 그럴 리가 없는데) he가 그런 비싼 스포츠카를 사다니 믿을 수 없다.
　　　　(화자의 주관적 판단이나 감정적 반응에 관한 말)

　　It's incredible that he <u>bought</u> such an expensive sports car.
　　　he가 그런 비싼 스포츠카를 산 것을 믿을 수 없다.
　　　(객관적인 사실에 대한 말)

63-17] **I'm sure[certain] that he'll succeed.** [명목상 전치사의 목적어]

[= I'm <u>sure</u> of his success. (확신하는)]

[= He's <u>sure</u> to succeed. (확실한)]

63-18] **I'm grateful that you helped me.**

(= I'm grateful of your help.)

63-17] he가 성공할 것이라고 확신한다. [63-18] 네가 나를 도와준 사실에 〉 도와준 점이 〉 도와주어 고맙다.

63-17] (be) sure: 주어 관점에서 '확신하는 (확신하다)'라는 뜻입니다.

예 You're sure of <u>winning</u>. [동명사] 너는 승리를 확신하는구나.
- 승리(winning)를 확신하는 주어의 생각을 말함. 확신의 주체는 주어
- be of (= have): '내적 소유', you가 승리(winning)를 마음속에 소유한(of) 상태(be)
- 주어 관점에서 승리를 '확신' (= You're sure[certain] that you'll win.)

또는, 화자 관점에서 '확실한 (확실하다)'라는 뜻입니다.

예 You're sure <u>to win</u>. [부정사] 네가 이기기에 〉 이길 것이 확실해.
- 주어가 이길 것으로 판단(to win), 화자의 생각을 말함. 확신의 주체는 화자
- 화자 관점에서 이길 것이 '확실' (= It's certain that you'll win.)
- sure는 대개 사람이 주어로 옴 (NOT It's sure that ...)
- sure보다 certain이 격식적

He's certain to be late. he는 보나 마나 늦을 거야.

She's unlikely to arrive before two.
she가 2시 전에는 도착할 것 같지 않다. (불확실해 보인다는 말, 화자 관점)
(= It's unlikely that she'll arrive before two.)

부정문에는 'whether절·if절'과 '의문사절'도 옵니다.

예 I'm not sure whether[if] I can do it. 그것을 할 수 있을지 모르겠어.

I'm not certain who broke the window. 누가 창문을 깨뜨렸는지 모르겠어.

63-18] 예 I'm surprised that you won the first prize.
네가 우승한 사실에 〉 우승해 놀랐다.

I'm really pleased that you're feeling better.
당신 기분이 나아진 점에 〉 기분이 나아져 정말 기뻐요.

의문문이 평서문이 되어 명사절로 쓰일 수 있습니다. 명사절로 쓰인 'whether절·if절'과 '의문사절'을 살펴보겠습니다.

의문문에는 '의문사가 있는 의문문'과 '의문사가 없는 의문문'이 있습니다. 의문사가 없는 의문문이 명사절이 되면, 간접의문문이 되면, 접속사로 'whether·if'가 쓰입니다.

〉 whether절 · if절

접속사 'whether · if'는 ('don't know · be not sure, doubt[doubtful] · wonder, ask'와 같은 말로 서술된) '불확실한 상황'을 나타내는 주절과 잘 어울립니다. '…인지 아닌지'의 뜻으로, 명사절을 이끕니다.

예문64는 명사절로 'whether절 · if절'이 쓰인 문장입니다.

64-1] <u>Whether he comes or not</u> doesn't matter. [주어]
64-2] It doesn't matter <u>whether he comes</u> (or not). [진주어]
64-3] It's doubtful <u>whether he'll come</u> (or not).

64-1] he가 오는지 안 오는지 중요하지 않다. [64-2] he가 오는지 (안 오는지) 중요하지 않다. [64-3] he가 올지 (안 올지) 의심스럽다.

64-2] 절은 의미의 단위가 크기 때문에, 어떤 절이든, 주어 자리에는 절이 잘 오지 않습니다. 대개 이 예문처럼 '가주어(It)—진주어(whether 이하) 구문'을 씁니다. 한편, 문미의 'or not'은 비격식체에서는 생략되기도 합니다.

예 It's not important whether she's pretty (or not).
she가 예쁜지 (안 예쁜지) 중요하지 않다.

if절은 주어로 쓰이지 않습니다. 이유는 부사절인 '조건·가정'을 나타내는 if절과 혼동되기 때문입니다.

예 NOT If he'll come or not doesn't matter.

64-3] will이 쓰면 불확실한 느낌이 더해집니다. 의심스럽다고 했으니, 명사절에 will을 쓰는 것이 좋습니다. (긴가민가할 정도로 불확실하면 would를 씁니다.)

64-4] My concern is <u>whether you can come or not</u>. [보어]

64-5] I wondered <u>whether[if] it was true or not</u>. [동사의 목적어]

64-6] We didn't know <u>whether it would rain or snow</u>.

64-7] I doubt <u>whether or not Betty likes Mike</u>.

64-8] We discussed <u>whether we should move again</u>.

64-9] I was worried about <u>whether I could get there on time</u>. [전치사의 목적어]

64-4] 내 관심은 네가 올 수 있는지 없는지 여부다. [64-5] 그것이 사실인지 아닌지 궁금했다. [64-6] 비가 올지 눈이 올지 우리는 몰랐다. [64-7] 베티가 마이크를 좋아하는지 안 하는지 의심스럽다. [64-8] 우리는 이사를 또 해야 하는지를 의논했다. [64-9] (과거 어느 한 때) 제때에 도착할 수 있을지 걱정이었다.

64-4] whether절은 보어 자리에 곧잘 옵니다. 하지만 if절은 보어로도 쓰이지 않습니다.

> 예 The question is whether I should go abroad or stay here.
> 문제는 '내가 해외로 나가야 하느냐, 여기에 머물려야 하느냐?'다. (NOT ... if I should ...)

64-5] if절은 동사의 목적어로만 쓰입니다. 동사의 목적어인 경우만 whether 대신 if를 쓸 수 있습니다. if보다 whether가 격식적입니다. if절도 문미에 'or not'을 쓸 수 있습니다.

> 예 Let me know if[whether] you can come or not.
> 올 수 있는지 없는지 여부를 알려 주세요.
>
> I asked him if[whether] he was single or not.
> 그에게 독신인지 아닌지 물었다. (if[whether] 이하: 직접목적어)
>
> We needed to ask Betty if[whether] Mike would come to the party.
> 우리는 베티에게 마이크가 파티에 올 것인지를 물어 봐야 했다.

64-6] 둘 중 하나, 양자택일의 경우는 대개 whether절을 씁니다.

> I wonder whether it's a boy or a girl.
> (배 속의) 아기가 남자 아이인지 여자 아이인지 궁금해요.

64-7] whether는 'or not'을 바로 뒤에 붙여 쓸 수 있지만, if는 붙여 쓸 수 없습니다. (*NOT* I doubt if or not Mike likes Betty.)

64-8] 일상적으로 덜 자주 쓰이는 동사는 whether절을 선호합니다.

예 We haven't decided whether we'll play soccer or baseball.
우리는 축구를 할지 야구를 할지 결정하지 못했다.

64-9] if절은 전치사의 목적어로도 쓰이지 않습니다. (if절은 주로 '조건 · 가정'의 부사절로 쓰이기 때문에, if절이 명사절로 쓰이는 데 제약이 있을 수밖에 없습니다.)

예 I haven't settled the question of whether I'll accept the invitation.
초청을 받아들여야 할지에 관한 문제를 결정하지 못했다. (*NOT* ... of if I'll ...)

▶ doubt 다음에는, '의심하다'라는 뜻이므로, whether절도 if절도 옵니다. 하지만 부정하는 'don't doubt' 다음에는, '의심하지 않다. 즉 확신하다'라는 뜻이므로, that절이 옵니다.

예 I don't doubt that Mike likes Betty.
마이크가 베티를 좋아하는 것을 확신한다.

▶ doubt는 '확신하지 못하는 의심'입니다. 이와 달리, suspect는 '사실로 여겨지는 의심(수상쩍어 하다, 혐의를 두다)'입니다. suspect 다음에는 that절이 옵니다.

예 I began to suspect that he was trying to cheat me.
he가 나를 속이려 한다는 의심이 들기 시작했다.

whether는 부정사와 함께 쓰일 수 있습니다. (if는 불가)

- I can't decide **whether to go** or stay. [whether + 부정사]
  가야 할지 머물러야 할지 결정을 못 내리겠어.
  (= I can't decide whether I'll go or stay.)
  - whether to go: 명사구 ★ 의문사+부정사 ☞ p. ❷ p. 269
    예 I don't know whether to believe him or not.
    그이를 믿어야 할지 믿지 말아야 할지 모르겠다.
    (= I don't know whether I should believe him or not.)
    He hesitated whether to accept the invitation.
    he는 초청을 받아들여야 할지 망설였다.
    (= He hesitated whether he would accept the invitation.)

명사절

〉 의문사절과 간접의문문

- **When** can I see you again? [직접의문]
  - 너를 언제 다시 만날 수 있을까?
  - 의문부사: when, where, how, why
  - – 부사 역할
    - 예 Where do you live? 어디 사나요?
      How does it work? 그것은 어떻게 작동하나요?
      Why do you like it? 왜 그것을 좋아하나요?
      Why were you late? 왜 늦었나요?
  - – 보어 역할 (부사도 보어 역할을 함 ★ 필수부사어 ☞ ❸ p. 340)
    - 예 When is your birthday? 네 생일이 언제니?
      Where are you? 너 어디 있니?
      How are you? 잘 지내니?

위 예문은 '의문사가 있는' 직접의문문입니다. 그럼 위 예문이 동사의 목적어로 쓰이면? 네, 그렇습니다. '의문사절'이 되어 명사절로 쓰이고, '간접의문문'이 됩니다.

간접의문문이 되면, '의문문 어순 When can I see …'에서 '평서문 어순 When I can see …'으로 어순이 바뀝니다. 이유는 묻는 말이 알고 싶거나 확인하고 싶은 '사실·정보'가 되기 때문입니다. 이 점은 의문문사 없는 의문문도 마찬가지입니다.

64-2] It doesn't matter whether <u>he comes</u> (or not).
　　　(It's doesn't matter + <u>Does he come</u>?)

64-3] It's doubtful whether <u>he'll come</u> (or not).
　　　(It's doubtful + <u>Will he come</u>?)

생각문법

- I don't know <u>when I can see you again</u>. [간접의문문]
    너를 언제 다시 만날 수 있을지 모르겠네.
    (I don't know. + When can I see you again?)
    - when 이하: 의문사절, (동사의 목적어로 쓰인) 명사절 (의문사절이 되어 명사절로 쓰임)
         간접의문문, '의문문 어순 when can I see'에서 사실·정보를
         의미하는 '평서문 어순 when I can see'으로 바뀜
    - when: 절과 절을 잇는 접속사 역할을 함
       예 Do you know who she is?
          너는 she가 누군지 아니? (+ Who is she?)

의문사가 없는 직접의문문이 동사의 목적어로 쓰여 간접의문문이 되면, 접속사로 'whether·if'가 쓰입니다. 의문사절과 확실히 구별해야겠습니다.

- I don't know <u>whether I can see you again</u>. [간접의문문]
     너를 다시 만날 수 있을지 모르겠네.
     (I don't know. + Can I see you again?)
     예 Do you know whether he'll leave (or not)?
        he가 떠날지 (안 떠날지) 알고 있니? (+ Will he leave?)
     I'm not sure if they'll solve it.
        그들이 그것을 해결할지 잘 모르겠어. (+ Will they solve it?)
     Let me know if you need anything else.
        뭐든 필요하면 알려 줘. (+ Do you need anything else?)

[간접의문문을 서법적인 관점에서 보면, 대놓고 직접적으로 표현하지 않고, 위 예문과 같이 돌려서 간접적으로 표현하면, 묻는 사람도 듣는 사람도 그만큼 부담이 줄고 편해집니다. ＊ Could you tell me why you are so sad now? 왜 이렇게 슬픈지 말해 줄 수 있니? (직접의문문 'Why are you so sad now?'보다 어감도 부드러움)]

예문 65는 명사절로 '의문사절'이 쓰인 문장입니다.

65-1] <u>Who did it</u> is a mystery. [주어]

65-2] It doesn't matter <u>what he did</u>. [진주어]

65-3] The question is <u>who does it</u>. [보어]

65-4] I don't know <u>what I should do</u>. [동사의 목적어]

65-5] He asked <u>where I would go</u>.

65-6] I wonder <u>why he's always late</u>.

65-7] Do you know <u>whose car this is</u>?

65-8] <u>What</u> do you think <u>is important</u>?

65-9] Tell me (about) <u>where you were yesterday</u>. [전치사의 목적어]

65-1] 누가 그것을 했는지는 미스터리다. [65-2] he가 무엇을 했는지는 중요하지 않다. [65-3] 문제는 누가 그것을 하느냐다. [65-4] 무엇을 해야 할지 모르겠다. [65-5] he는 내가 어디로 갈 건지를 물었다. [65-6] he가 왜 항상 늦는지 궁금하다. [65-7] 이것이 누구 차인지 아니? [65-8] 무엇이 중요하다고 생각해? [65-9] 어제 어디에 있었는지 말해 봐.

65-1] 절은 단수동사(is)로 받습니다.

예] How he did it is a mystery. he가 그것을 어떻게 했는지는 미스터리다.
Who was right cannot be determined yet. 누가 옳았는지는 아직 결정할 수 없다.

65-2] 예] It didn't matter where he went. he가 어디로 갔든 중요하지 않았다.

65-4] 예] I don't know what he's saying. he가 무슨 말을 하고 있는지 모르겠어.
I have no idea what happened. 무슨 일이 일어났는지 모릅니다.

'의문사+부정사' 구문으로 전환 가능 (= I don't know what to do.)

예] I didn't know when to begin it. 그것을 언제 시작해야 할지 몰랐다.
I still don't know who to vote for. 누구를 투표해야 할지 아직 모르겠다.

생각문법

65-5] 예 I'll ask when the train leaves.
기차가 언제 떠나는지 물어 볼게.

This shows how strong the earthquake was.
이것은 지진이 얼마나 강했는지를 보여준다.

65-6] 예 I wonder which of the teams will win. 어느 팀이 이길지 궁금하다.

65-8] 주절에 'think · believe · suppose · imagine'과 같은 생각동사가 있으면, 의문사절의 의문사가 문두로 이동합니다.

▶ 이유는? 사람은 누구나 생각할 줄 압니다. 생각 자체보다 '무엇을' 생각하는지 다시 말해 의문사가 더 중요하므로, 의문사가 문두로 이동하는 것입니다.

예 Who do you think is happy? [주어]
누가 행복하다고 생각하십니까? (+ Who is happy?)

What do you think you lost? [목적어]
무엇을 잃어버린 것 같습니까? (+ What did you lose?)

What do you believe your problem is? [보어]
당신 문제가 무엇이라고 생각하십니까? (+ What's your problem?)

When do you think you lost it? [부사]
그것을 언제 잃어버린 것 같습니까? (+ When did you lose it?)

Why do you suppose your problem happened? [부사]
당신 문제가 왜 생긴 것 같습니까? (+ Why did your problem happen?)

주절의 동사가 know면, 의문사가 문두로 이동하지 않습니다.

▶ 이유는? 사람이 모든 것을 알 수 없습니다. 의문사보다 '아는지, 모르는지'의 여부가 더 중요하므로, 의문사가 문두로 이동하지 않는 것입니다.

예 Do you know when he'll go there? he가 언제 그곳에 가는지 아니?
(NOT When do you know he'll go there?)

Do you know how long he'll stay there? he가 그곳에 얼마 동안 머물지 아니?
(NOT How long do you know he'll stay there?)

65-9] 일상적으로 자주 쓰이는 동사 뒤의 전치사는 생략할 수 있습니다. 덜 자주 쓰이는 동사는 생략하지 않습니다.

예 Everything depends on how much you love Ella.
모든 것은 네가 엘라를 얼마나 많이 사랑하는지에 달렸다.

| 생각 더하기 | **62. 간접화법과 명사절** |

"화법 話法·인용"이란 타인의 말을 인용해 전하는 방법을 말합니다. '직접화법'과 '간접화법'이 있습니다.

```
화법
 └ 직접화법 직접인용 · Direct Speech
    : 타인의 말을 그대로 전함
 └ 간접화법 간접인용 · Reported Speech
    : 타인의 말을 화자의 말로 바꾸어 전함
```

직접화법이 간접화법으로 바뀌면 과거의 일이 됩니다. 다시 말해, 'now 지금'이 'then 그때'로, 'tomorrow 내일'이 'the next day 그 다음날'로, 이렇게 과거의 일로 말하게 됩니다. 부사(구)가 아래와 같이 바뀝니다.

직접화법		간접화법
now	→	then
this, these	→	that, those
today	→	that day
ago	→	before
tomorrow	→	the next day (= the following day)
next week	→	the next week (= the following week)
yesterday	→	the day before (= the previous day)
last night	→	the night before (= the previous night)
here	→	there

부사(구)의 화법 전환

생각문법

간접화법에 전달동사의 목적어로 명사절이 쓰입니다.

평서문 간접화법

전달동사: say → say / say to → tell

목적어: that절

- He <u>said</u>, "<u>I'm</u> a doctor." [직접화법]
  he는 "나는 의사입니다."라고 말했다.

- He <u>said that he was</u> a doctor. [간접화법]
  he는 자기가 의사라고 말했다.
  (said → said / I'm → that he was)

  He said to me, "I love you."
    he는 내게 "사랑해."라고 말했다.
    [say (to): '(…에게) 말하다' ('말의 내용'이 중요)]
  He told me that he loved me.
    he는 내게 사랑한다고 말했다. (said to → told / I love → that he loved)
    [tell: …에게 말하다 ('말의 전달'이 중요, 전치사 'to' 불필요)]

  He said to me, "I'm busy now."
    he는 내게 "지금 바빠."라고 말했다.
  He told me that he was busy then.
    he는 내게 그때 바쁘다고 말했다.
    (I'm → that he was / now → then)

  He said to me, "I met Betty yesterday."
    he는 내게 "어제 베티를 만났어."라고 말했다.
  He told me that he had met Betty the day before.
    he는 내게 그 전날 베티를 만났다고 말했다.
    (I met → that he had met / yesterday → the day before)

> ### 의문문 간접화법
>
> 전달동사: say to → ask
>
> 목적어: [의문사가 있는 의문문] 의문사절
> [의문사가 없는 의문문] whether절·if절

- He <u>said to</u> me, "<u>Where do you live</u>?" [직접화법]
  he는 내게 "어디에 사세요?"라고 말했다.

- He <u>asked</u> me <u>where I lived</u>. [간접화법]
  he는 내게 어디에 사냐고 물었다.
  (said to → asked / Where do you live → where I lived)

  He said to me, "Who and what are you?"
  he는 내게 "누구고, 무엇을 하는 사람입니까?"라고 말했다.

  He asked me who and what I was.
  he는 내게 누구고, 무엇을 하는 사람이냐고 물었다.
  (Who and what are you → who and what I was)

- He <u>said to</u> me, "<u>Do you have</u> a car?" [직접화법]
  he는 내게 "차가 있나요?"라고 말했다.

- He <u>asked</u> me <u>whether[if] I had</u> a car. [간접화법]
  he는 내게 차가 있는지 물었다.
  (Do you have → whether[if] I had)

  He said to me, "Are you going there tomorrow?"
  he는 내게 "내일 그곳에 가나요?"라고 말했다.

  He asked me whether[if] I was going there the next day.
  he는 내게 그 다음날 그곳에 가는지 물었다.
  (are you going → whether[if] I was going / tomorrow → the next day)

명령문 간접화법

전달동사: [직접 명령] order, command, advise, ask, tell
[간접 명령] suggest, propose

목적어: [직접 명령] 부정사 / [간접 명령] that절

- He <u>said to</u> me, "<u>Wait here</u>." [직접화법: 직접명령]
  he는 내게 "여기서 기다려라."라고 말했다.

- He <u>ordered</u> me <u>to wait there</u>. [간접화법]
  he는 내게 거기서 기다리라고 명령했다.
  (said to → ordered / wait → to wait / here → there)

  The doctor said to me, "Don't drink too much."
  의사는 내게 "과음하지 마세요."라고 말했다.
  The doctor advised me not to drink too much.
  의사는 내게 과음하지 말라고 조언했다.
  (said to → advised / Don't drink → not to drink)

  She said to me, "Help me, please."
  she는 내게 "도와주세요."라고 말했다.
  She asked me to help her.
  she는 내게 자기를 도와달라고 요청했다.
  (said to → asked / help → to help)

- He <u>said to</u> me, "<u>Let's go</u> fishing <u>today</u>."
  [직접화법: 간접명령] he는 내게 "오늘 낚시하러 가자."라고 말했다.

- He <u>suggested to</u> me <u>that we should go</u> fishing <u>that day</u>. [간접화법] he는 내게 그날 낚시하러 가자고 제안했다.
  (said to → suggested to / Let's go → that we should go / today → that day)

명사절

감탄문 간접화법
전달동사: exclaim, shout, cry out, sigh
목적어: that절 또는 감탄절

- He said, "What a nice car it is!" [직접화법]
  he는 "정말 멋진 차구나!"라고 말했다.

- He exclaimed that it was a very nice car. /
  He exclaimed with joy what a nice car it was.
  [간접화법] he는 정말 멋진 차라고 소리쳤다.
  [said → exclaimed (with joy) / it is → (that) it was)]

He said, "How exciting the game is!"
he는 "정말 신나는 게임이야!"라고 말했다.
He shouted that the game was very exciting. /
He shouted with joy how exciting the game was.
he는 정말 신나는 게임이라고 소리쳤다.
[said → shouted (with joy) / the game is → (that) the game was]

기원문 간접화법
전달동사: say → pray
목적어: that절

- She said, "May God bless my child." [직접화법]
  she는 "우리 아이에게 신의 축복이 있기를."라고 말했다.

- She prayed that God might bless her child.
  [간접화법] she는 자기 아이에게 신의 축복이 있기를 기도했다.
  (said → prayed / bless → might bless / my child → her child)

중문·복문 간접화법

전달동사: say → say / say to → tell
목적어: that절

- He said, "I like Betty, but she doesn't like me."
  [중문] he는 "나는 베티를 좋아하지만, 베티는 나를 싫어해."라고 말했다.

- He said that he liked Betty, but that she didn't like him.
  he는 자기는 베티를 좋아하지만, 베티는 자기를 싫어한다고 말했다.
  (but 뒤에 that를 또 써야 함)

  He said, "I don't want to go out, for the weather is bad."
  he는 "날씨가 안 좋아 나가고 싶지 않아."라고 말했다.

  He said that he didn't want to go out, for the weather was bad.
  he는 날씨가 안 좋아 나가고 싶지 않다고 말했다.
  (for 뒤에는 that을 또 쓰지 않음)

- He said to me, "I don't know who she is."
  [복문] he는 "she가 누군지 모른다."라고 말했다.

- He told me that he didn't know who she was.
  he는 she가 누군지 모른다고 말했다.

  He said, "I won't go out because I have a cold."
  he는 "감기에 걸려 나가지 않을래."라고 말했다.

  He said that he wouldn't go out because he had a cold.
  he는 감기에 걸려 나가지 않겠다고 말했다.

  ★ 조동사가 쓰인 문장의 화법 전환 ☞ ❷ p. 154

생각 더하기 63. 시제의 일치

'어제 갔다고 약속할게요.'는 '가다'와 '약속하다'의 시제가 서로 호응되지 않습니다. 말이 되지 않습니다. 말이 되게 '내일 간다고', 이렇게 시제를 맞춰야 합니다. 이를 문법에서 "시제의 일치"라고 합니다. 어렵게 생각하지 마십시오. 말이 되면 됩니다.

앞절이 과거시제 형식이 아니면, 뒷절에는 모든 시제 형식이 쓰일 수 있습니다.

- I know that he lives in Jeju. [현재시제 – 현재시제]
  he가 제주에 사는 것을 알고 있다. (I know: 앞절[주절] / that 이하: 뒷절)
  예 I know that he lived in Jeju. … 산 것을 알고 있다.
        he will live in Jeju. … 살 것을 알고 있다.

- I have known that he lives in Jeju. [현재완료 – 현재시제]
  he가 제주에 사는 것을 (지금껏) 알고 있었다.
  예 I have known that he lived in Jeju. … 산 것을 알고 있었다.
        he will live in Jeju. … 살 것을 알고 있었다.

- I will know that he lives in Jeju. [미래시간 – 현재시제]
  he가 제주에 사는 것을 알게 될 것이다.
  예 I will know that he lived in Jeju. … 산 것을 알게 될 것이다.
        he will live in Jeju. … 살 것을 알게 될 것이다.

앞절이 과거시제 형식이면, 이는 곧 문장 내용이 과거 영역으로 한정된다는 뜻이므로, 뒷절에도 과거시제 형식이 쓰입니다.

- I <u>knew</u> that he <u>lived</u> in Jeju. [과거시제 – 과거시제]
  he가 (그때) 제주에 산 것을 알았다.
  예 I knew that he <u>had lived</u> in Jeju. (그때껏) … 산 것을 알았다.
      he <u>would live</u> in Jeju. … 살 것을 알았다.

하지만 앞절이 과거시제라도, 과거의 일이나 상황이 과거로 끝나지 않고, 현재에도 영향을 끼치거나 유지되면 뒷절에 현재시제 형식이 쓰일 수 있습니다.

- She <u>said</u> that she <u>loves</u> Ella. [과거시제 – 현재시제]
  she는 엘라를 (과거에도 지금도 미래에도) 사랑한다고 말했다.
  예 I heard that she'<u>s leaving</u> tomorrow.
      she가 내일 떠난다고 들었어요. (is leaving: 예정의 현재진행)
  – 현재시제는 '습관적/반복적'이고, 영원하고 불변함
  예 He said that he usually <u>gets</u> up at six in the morning. [습관]
      he는 (평소) 아침 6시에 일어난다고 말했다.
    We learned that the earth <u>moves</u> around the sun. [불변의 진리]
      지구는 태양 주위를 (과거에도 지금도 미래에도) 돈다고 배웠다.
  – 비교 구문에서, 다른 두 시기의 상태를 비교할 때
  예 He was not as strong as he <u>is</u>.
      he는 지금만큼 힘이 세지 않았다. (예전에는 힘이 약했다.)
  – 역사적 사건이나 사실은 과거의 일이니, 항상 과거시제로 나타냄
  예 I learned that Columbus <u>discovered</u> America.
      콜럼버스가 아메리카 대륙을 발견했다는 것을 배웠다.

[보통 문법책에서는 위와 같은 예문을 보고, "시제 일치의 예외"라고 합니다. 단언컨대, 예외가 아닙니다. 말이 되면, 그것이 곧 시제의 일치입니다. 말이 되게 시제를 잘 일치시켜 놓고 예외라니, 기준 아닌 기준을 정해 놓고 기계적으로 암기하면 안 되겠습니다.]

―l 동격이 과연 같은 말일까?

• Betty, <u>my best friend</u>, left for Australia.
　　　가장 친한 내 친구 베티가 호주로 떠났다.

위 예문과 관련해 보통 문법책에 ▶ 'my best friend'는 Betty와 '동격이다' 또는 '동격 관계에 있다'고 나옵니다. ◀ 동격은 '격이 같다'는 말인데…….

'격이 같다'는 '같은 자리에 있다, 같은 역할을 한다'는 말입니다. 위 예문에서 Betty는 주어고, 동격이니 'my best friend'도 주어로 볼 수 있습니다. 동격은 역할이 같다는 말일 뿐, 중요한 말도, 꼭 알아야 하는 문법용어도 아닙니다. ★ 격 ☞ ❸ p. 19

['동격' 하면, '同 같을 동' 자를 써서 그런지, 많은 사람이 동격을 '같은 말'로 알고 있는 듯합니다. '베티'라는 말과 '친구'라는 말이 어떻게 같은 말인가요? 고정 관념에서 벗어나야겠습니다.]

영어문장은 앞말을 뒷말이 설명해 나가는 서술식 구조!

'베티가 누구? 가장 친한 내 친구', 이렇게 'my best friend'는 Betty를 설명하는 말입니다. 강조합니다, Betty라는 명사를 설명하는 '명사 설명어'입니다. 'Betty, (who is) my best friend, …' 이렇게 'who is'가 생략된 것으로 보십시오.

['Betty(명사) is my best friend(명사).'처럼, 주보어로서 명사(앞말)를 명사(뒷말)가 설명합니다. 명사 후위설명은 명사 본연의 역할입니다. ★ 주보어 ☞ ❷ p. 274, ❸ p. 327]

〉명사는 설명의 대상 – 명사 설명어 (★★★ 매우 중요)

만물의 이름을 나타내는 말, 강조하고 또 강조합니다, 명사는 '설명의 대상'입니다.

[명사는 '수식의 대상'이기도 합니다. 하지만 국어가 '수식 구조'라, 수식은 우리에게 매우 익숙합니다. 별다른 내용도 없으니, 수식은 논외로 합니다.]

명사 뒤에 덧붙어 '선행명사를 설명하는 말'을 '명사 설명어'로 부릅니다. 명사 설명어는 두 가지로, '명사어'와 '형용사어'가 있습니다. ★ 명사어와 형용사어의 구별 ☞ ❷ p. 276. ❸ p. 334

명사 설명어 선행명사를 설명하는 말
① 선행명사를 설명하는 '명사어' [명사적 용법]
  └ 선행명사 + 명사구
  └ 선행명사 + 명사절
② 선행명사를 설명하는 '형용사어' [형용사적 용법]
  └ 선행명사 + 형용사구 ☞ 123
  └ 선행명사 + 형용사절 (이것이 관계사절 ☞ 129)

아무리 강조해도 지나치지 않은 명사 설명어! 선행명사를 설명하며 앞말과 뒷말을 이어 갑니다. '말과 말을 잇는' 영어 고유의 연결 방식이고, 논리 체계입니다. 명사어부터 살펴보겠습니다.

[보통 문법책은 앞에 있는 명사를 '선행사'로 부르는데, 선행사는 단지 '앞선 말'이라는 뜻일 뿐입니다. 앞에는 명사만 있으니, 기왕이면 '선행명사 머리명사'로 부르십시오.]

명사는 문장에서 '주어·목적어·보어' 역할을 합니다. 강조합니다, 명사가 (주어 자리든, 목적어 자리든, 보어 자리든) 어느 자리에 있든 명사는 설명의 대상입니다. 요컨대, 명사 설명어가 '주목보' 자리에 있는 명사 뒤에 덧붙어, 뒤에서 명사를 설명합니다.

"명사의 자리와 상관없이, 명사 설명어가 뒤에서 명사를 설명할 수 있구나!" – 명사 역할이 하나 더 추가됩니다. '주목보' 역할뿐 아니라 '명사 설명어' 역할도 합니다.

주의! 명사 설명어는 명사 뒤에 '덧붙는, 추가되는' 말이므로, 없어도 의사소통이 일단 됩니다. 문장에 꼭 있어야 하는, 필수 문장성분인 '주보어·목적보어'와 구별하십시오. ★ 주보어 ☞ ❸ p. 327 / ★ 목적보어 ☞ ❸ p. 396

■ 선행명사 + **명사구**

명사 설명어로서, 선행명사를 명사구가 설명합니다. 선행명사는 주어일 수도, 목적어일 수도, 보어일 수도 있습니다.

- He called Mr. Kim, <u>a lawyer</u>. [명사구]
    he는 변호사 김씨에게 전화를 걸었다.
    – a lawyer: (Mr. Kim이 누구? 변호사라고) 선행명사 'Mr. Kim'를 설명
        선행명사를 설명하는 명사구, 명사 설명어, 앞에 쉼표를 찍음
        목적보어가 아님, 목적보어와 구별할 것
    – 주어를 설명할 때는 주로 앞뒤로 쉼표를 찍음
        예 Messi, my favorite soccer player, was excellent in the Brazil World Cup.
            내가 가장 좋아하는 축구 선수 메시는 브라질 월드컵에서 뛰어난 활약을 했다.
    – 이 경우 관용적으로 '동격'이라고 하는데, 영어문장은 서술식 구조이므로
        선행명사를 설명하는 명사구, 명사 설명어로 볼 것

■ 선행명사 + 명사절

fact 사실	news 소식	rumor 소문
saying 속담	idea 생각	thought 생각
belief 믿음	doubt 의심	suggestion 제안
opinion 의견	answer 대답	question 질문
report 보고	remark 발언	chance 기회
hope 희망	certainty 확실	conclusion 결론
proof 증거	evidence 증거	possibility 가능성

명사 설명어로서, 선행명사를 이번에는 명사절이 설명합니다. 이 경우 선행명사는 위와 같은 '특정한 추상명사'입니다. 특정한 추상명사에 한해, 뒤에서 명사절인 that절이 설명합니다. (특정한 추상명사는 의미상, 사실·정보를 나타내는 that절과 잘 어울립니다.)

- I didn't believe the fact that he was guilty. [명사절]
  - he가 유죄라는 사실을 믿지 않았다.
  - the fact: 선행명사, 특정한 추상명사
  - that 이하: (사실과 관련된 내용이 무엇? he가 유죄라고) 선행명사 'the fact'를 설명
    선행명사를 설명하는 명사절, 명사 설명어
    '추상명사 = that절', 등호 성립, 추상명사를 명사적으로 설명
    완전한 문장, 추상명사와 관련된 내용
    이때의 that은 대개 생략하지 않음
  - 불완전한 문장인, 관계대명사 'that'이 이끄는 형용사절과 구별할 것 ☞ p. 153
    예 The man that lives next door is a lawyer. [형용사절]
       그 남자, 옆집에 사는 남자 말이야, 변호사야. (man: 일반적인 보통명사)
       ['that lives next door': 주어가 빠진 불완전한 문장 (NOT that he lives ...)]

예문66은 명사 설명어로 명사절이 쓰인 문장입니다.

66-1] I heard the news <u>that he was dead</u>. [that절]

66-2] The rumor <u>that he committed suicide</u> is true.

66-3] There's an old saying <u>that the beautiful die young</u>.

66-4] I have an idea <u>that she's leaving soon</u>.

66-5] I have the belief <u>that you can make it</u>.

66-6] There is some doubt <u>whether he'll be elected</u>. [whether절]

66-7] The question <u>whether he'll resign</u> is important.

66-8] I have no idea (of) <u>what he's doing</u>. [의문사절]

66-9] He has a curiosity (as to) <u>how it works</u>.

66-1] he가 죽었다는 소식을 들었다. [66-2] he가 자살했다는 소문은 사실이다. [66-3] 옛말에 '미인박명'이란 말이 있다. [66-4] she가 곧 떠날 거라는 생각이 든다. [66-5] 네가 그것을 해낼 거라고 믿는다. [66-6] he가 당선될지는 다소 불확실하다. [66-7] he가 사임할 것인지에 대한 문제는 중요하다. [66-8] he가 (요즘) 무엇을 하고 있는지 모른다. [66-9] he는 그것이 어떻게 작동하는지 궁금해 한다.

66-1] 예] I was surprised at the news that she won the gold medal.
　　　　she가 금메달을 땄다는 소식에 놀랐다.

　　　　I read in today's paper that the government has declared war on drugs.
　　　　오늘 신문에서 정부가 마약과의 전쟁을 선포했다는 기사를 읽었다.

66-4] 예] I'm of opinion that he must resign. he가 사임해야만 한다고 생각한다.

65-6~9] 선행명사가 ('doubt · question, curiosity · wonder, no idea[knowledge]'와 같은) '의심 · 의문 · 모름'을 뜻하는 추상명사면, 다시 말해 '불확실한 상황'이면 이에 부합하는 뜻을 지닌 'whether절'과 '의문사절'도 명사절로서 명사 설명어로 쓰일 수 있습니다. (if절은 쓰이지 못함)

> **생각 더하기**   64. 'the fact that ...', 'the fact'를 왜 쓸까?

접속사 'that'에 해당하는 국어가 의존명사 '것'입니다. 아래 두 문장을 비교해 보십시오.

 I didn't believe <u>that</u> he was guilty.
 ① he가 유죄라는 것을 믿지 않았다.

웬만한 명사는 '것'으로 대체할 수 있어, '것'은 사용이 무척이나 편리한 말입니다. 하지만 어감이 두루뭉술하고 흐리터분해 편리함에 남용하면, 말과 글의 질이 떨어지고 세련되어 보이지 않게 됩니다.

'것'은 안 쓸 수 있으면, 안 쓰는 것이 좋습니다. '것' 대신에 '사실·점·바, 일·사건·경우' 등, 다른 명사로 바꿀 수 있으면 바꾸는 것이 좋습니다.

 I didn't believe <u>the fact that</u> he was guilty.
 ② he가 유죄라는 사실을 믿지 않았다.

'것'을 '사실'로 대체하듯이, 영어도 세련되게, 명확하게 구체적으로 'fact, news, rumor'와 같은 선행명사가 쓰인다고 생각하십시오.

- I heard <u>that</u> he committed suicide.
  he가 자살했다는 것을 들었다.
- I heard <u>the news[a rumor] that</u> he committed suicide.
  he가 자살했다는 소식[소문]을 들었다.

[형용사절은 어렵기도 하고, 새롭게 알아야 하는 내용도 많아, 상대적으로 학습 부담이 적은 부사절을 먼저 살펴봅니다. 부사절은 부사 개념만 잘 알고 있으면, 그리 어려운 점은 없습니다. 부사절을 이끄는 접속사 위주로 보시길 바랍니다.]

부사의 부는 한자로 '副 버금/둘째/다음 부'입니다. 일례로, 사장이 있은 다음에 부(副)사장이 있습니다. 이는 어떤 말이 나온 다음에 부사가 나온다는 의미입니다. 요컨대, 어떤 말은 '온전한 문장'이고 설명어로 쓰인 부사는 온전한 문장 다음에 옵니다.

온전한 문장은 마침표를 찍을 수 있는, 의사소통이 일단 되는 문장입니다. 다시 말해, '말이 찬 〉 말을 더하지 않아도 되는 〉 할 말을 한' 문장입니다. 말이 일단락된 것입니다.

['장소·시간'을 비롯해 '이유·원인, 목적·결과, 조건·가정·양보'와 '빈도·정도 양태·비교'를 나타내는 말이 부사입니다. 부사 역할은 (형용사의 대상인 명사를 제외한) '동사·형용사, 다른 부사·문장 전체'를 앞에서 수식하거나 뒤에서 설명합니다. 한편 '부사, 부사구, 부사절' 이 셋을 하나로 묶어 "부사어"라고 합니다.]

부사절
Adverbial Clauses

그럼 할 말을 하고 난 다음에 하는 말은 어떤 말일까요? 할 말이 남았으면, 그 말은 어떤 말일까요? 의미상, '장소·시간, 이유·원인, 목적·결과, ...' 이런 말이 아닐까요? 이런 말을 덧붙여 자세히 말하지 않을까요? (부연: 설명을 덧붙여 자세히 말함)

부사: (부사적 의미로) '부연(副)'하는 '말(詞)'
 – 부사적 의미: '장소·시간, 이유·원인, 목적·결과' 등

부사절은 온전한 문장인 주절을 '부연 설명하는 절'입니다.

온전한 문장 [앞절: 주절] + 부사절 [뒷절: 설명절]
 – 부사절: 온전한 문장인 주절을 (부사적 의미로) 부연 설명하는 절

- I missed the train <u>because I overslept</u>. [부사절]
  늦잠을 자는 바람에 기차를 놓쳤다.
  – 'I missed the train': 주절, 온전한 문장
  – because 이하: 기차를 놓친 이유를 부연 설명
  　　　　　　이유라는 부사적 의미로, 부사 역할을 하며 부사적으로 설명
  　　　　　　부사 역할을 하므로 부사절

['만물의 이름', 이렇게 명사는 '이름'한 단어로 정의됩니다. 하지만 부사는 한두 단어도 아니고, '장소·시간, 이유·원인, 목적·결과' 등등으로 정의됩니다. 부사는 부연 설명하는 말이라, 다양한 상황만큼 덧붙는 말이라, 부사적 의미가 다양할 수밖에 없습니다.]

> 부사절을 이끄는 접속사

부사절을 이끄는 접속사
└ 장소: where, wherever[anywhere/everywhere]
└ 시간: when, while, as, after, before, until, since
　　　　as soon as
└ 이유·원인: because, since, as, now that, seeing that
└ 목적: so that, in order that, lest
└ 결과: so ... that, such ... that
└ 조건: if, unless, once, in case, so long as / 가정: if
└ 양보: though, even though, while, when
　　　　whoever, whatever, no matter who etc.
└ 양태: as, as if, like / 비교: as, than

위와 같이, 부사절을 이끄는 접속사는 부사적 의미가 다양한 만큼 꽤나 많습니다. 자 그럼, 하나씩 살펴보겠습니다.

▶ 장소 부사절을 이끄는 접속사 'where'
　예 I repeat, stay where you are!
　　　반복한다. 네가 있는 곳에 그대로 있어라! 〉꼼짝 마라!
　I want to sit down where there is some shade.
　　　그늘진 곳에 앉고 싶다.
　I'll hide my money where you can't find it.
　　　네가 찾을 수 없는 곳에 돈을 숨길 것이다.
　Where there is a will, there is a way.
　　　뜻이 있는 곳에 길이 있다.
　★ 장소의 복합관계부사 'wherever' ☞ p. 194

예문 67은 부사절이 쓰인 문장입니다.

- **시간**

when	while	as
after	before	until
since	as soon as	

시간 부사절을 이끄는 접속사

67-1] Call me <u>when you finish your work</u>.
67-2] <u>When he was a child</u>, he lived in Busan.
67-3] Celery is delicious <u>when (it is) eaten raw</u>.

67-1] 일 끝나면 전화해. [67-2] he는 어렸을 때 부산에 살았다. [67-3] 셀러리는 생으로 먹을 때가 맛있다.

67-1] (NOT ..., when you will finish your work.)
★ 현재시제와 시간 부사절 ☞ ❶ p. 52 / ★ 시간의 복합관계부사 'whenever' ☞ p. 194

67-2] 과거 특정 시기를 말할 때는 (while·as가 아닌) 시점을 뜻하는 when을 씁니다. ★ 과거시제와 과거시점 ☞ ❶ p. 101 / ★ 과거시점과 when ☞ ❶ p. 242

67-3] 문맥이 분명하면, '주어+be동사'는 생략할 수 있습니다.
    예 She couldn't go out until (she is) allowed to do so.
       she는 허락될 때까지 외출할 수 없었다.

부사절이 문두로 도치되면 뒤에 쉼표를 찍습니다.
    예 When celery is eaten raw, it's delicious.

67-4] Someone knocked at the door while I was studying.
67-5] The cat went out while I was asleep.
67-6] He was watching TV while I was studying.

67-4] 공부하고 있는데, 누군가 문을 두드렸다. [67-5] 내가 잠든 사이에 고양이가 나갔다. [67-6] 내가 공부하는 동안, he는 TV를 보고 있었다.

67-4] 지속적인 상황 묘사에는 대개 while이 쓰입니다. 특히, while과 as는 '동시성'을 지닙니다. '진행형[studying]'과 잘 어울립니다. ★ while ☞ ❶ p. 243

67-5] 지속적인 상태면, 단순시제(was)와도 잘 어울립니다.
   예 Please have a seat here while you wait. 기다리는 동안 여기 앉아 계세요.

67-6] 두 사건이 동시에 진행되면 '진행형+while 진행형'으로 나타냅니다.

67-7] As I was getting off the bus, someone touched me.
67-8] He always watches TV (just) as I start study.
67-9] As I get older, I forget things more.

67-7] 버스에서 내리고 있는데, 누군가 나를 건드렸다. [67-8] he는 늘 내가 공부를 (막) 시작하려고 하면 TV를 본다. [67-9] 나이를 먹을수록 건망증이 심해진다.

67-7] 배경사건이 그다지 중요하지 않은 일이면, while 대신 as를 쓸 수 있습니다. 주로 문두에 옵니다. (배경사건: 버스에서 내리고 있는 일)

67-8] 순간적인 상황 묘사에는 'just as'가 쓰입니다.

67-9] '비례 관계', 즉 '함께 따라 변하는' 사건을 묘사하고 있습니다.
   예 As we climb up higher, it's harder to breathe.
      더 높이 올라갈수록 숨쉬기가 더 어려워진다.

생각문법

67-10] I'll call you <u>after the party is over</u>.

67-11] Do it <u>before you forget</u>.

67-12] Let's wait <u>until the rain stops</u>.

67-13] It's two months <u>since I've seen Betty</u>.

67-14] <u>As soon as it becomes fine</u>, I'll come to you.

67-10] 파티가 끝나고 나면 전화할게. [67-11] 잊어버리기 전에 그걸 해. [67-12] 비가 그칠 때까지 기다리자. [67-13] 베티를 본 지 두 달이 되었다. [67-14] 날씨가 개면 바로 갈게.

67-10] X after Y: 시간상, Y가 먼저

예) Several years after we had split up, we met again by chance in Jeju.
우리는 헤어진 지 몇 년이 지난 후에 제주에서 우연히 다시 만났다.

두 사건의 시차가 확연히 나거나 순서를 강조하려면 시간 부사절을 **현재완료로 나타냅니다.** ★ 현재완료와 시간 부사절 ☞ ❶ p. 195

예) You'll feel better after you <u>have taken</u> a day off. 하루 쉬고 나면 나아질 거야.

67-11] X before Y: 시간상, Y가 나중

예) It may be many years before the situation improves.
상황이 개선되기까지는 여러 해가 걸릴지도 모른다.

67-12] 구어에서는 보통 'till을' 씁니다. (until = till) ★ by와 until ☞ ❷ p. 75

예) You're not going out till you've finished this.
네가 이걸 다 마칠 때까지는 밖에 나가지 못한다.

67-13] since는 접속사로, 완료형과도 잘 어울립니다. ★ since ☞ ❶ p. 182

예) It was the first time I had had visitors since I <u>had moved</u> to Jeju.
[과거완료] 제주로 이사한 이후로 손님이 찾아온 것은 그때가 처음이었다.

Betty hasn't phoned since she <u>went</u> to Australia. [과거시제]
베티는 호주로 간 이후로 전화가 없다.

67-14] as soon as: 하자마자, 하자 곧, 하면 바로

예) I'll come to you as soon as (it is) possible. 너에게 가능한 빨리 갈게.

부사절

■ 이유 · 원인

```
because       as           since
now that      seeing that
```

이유 · 원인 부사절을 이끄는 접속사

[이유: 결론이나 결과에 이른 '까닭'이나 '근거' / 원인: 사물이나 상태를 변화시키거나 일으키게 하는, 근본이 된 '일'이나 '사건']

67-15] I couldn't arrive on time <u>because I missed the bus</u>.
67-16] <u>Since you cooked</u>, I'll do the dishes.
67-17] <u>As it's raining outside</u>, we have to stay at home.

67-15] 버스를 놓쳐 정각에 도착할 수 없었어. [67-16] 네가 밥했으니까 설거지는 내가 할게. [67-17] (너도 알다시피) 밖에 비가 오니까, 우리는 집에 있어야 해.

67-15] because는 인과관계로, 결과를 초래한 직접적인/논리적인 이유 · 원인을 말할 때 씁니다. 이때의 이유 · 원인은 'why에 대한 대답'이며, 상대방이 모르고 있는 '신정보'입니다. (why에 대한 대답으로 since나 as는 쓸 수 없습니다.)

예 Because I was so afraid, I couldn't sleep last night.
　　너무 무서워 간밤에 잠을 잘 수가 없었어.
　 You have to hurry up because there is not much time left.
　　시간이 얼마 남지 않았으니 서둘러야 한다.

또한, 이유 · 원인을 강조할 때 씁니다.

예 "Why did you do that?" "I did it just because you told me to."
　　"그것을 왜 했니?" "단지 네가 나에게 그것을 하라고 해서 한 거야."

생각문법

주의! 'because+절'이고, 'because of+구'입니다.

* Yesterday he stayed home from work <u>because of</u> flu.
  he는 어제 독감으로 결근했다. (because of = due[owing] to)

* The flight was delayed <u>due[owing] to</u> poor weather conditions.
  항공편은 악천후로 취소되었습니다. ('due[owing] to'는 격식체)

67-16/17] since/as가 나타내는 이유·원인은 상대방이 이미 알고 있거나 익히 알 수 있는 '구정보'입니다. 앞절과 뒷절의 두 사건이 관련성이 높습니다. '~함에 따라 어떤 결정을 내리다, 어떤 행동을 취하다' 이러한 어감입니다. 격식적인 표현이고, 문두에 잘 옵니다. since와 as는 의미와 쓰임에 차이가 거의 없습니다. 다만, 영국영어는 as를 선호합니다.

예 Since I'm expecting a baby, I'll quit the job soon.
(예전부터 다른 사람들도 대개 그렇듯이) 임신 중이라 일을 곧 그만둘 것이다.

As you were out, I left a message.
(평소 그랬듯이) 네가 외출에 함에 따라 〉 외출하고 없어 메시지를 남겼어.

We had planned to play tennis but since[as] it was raining
we decided to play table tennis instead.
우리는 테니스를 칠 계획이었지만, 비가 내려 대신 탁구를 치기로 결정했어.

주의! 이유를 나타내는 접속사 'for'는 대등접속사입니다.

* I didn't go outside, for it was raining.
  밖에 안 나갔어, 비가 내리고 있었으니까. (이유가 추가되는, 이유를 곁들이는 느낌)

★ 결과에 상응하는 이유·원인 ☞ p. 289

67-18] <u>Now (that) the weather is warmer</u>, I'll go hiking.

67-19] <u>Seeing (that) the sky is getting overcast</u>, it's going to rain.

67-18] 이제 날씨가 따뜻해졌으니까 하이킹을 갈 것이다. [67-19] 날씨가 흐려지는 것을 보니 비가 오려나 보다.

■ 목적

| so that | in order that | lest |

목적 부사절을 이끄는 접속사

67-20] I study hard (so) that I can[may] pass the test.
67-21] He gave me a map (in order) that I could find it.
67-22] I hid it lest he (should) see it.

67-20] 시험에 합격하기 위해 열심히 공부한다. [67-21] he는 나에게 그것을 찾을 수 있도록 〉찾을 수 있게 지도를 주었다. [67-22] he가 (그것을 볼 개연성이 있으니) 그것을 보는 일이 생기지 않도록 〉못 보게 숨겼다.

67-20] that절의 내용은 주절과 관련된 '목적'입니다. 목적은 이루고자 하는 바이니, 목적이 이루어지기를 바라는 뜻으로 '가능성[가망성]'을 넣어 말하게 됩니다. 목적의 that절에 '가능성[가망성]을 지닌 can[may]'가 쓰입니다. (이때의 so는 접속사로 종종 생략됨, '열심히 공부한다, 그렇게 해서(so) 시험에 합격하려고.')

▶ 목적은 목적일 뿐, 아직 실현되지 않은 비현실입니다. that절은 사실·정보를 나타내고, 사실·정보는 현실입니다. 현실로 두면 안 되니, 조동사 'can[may]'를 넣어 비현실로 -이루고자 하는 목적이 되게- 만듭니다.

▶ 가망성을 지닌 'may', 확신도가 높지 않아 '겸손하고 점잖은' 느낌이 듭니다. may가 쓰인 that절은 격식적인 표현입니다. 사용 빈도는 can이 높습니다. 시제의 일치에 주의!

예] I practiced very hard (so) that I could[might] pass the audition.
오디션 합격을 위해 정말 열심히 연습했다.
(시제의 일치: study – can[may] / studied – could[might])
(might는 격식적인 표현, 주로 'could·would·should'가 쓰임)

that절에 'will'과 'should'도 쓰입니다.

예 You must heat the floors (so) that the room will be warm.
방이 따듯해지도록 군불을 때워야 한다.
(예측의 will: 별일 없으면 따듯해진다고, 확신도가 높은 will을 넣어 말함)

I shouted (so) that everyone should hear my voice.
모든 사람이 내 목소리를 들을 수 있도록 소리를 질렀다.
(예측의 should: 당연히 들을 수 있다고, 개연성이 높은 should를 넣어 말함)

67-21] 'in order that (= so that)'은 격식체입니다.

▶ 목적의 부사적 용법의 부정사는 앞에 'in order[so as]'가 생략된 것입니다.

예 I studied very hard (in order[so as]) to pass the exam.
시험에 합격하기 위해 정말 열심히 공부했다.
(= ... very hard for the purpose of[with the view of] passing the exam.)
(in order: 말이나 행동 등이 특정 상황에 알맞은/적절한)

67-22] lest: (개연성이 있으니) ~하지 않도록, ~하면 안 되니까 / (감정의 원인과 관련해) ~할까봐 [= I hid it (so) that he couldn't see it.]

예 Be careful lest you fall from the tree.
나무에서 떨어지지 않도록 조심해라.

should를 쓰면 개연성이 높아집니다. 격식체입니다.

예 I was afraid lest he should come too late.
(감정의 원인과 관련해) he가 너무 늦게 오지나 않을까 걱정했다.

▶ for fear that: ~하지나 않을까 두려워, ~할까봐 염려되어

예 She locks all the doors for fear that she's robbed of her jewels.
she는 보석을 도둑맞지나 않을까 두려워[염려되어] 모든 문에 자물쇠를 채운다.
(= She locks all the doors for fear of being robbed of her jewels.)

He ran fast for fear that he should miss the last train.
he는 마지막 기차를 놓칠까봐 빨리 뛰었다.
(= He ran fast for fear of missing the last train.)

▶ in case: ~하지 않도록, ~할 경우를 대비해

예 I'll wear a raincoat in case it rains.
비를 맞지 않도록 우비를 입을 거예요. (= ..., in case of rain.)

Well, this is in case you need a rescue.
음, 이건 네가 구조가 필요할 경우를 대비해서야.

■ **결과**

| so (형용사/부사) that | such (명사) that |

결과 부사절을 이끄는 접속사

① This stone is very heavy. [very + 형용사]
　　이 돌은 매우 무겁다.

② I can't lift it.
　　이 돌을 들 수 없다.

①과 ②를 합치면 ③이 됩니다.

③ This stone is <u>so heavy</u> <u>that I can't lift it</u>. [so + 형용사 – that절]
　　이 돌은 매우 무거워 (결과적으로) 내가 들 수 없다.
　– 두 문장이 되면 안 되니 절과 절을 접속사로 이어, 즉 ①과 ②를 that으로
　　이어 한 문장인 ③으로 만듦
　– 이때의 so는 정도부사로 'very'를 뜻함. that절과 어울릴 때는 very나 too를
　　쓰지 않고, 연결 기능을 내포한 so를 씀
　– ③은 결과에 중점을 둔 말. 돌을 들 수 없다고 결론이 난 문장. 결과적인 말
　　예 The milk was so hot that I couldn't drink it.
　　　　그 우유는 너무 뜨거워 내가 마실 수 없었다.
　　　　('So hot was the milk that ...' 이렇게 도치할 수 있음)
　　We were so much alike that we became friends immediately.
　　　　우리는 아주 많이 비슷해 금세 친구가 되었다. (강조의 much)

④와 비교해 보십시오. ④는 '판단에 중점'을 둔 말입니다.

④ This stone is too heavy to lift. [부정사의 부사적 용법]
　　이 돌은 들기에 너무 무거워.
　　– 부정사가 왔으니, 판단에 중점을 둔 말 [to lift: '(돌을) 들기에'] – 평가하고 판단]
　　예 There was (too) much snow to go out. 외출하기에는 눈이 (너무) 많이 내렸다.
　★ 'too … to ~' ☞ ❷ p. 313

주의! ④는 돌을 들 수 없다는 부정적인 결과를 내비치기는 하지만, 이 문장만으로는 결과를 확언할 수 없습니다. 상황에 따라 'But I can do. 하지만 돌을 들 수 있어.'라는 긍정의 말이 얼마든지 이어질 수 있습니다.

67-23] It was so cold that we didn't go out. [so+형용사]
67-24] He spoke so fast that I couldn't understand. [so+부사]
67-25] I'm tired, so (that) I don't want to work. [, so]

67-23] 우리는 날씨가 매우 추워 나가지 않았다. [67-24] he가 말을 어찌나 빨리 하던지 알아들을 수 없었다. [67-25] 피곤하니까 일하고 싶지 않다.

67-23] that절의 내용은 주절과 관련된 '결과'입니다. 목적과 구별!
　　예 I studied so hard / that I could pass the test. [결과절]
　　　　매우 열심히 공부했다. / (그 결과로[결과적으로]) 시험에 합격할 수 있었다.
　　I studied hard / so that I could pass the test. [목적절]
　　　　열심히 공부했다. / (그렇게 해서) 시험에 합격하려고.

67-24] 예 We were attacked so suddenly that we couldn't resist.
　　　　우리는 별안간 공격을 받아 저항할 수 없었다.

67-25] so 뒤에 형용사/부사 없이 쓰였습니다. 이 경우 (목적과 구별하기 위해) so 앞에 쉼표를 찍습니다. (that은 종종 생략됩니다.)
　　예 Pompeii was near the volcano, so (that) it was destroyed completely.
　　　　폼페이는 화산 근처에 있어 완전히 파괴되었다.
　　　　('파괴되기 위해?'. 목적인지 결과인지는 문맥으로 쉽게 구별됨)

so와 마찬가지로, such도 정도를 강조하는 말로 '매우, 상당한 정도의'를 뜻합니다. (so는 부사고, '형용사/부사' 앞에 쓰입니다. such는 앞에서 '명사'를 한정하는, 한정사에 준하는 '준한정사'입니다. ☞ ❸ p. 182)

67-26] It's <u>such a cold day</u> that we can't work outside.
67-27] I was in <u>such a hurry</u> that I couldn't tell you.
67-28] He made <u>such a noise</u> that I couldn't hear the TV.
67-29] The damage was <u>such</u> that it would cost thousands of dollars to repair.

    67-26] 날씨가 매우 추워 우리는 밖에서 일할 수 없다. [67-27] 매우 급작스러운 상황이라 너에게 말할 수 없었다. [67-28] he가 소리를 하도 심하게 내서 TV 소리가 잘 들리지 않았다. [67-29] 그 손상은 수리하는 데 수천 달러가 들 그런 정도였다.

    67-26] 'such a+명사' (such a cold day = a very cold day)
        예 Betty is such a honest woman that everybody likes her.
            베티는 매우 정직한 사람이라 모두가 베티를 좋아한다.
            (= Betty is so honest that everybody likes her.)

    67-27] 예 The bill was of such importance that I couldn't afford to decline it.
            그 법안은 너무나 중요해 기각할 수 없었다.

    67-28] 예 The little boy spoke with such a clear voice that I could understand every word he said.
            매우 뚜렷한 목소리로 말해, 꼬마가 한 말을 모두 알아들을 수 있었다.

    67-29] such 뒤에 명사 없이 쓰였습니다. (such = so great)
        예 His anger was such that he lost control of himself.
            그이는 노여움이 격렬해 이성을 잃고 말았다.
            (= He got so angry that he lost control of himself.)
            ('Such was his anger that …' 이렇게 도치할 수 있음)

■ 조건 · 가정

if	unless	once
in case	as[so] long as	

조건 부사절을 이끄는 접속사

if과 관련해, 사실과 조건을 구별해야겠습니다.

- <u>When</u> I go to the market, I'll buy it for you. [직설문: 사실]
  (시장에 갈 건데) 시장 갈 때 〉 시장에 가면 〉 시장 가서 그것을 사다 줄게.

- <u>If</u> I go to the market, I'll buy it for you. [조건문: 조건]
  시장에 가게 되면 〉 시장에 가면 (시장에 가는 조건이 만족되면) 그것을 사다 줄게.
  ★ 직설문과 조건문의 차이점 ☞ ❷ p. 220, 221
  ★ only if, even if, as if, what if ☞ ❷ p. 226

if는 '가정 부사절'도 이끕니다. 조건과 가정도 구별해야겠습니다.

- Do you mind <u>if</u> I <u>use</u> this computer? [조건문]
  이 컴퓨터를 좀 써도 될까요? (매우 공손한 표현)

- Would you mind <u>if</u> I <u>used</u> this computer? [가정문]
  이 컴퓨터를 좀 써도 되는지요? (최고로 공손한 표현)
  – used: 가정절에 과거형 동사를 왜 쓰는지 이유를 모르면 큰일 남
  ★ 과거형 가정문과 과거형 동사 ☞ ❷ p. 228, 230
  ★ 가정절과 공손한 요청 ☞ ❷ p. 239

67-30] <u>If it's fine tomorrow</u>, we'll go to the zoo. [조건]
67-31] <u>If you ask me</u>, it's slightly unfair.
67-32] <u>If I may</u>, can I borrow your car tonight?
67-33] You won't know anything <u>unless you try</u>.
67-34] The water is fine <u>once you're in</u>!

67-30] 내일 날씨가 맑으면, 우리는 동물원에 갈 거야. [67-31] 나에게 물으면 〉 내 생각에는 그것은 좀 불공평한 것 같네요. [67-32] 괜찮으면, 오늘밤 네 차를 좀 빌릴 수 있을까? [67-33] 해 보지 않는 한 아무 것도 알 수 없다. [67-34] 일단 물에 들어오면 괜찮아!

67-30] (*NOT* If it'll be fine tomorrow, …) ★ 현재시제와 조건 부사절 ☞ ❶ p. 52

67-31] 자신의 의견을 들어주기를 바라는 표현입니다.
　　　예 If you think about it, my kids must be at home by now.
　　　　생각해 보면, 지금쯤은 아이들이 집에 가 있어야 해요.
　　　If you remember, my kids were always fond of animals.
　　　　기억하는지 모르겠는데, 우리 집 아이들은 항상 동물을 좋아했어.

67-32] If와 함께 may[could]를 쓰면 더욱 공손한 표현이 됩니다. 제안할 때 주로 씁니다.
　　　예 If I may make a suggestion, we could visit Jeju next week.
　　　　제안을 하나 하자면, 우리는 다음 주에 제주를 방문할지도 모른다는 것입니다.
　　　If I could help you, I welcome working with you.
　　　　내가 당신을 도울 수 있다면, 기꺼이 당신과 함께 일하겠습니다. (could = may)

67-33] unless: '~하지 않는 한'이라는 뜻으로, 경고로 들릴 정도로 어감이 강하고 단정적입니다.
　　　예 You can't watch TV unless you do your homework.
　　　　숙제를 하지 않는 한 TV를 볼 수 없다. (그러니까 숙제부터 해라.)
　　　The star is difficult to see unless the sky is clear.
　　　　하늘이 맑지 않으면 별을 보기 어렵다.

'…이 아닌 한, …한 경우 외에는'이라는 뜻으로도 쓰입니다.

예 He'll accept the job unless the salary is too low.
　　he는 박봉만 아니면 그 일을 흔쾌히 할 것이다. (= ... except if the salary is too low.)

I'll come and see you unless my leg is broken.
널 보러 갈게, 다리가 부러지지 않으면 말이야. (별일 없으면 보러 가겠다는 말)
(= ... except on condition that my leg is broken.)

Do not fire unless (it is) absolutely necessary.
꼭 필요하지 않으면 발포하지 마라. (= ... only if it's not necessary.)

▶ unless에는 only의 뜻이 들어 있습니다. 'only if ... not'은 쓰일 수 있지만 'only unless'는 쓰일 수 없습니다.

예 ... only if you don't lie to me.
　　네가 나에게 거짓말만 안 하면 ... (NOT ... only unless you lie to me.)

▶ unless와 'if ... not'은 뉘앙스가 다릅니다. 구별해야겠습니다.

예 Unless you put on your coat, you'll catch a cold.
코트를 입지 않으면 감기에 걸릴 거야. (그러니까 입어라.)
(코트를 잘 안 입고 다니는 아이에게, 말하지 않으면 아이가 코트를 입지 않을 수도 있다고 생각) (unless: 앞으로 일어날 일을 말할 때 씀)

If you do<u>n't</u> put on your coat, you'll catch a cold.
코트를 입지 않으면 감기에 걸릴 거야. (어서 입어라.)
(코트를 안 입고 있는 아이에게, 말하면 아이가 코트를 입을 것으로 생각)
(if ... not: 아직 안 일어난 일을 말할 때 씀)

▶ unless(접속사)와 otherwise(부사)도 구별해야겠습니다.

예 You'll be fined unless you fasten your seatbelt.
안전벨트를 매지 않으면 벌금을 물 것입니다. (그러니까 안전벨트를 매십시오.)

Fasten your seatbelt, otherwise you'll be fined.
안전벨트를 매십시오, 그렇지 않으면 벌금을 물 것입니다.

67-34] once: (일단) ~하면 (곧)

예 Once you pass your driving test, I'll let you drive my car.
네가 운전면허 시험에 합격하면, 바로 내 차를 운전하게 해 주겠다.

It's almost impossible to stop her once she starts talking.
she가 일단 말을 시작하면 멈추게 하는 것은 거의 불가능하다.

67-35] Take an umbrella <u>in case it rains</u>.

67-36] We can play golf <u>as long as the weather is good</u>.

67-35] 비가 올지 모르니 (비를 맞지 않도록) 우산을 챙겨라. [67-36] 날씨가 좋으면 (날씨가 좋은 그 시간만큼 〉그 시간 동안 오래 〉내내 〉계속) 우리는 골프를 칠 수 있다.

67-35] **in case**: (혹시라도) ~할지 모르니, ~하지 않도록 (미리 대비해 두다)

예 In case someone drops in today, I'll buy pizza and spaghetti.
누군가 들를 경우를 대비해 피자와 스파게티를 살 것이다.

should를 쓰면 개연성이 높아집니다.

예 I bought pizza and spaghetti in case my brother should stay to lunch.
동생이 점심을 먹고 갈지 몰라 피자와 스파게티를 샀다.

I wrote down the phone number in case I should forget it.
잊어버릴지 몰라 전화번호를 적어 놓았다.

67-36] **as[so] long as**: ~하는 한, ~하는 동안은, ~하기만 하면

예 You can stay here (for) as long as you want.
네가 원하면 ('원하는 동안 계속', 이 점이 if 조건절과 다름). 여기 머물러도 된다.
(비교급의 '동등 비교'로 쓰인 'as long as'와 구별할 것 ★ 비교 ☞ ❸ p. 215)

You can drive my car so long as you drive carefully.
네가 조심히 운전하기만 하면, 내 차를 운전해도 된다.
('so long as'가 조건의 의미가 좀 더 강함)

I'll help you as far as I can. [한도] 내가 할 수 있는 한 너를 도울게.

▶ 그 밖의 접속사

예 We'll go for a picnic, <u>providing</u> (that) the weather would be good.
날씨만 좋으면, 우리는 소풍을 갈 거야.

We'll buy everything you produce, <u>provided</u> (that) the price is right.
가격이 적절하면, 당신이 생산한 모든 것을 우리가 사겠어요.

<u>Supposing</u> (that) you are wrong, what will you do then?
네가 틀렸다면, 어떻게 할 건데?

<u>Assuming</u> (that) he's still alive, how old would he be now?
he가 아직 살아 있다면, 지금 몇 살이 되었을까?

■ 양보

> though (= although)   even though (= even if)
> while   when

양보 부사절을 이끄는 접속사

[양보는 자리를 양보하듯 말을 양보하는, 주장을 내세우거나 관철시키려고 하지 않고 굽히는 것을 말합니다. 양보절은 문장의 중심 내용을 주절에 양보한 절입니다.]

- **Though Mike is handsome, Betty doesn't like him.** [양보절]
  비록 마이크가 잘생겼을지라도 〉 잘생겼지만, 베티는 마이크를 좋아하지 않는다.
  - '잘생겼을지라도' 이렇게 주장을 굽힘
  - though = although (although는 격식체, 일상회화에서는 though를 많이 씀)

양보의 의미상, 양보절의 내용은 주절의 내용과 상반됩니다. 중문과 비교해 보십시오.

- **Though it's hard work, I enjoy it.** [복문]
  비록 힘든 일일지라도 〉 힘든 일이라도, 나는 그 일을 즐긴다.
  - 힘든 일 [양보절 (부정적)] vs. 즐기다 [주절 (긍정적)], 내용이 상반됨

- **It's hard work, but I enjoy it.** [중문]
  힘든 일이지만, 나는 그 일을 즐긴다.
  - but: 대등접속사, 상반되는 주절의 내용을 대등하게 이끔
    ▶ however: 접속부사 (= but)
      예 It's hard work. However, I enjoy it.
      (부사이므로 '..., I enjoy it, however.' 이렇게 문미에 둘 수 있음)

67-37] <u>Though he's rich</u>, he's not happy.

67-38] The kitchen is small <u>although (it is) well designed</u>.

67-39] <u>Even though he could not swim</u>, he jumped into the river.

67-37] he는 부자지만, 행복하지는 않다. [67-38] 부엌이 작기는 하지만 디자인이 잘되어 있기는 하다. [67-39] he는 수영을 못하는데도 강에 뛰어 들었다.

67-37] though: 비록 …일지라도[할지라도], …이기는[하기는] 하지만

  예) Though he was angry, he listened to me patiently.
  he는 화가 나 있기는 했지만, 내 말을 참을성 있게 들었다.

  His clothes, though old and worn, looked clean and of good quality.
  그 사람의 옷은 오래되고 낡기는 했지만, 깨끗하고 품질이 좋아 보였다.

67-38] 주절에 덧붙어, 주절의 내용을 누그러뜨립니다.

  예) He'll probably say no, though it's worth asking.
  he는 아마 싫다고 할 것이지만, 물어볼 가치가 있기는 하다. 〉 물어 볼 만하다.

though는 문미에서 부사로도 쓰입니다. - 하지만[그렇지만]

  예) Our team lost. It was a good game though.
  우리 팀이 졌다. 하지만 훌륭한 경기였다. (although는 부사로 쓰이지 않음)

  "Nice day." "Yes, a bit cold, though."
  "날씨 좋다." "응, 좀 춥기는 하지만."

67-39] even though: 그럼에도, 그럴더라도, 한다 해도, 설령[설사] (even이 though를 강조) - 사실인 일을 전제로 합니다. (he가 수영을 못하는 것은 사실)

  예) Even though Seoul is a old city, it doesn't have many old buildings.
  서울은 오래된 도시임에도, 오래된 건물이 많지 않다. (서울이 오래된 도시인 것은 사실)

  ▶ even if: 사실이 아니거나 가정한 일을 전제로 합니다.

  예) Even if he wins a first prize, he won't be happy.
  he는 1등을 하더라도 행복하지는 않을 것이다.

  Even if I <u>did</u> it, ... [가정문] 내가 그것을 한다 해도, ...

▶ even의 생략: even though는 even을 생략해도 별 문제 없습니다. 하지만 even if는 even을 생략하면 조건의 if와 혼동됩니다. 문맥으로 구별해야겠습니다.

예 The soup was good, (even) though it was a little salty.
국은 약간 짰지만 맛있었다.

I'll do it (even) if it kills me.
그 일이 나를 죽이더라도 〉 죽어도 나는 그 일을 할 것이다.

▶ even so (= in spite of that): 그렇기는 하지만

예 There are lots of spelling mistakes. Even so, it's quite a good essay.
철자 오류가 많다. 그렇기는 하지만 이것은 꽤 잘 쓴 글이다.

67-40] <u>While he has many friends</u>, he is often lonely.
67-41] I paid <u>when I could have entered free</u>.

67-40] he는 친구가 많은 반면에 종종 외롭다. [67-41] 무료로 입장할 수 있었지만 입장료를 냈다.

67-40] 이때의 while은 '반면에'라는 뜻으로, 주절과 '대조되는' 양보절을 이끕니다. 시간의 while과 구별해야겠습니다.

예 While he wants to live in a house, she wants to live in an apartment.
[양보] he는 주택에 살고 싶어 하는 반면, she는 아파트에 살고 싶어 한다.

Please have a seat here while you wait. [시간]
기다리는 동안 여기 앉아 계세요.

▶ while = whereas (격식체)

예 He looks about forty, whereas she looks about thirty.
he는 40대로 보이는 반면, she는 30대로 보인다.

67-41] 문맥에 따라 when이 양보의 의미로 해석되기도 합니다.

예 He lied to me constantly, when I knew the truth.
내가 진실을 알고 있었는데도, he는 나에게 계속 거짓말을 했다.
(해석이 '내가 진실을 알고 있었을 때'보다 자연스러움)

참고로, 아래는 양보를 나타내는 표현입니다.

▶ however, wherever, whenever ★ 양보의 복합관계부사 ☞ p. 195

  예 However difficult your life is, never give up.
    삶이 아무리 힘들어도, 절대 포기하지 마라.
    Whenever I leave, don't be sad. 내가 언제 떠나더라도, 슬퍼하지 마라.
    Wherever you go, be always happy. 어디를 가더라도, 늘 행복해야 한다.

▶ whoever, whichever, whatever ★ 양보의 복합관계대명사 ☞ p. 204

  예 Come out of there, whoever you are. 당신이 누구든 거기서 나와라.
    I don't mind whomever you like. 네가 누구를 좋아하든 나는 상관없다.
    Do whatever you like. 무엇이든 네가 좋아하는 일을 해라.
    Whichever you choose, ... 네가 어느 쪽을 택하든 ...

▶ no matter who[which/what/how/when/where]

  예 I don't care no matter who comes. 누가 오든 난 신경 안 쓴다.
    ... no matter how careful you are. 당신이 아무리 조심해도 ...

▶ 형용사[부사/명사]+as[though]

  예 Tired as Mike was, he offered to drive Betty home.
    마이크는 피곤했지만, 베티를 집까지 태워다 주겠다고 했다.
    Child as he is, he's very wise. he는 어리지만 매우 현명하다.
    Much as I wish to go, ... 가고 싶은 마음은 굴뚝 같지만, ...
    Bravely though they fought, ... 그들은 용감히 싸웠지만, ...

▶ 동사원형+as+... may[will] / 동사원형+의문사+... may[will]

  예 Try as you may, you won't be able to succeed.
    아무리 노력해도, 당신은 성공하지 못할 것입니다.
    Hurry as you'll, ... 아무리 서둘러도, ...
    Go where you may, I'll find you. 네가 어디를 가든, 너를 찾을 거야.
    Say what you will, ... 네가 무슨 말을 하든, ...

▶ Let ... be ever so+형용사

  예 Let a man be ever so rich, he should not despise the poor.
    사람이 아무리 부자라 하더라도, 가난한 사람을 경멸해서는 안 된다.

생각 더하기　65. 양보 부사절을 이끄는 접속사 'whether'

	whether	if
명사절	…인지 아닌지	…인지 아닌지
부사절	…이든 아니든 [양보]	–면/–다면 [조건·가정]

접속사 'whether'는 '…이든, 아니든'의 뜻으로, 양보 부사절도 이끕니다. 명사절과 비교해 보면,

- I wonder <u>whether he'll come</u>. [명사절]
  he가 올지 궁금하다.
  − I wonder: 온전한 문장이 아님. 목적어가 필요
  − whether 이하: wonder의 목적어, 명사절
    예 Try whether you can do it.
    　그것을 할 수 있는지 해 봐라.

- I love you <u>whether you love me or not</u>. [부사절]
  네가 나를 사랑하든 안 하든 나는 너를 사랑한다.
  − I love you: 온전한 문장
  − whether 이하: 온전한 문장인 주절을 부연 설명, 양보 부사절
  − 명사절인지 부사절인지는 주절이 온전한 문장인지 아닌지로
  　　판단할 수 있고, 해석해 보면 문맥으로도 쉽게 알 수 있음
  − 양보 부사절에서는 'or not'을 생략하지 않음
    예 I'll marry him whether he's rich or not.
    　　he가 부자든 아니든 (상관없이), 그 사람과 결혼할 것이다.
    　The parade will go ahead whether or not it rains.
    　　퍼레이드는 비가 오든 안 오든 진행될 것이다.
    　Whether you go or come, I don't care.
    　　네가 가든지 오든지 상관없다.
    　Whether or not you try it, the result will be the same.
    　　네가 해 보든 안 해 보든, 결과는 같을 것이다.

■ 양태 · 비교

['양태(樣態)'는 '모양/모습'이나 '상태/양상'이 어떻다는 말입니다.]

67-42] Do <u>as you were told</u>. [양태]
67-43] It sounds <u>as if you had a good time</u>.
67-44] He's as tall <u>as I am</u>. [비교]
67-45] It was much better <u>than I had expected</u>.

67-42] 들은 대로 해라. [67-43] 즐거운 시간을 보낸 것 같구나. [67-44] he는 나만큼 크다. [67-45] 그것은 내가 기대한 것보다 훨씬 더 좋았다.

67-42/43] 양태 부사절을 이끄는 접속사: as, as if

  as　…대로, …처럼, …만큼

　예 He did as I had asked. he는 내가 부탁한 대로 했다.
　　 I enjoy all kinds of music, as you do. 너처럼 모든 종류의 음악을 좋아한다.
　　 Nobody understands you like I do. 나만큼 너를 이해하는 사람도 없다.
　　　(비격식체에서는 as 대신 like를 쓰기도 함)

  as if　(마치) …인 것처럼, (흡사) …과도 같이 (= as though)

　예 I felt as if I <u>were</u> floating in the air.
　　 몸이 공중에 떠 있는 것 같은 기분이 들었다.
　　　(가정해 말할 때는 과거형 동사를 씀 ☞ ❷ p. 226)
　　 He looks as if he <u>were[was]</u> exhausted.
　　 he는 지쳐 있지 않은데도 지쳐 보인다.
　　 It looks like we're going to be late. 우리 늦을 것 같다.
　　　(비격식체에서는 as if 대신 like를 쓰기도 함)

67-44/45] 비교 부사절을 이끄는 접속사: as, than ★ 비교 ☞ ❸ p. 215

　예 It's much hotter this summer than it was this time last year.
　　 올 여름은 작년 이맘때보다 훨씬 덥다.

─ | 구문이 무슨 말일까?

"구문 構文"이란 문장을 이루는 '특정한 구조'로, 특정한 말로 짜여 있는 것을 말합니다. (구조 = 짜임새)

- <u>There is</u> a cat on the sofa. [존재구문]

위 예문은 'There(부사어)+is(연결어)'라는 특정한 말로 짜여 있습니다. 존재를 나타내는 'There is ...'를 구문이라는 말을 붙여 '존재구문'이라고 합니다.

- <u>It</u>'s difficult <u>to travel</u> abroad next year. [가주어-진주어 구문]
  그거 어려워. 내년에 해외여행 가는 거 말이야.
  - 'It(가주어) ... to travel(진주어)'라는 특정한 구조

- I don't know <u>what to do</u>. [의문사+부정사 구문]
  무엇을 해야 할지 모르겠어.
  - 'what(의문사)+to do(부정사)'라는 특정한 짜임새

그럼 '분사구문'은?

[분사구문을 이해하려면 분사를 먼저 알아야 합니다. ★ 분사 ☞ ❶ p. 114]

[분사구문은 부사절을 대상으로 하고, 부사절이 부사구로 바뀌는 과정을 이해하는 것이 중요합니다.]

〉 분사구문의 개념

　동사를 분사로 바꿈으로, 부사절을 부사구로 바꿀 수 있습니다. 부사구가 분사로 시작해 "분사구문"이라고 합니다. 핵심은 부사절이 부사구로! 그럼 절이 구로 바뀌면 어떤 일이 생길까요?

　생략은 의사소통에 지장이 없는 선에서 하는 것이 원칙! 불필요하거나 중복된 말을 생략합니다.

　① 접속사 생략: 접속사는 절과 절을 잇는 말로, 절과 절의 관계에서는 꼭 있어야 합니다. 하지만 절이 구로 바뀌면, 절과 절의 관계가 아니므로 접속사가 불필요해집니다. 접속사를 생략합니다.

　② 주어 생략: 주절의 주어와 같은, 중복된 주어를 생략합니다.

　③ 분사로 전환: 동사를 분사로 바꿉니다.

- <u>When he saw me</u>, he ran away. [부사절]
    he는 나를 보자 도망쳤다.
    ① 접속사 'when' 생략 → he saw me
    ② 동일인, 중복된 주어 'he' 생략 → saw me
    ③ 동사 'saw'를 분사 'seeing'으로 바꿈 → seeing me

- <u>Seeing me</u>, he ran away. [부사구/분사구]
    - seeing me: 역할로 말하면 부사구, 형태로 말하면 분사구
    - 분사구문: 분사구로 이루어진 특정한 구조/짜임새
        　　　　 구체적인 복문이 함축적인 단문이 됨, 간결해짐
        　　　　 '생동감, 현장감'이 들게 함, 격식체/문어체

접속사와 주어를 생략하지 않는 경우

- <u>While</u> <u>watching a movie</u>, she fell asleep. [접속사+분사구]
    she는 영화를 보고 있는 동안 잠이 들었다.
    (= While she was watching a movie, she fell asleep.)
    - 분사구가 나타내는 의미를 확실히 할 때나 의미 전달에 오해가 생기지 않도록 할 때는 접속사를 생략하지 않음
        예 As soon as seeing me, he ran away.
            he는 나를 보자마자 도망쳤다. (= As soon as he saw me, he ran away.)

- <u>Mike</u> <u>watching a movie</u>, Betty fell asleep. [주어+분사구]
    마이크가 영화를 보고 있는 동안, 베티는 잠이 들었다.
    (= While Mike was watching a movie, Betty fell asleep.)
    - 주절의 주어(Mike)와 부사절의 주어(Betty)가 '다를 때'는 행위의 주체가 다르므로, 분사구의 주어를 생략하면 안 됨
        [주어를 명시하는 분사구문을 "독립분사구문"이라고 함 (이런 말은 몰라도 됨)]
        예 It being very cold, I didn't go outside.
            날씨가 매우 추워 밖에 나가지 않았다.
            (= As it was very cold, I didn't go outside.)
    - 주절의 주어와 부사절의 주어가 '같을 때'는 분사구의 주어를 생략
        예 Watching a movie, she fell asleep. (영화를 본 사람과 잠든 사람이 같음)
            Seeing me, he ran away. (나를 본 사람과 도망친 사람이 같음)

분사구의 위치

- <u>Smiling brightly</u>, the girl sang a song. [문두]

    The girl sang a song, <u>smiling brightly</u>. [문미]

    The girl, <u>smiling brightly</u>, sang a song. [문중(주어와 서술어 사이)]
    소녀는 밝게 웃으면서 노래를 불렀다.
    - 주어가 대명사일 때는 문중에 올 수 없음 (*NOT* She, smiling brightly, sang ...)

〉 분사구문의 시제와 태

■ 단순형 분사

   단순형 분사: 동사원형+ing

   동사원형은 시제가 결합하지 않은 형태입니다. 이는 분사만으로 시제를 나타낼 수 없다는 의미입니다. 분사구의 시제는 주절의 시제를 기준으로 정해지고, 주절의 시제를 따릅니다.

   주절이 현재[과거]면, 주절의 시제를 따라, 분사구도 현재[과거]입니다. 단순형 분사 '동사원형+ing'을 보면, '주절과 같은 때에 일어나는[일어난] 일이구나.' 하면 됩니다.

   - **Seeing me, he runs away.** [단순형 분사 - 현재시제]
     he는 (평소) 나를 보면 〉 볼 때마다 도망친다. (= When he sees me, he runs away.)
     - 주절의 시제가 현재(runs)이므로, seeing도 현재
     - seeing me: 주절과 같은 때인 현재 일어나는 일

   - **Seeing me, he ran away.** [단순형 분사 - 과거시제]
     he는 나를 보자 도망쳤다. (= When he saw me, he ran away.)
     - 주절의 시제가 과거(ran)이므로, seeing도 과거
     - seeing me: 주절과 같은 때인 과거에 일어난 일

   [굳이 따지면, '단순능동형/완료능동형 분사'로 불러야 하나, 기본이 되는 동사의 태가 능동태라, 능동을 빼고 '단순형/완료형 분사'로 부릅니다.]

■ **완료형 분사**

완료형 분사: having + p.p. (p.p.: Perfect Participle 완료분사)

질문입니다. 완료형 분사 'having + p.p.'를 보면? 네, 그렇습니다. '주절보다 먼저 일어난 일이구나.' 하면 됩니다.

- <u>Having lost</u> my wallet, I <u>don't have</u> any money now.
  [완료형 분사 – 현재시제] 지갑을 잃어버려 지금 돈이 한 푼도 없다.
  (= As I <u>lost</u> my wallet, I <u>don't have</u> any money now.)
  – 주절의 시제가 현재(don't have)이므로, 'having lost'는 과거
  – having lost: 주절보다 앞선 때인 과거에 일어난 일
  – 먼저 일어난 일을, 분사구를 먼저 씀

- <u>Having lost</u> my wallet, I <u>didn't have</u> any money then.
  [완료형 분사 – 과거시제] 지갑을 잃어버려 그때 돈이 한 푼도 없었다.
  (= As I <u>had lost</u> my wallet, I <u>didn't have</u> any money then.)
  – 주절의 시제가 과거[P2: didn't have]이므로, 'having lost'는 앞선 과거[P1]
  – having lost: 앞선 과거에 일어난 일

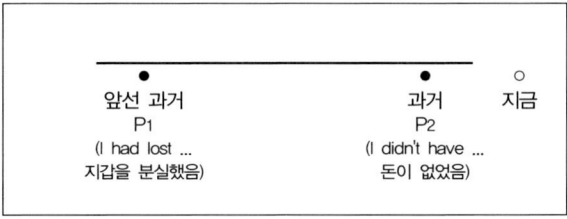

[돈이 없으려면, 그 전에 지갑을 잃어버려야 합니다. 완료형을 쓰는 이유는 단지 먼저 일어났기 때문이 아닙니다. 두 과거사건이 '연관'이 있기 때문이고, '순서'가 중요한 상황이기 때문입니다. ★ 과거완료를 쓰는 상황 ☞ ❶ p. 262]

■ **단순수동형 분사**

단순수동형 분사: being + p.p. (p.p.: Passive Participle 수동분사)

'being'은 보통 생략합니다. 수동분사는 be동사와 쓰이므로, 생략해도, 수동분사 앞에 be동사가 생략된 줄로 압니다.

The earth is blue when it is seen from the moon.
달에서 보면, 지구는 푸른색이다.
- 접속사 'when' 생략 → it is seen
- (주절의 주어와 부사절의 주어가 같음) 동일물, 중복된 주어 'it' 생략 → is seen
- 현재형 동사 'is'를 단순형 분사 'being'으로 바꿈 → being seen
- 'being' 생략 → seen

• <u>Seen</u> from the moon, the earth <u>is</u> blue. [단순수동형 분사 - 현재시제]
- 단순수동형은 수동형이면서 단순형이므로, 시제는 주절을 따름
- 주절의 시제가 현재(is)이므로, '(being) seen'도 현재
- (being) seen: 주절과 같은 때인 현재 일어나는 일

시제에 신경을 쓰면서,

The little girl began to cry when she was left alone.
여자 아이는 혼자 남겨지자 울기 시작했다.
- 접속사 'when' 생략 → she was left
- 동일인, 중복된 주어 'she' 생략 → was left
- 과거형 동사 'was'를 단순형 분사 'being'으로 바꿈 → being left
- 'being' 생략 → left

• <u>Left</u> alone, the little girl <u>began</u> to cry. [단순수동형 분사 - 과거시제]
- 주절의 시제가 과거(began)이므로, '(being) left'도 과거
- (being) left: 주절과 같은 때인 과거에 일어난 일

■ 완료수동형 분사

완료수동형 분사: having + been + p.p.

```
    완료형   : having + p.p.
  + 수동형:        be  + p.p.
  ─────────────────────────────
    완료수동형: having + been + p.p.
```

having + p.p.: Perfect Participle 완료분사 / be + p.p.: Passive Participle 수동분사

주의! p.p.가 have동사[be동사]와 쓰이면 완료분사[수동분사]입니다.

'having been'도 대개 생략합니다. ('being' 생략인지, 'having been' 생략인지는 문맥으로 쉽게 파악됩니다.)

<u>As he was born</u> in England, he speaks English fluently.
    he는 영국에서 태어났기 때문에 영어를 유창하게 한다.
- 접속사 'as' 생략 → he was born
- 동일인, 중복된 주어 'he' 생략 → was born
- 과거형 동사 'was'를 완료형 분사 'having been'으로 바꿈
    → having been born
- 'having been' 생략 → born

- <u>Born</u> in England, he <u>speaks</u> English fluently.
    [완료수동형 분사 – 현재시제]
    - 완료수동형은 수동형이면서 완료형이므로, 시제는 주절보다 앞섬
    - 주절의 시제가 현재(speaks)이므로, '(having been) born'은 과거
    - (having been) born: 주절보다 앞선 때인 과거에 일어난 일

<u>Because he had been brought up</u> by adoptive parents, he wanted to find his real parents.

<small>he는 양부모 밑에서 자랐기 때문에 친부모를 찾고 싶어 했다.</small>

  <small>(친부모를 찾으려면 그 전에 양부모 밑에서 자라야 함. 두 사건이 연관이 있고 순서가 중요)</small>

- 접속사 'because' 생략 → he had been brought up
- 동일인, 중복된 주어 'he' 생략 → had been brought up
- 과거완료형 동사 'had been'을 완료형 분사 'having been'으로 바꿈
    → having been brought up
- 'having been' 생략 → brought up

- <u>Brought up</u> by adoptive parents, he <u>wanted</u> to find ...

    [완료수동형 분사 – 과거시제]

- 주절의 시제가 과거[P2: wanted]이므로, '(having been) brought up'은 앞선 과거[P1]
- (having been) brought up: 앞선 과거에 일어난 일

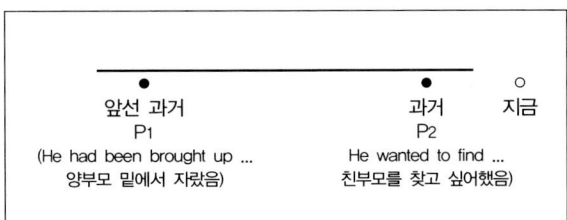

앞선 과거
P1
(He had been brought up ...
양부모 밑에서 자랐음)

과거
P2
He wanted to find ...
친부모를 찾고 싶어했음)

지금

[상과 관련해, 분사의 종류는 진행상을 나타내는 '진행분사'와 완료상을 나타내는 '완료분사'가 있습니다. 또한, 태와 관련해 능동태를 나타내는 '능동분사'와 수동태를 나타내는 '수동분사'가 있습니다. 기초는 쉬운 것이 아니라 중요한 것! 분사의 종류를 확실히 구별해야겠습니다. ★ 현재분사·과거분사로 부르면 안 되는 이유 ☞ ❶ p. 120]

생각 더하기 — 66. 진행분사와 형태가 같은 동명사

동명사는 진행분사와 ('-ing'로) 형태도 같고, 형식도 같습니다. 하지만 문장에서의 역할이 확연히 달라 어렵지 않게 구별됩니다. ★ 동명사와 진행분사의 구별 ☞ ❷ p. 271

- He's ashamed of <u>being</u> poor. [단순형 동명사]
  he는 가난한 것을 부끄러워한다.
  – 전치사(of) 뒤에는 명사어만 옴. 전치사 뒤에 있으므로 동명사

- I'm ashamed of <u>having made</u> such a mistake.
  [완료형 동명사] 그런 실수를 한 것이 부끄럽다.

- He can't avoid <u>being punished</u>. [단순수동형 동명사]
  he는 벌을 받는 것을 피할 수 없다. 〉 처벌을 면할 수 없다.
  – 목적어 역할은 명사어가 함. 동사(avoid)의 목적어이므로 동명사

- My son with black eyes admitted <u>having been hit</u>.
  [완료수동형 동명사] 눈에 멍이 든 아들은 맞았다고 시인했다.

  단순형 동명사[분사]: 동사원형+ing ☞ ❷ p. 317, 320, 346
  완료형 동명사[분사]: having+p.p.
  단순수동형 동명사[분사]: being+p.p.
  완료수동형 동명사[분사]: having+been+p.p.

  단순형 부정사: to+동사원형 ☞ ❷ p. 316, 318, 344, 345
  완료형 부정사: to+have+p.p.
  단순수동형 부정사: to+be+p.p.
  완료수동형 부정사: to+have+been+p.p.

예문68은 (분사로 시작하는 분사구가 쓰인 문장) 분사구문입니다.

분사구문은 '시간'을 비롯해 '이유·원인', '동시동작·연속동작' '조건·양보·결과'를 나타냅니다.

시간

68-1] <u>Hearing</u> the news, she began to cry. [단순형, 같은 주어]
　　　(= When she <u>heard</u> the news, ...)

68-2] <u>Having finished</u> my homework, I watched TV. [완료형]
　　　(= After I <u>had finished</u> my homework, ...)

68-3] He <u>arriving</u> in Busan, I contacted him. [단순형, 다른 주어]
　　　(= When he <u>arrived</u> in Busan, ...)

68-4] The sun <u>having set</u>, he came back home. [완료형]
　　　(= After the sun <u>had set</u>, ...)

68-1] she는 그 소식을 듣자 울기 시작했다. [68-2] 숙제를 끝낸 다음에 TV를 봤다. [68-3] 그이가 부산에 도착했을 때, 그이와 연락을 취했다. [68-4] he는 해가 지고 나서 집으로 돌아왔다.

68-1] 예 <u>Finishing</u> his work, he'll go out for a walk.
　　　　　he는 일을 끝내면 산책을 나갈 것이다. (= When he <u>finishes</u> his work, ...)

　　　　I wish people would be more careful <u>crossing</u> the street at this intersection.
　　　　　사람들이 교차로에서 길을 건널 때 좀 더 주의하면 좋겠어. (= ... when people <u>cross</u> ...)

68-2] 예 <u>Having finished</u> his work, he went out for a walk.
　　　　　he는 일을 끝낸 다음 산책을 나갔다. (= After he <u>had finished</u> his work, ...)

　　　　<u>Having found</u> the wallet, I brought it to the police station.
　　　　　지갑을 발견한 후, 경찰서에 갖다 주었다. (= After I <u>had found</u> the wallet, ...)

이유 · 원인

68-5] <u>Being</u> ill, he looks pale. [단순형, 같은 주어]
　　　(= As he <u>is</u> ill, ...)

68-6] <u>Having been</u> ill, he looks pale. [완료형]
　　　(= As he <u>was</u> ill, ...)

68-7] It <u>being</u> fine, I went fishing. [단순형, 다른 주어]
　　　(= As it <u>was</u> fine, ...)

68-8] There <u>being</u> no train, I had to get on a bus.
　　　(= As there <u>was</u> no train, ...)

68-5] he는 아프기 때문에 창백해 보인다. [68-6] he는 아팠기 때문에 창백해 보인다. [68-7] 날씨가 좋아 낚시하러 갔다. [68-8] 기차가 없어 버스를 타야 했다.

68-5/6] 이 두 예문은 being과 having been을 생략하면, 아픈 시점이 현재인지 과거인지 불분명해집니다. 생략은 의사소통에 지장이 없는 범위 내에서! 특히, '보어[ill]' 앞의 being과 having been은 생략하지 않습니다.

　예 <u>Being</u> friendly, he'll take you to the subway station.
　　　he는 친절해 너를 지하철역까지 데려다 줄 것이다. (= As he <u>is</u> friendly, ...)

　　 <u>Having been</u> ill, he looked pale.
　　　he는 아팠기 때문에 창백해 보였다. (= As he <u>had been</u> ill, ...)

　　 I'm busy <u>paying</u> off a debt.
　　　빚 갚느라 바빠요. (= I'm busy as I <u>am paying</u> off a debt.)

68-7/8] 비인칭 주어 'it'과 존재구문의 'there'는 생략하지 않습니다. 이때는 being과 having been도 생략하지 않습니다.

　예 There <u>having been</u> many battles, the area was ruined.
　　　그 지역은 많은 전투가 있었기 때문에 폐허가 되었다.
　　　(= As there <u>had been</u> many battles, ...)

68-9] <u>Not having</u> any money, I couldn't buy it. [부정]

(= Since I <u>didn't have</u> any[<u>had no</u>] money, ...)

68-9] 돈이 한 푼도 없어 그것을 살 수 없었다. 분사구는 앞에 'not[never]'를 써서 부정합니다. (부정부사 'not[never]'은 '부정하려는 말 앞에' 씁니다.)

예 Not <u>having seen</u> him for a long time, I didn't recognize him at first.
그를 오랫동안 보지 못했기 때문에, 처음에는 그를 알아보지 못했다.
(= Because I <u>hadn't seen</u> him for a long time, ...)

Never <u>having spoken</u> to him, I didn't know he was a Japanese.
그와 이야기해 본 적이 한 번도 없기 때문에, 그가 일본인이라는 것을 몰랐다.
(= Because I <u>had never spoken</u> to him, ...)

68-10] <u>(Being) Wounded</u> in the leg, he couldn't walk. [단순수동형]

(= As he <u>was wounded</u>, ...)

68-11] <u>(Having been) Unemployed</u> for two months, he didn't have much money. [완료수동형]

(= As he <u>had been unemployed</u> for two months, ...)

68-10] he는 다리에 부상을 입어 걸을 수 없었다. [68-11] he는 두 달간 실업자였기 때문에 돈이 많지 않았다.

68-10/11] 단순[완료]수동형은 'being[having been]'을 생략해도 두 사건이 일어난 시점과 순서를 문맥으로 어렵지 않게 알 수 있어 자주 생략합니다.

예 (Being) Written in Russian, the book is expensive.
그 책은 러시아어로 쓰였기 때문에 비싸다. (= Because it's <u>written</u> in Russian, ...)

(Being) Tired with the hard work, I need some rest.
힘든 일로 피곤하기 때문에 휴식이 필요하다. (= Because I'm <u>tired</u> with ...)

(Having been) Destroyed by fire, the house was rebuilt.
그 집은 화재로 전소되었기 때문에 다시 지어졌다.
(= Because it <u>had been destroyed</u> by fire, ...)

동시동작, 연속동작

동시동작은 두 사건이 동시에 일어나는 경우를 말합니다.

while과 as는 '동시성'을 지닙니다. 지속적인 상황 묘사에는 대개 while이 쓰이고, 진행형과 잘 어울립니다. ★ while과 as ☞ p. 72

    She sang a song <u>while she was smiling</u> brightly.
        she는 밝게 웃으면서 노래를 불렀다.
    - 접속사 'while' 생략 → she was smiling
    - 동일인, 중복된 주어 'she' 생략 → was smiling
    - 과거형 동사 'was'를 단순형 분사 'being'으로 바꿈 → being smiling
    - 'being' 생략 → smiling

- She sang a song, <u>smiling</u> brightly.
    - 동시동작: 노래와 웃음이 같은 때에 동시에 일어남

지속적인 상태면, 단순시제와도 잘 어울립니다.

- He <u>watching</u> me, I sang a song.
    he가 나를 지켜보고 있는 동안, 나는 노래를 불렀다. (= while he <u>watched</u> me, …)
    - 동시동작은 어느 동작을 분사구로 나타내도 의미 차이가 거의 나지 않음
       예) I ate pizza, watching TV.
          TV를 보는 동안 피자를 먹었다. (= …, while I <u>watched</u> TV.)
       I watched TV, eating pizza.
          피자를 먹는 동안 TV를 봤다. (= …, while I <u>ate</u> pizza.)
    - 분사만 있게 되면, 접속사를 써 주는 것이 좋음
       예) Please have a seat here, while waiting.
          기다리는 동안 여기 앉아 계세요. (= … while you <u>wait</u>.)

68-12] He watched the flaming sunset, smoking silently.
  (= ... while he was smoking silently.)

68-13] Humming a song, she walked along the street.
  (= As she hummed a song, ...)

68-12] he는 말없이 담배를 피우며 붉은 노을을 바라보았다. [68-13] she는 노래를 흥얼거리며 길을 따라 걸었다.

68-12] 예 Laughing and talking, the children climbed the hill.
  아이들은 웃고 수다를 떨면서 언덕을 올라갔다.
    (= ... as they were laughing and talking.)

68-13] 예 He drove his car along the coast, enjoying the beautiful scenery.
  he는 해안을 따라 운전하면서 아름다운 경치를 즐겼다.
    (= .... as he enjoyed the beautiful scenery.)

▶ 동시동작의 'with + 명사구': 전치사 'with'는 '동시성'을 지닙니다. 어떤 일을 수반하는 동시동작을 나타냅니다. 주로 '~한 채로'로 해석됩니다. ★ 동시동작의 with ☞ p. 254

예 She fell asleep with the kettle boiling. [진행분사]
  she는 주전자가 끓고 있는 채로 〉 끓고 있는데 잠이 들었다.
    (= ... while the kettle was boiling.)

with my dog following me 개가 나를 따라 오고 있는 채로 〉 개를 데리고

Don't sit with your legs crossed. [수동분사]
  다리를 꼰 채로 〉 꼬고 앉지 마라. (= ... as your legs are crossed.)

with my eyes closed 눈을 감은 채로 〉 눈을 감고

아래는 분사가 쓰이지 않은 동시동작입니다.

예 He was standing in the rain with his arms open wide. [형용사]
  he는 두 팔을 활짝 벌린 채로 〉 활짝 벌리고 빗속에 서 있었다.

He came in with a knife in his hand. [부사구]
  he는 칼을 손에 든 채로 〉 손에 들고 들어 왔다.

with my back against the wall 벽에 기댄 채로 〉 기대어

with the radio on [부사] 라디오를 켜 둔 채로 〉 켜 두고

연속동작은 두 사건이 연이어 일어나는 경우를 말합니다.

I left work at seven, <u>and I arrived</u> home at eight.
   7시에 퇴근하고 8시에 집에 도착했다.
   − 접속사 'and' 생략 → I arrived
   − 동일인, 중복된 주어 'I' 생략 → arrived
   − 과거형 동사 'arrived'를 단순형 분사 'arriving'으로 바꿈 → arriving

- I left work at seven, <u>arriving</u> home at eight.
   − 연이은 두 사건의 순차적인 나열
   − 순서가 중요한 완료형과 구별할 것

68–14] I turned off the light, <u>listening</u> to the music.
   (= ... and I <u>listened</u> to the music.)

68–15] I went to the garden, <u>watering</u> the flowers.
   (= ... and I <u>watered</u> the flowers.)

68–14] 불을 끄고 음악을 들었다. [68–15] 정원에 가서 꽃에 물을 주었다.

▶ 연속동작의 'on+동명사구': '접촉의 on', '사건 on 사건' − '사건이 사건에 접촉된 〉 사건과 사건이 붙어 있는', 즉 연속적으로 일어나는 두 사건을 나타냅니다. '하자마자 하자 곧, 하면 바로, 하는 즉시'로 해석됩니다. ★ 계속·연속동작의 on ☞ p. 320

   예 On seeing me, he ran away. 나를 보자마자 도망쳤다.
      (= As soon as he saw me, he ran away.)
      (= As soon as seeing me, he ran away.)
      (= The moment[instant/minute/second] he saw me, he ran away.)
   On arriving home, I took a shower.
      집에 오자마자 샤워를 했다.
   On receiving your order, we'll send it to you.
      주문을 받는 즉시 보내드리겠습니다.

분사구문

조건, 양보, 결과

'조건, 양보, 결과'의 분사구문은 문어적이라, 일상회화에서는 잘 쓰이지 않습니다.

68-16] **Turning** to the left, you'll find the shop. [조건]
    (= If you <u>turn</u> to the left, ...)

68-17] (Being) **Left** alone, you may feel scared.
    (= If you <u>are left</u> alone, ...)

68-18] **Judging** from his accent, he seems to be British.
    (= If we <u>judge</u> from his accent, ...)

68-16] 왼쪽으로 돌면 가게가 보일 것입니다. [68-17] 혼자 남겨지면, 너는 무서울지도 몰라. [68-18] 억양으로 판단하건데, he는 영국인 같다.

68-16] 예 <u>Running</u> all the way, you'll get there in time.
    줄곧 달려가면, 시간 내에 당도할 것이다. (= If you <u>run</u> all the way, ...)

68-17] 예 The poison, <u>(being) used</u> in a small quantity, will be a medicine.
    소량으로 사용하면, 독은 약이 될 것이다. (= The poison, if it <u>is used</u> in ...)

68-18] ▶ 비인칭 독립분사구문: 부사절의 주어가 일반인을 뜻하는 'we·you, they·one'인 경우, 주절의 주어와 달라도 생략합니다. 관용 표현으로, 대체로 조건을 나타냅니다.

    예 judging from[by] [조건] ···로 판단하건대
    generally[strictly/frankly] speaking 일반적으로[엄밀히/솔직히] 말해
    talking of ···에 대해 말하자면 / compared with ···와 비교하면
    taking all things into consideration 모든 점을 고려해
    putting it mildly 완곡한 표현을 쓰자면, 말하기 조심스럽지만
    weather permitting 날씨만 허락되면
    providing[provided] (that), supposing (that), assuming (that) ☞ p. 84
    granting (that) [양보] 비록 ···일지라도[할지라도]

68-19] <u>Living</u> on the seashore, I can't swim. [양보]
　　　(= Though I <u>live</u> on the seashore, ...)

68-20] <u>(Being) Invited</u> to the party, he didn't go.
　　　(= Though he <u>was invited</u> to the party, ...)

68-21] He studied very hard, <u>passing</u> the exam. [결과]
　　　(= ..., so that he <u>passed</u> the exam.)

68-19] 해변에 살지만, 수영을 못한다. [68-20] 파티에 초대 받았지만, he는 가지 않았다. [68-21] he는 매우 열심히 공부했고, (그 결과) 시험에 합격했다.

68-19] 예 <u>Eating</u> less, I'm still gaining weight.
　　　적게 먹는데도, 계속 살이 찐다. (= Though I <u>eat</u> less, ...)

　　　<u>Knowing</u> very well that it was foolish, I drank all night long.
　　　바보짓인 줄 잘 알면서도, 밤새도록 술을 마셨다.
　　　(= Though I <u>knew</u> very well that it was foolish, ...)

　　　You <u>admitting</u> what he said, I don't admit it.
　　　너는 he가 말한 것을 인정하지만, 나는 인정하지 않는다.
　　　(= Though you <u>admit</u> what he said, ...)

68-20] 예 <u>(Having been) Born</u> of the same parents, they don't resemble each other.
　　　같은 부모에게서 태어났지만, 그들은 서로 닮지 않았다.
　　　(= Though they <u>were born</u> of the same parents, ...)

68-21] 예 It rained for two weeks on end, completely <u>ruining</u> our holiday.
　　　2주 동안 비가 계속 왔고, (그 결과) 우리 휴가를 완전히 망쳐 놓았다.
　　　(= ..., so that it <u>ruined</u> our holiday.)

　　　IMF hit South Korea in 1997, <u>triggering</u> the financial crisis in every home.
　　　1997년 IMF가 한국을 강타했고, (그 결과) 모든 가정에 재정 위기를 초래했다.
　　　(= ..., so that it <u>triggered</u> the financial crisis ...)

　　　When water freezes in the cracks of rocks, it expands, <u>causing</u> the rocks to break apart. 물이 바위 틈 사이에 얼면 팽창하고 (그 결과) 바위를 갈라지게 한다. (= ..., so that it <u>causes</u> the rocks to break ...)

　　　She started a fight and ended up <u>bursting</u> into tears.
　　　she는 싸우기 시작했고, 결국 울음을 터뜨리고 말았다. (end up: 결국 ~하게 되다)
　　　('ended up'이 'so that'처럼 쓰임)

분사구문

생각 더하기   67. 강조

- **You <u>do</u> look nice in that skirt.** [동사 강조]
  너는 그 치마가 정말 잘 어울린다.
  - 강조의 조동사 'do': 동사 앞에 do를 써서 동사 강조, 강하게 발음
    - 예) He <u>does</u> love you. he는 정말로 너를 사랑한다니까.
      I <u>did</u> call you yesterday. 어제 진짜 너에게 전화했어.
  - 명령문 앞에 do를 써서 명령 강조
    - 예) Do forgive me. 제발 용서해 주세요.
      Do be quiet. 조용히 좀 해.

- **He is the <u>very</u> man I am looking for.** [(대)명사 강조]
  he가 바로 내가 찾던 사람이다.
  - (대)명사는 앞에 very를 써서 강조 (이때의 very는 형용사)
    - 예) That's his very words. 그것이 바로 그가 한 말이다.
      At that very moment the bell rang. 바로 그 순간 종이 울렸다.

- **I <u>myself</u> have never done it.**
  나 자신이 그것을 해 본 적이 없다. (= I have never done it myself.)
  - (대)명사 뒤나 문미에 재귀대명사를 써서 (대)명사 강조
    - 예) He <u>himself</u> will meet the president. (he가 직접 대통령을 만남)
      He'll meet the president <u>himself</u>. (다른 사람이 아닌 대통령을 만남)
  - 재귀대명사에 따라 강조하는 말이 달라짐
    - 예) He killed the cat <u>himself</u>. (he가 직접 죽임)
      He killed the cat <u>itself</u>. (바로 그 고양이를 죽임)

- **What <u>on earth</u> is he doing?** [의문사 강조]
  he는 도대체 무엇을 하고 있느냐?
  - 의문사 뒤에 'ever, on earth, in the world, the devil' 등을 써서 의문사 강조, '놀람, 찬성, 화남' 등을 나타냄. '도대체'로 해석
    - 예) How <u>ever</u> did he escape?
      he는 도대체 어떻게 탈출했을까?
      How <u>in the world</u> did they make a mistake like that?
      그들은 도대체 어떻게 그런 실수를 한 거야?

생각문법

- I didn't enjoy it <u>at all</u>. [부정 강조]
  그것이 전혀 즐겁지 않았다.
  - 부정어 뒤에 'at all, in the least, whatever' 등을 써서 부정 강조
    예 I don't understand <u>in the least</u> what you mean.
       무슨 말인지 도무지 이해할 수 없다.
       I know nothing <u>whatever</u> about mechanics.
       기계에 대해서는 전혀 모른다.
  - by no means: 결코[조금도] …하지 않다
    예 It's by no means perfect. 그것은 결코 완벽하지 않다.

- It was <u>much</u> easier than I expected. [비교급 강조]
  그것은 생각보다 훨씬 쉬웠다.
  - 비교급 강조 어구: much, (by) far, even, still, a lot
    예 Getting a job is <u>even</u> more difficult than I thought.
       취직이 생각보다 훨씬 어려워.
       You need to try <u>a lot</u> harder to beat me.
       나를 이기려면 훨씬 더 분발해야 해.
  - 원급은 부사 'very'로 강조
    예 He is very tall. [원급 강조]
       he는 키가 매우 크다.

  This is <u>much</u> the best way. [최상급 강조]
  이것이 가장 최선의 방법이다.
  - 최상급 강조 어구: much, (by) far, the very, quite, ever
    예 What's <u>by far</u> the worst thing that could happen?
       발생할 수 있는 최악의 일은 무엇인가요?
       This is <u>the very</u> last question. 이것이 정말 마지막 질문입니다.
       This is my best birthday <u>ever</u>. 이번이 내 생에 최고의 생일이다.

- He waited for me <u>hours and hours</u>. [반복에 의한 강조]
  he는 나를 몇 시간 동안이나 기다렸다.
  예 She talked and talked. she는 계속해서 이야기했다.

■ 'It ... that' 강조 구문

It + be동사 + 강조 어구 + that ...

'It + be동사'와 that 사이에 '주어·목적어·부사어'를 넣어 강조합니다. 이런 방식으로 강조하는 이유는 전달 내용을 확실히 하고 싶기 때문입니다.

- Betty met her friends yesterday to see a movie.
  베티는 어제 영화를 보려고 친구들을 만났다.

  주어 강조: It was <u>Betty</u> that met her friends yesterday to see a movie.
  어제 영화를 보려고 친구들을 만난 사람은 바로 베티였다.

  목적어 강조: It was <u>her friends</u> that Betty met yesterday to see a movie.
  베티가 어제 영화를 보려고 만난 사람은 바로 친구들이었다.

  부사 강조: It was <u>yesterday</u> that Betty met her friends to see a movie.
  베티가 영화를 보려고 친구들을 만난 때는 바로 어제였다.

  부사구 강조: It was <u>to see a movie</u> that Betty met her friends yesterday.
  베티가 어제 친구들을 만난 것은 바로 영화를 보기 위해서였다.

  — that 이하에는 강조하는 말이 빠져 있음
  — 완전한 문장인 '가주어-진주어 구문'과 구별할 것

아래 예문을 비교해 보십시오.

- It was <u>he</u> that ... [주격을 씀. 격식체]

  It was <u>him</u> that ... [목적격을 씀. 비격식체(일상체)]

  It was he <u>who</u> ... [that을 쓰지 않고 who를 씀. 보다 격식체]

  — 강조 어구가 사람이 아니면 which도 쓸 수 있음 (이 또한 보다 격식체)
  예 It was the fact which ... ···한 것은 바로 그 사실이었다.

아래 예문도 비교해 보십시오.

He went to the park yesterday.
he는 어제 공원에 갔다.

- It was to the park that he went yesterday. [격식체]

  It was the park that he went to yesterday. [비격식체]
  어제 he가 간 곳은 바로 공원이었다.

궁금해집니다. 의문문의 의문사는 어떻게 강조하는지.

Where does he want to go?
he는 어디를 가고 싶어 하니?
- (현재시제니) 'It+is'와 that 사이에 where를 넣음 → It's where that ...
- 의문문이니 의문문 어순으로 바꿈 → Is it where that ...?
- 의문사가 가장 중요한 말이니 문두로 보냄 → Where is it that ...?

- Where is it that he wants to go? [의문사 'where' 강조]
  he가 가고 싶어 하는 곳이 어디니?
  예 Who was it that broke the window? 창문을 깬 사람이 누구니?
  What was it that you bought for Betty yesterday?
  네가 어제 베티를 위해 산 것이 뭐니?

한편, 강조하려는 말을 문미에 두어 강조합니다.

- Turn off the TV. ['the TV' 강조]
  - 끄되, (전등이 아닌) TV를 끄라는 말

  Turn the TV off. ['off' 강조]
  - TV를 (켜 놓지 말고) 끄라는 말

  ★ 구동사 ☞ p. 220

| 생각 더하기 | 68. 도치 |

말의 위치를 바꾸는 도치, '강조' 말고 도치할 이유가 있을까요? 특정한 어구를 문두로 도치해 강조합니다.

- <u>Ella</u> I love so much. [목적어 강조]
  엘라를 아주 많이 사랑한다. (I love <u>Ella</u> so much.)
  예 The secret I have kept for a long time.
  그 비밀을 오랫동안 지켰다.
  (I have kept the secret for a long time.)

- <u>Great</u> was the movie. [보어 강조]
  [어순: 동사+명사] 그 영화 정말 끝내 줬어. (The movie was <u>great</u>.)
  예 So fast was the man that I couldn't catch him.
  엄청 빨라, 그 남자는 내가 잡을 수 없었다.
  (The man was so fast that I couldn't catch him.)

- <u>On the hill</u> stands the castle. [부사구 강조]
  [어순: 동사+명사] 언덕 위에 성이 있다. (The castle stands <u>on the hill</u>.)
  예 Away went the bus. 버스 떠났다. (The bus went away.)

- <u>There</u> comes the last bus. [부사 강조]
  [어순: 동사+명사] 저기 버스 막차가 온다. (The last bus comes <u>there</u>.)
  예 Here is your drink. 여기 음료 나왔습니다. (Your drink is here.)

▶ 보어·부사(구)가 도치될 때, 주어가 '명사'면 어순이 위와 같이 '동사+명사'고, '대명사'면 아래와 같이 '대명사+동사'입니다. (대명사는 상대방이 알고 있는 구정보라 강조되지 않습니다. 문미에 두지 않습니다. ☞ ❸ p. 343)

예 It was great. → Great it was. [어순: 대명사+동사]
He was so fast that ... → So fast he was that ...
It stands on the hill. → On the hill it stands.
They went away. → Away they went.
He comes here. → Here he comes.

- Often <u>does</u> she eat pizza. (eat: 동사원형)
  종종, she는 피자를 먹는다. (She often eats pizza.)

  ▶ does를 쓰는 이유: 빈도부사 'often'은 앞에서 동사 'eat'를 수식합니다. 그런데 does가 없으면, 부사(often)가 대명사(she)를 수식하게 됩니다. 수식하면 안 되니 인칭(3인칭)과 수(단수)와 시제(현재)에 맞게 does를 씁니다. (does는 동사 'eat'와 연관된 조동사이므로, often의 does 수식은 often의 eat 수식과 같습니다. 요컨대, 부사가 동사를 수식 또는 설명할 수 있게 조동사 'do'를 쓰는 것입니다.)

  ### So hard <u>did</u> he study English that he could ...
  정말 열심히 영어를 공부해, he는 영어시험에 합격할 수 있었다.
  (He studied English so hard that he could pass the English test.)
  – did: so hard는 study를 설명하는 말이지, he를 설명하는 말이 아님
  so hard가 study를 설명할 수 있게 did를 씀 (so hard는 설명어)

- "I like it." "<u>So do I.</u>" [so 도치, 긍정적 동의]
  나도 그래. (= I like it, too.)
  – 앞 문장과 같은 종류의 동사나 조동사를 씀. 수와 시제를 일치시킴
  예 He'<u>s</u> going to the concert, and so <u>is</u> she.
  He <u>can</u> play the guitar, and so <u>can</u> she.

  "I don't like it." "<u>Neither[Nor] do I.</u>"
  [neither 또는 nor 도치, 부정적 동의] (nor = and not)
  나도 그래. (= I don't like it, either. 또는 Me, neither.)
  예 He doesn't <u>like</u> it, and neither <u>does</u> she.
  He <u>hasn't</u> <u>got</u> any money, nor <u>have</u> I.

- "<u>I love you,</u>" said Mike. [인용문 도치]
  [어순: 동사+명사] "사랑해."라고 마이크가 말했다. (Mike said, "<u>I love you.</u>")
  예 "Out of sight, out of mind," says an old proverb.
  옛말에 이르기를 "눈에서 멀어지면, 마음에서도 멀어진다."
  – 이때도 어순 주의! 주어가 대명사면 '대명사(he)+동사(said)' 어순
  예 "I love you," he said.

■ 부정어 도치

부정의 의미상, 부정어는 주요한 '강조어'입니다.

- <u>Not</u> any mistakes did he make. (make: 동사원형)

  어떠한 실수도, he는 하지 않았다.

  (He did <u>not</u> make any mistakes.)

  <u>Not</u> until April was Mike able to see Betty.

  4월이 되어서야, 마이크는 베티를 볼 수 있었다. (그 전에는 볼 수 없었다.)

  (Mike was <u>not</u> able to see Betty until April.)

  예) Not only did he steal my wallet, but he also stole my bag.

  he는 내 지갑뿐 아니라 가방도 훔쳤다.

  (He not only stole my wallet, but he also stole my bag.)

- <u>Never</u> does he drink alcohol.

  he는 생전 술을 마시는 법이 없다.

  (He <u>never</u> drinks alcohol.)

  – does: never는 drink를 부정하는 말이지, he를 부정하는 말이 아님

  never가 drink를 부정할 수 있게 does를 씀

  <u>Never</u> have I seen such a beautiful woman.

  그토록 아름다운 여자는 본 적이 없다.

  [I have <u>never</u> seen such a beautiful woman. (have: 시제 조동사)]

  – Never + 조동사(have) + 주어(I) + 서술어(seen)

  – 이 예문에는 조동사가 있음. 조동사(do)를 따로 쓰지 않아도 됨

  – never가 I를 부정하면 안 되니, seen을 부정할 수 있도록 have를 도치시켜 I 앞에 씀

  예) Not only has he been to India, but he also has been to Peru.

  he는 인도뿐 아니라 페루도 갔다 왔다.

  (He not only has been to India, but he also has been to Peru.)

- <u>Rarely</u> does he have breakfast.
  좀처럼, he는 아침을 먹지 않는다. (He <u>rarely</u> has breakfast.)
  - does: rarely가 have를 부정할 수 있게 does를 씀
  - rarely 대신 'seldom · hardly · scarcely'를 쓸 수 있음
    예 Seldom had I seen a child with so much talent.
    그처럼 재능이 많은 아이는 좀처럼 보지 못했다.
    (I had seldom seen a child with so much talent.)

- <u>Little</u> did I realize that writing in English was ...
  내가 거의 깨닫지 못한 것은 영작이 쉽지 않다는 것이었다.
  (I <u>little</u> realized that writing in English was not easy.)
  - did: little이 realize를 부정할 수 있게 did를 씀
    예 Little did he imagine how dangerous it would be.
    he는 그 일이 얼마나 위험한지 거의 생각하지 않았다.
    (He little imagined how dangerous it would be.)

아래는 '하자마자'를 뜻하는 도치문입니다.

- <u>No sooner</u> had he seen me than he ran away.
  나를 보자마자, he는 도망쳤다. (He had <u>no sooner</u> seen me than ...)
  (= As soon as he saw me, he ran away.)
  - No sooner가 seen을 수식할 수 있도록 had를 도치시켜 he 앞에 씀
    예 No sooner had she said it than she burst into tears.
    그 말을 끝내자마자, she는 울음을 터뜨렸다.
    (She had no sooner said it than she burst into tears.)

- <u>Hardly</u> had I sat down before I fell asleep.
  앉자마자 잠들어 버렸다. (I had <u>hardly</u> sat down before I fell asleep.)
  - hardly가 sat을 수식할 수 있도록 had를 도치시켜 I 앞에 씀
  - hardly 대신 scarcely를, before 대신 when을 쓸 수 있음
    예 Scarcely had the game started when it began to rain.
    경기가 시작되자마자 비가 오기 시작했다.
    (The game had scarcely started when it began to rain.)

명사절

- ✓ that절
  - We know (that) the earth is round.
    I didn't believe the fact that he was guilty.

- ✓ whether절 · if절
  - Whether he'll come or not doesn't matter.
    It doesn't matter whether he comes or not.

- ✓ 의문사절
  - I don't know what I should do.
    What do you think is important?

부사절

- ✓ 장소
  - I repeat, stay where you are!

- ✓ 시간
  - Call me when you finish your work.

- ✓ 이유 · 원인
  - I couldn't arrive on time because I missed the bus.

- ✓ 목적
  - I study hard (so) that I can pass the test.

- ✓ 결과
  - It was so cold that we didn't go out.

- ✓ 조건
  - If it's fine tomorrow, we'll go to the zoo.
- ✓ 가정
  - Would you mind if I used this computer?
- ✓ 양보
  - Though he's rich, he's not happy.
- ✓ 양태
  - Do as you were told.
- ✓ 비교
  - He's as tall as I am.

분사구문

- ✓ 단순형
  - Seeing me, he runs away.
- ✓ 완료형
  - Having lost my wallet, I don't have any money now.
- ✓ 단순수동형
  - Seen from the moon, the earth is blue.
- ✓ 완료수동형
  - Born in England, he speaks English fluently.

명사 뒤에 덧붙여 선행명사를 설명하는 말, 명사 설명어!
선행명사를 설명하며 앞말과 뒷말을 잇는다.

국어문장은 '수식 구조'입니다. 반면에, 영어문장은 '설명 구조' 즉 '서술식 구조'입니다. 이루 말할 수 없을 정도로 중요한 명사 설명어, 서술식 영어 문장구조의 진면목을 보여줍니다.

[보통 문법책에서, 하도 '후위수식, 후위수식' 하니까, 대부분 사람이 '후위설명'을 하는 명사 설명어를 인식하지 못하고 있습니다. 참 안타까운 일입니다.]

[명사 '앞에서는' 수식합니다. 명사 '뒤에서는' 설명합니다. 수식 구조는 국어에도 있기 때문에 문제될 것이 없습니다. 문제는 국어에도 없고, 한국인 머릿속에도 없는 앞말을 뒷말이 설명해 나가는, 설명 구조인 '서술식 구조'입니다. 영어 학습의 성공 여부는 서술식 구조에 얼마나 빨리 적응하고 익숙해지느냐에 달려 있습니다.]

명사는 설명의 대상

앞서 명사절에서, 명사는 '설명의 대상'이라고 했습니다. 또한 명사 설명어가 '주목보' 자리에 있는 명사 뒤에 덧붙여, 뒤에서 명사를 설명한다고 했습니다.

Unit 19

관계사
Relatives

− 'p. 63'에 이어 −

명사 뒤에 덧붙여 '선행명사를 설명하는 말'을 '명사 설명어'로 부릅니다. 명사 설명어는 두 가지로, '명사어'와 '형용사어'가 있습니다. ★ 명사어와 형용사어의 구별 ☞ ❷ p. 276, ❸ p. 334

명사 설명어 선행명사를 설명하는 말

① 선행명사를 설명하는 '명사어' [명사적 용법]
  └ 선행명사 + 명사구
  └ 선행명사 + 명사절

② 선행명사를 설명하는 '형용사어' [형용사적 용법]
  └ 선행명사 + 형용사구
  └ 선행명사 + 형용사절 (이것이 관계사절)

선행명사 설명은 명사어보다 형용사어가 적극적이고 다양하게 합니다. 명사어에 이어, 형용사어를 살펴보겠습니다. 형용사어가 선행명사를 설명합니다. 흥미진진하게, 영어만의 논리에 푹 빠져 보십시오.

형용사구
Adjectival Phrases

['형용사, 형용사구, 형용사절' 이 셋을 하나로 묶어 "형용사어"라고 합니다.]

형용사 역할, 잘 알고 계시죠? 형용사의 대상은 명사로, 앞에서는 수식하고, 뒤에서는 설명합니다. ★ 형용사 역할 ☞ p. 212, ❷ p. 287

- I drank a cup of <u>hot</u> milk. [명사 전위수식]
  뜨거운 우유 한 잔을 마셨다.
  - 이때의 hot은 milk를 수식하는 '수식어', 앞에서 명사 수식
    예) I like <u>strong</u> coffee. [수식어] 진한 커피가 좋다.

- I drank the milk <u>hot</u>. [명사 후위설명]
  우유를 뜨겁게 해서 마셨다.
  - 영어는 구조어! 위치가 달라지면 의미도 해석도 달라짐
  - 이때의 hot은 the milk를 설명하는 '설명어', 뒤에서 명사 설명
    hot이 the milk를 후위수식을 한다고 하면, 영어는 끝!
    예) I like my coffee <u>strong</u>. [설명어]
    커피를 진하게 한 것이 > 커피가 진한 것이 좋다.

여러분

영어는 구조어로, '말의 위치나 순서가 곧 문법'입니다. 수식을 앞에서도 하고 뒤에서도 하고, 절대 이럴 수 없습니다. 위치가 달라지면 역할이 달라지고, 역할이 달라지면 의미도 달라집니다. 확인해 보면,

late	작고한 [수식: 앞에서 명사 수식] 예 the late grandfather 고인이 되신 할아버지	
	늦은 [설명: 뒤에서 주어인 (대)명사 설명] 예 Mike was late for school. 마이크는 학교에 지각했다.	
present	현재의 예 the present situation 현재 상황	
	출석한, 참석한 예 I was present at the meeting. 미팅에 참석했다.	
certain	어떤, 특정한 예 a certain man 어떤 남자 / at certain times 특정한 시간[시기]에	
	확실한, 확신하는 예 It's certain that ... ···인 것이 확실하다.	
right	오른쪽의 예 my right hand 내 오른팔	
	옳은, 올바른 예 You're right. 당신 말이 맞다.	
ill	나쁜 예 ill news 나쁜 소식	
	아픈 예 He's ill in bed. he는 아파서 누워 있다.	
sick	아픈 예 the sick children 아픈 아이들	
	매스꺼운, 지겨운 예 I feel sick. 토할 것 같아. / I'm sick of him. 그에게 질린다.	

　　위치가 다르니 역할도 다르고, 역할이 다르니 의미도 다른 것입니다. 구조어인 영어, 영어문장은 서술식 구조! 앞에서는 수식! 뒤에서는 설명! 세뇌라도 시켜야겠습니다.

형용사구

— | 'in the morning'은 전치사구? 부사구?

전치사구와 '형용사구 · 부사구'를 구별해야겠습니다.

- **in the morning** [전치사구] 아침에
  - in the morning: 전치사로 시작하는 구 〉 전치사가 이끄는 구 〉 전치사구
  - 전치사구: 형태와 관련된 말, 구의 형태가 전치사구라는 말

- I always get up at six **in the morning**. [부사구] 늘 아침 6시에 일어난다.
  - in the morning: 시간을 나타내는 부사구, 다른 부사구 'at six'를 설명
    ('at six'도 부사구, 구동사 'get up'을 설명)
  - 전치사구라는 형태가 문장 안으로 들어가 뒤에서 '동사 · 형용사 · 다른 부사'를 설명하면 부사구 (형태는 전치사구, 문장에서 역할은 부사구)
  - 예 I'm sorry for being late. 늦어서 미안해. (이유를 나타내는 부사구)
    (전치사구 'for being late'가 문장 안으로 들어가 뒤에서 형용사 'sorry'를 설명)

'in the morning'은 형태로 보면 전치사구입니다. 전치사구가 문장 안으로 들어가면, 역할에 따라 ('부정사'라는 형태가 문장에서 '명사구 · 형용사구 · 부사구'로 쓰이듯이) 형용사구나 부사구로 쓰입니다. 역할로 보면 형용사구나 부사구입니다. 요컨대, 전치사구가 문장 안으로 들어가 뒤에서 명사를 설명하면 형용사구! 뒤에서 (명사를 제외한) '동사 · 형용사 · 다른 부사'를 설명하면 부사구!

- My grandfather is **in good health**. [형용사구]
  할아버지께서는 건강한 상태에 있다 〉 건강하시다.
  - My grandfather: 선행명사, 주어
  - in good health: 뒤에서 명사를 설명하니 형용사구
    주어를 설명하니 주보어

> **선행명사를 설명하는 형용사구**

형용사구: 뒤에서 명사를, 즉 선행명사를 설명하는 구

명사 설명어로 쓰인 형용사구는 아래와 같이, 세 가지가 형태가 있습니다.

선행명사 + **형용사구** 선행명사를 설명하는 구
　└ 선행명사 + 전치사 + 명사
　└ 선행명사 + 부정사구
　└ 선행명사 + 분사구

주의! 도치했을 때 말이 되면 명사어고, 말이 안 되면 형용사어입니다.

* Mr. Kim, <u>a lawyer</u> 변호사 김씨
  ('a lawyer, Mr. Kim' – 도치해도 말이 되니, 'a lawyer'은 명사어)
* the discovery <u>of America</u> 미 대륙 발견
  ('of America the discovery(?)' – 도치하면 말이 안 되니, 'of America'는 형용사어)

잠시, 복합명사를 먼저 알아보겠습니다.

- a <u>horse race</u> 경마
  – horse race: '명사 + 명사'인 복합어, 복합명사
  　　　　　　두 단어 이상이 한 단어처럼 쓰임
  예 a race horse 경주마 / a school bus 스쿨버스 / a flight attendant 승무원
  ice cream 아이스크림 / an account number 계좌번호 / interest rate 금리

■ 선행명사 + 전치사 + 명사

- *NOT* <u>love</u> <u>peace</u> [명사 – 명사]

영어는 복합명사가 아니면, 위와 같이 명사와 명사를 연이어 나란히 놓을 수 없습니다. 그럼 어떻게?

- the love <u>of</u> peace

명사와 명사 사이에 '전치사[of]'를 써야 합니다. 궁금하지 않을 수 없습니다. 왜 전치사를 써야 할까요?

집중! 집중!

- <u>Mike</u> <u>Betty</u> [명사 – 명사]

'Mike Betty'는 단지 두 단어의 나열에 지나지 않습니다.

한번 생각해 보십시오. 명사 뒤에 명사가 있는데, 서로 아무런 관계도 아닐까요? 서로 어떤 관계니, 명사 뒤에 명사를 쓰지 않을까요? 문장은 온갖 '의미적/문법적 관계로' 이루어져 있습니다. 복합명사가 아니면, 명사와 명사 사이에는 관계를 나타내는 말이 있어야 하고, 또한 있기 마련입니다.

아래 예문은 동사 'love'가 Mike와 Betty의 관계를 말해 주고 있습니다.

- Mike loves Betty. [동사]
    - (두 단어의 나열이 동사 'love'로) '마이크는 베티를 사랑한다.'라는 의미적 관계가 됨
    - (두 단어의 나열이 동사 'love'로) Mike는 주어가 되고, Betty는 목적어가 됨
        즉 문법적 관계가 됨 (주어와 목적어라는 문법적 관계가 동사 'love'로 나타남)
    - love는 타동사, 목적어를 취함, 타동사 뒤에 목적어가 놓임
        이때의 목적어를 "타동사의 목적어"라고 함

위와 같은 맥락으로, 이번에는 전치사 'of'가 love와 peace의 관계를 보여 주고 있습니다.

- the love of peace [형용사구]
    - love of peace: [의미적 관계] 사랑의 대상이 평화, 평화에 대한 사랑
        [문법적 관계] 사랑, 무엇을 사랑? 평화를, 평화를 사랑
        peace는 의미상 love의 목적어
    - of peace: (사랑이 '평화에 대한' 사랑이라고) 선행명사 'the love'를 설명
        뒤에서 명사를 설명하니 형용사구 ★ of와 격 ☞ p. 241
    - 전치사도 목적어를 취함, 전치사 뒤에 목적어가 놓임, 이때의 목적어를
        "전치사의 목적어"라고 함
        예 the discovery of America 미 대륙 발견
            (발견, 무엇을 발견? 미 대륙을 - America는 의미상 discovery의 목적어)

- NOT love peace [명사 - 명사]
    - 두 단어의 나열에 불과, 의미적/문법적 관계가 없음, 말이 안 됨
    - '명사 - 명사'는 복합명사가 아니면 문법적 관계가 될 수 없음
    - 명사는 명사를 목적어로 취할 수 없음 (타동사와 전치사만 목적어를 취할 수 있음)
    - '명사 - 명사'가 문법적 관계가 되려면, 명사가 명사를 목적어로 취하려면
        전치사를 써야 함, peace가 love의 목적어가 되려면 of를 써야 함

형용사구

- **the knowledge of law** [형용사구]
    - knowledge of law: [의미적 관계] 지식의 대상이 법률, 법률에 관한 지식
        [문법적 관계] 앎, 무엇을 앎? 법률을, 법률을 앎
        law는 의미상 knowledge의 목적어
    - of law: (지식이 '법률에 관한' 지식이라고) 선행명사 'the knowledge'를 설명
        뒤에서 명사를 설명하니 형용사구
        예 the memory of old days 추억이 옛일에 관한 추억 〉 옛일을 추억
        the fear of the dark 두려움이 어둠에 대한 두려움 〉 어둠을 두려워함
        the photograph of a star 사진이 별에 대한 사진 〉 별을 찍은 사진 〉 천체 사진

- **a girl with red hair** [형용사구: 전치사+명사(전치사의 목적어)]
    빨간 머리를 가진 소녀 〉 빨간 머리 소녀
    예 a cure for poverty 빈곤 대책
    a different solution to the problem 그 문제에 대한 다른 해결책
    a full recovery from the operation 수술에서 완전히 회복
    a complaint about the noise 소음에 대한 불만
    your advice on the matter 그 문제에 대한 너의 충고
    his ability in English 그이의 영어 실력

주의! (명사는 '신정보', 대명사는 '구정보') 명사 설명어는 신정보인 명사 뒤에서만 설명합니다. (신정보니 설명이 필요) 구정보인 대명사 뒤에서는 설명하지 않습니다. 단, 목적보어로 쓰인 명사 설명어는 (목적보어는 문장에 꼭 있어야 하는 '필수 문장성분'이므로) 대명사 뒤에서도 설명합니다. ★ 목적보어 ☞ ❸ p. 396

* He calls me <u>an angel</u>. [목적보어] he는 나를 천사로 부른다.
    [나를 부른다. 무엇으로? 천사로 (뒤에서 인칭대명사 'me'를 an angel이 설명)]

명사 설명어는 또한 (something이나 'some of them'의 some과 같은) '부정대명사'도 뒤에서 설명합니다. (부정대명사는 불특정한 정해져 있지 않은 대명사이므로 쉽게 말해 모르는 말이므로 설명이 필요, 뒤에서 설명이 가능) ★ 부정대명사 ☞ ❸ p. 208

* I need something <u>to drink</u>. [형용사구] 마실 것 좀 주세요. (something을 설명)
* some[all/each] <u>of them</u> 그들 중 몇몇[그들 모두/그들 각자]
    (이때의 'some[all/each]'는 부정대명사, 한정사가 아님 ★ two of them ☞ ❸ p. 171)

동명사는 동사가 명사로 명사화된 품사로, 명사와 다를 바 없습니다. 전치사의 목적어로 (대)명사뿐 아니라 동명사도 쓰입니다. 부정사는 쓰이지 않습니다. ★ 전치사의 목적어와 동명사 ☞ ❷ p. 272

- He came here for the purpose <u>of meeting</u> me. [형용사구]
  he는 나를 만날 목적으로 〉 나를 만나러 여기 왔다.
  [무슨 목적? 만날 목적 (뒤에서 the purpose를 of meeting이 설명)]

  예 I made a point <u>of closing</u> all the windows before leaving the house.
  집을 나서기 전에 (당연히 여겨) 애써 모든 창문을 닫았다.

  I have an objection <u>to smoking</u> at a bar.
  술집에서의 흡연을 반대한다. (이때의 to는 전치사)

  the purpose <u>of using</u> 사용 목적

  a habit <u>of writing</u> note 메모 습관

한편, 형용사가 명사와 '수식 관계'가 아니면, '형용사와 명사 사이'에도 전치사가 쓰입니다. 이때는 '전치사+명사'가 형용사를 설명하므로 '부사구'입니다. 아래 두 예문을 비교해 보십시오.

- a <u>cute</u> kitten [형용사] 귀여운 새끼 고양이
  - 형용사 'cute'가 명사 'kitten'을 수식, 이때의 형용사는 명사와 수식 관계

- She is afraid <u>of dogs</u>. [부사구] she는 개를 무서워한다.
  - dogs: 전치사의 목적어 (문장의 목적어이기도 함)
  - 형용사(afraid)는 구문적으로 목적어(dogs)를 취할 수 없음
  - 형용사가 목적어를 취하려면 전치사(of)를 수반해야 함
    (전치사를 수반하지 않으면 수식 관계가 됨, 수반해야 dogs가 목적어가 됨)
  - of dogs: (무서워하는 대상이 개라고) 형용사 'afraid'를 설명
    뒤에서 형용사를 설명하니, 문법적으로는 부사구
  - be afraid of: 타동사구는 아니지만, 일종의 타동사구[서술어]로 보면 좋음
    [주어(she)+서술어(is afraid of)+목적어(dogs)]

  예 He <u>is good at</u> math. he는 수학을 잘한다.

- **선행명사 + 부정사구**

이때의 부정사는 명사 설명어로서, 뒤에서 명사를 설명하는 형용사구입니다. ★ 명사 설명어, 부정사의 형용사적 용법2 ☞ ❷ p. 305

- Do you remember your promise <u>to buy</u> a car for me?
    [형용사구/부정사구] 나에게 차를 사주겠다는 약속 기억하죠?
    - to buy: (약속이 '차를 사주겠다'는 약속이라고) 선행명사 'your promise'을 설명
        (뒤에서 명사를 설명하는) 형용사 역할을 하며 형용사적으로 설명
        형용사 역할을 하므로 형용사구 (형태로 말하면 부정사구)
        형용사적으로 쓰인 부정사, 부정사의 형용사적 용법
            (부정사는 앞에서 명사를 수식하지 않음, 뒤에서 명사를 설명만 함)
            (이때의 부정사는 목적보어가 아님, 명사 뒤에 덧붙는 명사 설명어)
        예) I have made a decision to leave home.
            집을 떠나겠다는 결심을 했다. (= I have a decision that I'll leave home.)
            Mike has only one aim to be a judge.
            마이크의 유일한 목표는 판사가 되는 것이다.
            I have no wish to go there. 그곳에 가고 싶지가 않다.
    - 동명사가 쓰인 경우와 비교
        예) There is no hope of <u>going</u> there. 그곳에 갈 희망이 없다. (전치사 뒤니 동명사)
    - 부정사에는 '주어와 서술어의 관계' 또는 '서술어와 목적어의 관계'로
        문법적인 연결 기능이 있음 ☞ ❷ p. 306
        예) This is the app <u>to teach</u> you English. [주어와 서술어의 관계]
            이것이 너에게 영어를 가르쳐 줄 앱이다.
            (the app: 의미상 to teach의 주어, 'the app teaches')
            There're many sights <u>to see</u> in Sydney. [서술어와 목적어의 관계]
            시드니는 구경할 곳이 많다.
            (many sights: 의미상 to see의 목적어, 'see many sights')

- **선행명사 + 분사구**: 이때의 분사구는 관계대명사와 관련이 있어 관계대명사에서 다룹니다. ☞ p. 142

형용사절
Adjectival Clauses

- The man <u>who lives next door</u> is a lawyer.
  옆집에 사는 남자는 변호사다.

위 예문과 관련해 보통 문법책에서 ▶ 위와 같이 해석하며 'the man'을 'who lives next door'가 후위수식을 한다고 나옵니다. ◀ 'who lives next door'는 절이다. 절은 '주어+서술어'라는 문장의 형식을 갖춘다. 이 정도면 가히 '설명의 단위'가 아닌가? 한낱 수식의 단위로 보이는가?

강조합니다. 절은 수식의 단위가 아닙니다. 설명의 단위입니다. 형용사절은 설명절!

형용사절은 뒤에서 명사를, 즉 '선행명사는 설명하는 절'입니다.
('who lives next door'는 선행명사 'the man'을 설명하는 절, 형용사절입니다.)

형용사절: 뒤에서 명사를, 즉 선행명사를 설명하는 절

[부정사도 앞에서 명사를 수식하지 않습니다. 뒤에서 명사를 설명만 합니다.]

['설명, 설명, 설명, 설명, ...', 영어는 설명하다가 끝나는 언어인데, '후위수식' 이것 하나 때문에 전부 다 망친 것입니다. 영어문법을 처음 접할 때부터 영어문장이 '앞말을 뒷말이 설명해 나가는' 서술식 구조라는 것을 알고, 이에 맞춰 회화를 독해를 지금까지 했다면……. 이 점이 영어문법과 관련해 가장 아쉽습니다.]

후위수식

역행적 사고

수식: 명사에 대해 알고, 아는 만큼 의미를 더하며
앞에서 명사를 꾸며 주는 것

뒤에서 수식? 이것이 인간의 사고?
후위수식을 하면, 힘들게 역행적 사고를 하게 됩니다.
말을 쭉쭉 이어 가지 못하고, 앞말에 뒷말이 붙들리게 됩니다.
독해도 역으로 하고, 왔다 갔다 합니다.

영어사용능력이 OECD 국가 중에 대한민국이 하위권입니다.
이렇게 된 결정적인 원인 중에 하나가 후위수식이 아닐까 싶습니다.

후위설명

순행적 사고

설명: 상대방이 (대)명사에 대해 모르거나 모를 것 같아
알 수 있도록 뒤에서 (대)명사를 풀이하는 것

수식은 앞에서만, 뒤에서는 설명!
후위설명을 하면, 편하게 순행적 사고를 하게 됩니다.
앞에서 뒤로 말을 쭉쭉 이어 갑니다.
독해도 앞에서 뒤로 순차적으로 합니다.

'후위설명', 이 생각 하나가 영어 학습을 180도 바꾸어 놓습니다.
확고히 자리할 수 있도록 세뇌라도 시키십시오.

형용사절을 이끄는 접속사를 "**관계사** Relatives"라고 합니다.

형용사절을 이끄는 관계사
└ 관계대명사 Relative Pronouns
└ 관계소유한정사 Relative Possessive Determiners
└ 관계한정사 Relative Determiners
└ 관계부사 Relative Adverbs

[절과 절을 잇고 선행명사를 대신하니 '접속대명사'로 불러야 마땅하나, 오랫동안 써서 굳어진 대로, 생각문법도 '관계대명사'로 부릅니다. 다만, '관계'가 '접속'을 의미한다는 것만 확실히 아시면 됩니다.]

'종속절'은 국어에 해당하는 말입니다. 다시 한 번 강조합니다. 명사절·부사절뿐 아니라, 형용사절도 '설명절'입니다. ☞ p. 22

관계사가 이끄는 형용사절에는 '관계대명사절, 관계소유한정사절, 관계한정사절, 관계부사절'이 있습니다.

선행명사 + 형용사절 선행명사를 설명하는 절
└ 선행명사 + 관계대명사절
└ 선행명사 + 관계소유한정사절
└ 선행명사 + 관계한정사절
└ 선행명사 + 관계부사절

자, 그럼 형용사절을 낱낱이 파헤쳐 보겠습니다.

형용사절

개념 잡기

'이것이 영어라는 언어다.' 이를 형용사절이 보여줍니다.

형용사절이 아무리 복잡해도, 서술식 구조에 맞춰 생각하면
이 또한 어렵지 않게 풀립니다.

―| 관계대명사가 왜 있을까?

- He is my uncle <u>and</u> she is my aunt. [중문]
  he는 우리 삼촌이고, she는 우리 고모다.
  – 대등절1 'He is my uncle' + 대등접속사 'and' + 대등절2 'she is my aunt'
  – 대등한 각각의 절이라, '대등절2 + and + 대등절1'로 순서를 바꿀 수 있음
     순서를 바꿔도 문장 내용이 달라지지 않음 (= She's my aunt and he's my uncle.)
  – she: my uncle과 동일인이 아님

① I know the man. ② He is American.

두 문장인 ①과 ②를 'and'로 이어 한 문장으로 만들면,

- ① I know the man <u>and</u> ② he is American.
  그 남자를 알고, 그 남자는 미국 사람이다.
  – ①과 ②는 대등한 말이 아님. '② and ①'로 순서를 바꾸면 문장 내용이
     불분명해짐 (the man과 he가 동일인이 아닐 수 있음)
  – he: the man과 동일인, the man을 가리킴

어떻습니까? 말은 알아듣겠지만, 세련된 문장은 아닙니다.

이유는 ②가 the man을 설명하는 절이지, ①과 대등한 절이 아니기 때문입니다. 대등하지 않은 절을 대등하게 and로 잇다 보니, 다소 부자연스럽게 느껴지기도 합니다. 여기서 'and he'를 한 번에 말할 필요성이 생깁니다. '접속사'와 '대명사'의 역할을 동시에 하는 말이 필요합니다.

핵심은 and로 잇지 않고, ②가 온전히 'the man'을 설명하는 절이 되어야 한다는 것입니다. 되려면, 두 가지가 필요합니다.

접속사: ①도 절이고, ②도 절입니다. 절과 절을 이어 한 문장으로 만들려면 접속사가 필요합니다.

대명사: ②는 'the man'을, 즉 선행명사를 설명하는 절입니다. 중요한 점은 '선행명사를 설명한다'는 뜻으로, 'the man'을 콕 집어 가리키며 '선행명사를 대신한다'는 것입니다. 명사를 대신하는 말은 대명사입니다.

②가 온전히 'the man'을 설명하는 절이 되려면, 접속사와 대명사의 역할을 동시에 하는, 한꺼번에 두 가지 역할을 하는 말이 필요하고, 그 말이 바로, '관계대명사'입니다. 선행명사를 절로 설명하다 보니, 접속사와 대명사의 역할을 동시에 해야 하는 것이고, 관계대명사가 있는 것입니다.

- I know the man. + He is American.
- **I know the man who is American.** [형용사절/관계사절]
  그 남자를 아는데, 미국 사람이야.
  – the man: 선행명사
  – who: 선행명사가 사람이면 who를 씀 (He → who)
  　　　　is의 주어, 주어 자리니 주격, 주격 형태(who)로 표시, 주격 관계대명사
  　　　　앞절과 뒷절을 이음 [접속사 역할], 선행명사를 가리킴/대신함 [대명사 역할]
  　　　　접속사와 대명사의 역할을 동시에 함, 이것이 관계대명사
  – who 이하: (그 남자가 '미국 사람'이라고) 선행명사 'the man'을 설명
  　　　　　　(뒤에서 명사를 설명하는) 형용사 역할을 하며 형용사적으로 설명
  　　　　　　형용사 역할을 하므로 형용사절 (형태로 말하면 관계사절)

국어문장은 '미국 사람인[수식어] 그 남자[피수식어]' 이렇게 수식어가 피수식어 앞에 놓이는 '수식 구조'입니다. 이러한 국어를 사용하는 우리가 영어의 형용사절을 온전히 이해하고 받아들이기란 쉽지 않습니다. 고정 관념에서 벗어나야 하는데…….

① I know the American man.
　　그 미국 남자를 안다.

　그 미국 남자가 누구인지 '말하는 사람도 알고, 듣는 사람도 알면' 더는 말이 필요 없을 테고, ①로 말하면 됩니다. 의사소통이 되는 것입니다. (그 미국 남자를 화자도 청자도 아니까 ①로 말한 것입니다.)

② I know the man who is American. [형용사절]
　　해석①: 그 남자를 아는데, 미국 사람이야. - 후위설명 (O)
　　해석②: 미국 사람인 그 남자를 안다. - 후위수식 (X)

　차차 밝혀지겠지만, ②는 ①과 딴판인 문장입니다. ☞ p. 158, 160

　우리는 '미국 사람인 그 남자를 안다.' 이렇게밖에는 해석할 수 없습니다. 안타깝게도, 이것이 수식 구조를 지닌 국어의 한계고 우리의 한계입니다. (보통 문법책에서는 이 한계를 극복하지 못하고, '한정적 용법'이라고 하면서, 'the man'을 'who is American'이 후위수식을 한다고 합니다.)

　고대 서양인은 세상을 관찰했습니다. 관찰한 후, 세상을 분류했습니다. 분류하려면 '기준'이 필요합니다. 여러 기준 중에 하나가 '사람이냐, 아니냐?'입니다. 관계대명사의 격부터 살펴보겠습니다.

★ 문법적인 명사의 분류 기준 ☞ ❸ p. 24

〉 관계대명사와 격

[명사는 문장에서 '주어·목적어·보어' 역할을 하는데, 주어로 쓰인 명사는 주어로 쓰였다고 그 구실을 – 주어 자리에 있는 명사는 주어 자리에 있다고 그 자리를 – 표시해야 합니다. (보어와 목적어도 마찬가지) 이것이 바로, '격'입니다. ★ 격 ☞ ❸ p. 19]

[대명사는 명사를 대신하는 말입니다. 대신하되, 의미뿐 아니라 역할까지 대신합니다. 대명사도 명사와 같은 역할을 하고, 그 역할을 표시합니다. 다만, '인칭·의문·관계' 대명사는, 특히 사람과 관련된 대명사는 굴절어인 영어답게 '어형을 변화시켜' 격을 나타냅니다.]

관계대명사 Relative Pronouns
└ 주　격: who, which, that
└ 목적격: whom, which, that

격 \ 선행명사	사람	동물·사물 (사람이 아닌 것)	사람·동물·사물
주 격	who	which	that
목적격	whom	which	that

관계대명사는 접속사라 절과 절을 잇고, 또한 대명사라 주어와 목적어로 쓰입니다. 이를 염두에 두십시오.

[소유격 'whose'는 관계대명사가 아닙니다. '관계소유한정사'입니다. 따로 다룹니다. 한편, 위 표의 'who·whom, which'는 관계사입니다. 의문사가 아닙니다. 의문의 뜻이 들어 있지 않습니다. 관계사는 '기능어'고, 기본적으로 접속사 역할을 합니다.]

▣ 관계대명사

주격: who, which

The man is a lawyer. + He lives next door.

- **The man who lives next door is a lawyer.** [주격]
  옆집에 사는 남자는 변호사다. → 그 남자, 옆집에 사는 남자 말이야, 변호사야.
  - who: 선행명사가 사람이면 who를 씀 (He → who)
    lives의 주어, 주어 자리니 주격 형태(who)로 표시, 주격 관계대명사
  - 'who ... door': (남자가 '옆집에 사는' 남자라고) 선행명사 'The man'을 설명
    (뒤에서 명사를 설명하는) 형용사 역할을 하며 형용사적으로 설명
    형용사 역할을 하므로 형용사절 (형태로 말하면 관계사절)
  - 'The man who lives next door': 문장의 주어

주의! '옆집에 사는 남자는' 이렇게 수식 구조인 국어로, 국어화해서 해석하지 마셨으면 합니다. 이 또한 고정관념이라면 고정관념입니다. 영어문장은 앞말을 뒷말이 설명해 나가는 서술식 구조! 말이 다소 길어지고 어색하더라도 하루 빨리 서술식 영어 문장구조에 익숙해지도록, 형용사절만큼은 위 예문의 해석과 같이, 의도적으로 서술식 구조에 맞추어 해석하시길 바랍니다. 실제로 앞말을 뒷말이 설명하는 그런 느낌의 말입니다.

I met a woman. + She has blue eyes.

- **I met a woman who has blue eyes.**
  어떤 여자를 만났는데, 파란 눈이더라. (who: has의 주어 / who 이하: 'a woman'을 설명)

An architect is a person. + He designs buildings.

- **An architect is a person who designs buildings.**
  건축가는 사람이고, 빌딩을 설계한다. (빌딩을 설계하는 사람이다.)
  (who: designs의 주어 / who 이하: 'a person'을 설명)
  - 영영사전의 표제어 풀이 방식

▶ 영영사전의 표제어 풀이 방식: 'An architect designs buildings.' 이렇게 단문으로 말하지 않고, '... a person who ...' 이렇게 관계대명사를 써서 복문으로 말합니다. 그도 그럴 것이, 'architect'라는 단어를 처음 본 사람은 무슨 뜻인지 모르니, 일단 '사람(a person)'이라고 말하고, 이어서 '빌딩을 설계한다(who designs buildings)'고 사람에 대해 설명하는 것입니다. '앞에서 뒤로, 하나씩 풀어 나가는 방식', 이것이 앞말을 뒷말이 설명해 나가는 서술식 구조고, 영어라는 언어입니다.

예 A dictionary is a book which gives you the meaning of words.
　　사전은 책이고, 단어의 의미를 알려 준다. (단어의 의미를 알려 주는 책이다.)
　　(A dictionary is a book. + It gives you the meaning of words.)
　　(which: gives의 주어 / which 이하: 'a book'을 설명)

대명사는 가리키는 대상에 따라 종류가 달라집니다. 관계대명사도 예외가 아니어서, 선행명사가 사람이면 'who'를 쓰고, 사람이 아니면 아래 예문과 같이 'which'를 씁니다.

The umbrella is mine. + It is on the table.

- **The umbrella which is on the table is mine.** [주격]
　　탁자 위에 있는 우산은 내 거다. → 그 우산, 탁자 위에 있는 우산 말이야, 내 거야.
　　- which: 선행명사가 동물·사물이면 (사람이 아니면) which를 씀 (It → which)
　　　　is의 주어, 주어 자리니 주격 형태(which)로 표시, 주격 관계대명사
　　- 'which ... table': (우산이 '탁자 위에 있는' 우산이라고) 선행명사(The umbrella)를 설명
　　　　형용사절
　　- 'The umbrella which is on the table': 문장의 주어

I have a computer. + It works very fast.

- **I have a computer which works very fast.**
　　컴퓨터가 있는데, 정말 빠르게 작동해.
　　(which: works의 주어 / which 이하: 'a computer'를 설명)

목적격: whom, which

목적격 관계대명사로 선행명사가 사람이면 'whom'를 쓰고, 사람이 아니면 'which'를 씁니다. 아래는 '동사의 목적어'로 쓰인 목적격 관계대명사입니다.

Psy is the K-pop singer. + I love him.

- **Psy is the K-pop singer (whom[who]) I love.** [목적격]
  싸이는 케이팝 가수인데, 내가 정말 좋아해.
  - whom: 선행명사가 사람이면 whom을 씀 (him → whom)
            love의 목적어, 목적어 자리니 목적격 형태(whom)로 표시
            목적격 관계대명사, 보통 생략
  - who: whom은 격식체, 비격식체에서는 who를 씀
  - 'whom I love': (케이팝 가수가 '내가 사랑하는' 케이팝 가수라고)
            선행명사(the K-pop singer)를 설명, 형용사절

목적격 관계대명사는 특히 일상회화에서, 보통 생략합니다. 이유는 주어[I]와 서술어[love]가 연이어 나와 선행명사가 동사[love]의 목적어인 것을 바로 알 수 있기 때문입니다.

The umbrella was mine. + you lost it yesterday.

- **The umbrella (which) you lost yesterday was mine.**
  [목적격 관계대명사] 그 우산, 어제 네가 잃어버린 우산 말이야, 내 거였어.
  - which: 선행명사가 동물·사물이면 (사람이 아니면) which를 씀 (it → which)
            lost의 목적어, 목적격 관계대명사, 보통 생략
  - 'which ... yesterday': (우산이 '어제 네가 잃어버린' 우산이라고)
            선행명사(The umbrella)를 설명, 형용사절
  - 'The umbrella which you lost yesterday': 문장의 주어

아래는 '전치사의 목적어'로 쓰인 목적격 관계대명사입니다.

    Do you know that girl? + Mike is talking <u>to her</u>.

- **Do you know that girl (<u>whom</u>) Mike is talking <u>to</u>?**
      저 여자아이 아니? 마이크가 이야기하고 있는 여자아이 말이야.
  - whom: to의 목적어, 목적격 (her → whom)
  - whom 이하: 선행명사(that girl)를 설명
    예 Is this the ring (<u>which</u>) you are looking <u>for</u>?
        이것이 그 반지니? 네가 찾고 있는 반지가 말이야. (which: for의 목적어)
        (Is this the ring? + You are looking <u>for it</u>.)
    The bed (<u>which</u>) I slept <u>in</u> last night was very comfortable.
        그 침대, 어젯밤에 잔 침대 말이야, 정말 편했어. (which: in의 목적어)
        (The bed was very comfortable. + I slept <u>in it</u> last night.)

주의! 관계대명사 앞에 전치사가 쓰일 수 있습니다. 문어체고, 격식적인 표현입니다. 이때는 관계대명사를 생략할 수 없습니다.

    * Do you know that girl <u>to whom</u> Mike is talking?
    * Is this the book <u>for which</u> you are looking?
    * The bed <u>in which</u> I slept last night was comfortable.

관계대명사를 생략할 경우, 전치사는 원위치로!
    * The bed I slept <u>in</u> last night was comfortable.

혹여나, 주격 관계대명사와 혼동하지 마십시오.

    What's the name of the blonde girl? + <u>She</u> just came in.

- **What's the name of the blonde girl <u>who</u> just came in?**
      금발머리 저 여자아이 이름이 뭐니? 방금 들어온 여자아이 말이야.
  - who: came의 주어, 주격 (She → who)
  - who 이하: 선행명사(the blonde girl)를 설명

– 'p. 128'에 이어 –

앞서 못 다룬 '선행명사＋분사구'를 여기서 다룹니다.

■ **선행명사＋분사구**

분사구 앞에 있는 '주격 관계대명사＋be동사'는 의사소통에 지장이 없어 생략할 수 있습니다. 생략되면 분사구가 선행명사를 바로 설명하게 되고, 형용사절이 형용사구가 됩니다.

- Do you know that guy (who is) **talking** with Betty? [분사구]
  저 녀석 아니? 베티와 이야기하고 있는 녀석 말이야.
  – talking: 진행분사 / who 이하: 선행명사(that guy)를 설명
      (역할로 말하면 형용사구, 형태로 말하면 분사구)
    예 people (who are) having dinner[walking on the street]
      사람들, 저녁을 먹고 있는[길을 걷고 있는]

- The kid (who was) **injured** in the accident was taken to hospital. 그 아이, 사고로 다친 아이 있잖아. 병원에 실려 갔어.
  – injured: 수동분사 / who ... accident: 선행명사(The kid)를 설명
    예 The building (which was) destroyed in the fire has been rebuilt.
      그 빌딩, 화재로 전소된 빌딩 있잖아. 다시 지어졌어.

주의! 시제가 '단순시제(현재[과거]시제)'일 때는 주격 관계대명사를 생략하지 않습니다. [위 예문과 같은, 동사구가 'be＋진행분사(-ing)/수동분사(-ed)'일 때 생략]

  * a man who <u>wants</u> to be rich [현재시제] 어떤 남자, 부자가 되고 싶어 하는
    stars which <u>shine</u> in the night sky 별들, 밤하늘에 반짝이는
  * He's a stupid guy who <u>left</u> his credit card on the table. [과거시제]
    he는 멍청한 녀석이야. 식탁에 신용카드를 놓고 간 녀석 말이야.
    There was a woman who <u>called</u> this morning.
    어떤 여자한테서 오늘 아침에 전화가 왔어.

의사소통에 – 의미 파악이나 내용 전달에 – 지장이 생기면, 당연히 생략하면 안 되겠죠? 아래 예문을 비교해 보십시오.

① Mike is talking with Betty waiting for a bus.
② Mike is talking with Betty, waiting for a bus.

버스를 기다리고 있는 사람은 누구일까요? Betty일까요, Mike일까요? 쉼표 하나로 의미가 달라지는 이런 경우는 한 번에 알아볼 수 있도록 관계사나 접속사를 써 주는 것이 좋습니다.

① Mike is talking with Betty who is waiting for a bus.
　　(Mike is talking with Betty. + She is waiting for a bus.)
　　마이크는 베티와 이야기하고 있고, 베티는 버스를 기다리고 있다. 〉
　　　마이크는 버스를 기다리고 있는 베티와 이야기하고 있다.
　– who: 주격 관계대명사
　– 'who is'를 쓰면, waiting이 Betty를 설명한다는 점이 확실해짐
　– 버스를 기다리고 있는 사람: Betty

② Mike is talking with Betty, while waiting for a bus.
　　(Mike is talking with Betty. + while he is waiting for a bus.)
　　마이크는 베티와 이야기하고 있다, 버스를 기다리며.
　– while: 시간 부사절을 이끄는 접속사
　– while 이하: 부사구인 분사구. '동시동작의 분사구문' ☞ p. 103
　– 버스를 기다리고 있는 사람: Mike

관계대명사 'who · which', 눈에 들어오셨죠? 그런데 관계대명사에는 that도 있습니다. 그것참, that은 또 왜 있을까요?

―| 관계대명사 'that', 왜 쓸까?

관계대명사로 who·which를 쓰지 않거나 쓰지 못하고, that을 대신해 쓰기도 합니다. 그만한 이유가 있을 터,

선행명사가 사람이면 who를 쓰고, 사람이 아니면 which를 씁니다. 이렇듯 who·which는 선행명사의 성격을 따지고, 성격에 따라 선택됩니다. 그럼 that은? 한번 생각해 보십시오. 사람이냐 아니냐를 따지지 않을 때도 있지 않을까요? 선행명사의 성격을 따지기 힘들 때도 있지 않을까요?

① 선행명사의 성격을 따지지 않는 경우
② 선행명사의 성격을 따지기 힘든 경우

우선, that은 선행명사의 성격을 따지지 않습니다. 따지지 않아 선행명사가 '사람이든 동물이든 사물이든' that을 쓸 수 있는 것입니다. 궁금해집니다, 왜 선행명사의 성격을 따지지 않는지.

관계대명사 = 접속사 + 대명사

관계대명사는 접속사와 대명사, 두 역할을 동시에 합니다. 하지만 이것만 알면 안 됩니다. 동시에 하되, 중요한 또 다른 점은 두 역할의 비중이 같지 않다는 것입니다.

who · which: 접속사 〈 대명사
- 대명사가 접속사 기능을 지니게 된 관계대명사
- 대명사의 비중이 높음, 대명사 역할이 우선이라 선행명사가
  사람이냐 아니냐가 중요, 선행명사의 성격을 따짐

[who · which는 '누구 · 어느'라는 뜻으로, 단어 자체가 '사람 · 사람이 아닌 것'을 의미하는 대명사입니다. 이러한 대명사가 복문에 쓰이다 보니, 역할이 확장되어 절과 절을 잇는 접속사 역할도 하게 된 것입니다. 접속사 역할을 겸한 대명사!]

who · which는 접속사 역할보다 선행명사를 대신하는 '대명사 역할'이 우선합니다. 대명사의 성격이 우선이라, 사람인지 아닌지 선행명사의 성격을 따지는 것이고, 성격에 따라 who나 which가 선택되는 것입니다. 반면에,

that: 접속사 〉 대명사
- 접속사가 대명사 기능을 지니게 된 관계대명사
- 접속사의 비중이 높음, 접속사 역할이 우선이라 선행명사가
  사람이냐 아니냐는 중요하지 않음, 선행명사의 성격을 따지지 않음

[복문에 쓰인 that은 별다른 뜻이 들어 있지 않고, 단어 자체가 연결 기능이 있는 접속사입니다. 이러한 접속사가 형용사절에 쓰이다 보니, 역할이 확장되어 선행명사를 대신하는 대명사 역할도 하게 된 것입니다. 대명사 역할을 겸한 접속사!]

(명사절을 이끄는 접속사 'that'을 보면 알 수 있듯이) that은 대명사 역할보다 절과 절을 잇는 '접속사 역할'이 우선합니다. 접속사 역할이 우선이라, 사람이든 아니든, 선행명사의 성격을 따지지 않는 것이고, who든 which든 대신해 쓸 수 있는 것입니다.

〉 선행명사와 관계대명사 'that'

'사람이냐, 아니냐?', 선행명사의 성격을 따지고 구분하는 것은 '격식을 차리는' 일입니다. 아래 예문을 비교해 보십시오.

- The man <u>who</u> lives next door is a lawyer.
  The umbrella <u>which</u> you lost yesterday was mine.

  – who · which: 대명사로서 선행명사의 성격을 따지고 구분
  　　　　　　　선행명사의 성격에 신경 쓰며 점잖게 말함. 격식체
  예 What was the name of the person <u>who</u> phoned you?
  　　그 사람 이름이 뭐니? 너에게 전화한 사람 말이야.

  ① 선행명사의 성격을 따지지 않는 경우

- The man <u>that</u> lives next door is a lawyer.
  The umbrella <u>that</u> you lost yesterday was mine.

  – that: 접속사로서 선행명사의 성격을 따지지 않고 구분하지 않음
  　　　 선행명사의 성격에 신경 쓰지 않고 편하게 말함. 비격식체
  예 What was the name of the person <u>that</u> phoned you?

　주의! 선행명사가 사람일 때만큼은 되도록 who를 쓰십시오. that을 쓰면 사람인데 사람대접을 하지 않는 듯한 느낌을 줍니다. 또한, 선행명사가 중요하거나 비중 있는 명사면 that보다는 who · which를 쓰십시오.

② 선행명사의 성격을 따지기 힘든 경우

관계대명사는 선행명사의 성격에 따라 선택되는데, 선행명사가 유별나거나 특이해, who·which를 쓰기가 마땅치 않거나 애매한 경우가 있습니다. that이 (who·which를 대신한다기보다) that으로 '대체되는' 것입니다. 이것이 관계대명사로 that이 있는 이유고 또한 있어야 하는 이유입니다.

■ that만 쓰는 경우

▶ 선행명사가 의문대명사 'who, which, what'일 때

- <u>Who</u> <u>that believes in God</u> would do such a thing?
  누가 신을 믿는 사람 중에 그런 짓을 하겠는가?
  [= Who would do such a thing <u>that believes in God</u>? (형용사절을 문미로 도치)]
  - Who: 선행명사, 주격 의문대명사
  - that: believes의 주어, 주격 관계대명사 ('Who ... God': 문장의 주어)
  - 이유: 의문대명사가 'who[which/what]'이고, 관계대명사가 'who[which]'면
         혼동됨, 발음도 어려움, who 뒤에 who를 또 쓰기가 마땅치 않음
  예 <u>Who</u> that has seen the movie can forget the last scene?
     누가 그 영화를 본 사람 중에 마지막 장면을 잊을 수 있겠는가?
     (= Who can forget the last scene that has seen the movie?)
     <u>What</u> that would be beneficial can we do?
     유익한 일이 무엇이 있을까? 우리가 할 수 있는 일이 말이야.
     (= What can we do that would be beneficial?)
  - 목적격 관계대명사는 생략 가능
     예 Red, blue, yellow, green – <u>which</u> (that) you want is the one?
        빨강, 파랑, 노랑, 녹색 중에 어느 색이 네가 원하는 색이니?
        [= Which is the one (that) you want?]

■ 주로 that을 쓰는 경우

'주로 that을 쓴다'는 말은 곧 who·which도 쓰면 쓸 수 있다는 뜻입니다. who·which를 쓴다고 틀린 것은 아닙니다. 다만 이 경우는 일반적으로 that을 선호한다, 특히 이럴 때는 that을 쓰는 것이 좋다는 말입니다. (이 경우 보통 문법책은 that만 쓴다고 나오는데 꼭 그런 것만은 아닙니다.)

▶ 선행명사가 '사람·동물', 또는 '사람·사물'일 때

- The driver and his car that fell into the river were found yesterday.
  그 운전자와 차, 강에 빠졌잖아. 어제 발견됐어.
  - that: fell의 주어, 주격 관계대명사 ('The driver ... the river': 문장의 주어)
  - 이유: 선행명사에 사람(driver)과 사물(car)이 함께 있음. 둘 중 어디에 맞춰 관계대명사를 써야 할지 애매함. 주로 that이 쓰임
    예 Can you see a man and his horse (that are) crossing the bridge?
      어떤 남자와 말이 보이니? 다리를 건너고 있어.
      (that: 동사구 'are crossing'의 주어)
      He wrote on the men and customs (that) he went through in East Asia.
      he는 사람들과 관습에 관한 글을 썼어. 동아시아에서 그것들을 조사하면서 말이야.
      (that: 전치사 'through'의 목적어)
  - 관계대명사에 가까운 선행명사에 맞춰 관계대명사를 쓸 수 있음. 하지만 일반적이지 않음. 격식체
    예 The driver and his car which fell into ...
      His car and the driver who fell into ...

▶ 선행명사가 '부류·직업·지위'를 나타낼 때

- He's not <u>the sort of man</u> (that) women like.
  he는 그런 부류의 남자가 아니야. 여자들이 좋아하는.
  - 이유: '직업·지위·부류'는 사람 자체가 아님. 추상적 의미. 주로 that을 씀

  He's not <u>the brave soldier</u> (that) he was.
  he는 용감한 군인이 아니야. 예전에는 용감했는데.
  - that: he의 보어, 보격 (보격의 that은 목적격처럼 보통 생략)
  - 이유: 특히, 관계대명사가 보어로 쓰인 이 경우는 'who he was'로 하면
    의문사절인지 관계사절인지 혼동됨. 주로 that을 씀
  - who·which를 쓴다고 틀린 것은 아님
    예 My car is not <u>the vehicle</u> (which) it was five years ago.
    내 차가 차가 아니야. 5년 전과 같은. (which: it의 보어, 주보어)
    He's not <u>a fool</u> (who) I thought him to be.
    he는 바보가 아니야. 내가 생각한 것처럼. [(to be) who: him의 보어, 목적보어]

▶ 선행명사가 부정대명사 '-one/-body, -thing'일 때

- Is there <u>anything</u> (that) I can do?
  어떤 일이 있을까? 내가 할 수 있는 일이 말이야.
  - 이유: 부정대명사는 사람·사물을 구체적으로 지칭하지 않은 불특정한 말
    어느 하나로 특정되지 않음. 주로 that을 씀
  - something/anything, everything/nothing: 선행명사가 불특정한 사물인 경우는
    which보다 that을 많이 씀
    예 There is <u>nothing</u> (that) I can do if it doesn't work.
    아무 것도 없어. 내가 할 수 있는 것이 말이야. 그것이 작동 안 하면.
  - someone(-body)/anyone(-body), everyone(-body)/no one(nobody):
    선행명사가 불특정한 사람인 경우는 who도 많이 씀
    예 Not <u>everyone</u> who[that] buys luxury goods is rich.
    사람들이 명품을 산다고 전부 부자는 아니다.
    She looks like <u>someone</u> who[that] is in love.
    she는 사람처럼 보여. 사랑에 빠진.

관계대명사

▶ 선행명사가 부정대명사 'all, some, any, much, little, none'일 때

- <u>All</u> (that) you should do is to do your best.
  모든 것은, 네가 해야 하는 〉 네가 해야 하는 것은 다만, 최선을 다하는 것이다.
  (that: do의 목적어 / 'All that you should do': 문장의 주어)
  - 이유: 이 또한 부정대명사, 불특정한 말, 주로 that을 씀
    예 <u>All</u> that glitters is not gold.
    모든 것이, 반짝이는 〉 반짝인다고 금은 아니다. (= All is not gold that glitters.)
    ('All that glitters': 문장의 주어)

    This contains <u>little</u> (that is) honey, but <u>much</u> (that is) sugar.
    이것은 꿀은 거의 없고, 설탕만 많다.
    ('little that is honey, much that is sugar': contains의 목적어)

    There are <u>some</u> in the drawer (that) you'll find.
    서랍에 몇 개 있어. 네가 찾는 것이 말이야.
    (some: 문장[존재구문]의 주어)

▶ 'all, every, some, any, much, little, none, no'와 같은
수량한정사가 선행명사를 한정할 때

- This is <u>all the money</u> (that) I have.
  돈이 이것이 전부야. 내가 가지고 있는 돈이 말이야. (that: have의 목적어)
  - 이유: 수량한정사는 '전체/일부, 많음/적음, 있음/없음' 등을 나타냄
    비중이 명사보다 수량에 있음. 주로 that을 씀
    예 He saves <u>all the little money</u> (that) he earns.
    he는 적은 돈이지만 전부 저축해. 번 돈을 말이야.

    I answered <u>every email</u> (that) I received.
    모든 이메일에 답장을 썼어. 내가 받은 메일에 말이야.

    I bought you <u>some cake</u> (that) you like.
    케이크를 좀 샀어. 네가 좋아하는 케이크로 말이야.

    Ask me <u>any question</u> (that) you want to know.
    나한테 뭐든 물어 봐. 알고 싶은 거 말이야.

    There is <u>no rule</u> that has no exception.
    규칙은 없다. 예외 없는.

▶ 'the very[only], the last[same], the + 최상급[서수]'처럼 특정한 형용사나 한정사로 선행명사가 강조될 때

- This is <u>the very person</u> that will do the job.
  이 사람이 바로 그 사람이야. 〉 적임자야. 그 일을 할 사람으로 말이야.
  - 이유: 비중이 명사보다 강조의 형용사나 한정어에 있음. 주로 that을 씀
    예 This is <u>the only grammar book</u> that hasn't disappointed me.
    이것은 유일한 문법책이에요. 나를 실망시키지 않은.
    What's <u>the best thing</u> that happened to you this year?
    최고의 일은 무엇인가요? 올해 여러분에게 일어난 일 중에요.
    Edison is <u>the first man</u> that invented the electric bulb.
    에디슨은 최초의 사람이에요. 전구를 발명한.
    This is <u>the same wallet</u> (that) I've lost.
    이것은 같은 지갑이에요. 내가 잃어버린 지갑과 말이죠.
    This is <u>the biggest fire</u> (that) we have had for years.
    이번 화재가 가장 큰 화재였어요. 몇 해 동안 겪은 화재 중에 말이죠.
    Cleaning toilets is <u>the last thing</u> (that) I want to do.
    화장실 청소는 마지막 일이에요. 내가 원하는 일 중에요. 〉 제일 하기 싫은 일이에요.
    What's <u>the worst film</u> (that) you've ever seen?
    최악의 영화는 무엇인가요? 지금껏 본 영화 중예요.

주의! 명사절을 이끄는 접속사로 쓰인 that뿐 아니라, 관계사로 쓰인 that도 약하게 '덧[ðət]'으로 발음합니다.

　　　　* 강하게 발음하는 말: 명사, 동사, 형용사, 부사, 의문사, 지시사
　　　　* 약하게 발음하는 말: 관사, 전치사, 인칭대명사, 조동사, 접속사, 관계사

이번에는 반대로, that을 못 쓰는 경우입니다. 이 또한 그만한 이유가 있을 것입니다.

관계대명사

■ that을 못 쓰는 경우

that 앞에 올 수 없는, that과 함께 쓸 수 없는 것이 둘 있습니다. 하나는 '전치사'고, 다른 하나는 '쉼표 반점'입니다.

앞서 that은 '접속사 역할'이, 접속사로서 '연결 기능'이 우선한다고 했습니다.

▶ 전치사 뒤, 전치사와 함께

- NOT Do you know that girl to that Mike is talking?
  저 여자아이 아니? 마이크가 이야기하고 있는 여자아이 말이야. (that → whom[who])

전치사[to]는 연결어입니다. 연결 기능이 우선하는 that과 함께 쓰면, '연결어+연결어'로 연결 기능이 겹치게 됩니다. 해서, 전치사 뒤에는 대명사 역할이 우선인 who·which가 쓰입니다.

▶ 쉼표 뒤, 쉼표와 함께

- NOT Is this the Royal Hotel, that he recommended?
  이것이 로얄 호텔이니? he가 추천한 호텔이 말이야. (that → which)

쉼표에는 '이어 주다'라는 뜻이 있습니다. 더불어, 말과 말을 잇는 연결 기능이 있습니다. (☞ p. 157) that과 함께 쓰면, 이 역시 연결 기능이 겹치게 되고, 같은 이유로 who·which가 쓰입니다.

> **생각 더하기**　　69. 명사절의 that과 형용사절의 that

이미 배웠지만, 명사절도 '명사 설명어로서' 선행명사를 설명합니다. 형용사절과 비교하며, 어떻게 다른지 확실히 짚고 넘어가겠습니다. ★ 선행명사+명사절 ☞ p. 65

- Psy is <u>the K-pop singer</u> (that) I love.
  - [선행명사 - 형용사절] 싸이는 케이팝 가수인데, 내가 정말 좋아해.
  - – the K-pop singer: 선행명사, 일반적인 보통명사
  - – that: 형용사절을 이끄는 목적격 관계대명사 (love의 목적어), 보통 생략
  - – that 이하: ① 형용사절, 선행명사 'the K-pop singer'를 설명
    ② 목적어가 빠진 불완전한 문장 (NOT ... that I love <u>him</u>.)
  - – that을 who(m)로 바꿀 수 있음

- I didn't believe <u>the fact</u> <u>that he was guilty</u>.
  - [선행명사 - 명사절] he가 유죄라는 사실을 믿지 않았다.
  - – the fact: 선행명사, 특정한 추상명사
  - – 특정한 추상명사에 한해, 명사 설명어로 명사절인 that절이 쓰임
  - – that: 명사절을 이끄는 접속사, 대개 생략하지 않음
  - – that 이하: ① 명사절, 선행명사 'the fact'를 설명
    ② 완전한 문장, 추상명사(the fact)와 관련된 내용
  - – that을 which로 바꿀 수 없음

아래 예문과 혼동하지 마십시오.

- I know <u>the fact</u> <u>that you don't know</u>.
  - [선행명사 - 형용사절] 그 사실을 알고 있다. 네가 모르는 사실을 말이야.
  - – that: 형용사절을 이끄는 목적격 관계대명사 (know의 목적어)
  - – that 이하: ① 형용사절, 선행명사 'the fact'를 설명
    ② 목적어가 빠진 불완전한 문장
    　　(NOT ... that you don't know <u>it</u>.)

지금까지 형용사절의 기본적인 역할과 용법을 살펴보았습니다. 다음 단계로 넘어가기 전에, 형용사 역할인 수식과 설명의 차이를 확실히 하겠습니다.

- a <u>tall</u> boy [명사 수식] 키 큰 아이

'키 큰 아이'라고 형용사 'tall'이 명사 'boy'를 '수식하고' 있습니다. 이와 같이 형용사는 명사 '앞에서' 명사를 수식합니다.

"수식"이란 명사에 대해 알고, 아는 만큼 의미를 더하며, 앞에서 명사를 꾸며 주는 것을 말합니다. (아이 키가 큰 줄 아니까, 키가 크다고 앞에서 수식할 수 있는 것입니다. 아니까 앞에서 수식)

"설명"이란 상대방이 (대)명사에 대해 모르거나 모를 것 같아 알 수 있도록 뒤에서 (대)명사를 풀이하는 것을 말합니다. (모르니까 뒤에서 설명) 수식은 앞에서, 뒤에서는 설명!

'I need something. 뭔가가 필요해요.' 이렇게만 말하면, 상대방은 뭔가가 뭔지를 알 수 없어, '뭔가가 뭔데요?' 이렇게 묻게 됩니다. 아래 예문과 같이, 뭔가가 뭔지를 설명해 주어야 합니다.

- I need something <u>to drink</u>. 마실 것 좀 주세요.
    - something: 부정대명사, 불특정한 사물을 가리키는 말
      뭔가가 뭔지를 모르는데 어떻게 앞에서 수식?
      (이것이 부정대명사를 앞에서 수식할 수 없는 이유)
      모르니까 뒤에서 설명!
    - to drink: something이 무엇인지 뒤에서 설명, 후위설명

—| 한정적 용법? 계속적 용법?

아래는 보통 문법책에 나오는 쉼표의 유무에 따라 해석과 용법이 달라진다고 하는 예문과 설명입니다.

- She has two sons <u>who</u> are doctors. [한정적 용법]
  - 해석: 뒤에서 앞으로 해석. 'she는 의사인 두 아들이 있다.'
    자식이 두 명 이상일 수 있고, 그 중에 아들 두 명이 의사라는 말
  - 용법: 'two sons'를 'who are doctors'가 수식
    뒤에서 앞으로 해석해 "한정적 용법"이라고 함
    who 앞에 쉼표를 찍지 않음

- She has two sons, <u>who</u> are doctors. [계속적 용법]
  - 해석: 앞에서 뒤로 해석. 'she는 두 아들이 있고, 두 아들은 의사다.'
    두 아들이 있고, 둘 다 의사라는 말
  - 용법: 앞에서 뒤로 해석해 "계속적 용법"이라고 함
    who 앞에 쉼표를 찍음

용법은 무슨 용법, 쉼표가 무엇을 의미하는지, 쉼표를 왜 찍는지 이것만 알면 끝나는 문제가 아닐까요?

['한정'은 수라는 명사문법을 인정하는 영어에서, 한정어가 앞에서 명사를 한정할 때만 쓰이는 문법용어입니다. 더군다나, 형용사절은 후위설명을 하는데 형용사절을 보고 '한정적'이라니, 한정적 용법은 적확한 말이 아닙니다. 한술 더 떠, 문법적 역할이나 의미적/구문적 특성이 아니라 해석하는 방식을 보고 '계속적'이라니, 헛웃음이 나올 정도로, 계속적 용법도 적확한 말이 아닙니다. 개념 없는, 용법 같지 않은 용법은 질리도록 했으니 이제 그만했으면 합니다.]

'**.**' 마침표 (문장을 끝맺을 때 쓰는 문장부호. 온점)

'마침표가 찍힌 문장', 이는 말을 더하지 않아도 의사소통이 되는 문장이라는 의미입니다. (의사소통이 되니 마침표가 찍힌 것입니다.)

아래 예문을 비교해 보십시오.

① "I met a foreigner[.]"
"어떤 외국인을 만났어." (상대방: "그런데? 그래서?")

② "I met Betty[.]"
"베티를 만났어." (상대방: "그래, 알았어.")

①: '어떤 외국인을 만났어.' 이 말만 하고 끝내면, 상대방은 외국인이 누구인지 모르니까 궁금할 수밖에 없습니다. 의사소통이 원활하지 않습니다. 화자는 외국인에 대해 설명해 줄 필요가 있습니다. 말을 더해야 하는, 마침표를 찍기에 내용상 불완전한 문장입니다.

②: 베티를 아는 상대방에게 베티를 만났다고 화자가 말했을 것입니다. '베티를 만났어.' 이 말만 하고 끝내도, 상대방은 베티가 누구인지 아니까, 의사소통이 일단 됩니다. 화자는 베티에 대해 설명해 주지 않아도 됩니다. 말을 보태지 않아도 되는 마침표를 찍음에 내용상 완전한 문장입니다.

두 문장 중에 마침표를 찍음에 적절한 문장은 ②입니다.

',' 쉼표: '.' 마침표 + '⌒' 이음표

쓰임이 다양한 쉼표, 절과 절을 이을 때는 '마침표+이음표'를 뜻합니다. 이는 마침표를 찍을 수 있어야 쉼표도 찍을 수 있고 마침표를 찍을 수 없으면 쉼표도 찍을 수 없다는 의미입니다.

① I met a foreigner who asked me the way to the station.
  어떤 외국인을 만났는데, 나에게 역으로 가는 길을 물었어.
    (후위수식을 한다며 '나에게 역으로 가는 길을 물은 어떤 외국인을 만났어.' 이렇게 해석하지 말 것. 수식 구조인 국어도 이렇게까지 길고 복잡하게 수식하지 않음)
  – 주절의 내용이 불완전함, 쉼표를 찍을 수 없음 / who 이하: 필수 설명절

② I met Betty, who asked me to dinner.
  베티를 만났는데, 나를 저녁에 초대했어.
  – 주절의 내용이 완전함, 쉼표를 찍을 수 없음 / who 이하: 추가 설명절

앞서 살펴보았듯이, ①의 주절 'I met a foreigner'는 마침표를 찍기에 내용상 불완전한 문장입니다. 마침표를 찍을 수 없으므로 쉼표도 찍을 수 없습니다. 이는 곧 'a foreigner'에 대해 설명해 줄 필요가 있다는 뜻입니다. 이어진 이때의 형용사절은 선행명사를 필수적으로 설명해야 하는 '필수 설명절'입니다.

②의 주절 'I met Betty'는 마침표를 찍음에 내용상 완전한 문장입니다. 마침표를 찍을 수 있으므로, 쉼표도 찍을 수 있습니다. 이는 곧 'Betty'에 대해 설명해 주지 않아도 된다는 뜻입니다. 이어진 이때의 형용사절은 선행명사를 추가적으로 설명하는 '추가 설명절'입니다.

관계대명사

한정적 용법? 계속적 용법? 개념 없는, 용법 같지 않은 용법은 알 필요가 없습니다. 핵심은 형용사절이 무엇을 의미하고, 형용사절을 왜 쓰는지, 본질을 알아야! 확실히 하고 넘어가겠습니다.

③ I know the man who is American.
④ I know the American man.

'미국 사람인 그 남자'와 '그 미국 남자', 위와 같이 해석하면 그 말이 그 말 같습니다. 하지만 ③과 ④는 딴판인 문장입니다. 복문인 ③과 단문인 ④는 어떻게 따를까요? 이 질문에 대답할 수 있어야 합니다.

③: 앞말이 있고 뒷말이 있는 법! 그 남자가 미국 사람인 것을 화자가 말하기 전에는 청자는 모릅니다. 화자가 말하고 나서야 청자가 알게 됩니다.

(정관사 'the'를 쓴) the man이니, 그 남자가 누구인지 청자도 알기는 알지만, 그 남자의 국적은 모르거나 모를 것 같아, 알 수 있도록 그 남자의 국적을 화자가 청자에게 '설명한' 말입니다. "그 남자를 아는데, 미국 사람이야." 이런 말입니다. 화자는 그 남자의 국적 'who is American' 이 말을 하고 싶은 것입니다.

④: 이때의 미국 남자는 화자도 알고 청자도 아는 미국 남자입니다. 액면 그대로, '그 미국 남자를 안다.'입니다.

이제는 확실히, 형용사절이 눈에 들어오셨죠?

> 필수 설명절과 추가 설명절

■ 필수 설명절

① I met a foreigner <u>who asked me the way to the station</u>.
　　어떤 외국인을 만났는데, 나에게 역으로 가는 길을 물었어.
　- 주절 'I met a foreigner': 쉼표를 찍기에 내용상 불완전한 문장
　　　　　　　　　　　　　　'a foreigner'에 대해 설명해 줄 필요가 있음
　- who 이하: 필수 설명절, 쉼표를 찍지 않고 설명
　- who 대신 that을 쓸 수 있음

필수 설명절: 위 예문처럼, 주절이 내용상 '불완전한 문장'이라 앞에 쉼표를 찍을 수 없고, 선행명사에 대해 '필수적으로 설명해야 하는' 형용사절을 말합니다. 아래 예문도 마찬가지입니다.

• A dog is an animal <u>which has four legs, fur, and a tail</u>.
　　[which 이하: 필수 설명절] 개는 동물이고, 다리 네 개와 털과 꼬리가 있다.
　- 개가 동물이라고 먼저 말하고, 뒤이어 개에 대해 설명
　　이것이 서술식 구조, 영어라는 언어, 영어식 발상

주의! 쉼표는 '필수인지, 추가인지' 설명의 성격을 말해줄 뿐, 해석 방식과는 상관없습니다. 형용사절은 필수적이든 추가적이든, 둘 다 선행명사를 설명하는 '설명절'이므로, 해석은 앞에서 뒤로만 '영어식[서술식]'으로 하십시오.

　* I'm using your computer well, which you gave me.
　　　나한테 준 네 컴퓨터 잘 쓰고 있어. [국어식]
　　　네 컴퓨터 잘 쓰고 있어. 나한테 준 컴퓨터 말이야. [영어식]

　* Please show me a computer that has 2GB of RAM.
　　　램이 2기가인 컴퓨터를 보여 주세요. [수식]
　　　컴퓨터를 보여 주세요. 램이 2기가인 것으로요. [설명]

정리하면,

- I know the man.
    그 남자를 알아.
    - the man: 내[화자]도 알고 너[청자]도 아는 '(특정한) 남자'

③ I know the man who is American. [형용사절, 필수 설명절]
    그 남자를 아는데, 미국 사람이야.
    - 그 남자가 누구인지 청자도 알기는 알지만, 그 남자의 국적은 모르거나 모를 것 같아, 알 수 있도록 그 남자의 국적을 화자가 청자에게 설명
    - 영어 고유의 연결 방식, 서술식 구조의 진면목을 보여 줌
        예 I'll meet a man who is American this time.
            남자를 만날 건데, 이번에는 미국 사람이야.
    - 'I know the man ← who is American.': 보통 문법책은 '한정적 용법'이라며 이렇게 후위수식으로 보고, '미국 사람인 그 남자를 안다.'로 해석
        '미국 사람인 그 남자'와 '그 미국 남자'는 같은 수식 구조, 그 말이 그 말
        ③이 후위수식을 하는 수식 구조면, ④로 말하지 ③으로 말할 이유가 없음

④ I know the American man. [명사구 (know의 목적어)]
    그 미국 남자를 알아.
    - the American man: 나도 알고 너도 아는 '(특정한) 그 미국 남자'

[④는 단문입니다. ③은 복문입니다. 복문이 괜히 복문인 것이 아닙니다. 말하는 상황도 다르고, 전달 내용도 다른 것입니다.]

[보통 문법책에서 말하는 '한정적 용법'은 형용사절이 후위수식을 하며 선행명사를 한정한다고 보는 것입니다. 수식하면 수식 용법이지, 왜 한정 용법? 한정은 한정사의 역할로, 영어는 한정을 수식과 엄격히 구분합니다. 보통 문법책은 후위수식을 전제로 하고, '한정적, 계속적' 하며 쓸데없는 용법만 늘어놓고, 정작 알아야 할 본질은 다루지 않고 있습니다. 물론 우리는 후위설명을 전제로 하고, 본질도 잘 알고 있습니다.]

■ 추가 설명절

② I met Betty, who asked me to dinner.
　　　베티를 만났는데, 나를 저녁에 초대했어.
　　- 주절 'I met Betty': 쉼표를 찍음에 내용상 완전한 문장
　　　　　　　　　　　　Betty에 대해 설명해 주지 않아도 됨
　　- who 이하: 추가 설명절, 쉼표를 찍고 설명
　　- who 대신 that을 쓸 수 없음 (쉼표와 연결 기능이 겹치므로)

추가 설명절: 위 예문처럼, 주절이 내용상 '완전한 문장'이라 앞에 쉼표를 찍을 수 있고, 선행명사에 대해 '추가적으로 설명하는' 형용사절을 말합니다. 아래 예문도 마찬가지입니다.

- This is my car, which can hold nine people.
　　[which 이하: 추가 설명절] 이것이 내 차야. 9인승이야.

> 쉼표

그런데 문제가 생겼습니다. 쉼표가 글로 보면 보입니다. 하지만 말로 들으면 보이지 않습니다. 그럼 어떻게 추가 설명절을 알아볼 수 있을까요?

쉼표는 끊어 읽으라는 표시고, 누가 시키지 않아도, 추가적인 느낌이 들게 호흡을 잠깐 멈추고 말할 것입니다.

여러분,

설명이라는 것이, 상식적으로, 해야만 할 때도 있고, 안 해도 되는 때도 있는 것이 아닌가요? 선행명사에 대한 필수적 설명과 추가적 설명은 상식선에서 충분히 받아들여지는 내용입니다.

- 선행명사에 대한 설명 내용이 필수 정보면 쉼표를 찍지 않고 필수적으로 설명, 추가 정보면 쉼표를 찍고 추가적으로 설명
- 필수와 추가의 기준이 정해져 있거나 절대적인 것은 아님
- 같은 선행명사라도 화자나 글쓴이에 따라, 또는 상황이나 문맥에 따라 달라질 수 있음, 즉 '주관적'이면서 '임의적'
- 필수든 추가든 설명의 성격이 다를 뿐, 둘 다 선행명사를 설명하는 설명절, 둘 다 앞에서 뒤로만 '영어식[서술식]'으로 해석

필수적이든 추가적이든, 형용사절은 선행명사를 설명!

- I met someone who asked me the way to the station.
  [who 이하: 필수 설명절] 누군가를 만났는데, 나에게 역으로 가는 길을 물었어.
  - 선행명사(someone)가 불특정한 사람이니 설명이 필요
  - 쉼표를 찍지 않고, 필수적으로 설명

- This is Ella, who will be three years old next month.
  [who 이하: 추가 설명절] 이 아이가 엘라야. 다음 달에 세 살이 돼.
  - 선행명사(Ella)가 고유명사고 명확한 실체, '... 엘라야.'라고 일단 할 말을 함
  - 쉼표를 찍고, 추가적으로 설명

- The man who lives next door came to my home.
  [who 이하: 필수 설명절] 그 남자. 옆집에 사는 남자 말이야. 우리 집에 왔어.
  예 Do you know that girl (whom[who]) Mike is talking to?
  저 여자아이 아니? 마이크가 이야기하고 있는 여자아이 말이야.
  I went to see the doctor (whom[who]) you recommended.
  의사에게 진찰을 받으러 갔어. 네가 가보라고 한 의사한테 말이야.

- The man, who came to my home, is very friendly.
  [who 이하: 추가 설명절] 그 남자. (너도 알지?) 우리 집에 온 남자 말이야. 정말 다정하더라.
  예 That girl, whom Mike is talking to, is Betty.
  저 여자아이, (전에 봐서 알지?) 마이크와 이야기 하고 있는 여자아이 말이야. 쟤가 베티야.
  I went to see the doctor, who told me to quit smoking.
  (네가 가보라고 한) 그 의사에게 진찰을 받으러 갔는데, 의사가 담배를 끊으랬어.

* She has two sons <u>who</u> are doctors. (자식이 두 명 이상일 수 있음)
* She has two sons,<u> who</u> are doctors. (두 아들이 있음)

위와 같이 보통 문법책에 나오는데, 의사인 아들이 두 명인 것은 확실합니다. 하지만 이외의 정보는 위 예문만으로는 확언할 수 없습니다. 두 예문의 차이는 두 아들이 의사라는 사실이 화자가 '필수적으로 하고 싶은 말이냐, 추가적으로 하고 싶은 말이냐' 정도입니다. 자식이나 의사인 아들의 수가 중요하면, 아래 예문과 같이 표현하는 것이 좋습니다.

* She has three sons, <u>two of whom</u> are doctors.
  she는 세 아들이 있는데, 둘은 의사다.
  (= She has three sons. Two of them are doctors.)
* She has two sons, <u>both[all] of whom</u> are doctors.
  she는 두 아들이 있는데, 둘 다[모두] 의사다.
  (= She has two sons. Both[All] of them are doctors.)

예문 69는 관계대명사가 쓰인 문장입니다.

> 주격

69-1] I need someone <u>who</u> loves me.
69-2] A coward is someone <u>who</u> is not brave.
69-3] She likes the movies <u>which</u> have happy endings.
69-4] This is the most valuable thing (<u>that</u>) there is in the museum.

69-1] 누군가 있어야 해요. 나를 사랑해 주는 사람이 말이에요. [69-2] 겁쟁이는 사람이고, 용감하지 않다. (용감하지 않은 사람이다.) [69-3] she는 영화를 좋아해. 해피엔딩으로 끝나는 영화를 말이야. [69-4] 이것은 가장 값진 물건이야. 박물관에서 말이지.

69-1] who: loves의 주어, 주격 관계대명사 (아래 두 예문의 해석 비교)

> 예 I'll introduce one of my friends <u>who</u> will study with you.
> 내 친구 중 한 명을 소개시켜 줄게, 너와 함께 공부할 친구를. (will study의 주어, 주격)
>
> I'll introduce one of my friends (<u>whom[who]</u>) you'll study with.
> 내 친구 중 한 명을 소개시켜 줄게, 네가 함께 공부할 친구를. (with의 목적어, 목적격)

69-2] 사전에서 표제어를 풀이하는 방식으로, 전형적인 서술식 구조입니다.

> 예 A computer is an electronic machine that can store and deal with large amounts of information.
> 컴퓨터는 전자기기로 다량의 정보를 저장하고 처리한다.

69-4] 존재구문 앞에 쓰인 주격 관계대명사는 보통 생략합니다.

> 예 He's the best astrophysicist (that) there is.
> he는 최고의 천체물리학자다, 현존하는.
>
> He had done all (that) there was to be done.
> he는 일을 모두 했다, 해야 할 일을.

아래는 '주격 관계대명사+be동사'가 생략된 문장입니다.

69-5] Do you know the lady (who is) **playing** the cello?
69-6] The book (which is) **written** in Russian is expensive.
69-7] This is the app (which is) **to teach** you English.

69-5] 저 여자 아니? 첼로를 연주하고 있는 여자 말이야. [69-6] 책이 러시아어로 쓰인 건 비싸다. [69-7] 이것이 앱이야. 너에게 영어를 가르쳐 줄 거야.

69-5] 선행명사+(주격 관계대명사+be동사)+진행분사(-ing)

예) There's a man over there (who is) smiling at me.
저기 한 남자가 있는데, 나를 보고 웃고 있어.

Look at that black cat (which is) jumping on the sofa.
저 검은 고양이를 봐. 소파에서 뛰고 있는 고양이 말이야.

69-6] +수동분사(-ed)

예) I learned the Korean alphabet (which is) called "Hangeul" in Korean.
한국어 알파벳을 배웠어. 한국어로 '한글'이라고 불리는 알파벳이야.

Have you read the report (which was) sent to you yesterday?
리포트를 읽었나요? 어제 당신에게 보내진 > 보낸 리포트 말이에요.

69-7] +부정사

예) Do you remember your promise (which is) to travel abroad with me?
약속 기억하죠? 나하고 해외여행을 가겠다는 약속 말이에요.

▶ 분사와 부정사는 동사가 변한 품사라, 연결 기능이 있습니다. 이것이 접속사인 관계대명사와 연결동사인 be동사가 생략되는 이유입니다. 또한, 이것이 분사와 부정사가 명사 설명어로 쓰이는 근거입니다.

▶ 'The bag (which is) <u>on the table</u> is mine. 그 가방. 탁자 위에 있는 가방 말이야 내 거야.': 연결어에 속하는 전치사(on), 연결 기능이 있어 '주격 관계대명사(which)+be동사(is)'가 생략됩니다. 이것이 형용사구가 명사 설명어로 쓰이는 근거입니다. (on the table: 선행명사 'the bag'를 설명하는 형용사구)

목적격

목적격 관계대명사는 보통 생략합니다.

69-8] I need someone (whom[who]) I love. [동사의 목적어]
69-9] I'll read the book (which[that]) I borrowed from Mike.

69-8] 누군가 있어야 해요. 내가 사랑하는 사람이 말이에요. [69-9] 그 책을 읽을 거야. 마이크에게 빌린 책 말이야.

69-8] whom[who]: loves의 목적어, 목적격 관계대명사

예 The boy (whom[who]) you met yesterday was my son.
그 아이, 어제 당신이 만난 아이 말이에요. 내 아들이에요.

69-9] 예 Have you found your ring (that) you lost?
반지는 찾았니? 잃어버린 반지 말이야.

This is the house (that) I made for my dog.
이건 집이야. 내가 개를 위해 만들었어.

What have you done with the money (that) I gave you?
그 돈으로 뭐했니? 내가 너에게 준 돈으로 말이야.

That dress (that) Betty bought yesterday doesn't fit her very well.
저 드레스, 베티가 어제 산 드레스 말이야. 베티한테 그다지 잘 안 맞아.

I gave Betty the letter (that) Mike had given to me.
베티에게 그 편지를 줬어. 마이크가 나한테 준 편지 말이야.

Have you finished the work (that) you had to do?
그 일은 끝냈니? 네가 해야 할 일을 말이야.

The museum (that) I was going to visit was shut when I got there.
그 박물관, 방문하려던 박물관 말이야. 도착해 보니까 문을 닫았더라고.

What's the name of the movie (that) you're going to see?
그 영화 제목이 뭐니? 네가 보려는 영화 말이야.

69-10] This chair <u>in which</u> I'm sitting is very strong.
　　　　[전치사의 목적어] (= ... which I'm sitting <u>in</u> is very hard.)

69-11] Is this the book (that) you were looking <u>for</u>?
　　　　(= ... <u>for which</u> you were looking?)

69-10] 이 의자, 내가 지금 앉아 있는 의자 말이야, 정말 튼튼해. [69-11] 이것이 그 책이니? 네가 찾고 있던 책이 말이야.

69-10] '전치사+관계대명사'는 격식체입니다. 이때는 관계대명사를 생략할 수 없습니다.

例 The people (whom) I work with are very nice.
　　그 사람들, 나랑 함께 일하는 사람들 말이야, 정말 친절해.
　　(= The people <u>with whom</u> I work are very nice.)

The subject (which) I'm interested in is English.
　그 과목, 내가 관심 있는 과목 말이야, 영어야.
　(= The subject <u>in which</u> I'm interested is English.)

The widow (that) he fell in love with left him without a word.
　그 과부, 그자가 사랑에 빠진 과부 말이야, 말없이 그자를 떠났어.
　(= The widow <u>with whom</u> he fell in love left him without a word.)

What's the name of the car (that) he told you about?
　그 차 이름이 뭐니? he가 너에게 말한 차 말이야.
　(= What's the name of the car <u>about which</u> he told you.)

I couldn't go to the party (that) I was invited to.
　그 파티에 갈 수 없었어. 초대 받은 파티에 말이야.
　(= I couldn't go to the party <u>to which</u> I was invited.)

69-11] 연결 기능이 겹치므로, that은 전치사와 함께 - 또한, 쉼표와 함께 - 쓰이지 못합니다. (NOT Is this book for that ...?) ☞ p. 152

주의! 동사와 전치사를 분리할 수 없는 구동사는 전치사가 관계대명사 앞에 쓰일 수 없습니다.

* My computer, which I have <u>looked after</u> for five years, is still working well.
　내 컴퓨터, 5년 동안 관리했는데, 여전히 작동이 잘 돼. (NOT ..., after which ...)

추가 설명절 (쉼표를 찍음)

69-12] John F. Kennedy, <u>who</u> was 46, was killed.

69-13] Mike told me about his favorite car, <u>which</u> he really wants to have.

69-14] My best friend is my dog, <u>who</u> always gives me a big welcome.

[69-12] 케네디는 마흔 여섯 살에 살해당했다. [69-13] 마이크가 나한테 자기가 가장 좋아하는 차에 대해 이야기했는데, 그 차를 정말 갖고 싶어 한다. [69-14] 나에게 가장 친한 친구는 내 개인데, 나를 항상 따뜻하게 맞아 준다.

69-12] 사람인 선행명사를 추가적으로 설명하고 있습니다.
- 예) Minho, who lives in Kimpo, will join the army soon.
  민호, 김포에 사는 민호 말이야, 곧 군대 가.
- He showed me a photograph of his father, who is a two-star general.
  he가 나한테 자기 아버지 사진을 보여줬는데, 소장이시더라고.
- Sejong was the fourth King of Joseon Dynasty, who created "Hangeul."
  세종은 조선왕조 제 4대 왕이었고, 한글을 창제했다.

69-13] 사람이 아닌 선행명사를 추가적으로 설명하고 있습니다.
- 예) I stayed the Royal Hotel, which a friend of mine recommended to me.
  로얄 호텔에서 묵었어. 내 친구 중에 한 명이 나한테 추천한 호텔에서 말이야.
- My school, which is near the bus station, is easy to find.
  우리 학교는 버스 정류장 근처에 있어 찾기가 쉬워.
- The sun, which is one of millions of stars in the universe, provides us with light and heat.
  태양은 우주에 있는 수많은 별들 중에 하나로, 우리에게 빛과 열을 제공한다.

69-14] 애완동물은 사람이 아니지만, 가족으로 여기고 사람으로 취급해 - 의인화해 - who를 쓰기도 합니다. 특히, 이름이 있는 동물은 더욱 그렇습니다.
- 예) This is my dog Max, who is three years old. 얘가 내 개 맥스야. 세 살이야.

아래 예문의 해석을 유심히 보십시오. 필수적 설명과 추가적 설명이 상황이나 문맥에 따라 뉘앙스가 다를 수 있습니다.

- **The apples which are on the table are a bit sour.**
    [which 이하: 필수 설명절] 사과가 탁자 위에 있는 것은 맛이 좀 시다.
    - 다른 곳에 있는, 이를테면 냉장고에 있는 사과는 시지 않다는 뉘앙스
        예 The sandwiches which you made didn't taste very good.
            (샌드위치 중에) 네가 만든 샌드위치는 맛이 별로였다.
            (다른 사람이 만든 샌드위치는 맛이 있었다는 뉘앙스)
        The people who were looking out the window saw the accident.
            (사람들 중에) 창밖을 보고 있던 사람들은 사고를 보았다.
            (창밖을 보고 있던 사람들만 사고를 보았다는 뉘앙스)
        The government which wants to increase taxes will be criticized.
            증세를 원하는 정부는 비난을 받을 것이다. (일반적인 말)

    The apples, which are on the table, are a bit sour.
    [which 이하: 추가 설명절] 사과가 탁자 위에 있는데, 맛이 좀 시다.
    - 사과의 위치를 추가적으로 알려 줌 (다른 곳에 사과가 있는지는 알 수 없음)
        예 The sandwiches, which have all been eaten, didn't taste very good.
            그 샌드위치는 다 먹었는데, 맛이 별로였다. ('다 먹었다'는 정보를 추가적으로 알려 줌)
        The people, who were looking out the window, saw the accident.
            그 사람들은 창밖을 보고 있었고, 사고를 보았다. ('창밖을 보고 있었다'는 정보를 추가적으로 알려 줌. 그 사람들은 모두 창밖을 보고 있었다는 뉘앙스)
        The government, which wants to increase taxes, will be criticized.
            정부는 증세를 원하는데, 비난을 받을 것이다. (현 정부에 대한 말)

- **The old man who is poor is increasing.**
    (노인 중에) 가난한 노인은 (그 수가) 증가하고 있다.

    The old man, who is poor, is contented with a low salary. 그 노인은 가난한데, 박봉에도 만족해한다.

> some[any/many/much/(a) few] of
> one[two/both/all/most/half/each] of
> none[neither/either] of

위와 같은 수량을 나타내는 '한정사구'로 관계대명사를 한정할 수 있습니다. 이때의 관계대명사는 전치사[of]의 목적어이므로, 목적격 관계대명사입니다.

69-15] I met lots of people, **some of whom** were French.
69-16] I had the same three pens, **one of which** I gave to Mike.
69-17] He fired five shots, **none of which** hit the target.
69-18] Two women, **neither of whom** I had seen before, came to see me.

69-15] 많은 사람들을 만났고, 몇몇은 프랑스 사람이었다. [69-16] 나에게 같은 펜이 세 개 있었고, 하나를 마이크에게 주었다. [69-17] he는 다섯 발을 쐈는데 한 발도 명중하지 않았다. [69-18] 두 여자가 둘 다 전에 본 적이 없는데, 나를 만나러 왔다.

69-15] 'some of whom'의 뜻은 정확히, '(내가 만난) 사람들 중 몇몇'입니다. 이때의 some은 부정대명사입니다. 나머지 한정사구도 마찬가지입니다.

> 예 He asked me a lot of questions, only a few of which I could answer.
> he는 나에게 많은 질문을 했는데, (많은 질문 중) 단지 몇 개만 대답할 수 있었다.

69-16] 예 There were just too many people, most of whom were tourists.
너무도 많은 사람들이 있었고, 대부분은 관광객이었다.

69-18] 예 The hostages, many of whom were women, were shaking with fear.
인질들은 많은 이들이 여자였고, 두려움에 떨고 있었다.

> The mothers, half of whom work all day, protest against the policy.
> 엄마들은 절반이 하루 종일 일하고, 정책에 반대한다.

주절 전체 내용에 대한 추가적 설명

which가 '주절 전체 내용에 대해' 추가적으로 설명을 합니다. 이때는 which가 'the fact that'의 의미입니다.

- **He won the Nobel Prize, which surprised us.**
    he는 노벨상을 탔고, 그 사실은 우리를 놀라게 했다.
    (= The fact that he won the Nobel Prize surprised us.)
    (= He won the Nobel Prize, and it surprised us.)
  - which 이하: 주절(He won the Nobel Prize) 전체 내용에 대해 추가적으로 설명
    예 He tore up my photo, which upset me.
      (he가 내 사진을 찢어버렸고, 그 일[행동]이 나를 화나게 했다는 말)
  - 선행명사를 설명하는 which · that과 비교 (문맥으로 쉽게 구별됨)
    예 He won the Nobel Prize, which is awarded by the Norwegian Nobel Committee. he는 노벨상을 탔고, 노벨상은 노르웨이 노벨 위원회에서 수여한다.
    He showed me a photo that upset me.
      (he가 보여준 사진이 나를 화나게 했다는 말)

69-19] I waited for him two hours, **which** made me angry.
69-20] The plane was delayed, **which** meant I had to wait two hours at the airport.

69-19] 그이를 두 시간 동안 기다렸고, 그것이 나를 화나게 했다. [69-20] 비행기가 연착되었고, 그것은 내가 공항에서 두 시간을 기다려야 한다는 뜻이었다.

69-19] 예 My kid didn't have a cell phone, which made it difficult to contact him.
    우리 아이는 핸드폰이 없었고, 그것은 아이와의 연락을 어렵게 했다.

69-20] 예 My computer has broken down, which means I can't do my work.
    내 컴퓨터가 고장 났고, 그것은 내가 일을 할 수 없다는 것을 의미한다.

형용사절

내 것으로 만들기

명사 역할을 하면 명사절
– '주어·목적어·보어' 역할을 하는 절

형용사 역할을 하면 형용사절
– 선행명사를 설명하는 절

부사 역할을 하면 부사절
– 온전한 문장에 덧붙어 부연 설명하는 절

'명사절, 형용사절, 부사절'은 워낙에 역할이 다르고 경계가 매우 분명해서, 헷갈릴 이유가 하나도 없습니다.

◘ 관계소유한정사

관계소유한정사 (소유격 관계한정사)
└ whose, of which

선행명사 격	사람	동물·사물 (사람이 아닌 것)	사물
소유격	whose	whose	of which

주의! 보통 문법책은 whose를 '소유격 관계대명사'로 부릅니다. 대명사 역할을 못하는데, 어떻게 대명사? 소유격은 (대명사가 아닌) '소유한정사'입니다. whose는 '관계소유한정사'로 불러야 합니다. 또는, '소유격 관계한정사'로 불러야 합니다. ★ 소유한정사 ☞ ❸ p. 169

아래 예문을 비교해 보십시오.

- A widow is a woman. <u>Her husband</u> is dead.
  과부는 여자다. 남편이 사망했다.
  - Her: 소유한정사, 앞에서 명사(husband)를 한정, 연결 기능이 없음

- A widow is a woman <u>whose husband</u> is dead.
  과부는 여자고, 남편이 사망했다. (남편이 사망한 여자다.)
  - whose: 관계소유한정사, 앞에서 명사(husband)를 한정
    접속사 역할도 하는 관계사, 연결 기능이 있음
    명사와 함께 절과 절을 이음 (두 문장이 한 문장이 됨)
  - whose husband 이하: 선행명사(a woman)을 설명, 형용사절
    예 <u>A woman whose husband is dead</u> is called a widow.
    남편이 사망한 여자는 과부라고 부른다. (밑줄 친 말: 문장의 주어)

whose + 명사

　who · which는 대명사라 홀로 쓰이지만, whose는 한정사라 홀로 쓰이지 못하고, 'my car'의 my처럼, 앞에서 명사를 한정하며 명사와 함께 쓰입니다.

　whose는 선행명사가 사람일 때 씁니다.

- I have an Australian friend <u>whose name</u> is Betty. [주어]
  호주인 친구가 있는데, (그 친구의) 이름이 베티야.
  (I have an Australian friend. + <u>Her name</u> is Betty.)
  - whose: 관계소유한정사, 앞에서 명사(name)를 한정
  　　　　　명사와 함께 형용사절을 이끎
  - whose name: 명사구, is의 주어 (명사구라 주어[목적어] 역할을 함)
  　　　　　　　격으로 말하면 주격 [명사(name)는 격변화를 하지 않음]
  　　　　　　　(명사는 격변화를 하지 않음: 주격도, 목적격도 'name'이라는 말)
  - whose name 이하: 선행명사(an Australian friend)를 설명, 형용사절
    예 A person <u>whose name</u> is Mike is waiting for you.
    어떤 사람이, (어떤 사람의) 이름이 마이크인데, 너를 기다리고 있어.
    (A person is waiting for you. + <u>His name</u> is Mike.)

- I have an Australian friend <u>whose sister</u> he likes. [목적어]
  호주인 친구가 있는데, (그 친구의) 여동생을 he가 좋아해.
  (I have an Australian friend. + He likes <u>her sister</u>.)
  - whose sister: 명사구, likes의 목적어, 격으로 말하면 목적격
  - whose sister 이하: 선행명사(an Australian friend)를 설명, 형용사절
    예 He's my uncle <u>whose address</u> I know.
    he는 우리 삼촌이고, (우리 삼촌의) 주소를 내가 알고 있어.
    (He's my uncle. + I know <u>his address</u>.)

whose는 선행명사가 동물·사물일 때도 씁니다. 사람이 아닌데도 쓰는 이유는 whose가 한정사이기 때문입니다. 대명사가 아니므로 선행명사의 성격을 따지지 않습니다.

- Look at the dog whose tail is cut. [주어]
  개 좀 봐. (개의) 꼬리가 잘렸어. (Look at the dog. + Its tail is cut.)

  I bought a book whose cover was made of silk.
  책을 한 권 샀는데, (책의) 표지가 실크로 만들어졌어.
  (I bought a book. + Its cover was made of silk.)

  예 There is a house over there whose roof is yellow.
  저기 집이 있는데, (집의) 지붕이 노란 색이야.
  (There is a house over there. + Its roof is yellow.)

  It has some problems whose consequences will be serious.
  그것은 몇 가지 문제가 있는데, (문제의) 결과가 심각할 거야.
  (It has some problems. + Their consequences will be serious.)

  The mountain, whose top is covered with snow, is very beautiful.
  산 정상이 눈으로 덮였는데, 정말 아름다워.
  (The mountain is very beautiful. + Its top is covered with snow.)

- This is my dog whose tail he cut. [목적어]
  이것은 내 개인데, (내 개의) 꼬리를 he가 잘랐어. (cut의 목적어)
  (This is my dog. + He cut its tail.)

  I bought a book whose cover I liked.
  책을 한 권 샀는데, (책의) 표지가 마음에 들어. (liked의 목적어)
  (I bought a book. + I liked its cover.)

  예 Mark the words whose meaning you don't know.
  단어를 표시해. (단어의) 뜻을 모르는 단어를 말이야.
  (Mark the words. + You don't know their meaning.)

  This is a murder case whose evidence we need to find.
  이것은 살인 사건이고, (살인 사건의) 증거를 우리가 찾아야 해.
  (This is a murder case. + We need to find its evidence.)

관계소유한정사

명사+of which (= of which+명사)

'of which'는 선행명사가 무생물인 사물일 때만 씁니다.

I bought a book. + The cover of a book was made of silk.

- I bought a book the cover of which was made of silk.

  책을 한 권 샀는데, (책의) 표지가 실크로 만들어졌어.

  (= I bought a book of which the cover was made of silk.)

  - which: of의 목적어로 쓰인 목적격 관계대명사, 'a book' 대신 씀
  - of which: 명사(the cover)와 함께 형용사절을 이끎
  - the cover of which: 명사구, 'was made'의 주어
  - the cover of which 이하: 선행명사(a book)을 설명, 형용사절

  예 There is a house over there the roof of which is yellow.

  저기 집이 있는데, (집의) 지붕이 노란 색이야.

  (There is a house over there. + The roof of a house is yellow.)

  It has some problems the consequences of which will be serious.

  그것은 몇 가지 문제가 있는데, (문제의) 결과가 심각할 거야.

  (It has some problems. + The consequences of some problems will be serious.)

  The mountain, the top of which is covered with snow, is very beautiful.

  산 정상이 눈으로 덮였는데, 정말 아름다워.

  (The mountain is very beautiful. + The top of the mountain is covered with snow.)

---

of는 '소유·구성·소속' 등을 의미하는 전치사고, 품사고, 단어입니다. ("'s'와 같은) 소유격을 나타내는 문법형태가 아닙니다. 말인즉 'of which'는 어휘적 표현이지 소유격이 아닙니다.

---

the cover of a book: 표지인데, '책에 속한[of a book] 표지'라고 표지를 설명. 이때의 of는 '소속의 of', (소유격이 아닌) 어휘적 표현입니다. ★ 무생물의 소유격? ☞ ❸ p. 206 / ★ 소속의 of ☞ p. 237

whose 대신 'of which'를 쓸 수 있지만, 'of which'는 whose 와 대신하는 말이 다릅니다. 아래 예문과 비교해 보십시오.

I bought a book. + Its cover was made of silk.

- I bought a book whose cover was made of silk.
  책을 한 권 샀는데, (책의) 표지가 실크로 만들어졌어.
  – whose: 관계소유한정사, 'Its' 대신 씀. 소유격은 소유격으로 대신 씀
    대신 쓴 말이 'of which'와 다름

'명사+of which'는 주로 동사의 목적어로 쓰입니다.

I bought a book. + I liked the cover of a book.

- I bought a book the cover of which I liked.
  책을 한 권 샀는데, (책의) 표지가 마음에 들어.
  (= I bought a book of which the cover I liked.)
  – the cover of which: 명사구, liked의 목적어
  예 Mark the words the meaning of which you don't know.
    단어를 표시해. (단어의) 뜻을 모르는 단어를 말이야.
    (Mark the words. + You don't know the meaning of the words.)
    This is a murder case the evidence of which we need to find.
    이것은 살인 사건이고, (살인 사건의) 증거를 우리가 찾아야 해.
    (This is a murder case. + We need to find the evidence of a murder case.)

주의! 보기에도 딱딱해 보이는 '명사+of which (= of which+명사)'는 문어고 격식체입니다. 일상회화에서는 'whose+명사'가 쓰입니다.

주의! 한정사구와 함께 쓰인 which와 구별해야겠습니다. ☞ p. 170

* This album contains nine songs, some of which you may have heard.
  이 앨범에는 아홉 곡의 노래가 수록되어 있는데, 그 중 몇 곡은 네가 들어봤을 거야.
  (This album contains nine songs. + You may have heard some of nine songs.)

▣ 관계한정사

관계한정사
　└ which, what

주의! 관계사에서, 보통 문법책은 명사 앞에 쓰인 'which · what'을 '관계형용사'로 부르는데, 이때의 'which · what'은 명사를 수식하는 말이 아닙니다. 수식하는 말이 아닌데, 왜 형용사? 명사를 한정하는 '한정사'입니다. 마땅히 '관계한정사'로 불러야 합니다. (관계사뿐 아니라, 명사 앞에 쓰인 '지시사'와 '의문사'도 형용사가 아닙니다. 한정사입니다. ☞ ❸ p. 172)

which + 명사

관계한정사 'which', 앞에서 명사를 한정하며 명사와 함께 쓰입니다. 선행명사를 '추가적으로만' 설명합니다. 관계대명사 'which'와의 차이점을 확실히!

- I learned Italian, <u>which language</u> was very interesting.
  이탈리아어를 배웠는데, 그 언어가 정말 재밌었어.
  　(I learned Italian. + The language was very interesting.)
  - which: 관계한정사, 앞에서 명사(language)를 한정
  　　　　명사와 함께 형용사절을 이끎
  - which language: 명사구, was의 주어
  - which language 이하: 선행명사(Italian)을 추가적으로 설명, 형용사절
  - 관계대명사와 비교 (관계한정사를 쓰는 이유가 확실해짐)
    예) I learned Italian, <u>which</u> was very interesting. [관계대명사]
    　(이탈리아어를 배웠고, 그 일[배움]이 정말 재밌었다는 말 – 이 문장을 말로 했을 때는 쉼표가 눈에 보이지 않으므로, 언어가 재밌었다는 말인지, 배움이 재밌었다는 말인지 혼동됨. 언어가 재밌었다고 확실히 말하고 싶으면 'which language'로!)

생각문법

- He sometimes speaks Arabic, <u>which language</u> I can't understand. he는 가끔 아랍어로 말하는데, 그 언어를 이해할 수가 없어.
  (He sometimes speaks Arabic. + I can't understand <u>the language</u>.)
  - which language: 명사구, understand의 목적어
  - which language 이하: 선행명사(Arabic)을 추가적으로 설명, 형용사절
    예 He said <u>nothing</u>, which <u>fact</u> made me angry.
       he는 아무 말도 하지 않았고, (아무 말도 안 한) 그 사실이 나를 화나게 했다.
       The doctor advised me <u>to stop smoking</u>, which <u>advice</u> I followed.
       의사는 나에게 담배를 끊으라고 충고했고, (담배를 끊으라는) 그 충고를 따랐다.
  - 의문한정사와 비교
    예 Do you know <u>which way</u> Busan is?
       부산이 어느 쪽인지 아세요? (Do you know? + Which way is Busan?)
       [which: 의문한정사 (way를 한정) / which 이하: know의 목적어, 명사절]

부사구를 대신하며, 'which+명사'가 전치사와 어울립니다.

- We went as far as Busan, <u>at which place</u> we parted.
  우리는 부산까지 갔고, 그곳에서 헤어졌다. (= ..., and we parted <u>at that place</u>.)
  - at which place: 부사구 'at that place'를 대신하며 형용사절을 이끎
    예 I slept for two hours, <u>during which time</u> it rained a lot.
       두 시간 동안 잠을 잤고, 그 시간 동안 많은 비가 내렸다.
       (= I slept for two hours. + It rained a lot <u>during that time</u>.)
       It may be cold, <u>in which case</u> I won't go there.
       날씨가 추울 것 같은데, 그럴 경우에는 그곳에 가지 않을 거야.
       (= It may be cold. + <u>In that case</u> I won't go there.)

what+명사

what이 관계한정사로 쓰인 'what+명사'는 형용사절을 이끌지 않고 명사절을 이끕니다. 명사절을 이끄는 관계대명사 'what'에서 다룹니다. ☞ p. 199

> 형용사절의 시제와 수

시제

- I knew <u>that she was Betty</u>. [명사절]
    she가 베티라는 것을 알았다.
    - that 이하: knew의 목적어, 명사절
    - 시제의 일치: 앞절 'knew(과거)' - 뒷절 'was(과거)'
                앞절 시제가 과거면 뒷절 시제도 과거이어야 함
                시제의 일치를 보여야 함 ★ 시제의 일치 ☞ p. 60

명사절과 달리, 형용사절은 시제와 상관없는 선행명사를 설명하므로, 앞절 시제에 영향을 받지 않습니다. 상황이나 문맥에 맞게 시제를 선택하면 됩니다. 신경 쓸 것이 딱히 없습니다.

- I met a woman who <u>has</u> blue eyes. [현재시제]
    어떤 여자를 만났는데, 파란 눈이더라. (who 이하: 필수 설명절)
    - 태어날 때부터 파란 눈이라는 뉘앙스
        예 He's one of the actors who <u>are</u> now well-known in Hollywood.
            he는 배우 중 한 명으로, 현재 할리우드에서 잘 알려져 있다.

- I met Betty yesterday, who <u>had</u> red hair. [과거시제]
    어제 베티를 만났는데, 빨강 머리였어. (who 이하: 추가 설명절)
    - (베티는 원래 금발인데) 베티를 만난 시점에는 (염색해) 빨강 머리였다는 뉘앙스
        예 The boy who I <u>met</u> yesterday is Minsu.
            그 남자애, 어제 내가 만난 남자애 말이야, 걔가 민수야.

아래 예문도 비교해 보십시오.

- I bought a laptop that <u>costs</u> one million won. [현재시제]

  (과거에) 노트북을 샀는데, 가격이 (지금은) 백만 원이야.

  예 We visited a famous temple that <u>is</u> in Hapcheon.

  우리는 유명한 절을 방문했어. 절이 합천에 있어. (지금도 합천에 있음)

- I bought a laptop that <u>cost</u> one million won. [과거시제]

  (과거에) 노트북을 샀는데, 가격이 (그때는) 백만 원 하던 거야.

  예 He worked at a factory that <u>was</u> near Incheon.

  he는 공장에서 일했어. 공장이 인천 근처에 있었지.

  (공장이 지금도 인천 근처에 있는지는 모름. 단지 과거의 일)

명사절이든 형용사절이든, 불변의 진리나 일반적 사실은 항상 현재시제로 나타냅니다.

- Icarus flew too close to the sun, which <u>is</u> over a thousand degree.

  이카루스는 태양에 너무 가깝게 날았어. 천도가 넘는 태양에 말이야.

  - which 이하: 불변의 진리

- We visited Haein Temple, which <u>is</u> in Hapcheon.

  우리는 해인사를 방문했어. 해인사는 합천에 있지.

  - which 이하: 일반적 사실

수

- I know <u>the man</u> who <u>is</u> American.
    - 수의 일치: The man(단수명사) – is(단수동사)

- <u>The apples</u> which <u>are</u> on the table are a bit sour.
    - 수의 일치: The apples(복수명사) – are(복수동사)

선행명사가 단수명사면 단수동사로, 복수명사면 복수동사로 받습니다. 이렇게 형용사절도 수의 일치를 보여야 합니다. 문제는 선행명사가 '집합명사'일 때입니다. 수의 일치에 주의!

- <u>the team which wins</u> most of its matches
    [단수집합명사 – which – 단수동사] 대부분 경기에서 승리하는 팀 (승리는 팀이 함, 팀이 승리)
    - team을 단수의 단체/조직으로 봄, 단수집합명사, 단수동사(wins)로 받음
    - 단체/조직이나 기관은 무생물이므로 관계대명사 'which'로 받음
        예 The committee <u>which</u> has decided to build it is …
            그것을 짓기로 결정한 위원회는 … (위원회를 단수의 단체/조직으로 봄)
            The government <u>which</u> wants to increase taxes is …
            세금을 인상하고 싶어 하는 정부는 … (정부 기관으로 봄)
    ★ 단수집합명사 ☞ ❸ p. 51

- <u>the team who pull</u> together [복수집합명사 – who – 복수동사]
    서로 협력하는 팀 (협력은 선수들이 함, 선수들이 협력)
    - team을 복수의 구성원인 선수들로 봄, 복수집합명사, 복수동사(pull)로 받음
    - 선수들은 사람이므로 관계대명사 'who'로 받음
        예 The committee <u>who</u> have decided to build it are …
            (위원회를 복수의 구성원인 위원들로 봄)
            The government <u>who</u> want to increase taxes are …
            (정부 관계자들로 봄)
    ★ 복수집합명사 ☞ ❸ p. 53

지금까지 '접속사＋대명사', 즉 '관계대명사'를 살펴보았습니다. 또 다른 형용사절로, 지금부터 '관계부사'를 살펴보려고 합니다.

관계부사는 접속사이면서 부사이므로, '완전한 문장'이 이어지고 부사적 의미인 '장소, 시간, 이유, 방법'을 나타냅니다.

▣ 관계부사

관계부사
└ where 장소 (= at/on/in which)
└ when 시간 (= at/on/in which)
└ why 이유 (= for which)
└ how 방법 (= in which)

'접속사+부사', 관계부사는 '접속사와 부사의 역할을 동시에' 합니다. 앞절과 뒷절을 이으며 '장소, 시간, 이유, 방법'을 나타냅니다. '전치사+관계대명사'를 대신하며 형용사절을 이끕니다.

This is the house <u>in which</u> I was born.

- **This is the house <u>where</u> I was born.** [관계부사]
  이곳이 바로 그 집이야. 내가 태어난 곳이지. 〉 이 집이 바로 내가 태어난 곳이야.
  − the house (where): 선행명사, 장소로 인식되는 집 (which를 쓰면 건물로 인식됨)
  − where: 관계부사, 접속사와 부사의 역할을 동시에 함
    '전치사(in)+관계대명사(which)'을 대신함, 형용사절을 이끎
  − where 이하: (집이 '내가 태어난' 집이라고) 선행명사 'the house'를 설명
    (뒤에서 명사를 설명하는) 형용사 역할을 하며 형용사적으로 설명
    형용사 역할을 하므로 형용사절 (형태로 말하면 관계사절)
  − 'This is …': '장소·시간, 이유·방법' 등을 강조하는 표현 [이곳이 바로 (그 집)]
    (강조가 아니면, 'I was born in this house.'로 말함)

주의! '관계부사+완전한 문장' vs. '관계대명사+불완전한 문장'

  * This is the house where <u>I was born</u>. (where+완전한 문장)
  * An architect is a person who <u>designs buildings</u>.
    [who+주어가 빠진 불완전한 문장]

주의! 선행명사가 없는 부사절

* Stay <u>where you are</u>.
  네가 있는 곳에 그대로 있어라.
  (where: 장소 부사절을 이끄는 접속사 / where 이하: 장소 부사절)
* Call me <u>when you finish your work</u>.
  일 끝나면 전화해.
  (when: 시간 부사절을 이끄는 접속사 / when 이하: 시간 부사절)

명사 역할을 하는 의문사절

* He asked <u>where Betty went</u>. [의문사절, 명사절, 간접의문문]
  he는 베티가 어디로 갔는지를 물었다. (+ Where did Betty go?)
* I don't know <u>when I can see Betty again</u>.
  베티를 언제 다시 만날 수 있을지 모르겠네. (+ When can I see Betty again?)

(* I went <u>to school</u>. / I went <u>there</u>.) 부사는 본디, 전치사의 의미를 포함합니다. '전치사[in]＋관계대명사[which]'보다 관계부사[where]를 쓰는 것이 표현도 간결하고, 의미 전달도 확실하고, 어떤 전치사를 써야 할지 고민하지 않아도 됩니다.

장소

- This is <u>the place</u> <u>where</u> I met Betty for the first time.
  여기가 바로 그곳이야. 내가 베티를 처음 만난 곳이지. 〉
  여기가 바로 내가 베티를 처음 만난 곳이야. (where = at which)
  - the place: 선행명사, 장소를 나타내니 where와 어울림
  - 여기는 특정한 장소고, 뒤이어 내가 베티를 처음 만난 곳이라고 설명
    예 The place where you can buy fruit or vegetables is a grocery store.
    과일이나 야채를 살 수 있는 곳은 식료품점이다.
    The guest house where we stayed wasn't clean.
    우리가 머문 게스트 하우스는 깨끗하지 않았다.

시간

- This is <u>the time</u> <u>when</u> you should go there.
    - 지금이 바로 네가 그곳에 가야 할 때다. (when = at which)
    - the time: 선행명사, 시간을 나타내니 when과 어울림
    - 지금은 특정한 시간이고, 뒤이어 네가 그곳에 가야 할 때라고 설명
        - 예 This is the time when you should take action.
            - 지금이야말로 네가 나설 때다.
        - Sunday is the day when we play soccer.
            - 일요일은 우리가 축구를 하는 날이다.
        - The day when I met you first was on Christmas Eve.
            - 내가 널 처음 만난 날은 크리스마스 전날이었다.
        - I remember the first day when my son went to the primary school.
            - 아들이 초등학교에 간 첫날을 기억한다.
        - This is the moment, this is the hour when I can feel the baby's breath.
            - 지금 이 순간, 이 시간, 아기의 숨결을 느낄 수 있어요.

이유

- This is <u>the reason</u> <u>why</u> he was late.
    - 이것이 바로 he가 늦은 이유다. (why = for which)
    - the reason: 선행명사, 이유를 나타내니 why와 어울림
    - 이것은 특정한 이유고, 뒤이어 he가 늦은 이유라고 설명
        - 예 The reason why I got angry was that he hit me on the head.
            - 내가 화난 이유는 he가 내 머리를 때렸기 때문이다.
        - Is there any reason why you have to quit the school?
            - 네가 학교를 그만두어야 하는 어떤 이유가 있니?
        - You have no reason why you should work here.
            - 네가 이곳에서 일해야 하는 이유는 없다.

방법

- This is <u>the way</u> I solved the problem. [how 생략]
  이것이 바로 내가 그 문제를 푼 방법이다. (how = in which)
  - the way: 선행명사, 방법을 나타내니 how와 어울림
  - how도 way도 방법을 뜻함, 뜻이 같음, 둘 다 쓸 필요가 없음
    how와 way는 함께 쓰이지 않음, 둘 중 하나를 생략
    (NOT This is <u>the way</u> <u>how</u> I solved the problem.)
  - 예 There's <u>a way</u> we can solve the problem.
    우리가 문제를 해결할 수 있는 방법이 하나 있다.
    Advertisers use <u>many ways</u> they get us to buy their things.
    광고인은 우리가 물건을 사도록 많은 방법을 이용한다.

- This is <u>how</u> I solved the problem. [(the) way 생략]
  - 선행명사 '(the) way'가 생략되면, how 이하는 명사절이 됨
  - 예 I don't like how he treats me.
    he가 나를 대하는 방식을 좋아하지 않는다. (how 이하: like의 목적어)
    Could you show me how the new copier works?
    새 복사기 사용법을 좀 가르쳐 주실래요? (how 이하: show의 직접목적어)

선행명사 생략, 관계부사 생략

선행명사로 쓰인 'place, time, reason, way'는 단어 자체가 '장소[where], 시간[when], 이유[why], 방법[how]'을 뜻합니다. 관계부사와 의미적 관련성이 매우 높습니다. 선행명사를 생략하든지 관계부사를 생략하든지, 둘 중 하나를 곧잘 생략합니다.

- This is <u>where</u> I met Betty for the first time. [the place 생략]
  - 예 This is <u>the place</u> I met Betty for the first time. [where 생략]
- This is <u>when</u> you should go there. [the time 생략]
  - 예 This is <u>the time</u> you should go there. [when 생략]
- This is <u>why</u> he was late. [the reason 생략]
  - 예 This is <u>the reason</u> he was late. [why 생략]
- This is <u>how</u> I solved the problem. [the way 생략]
  - 예 This is <u>the way</u> I solved the problem. [how 생략]

하지만 아래와 같은, '특정한 선행명사'는 생략하지 않습니다. 생략하면 의사소통이 되지 않습니다.

- Let's go to <u>the bookshop</u> where you bought the book.
  - 그 책을 산 서점에 가자.
  - the bookshop: 특정한 선행명사 (the place와 같은 일반적인 말이 아님). 생략 불가
    - 예 Is there <u>any store</u> where I can buy postcards near here?
      - 근처에 엽서를 살 수 있는 가게가 있나요?
    - The movie shows <u>a future city</u> where no crimes happen.
      - 영화는 어떤 범죄도 일어나지 않는 미래 도시를 보여 준다.
    - Thanksgiving is <u>a holiday</u> when people eat turkey.
      - 추수감사절은 칠면조를 먹는 휴일이다.
    - There are <u>only two weeks</u> when the store is open.
      - 그 가게는 개업한 지 이제 2주밖에 되지 않았다.
    - This is <u>the project</u> why I've been busy.
      - 이것이 그 프로젝트야. 내가 바쁜 이유지.
  - 관계대명사와 비교
    - 예 The hotel <u>where</u> we stayed was very nice.
      - 우리가 머문 호텔은 아주 근사했다. [where를 생략하면 전치사(at)를 써야 함]
    - The hotel we stayed <u>at</u> was very nice. [(목적격) 관계대명사 'which' 생략]
      - (= The hotel <u>which</u> we stayed <u>at</u> was very nice.)

이런, 문제가 생겼습니다. 선행명사가 생략되면, 의문부사인지 관계부사인지 헷갈릴 수 있습니다. 의문문의 의문부사로 보느냐? 선행명사가 생략된 관계부사로 보느냐? 아래와 같이, 관점에 따라 해석이 두 가지로 됩니다.

- I don't know <u>where</u> he'll go.
  - 해석①: 모른다, he가 '어디로' 갈 것인지. [의문부사 (+ Where will he go?)]
  - 해석②: 모른다, he가 갈 '곳'을. [관계부사 (선행명사 'the place' 생략)]

- I don't know <u>when</u> he'll go there.
  - 해석①: 모른다, he가 '언제' 그곳에 갈 것인지. [의문부사 (+ When will he go there?)]
  - 해석②: 모른다, he가 그곳에 갈 '때'를. [관계부사 (선행명사 'the time' 생략)]

- I'm wondering <u>why</u> she looks sad.
  - 해석①: 궁금하다, she가 '왜' 슬퍼 보이는지. [의문부사 (+ Why does she look sad?)]
  - 해석②: 궁금하다, she가 슬퍼 보이는 '이유'가. [관계부사 (선행명사 'the reason' 생략)]

- I know <u>how</u> he made it.
  - 해석①: 알고 있다, he가 그것을 '어떻게' 만들었는지. [의문부사 (+ How did he make it?)]
  - 해석②: 알고 있다, he가 그것을 만든 '방법'을. [관계부사 (선행명사 'the way' 생략)]

의문부사로 보든 관계부사로 보든, 그 말이 그 말입니다. 무엇으로 보든 상관없습니다. 다만, 선행명사 없이 동사의 목적어로 쓰이면, 문법적으로 'where/when/why/how 이하'는 명사절이고 의문부사가 쓰인 의문사절로 봅니다. ★ 의문사절과 간접의문문 ☞ p. 50

[유사한 문제가 'what절'에도 있습니다. ☞ p. 198]

추가 설명절 (쉼표를 찍음)

관계부사로 쓰인 'where'와 'when'은 선행명사를 추가적으로 설명할 수 있습니다. 이때의 선행명사는 '특정한 선행명사'입니다.

- This is Sydney, where Betty was born.
  (지도를 보며) 여기가 바로 시드니야. 베티가 태어난 곳이지.
  (= This is Sydney, which Betty was born in.)
  - 특정한 선행명사: (Sydney와 같은) 고유명사이거나 명확한 실체
    생략 불가 (생략하면 의사소통 불가)
  예 I arrived at New York, where I visited Mr. Kim.
  뉴욕에 도착해서, 그곳에서 김 선생님을 방문했다.
  We got to the top of the mountain, where we took a rest.
  우리는 산 정상에 도착해서, 그곳에서 휴식을 취했다.
  We reached the border, where we put up for the night.
  우리는 국경에 이르렀고, 그곳에서 하룻밤을 묵었다.
  Many people gathered in the square yesterday, where they held a demonstration against fur.
  어제 많은 사람들이 광장에 모였고, 그곳에서 모피 반대 시위를 했다.

- I met Betty at two, when it began to rain.
  베티를 두 시에 만났는데, 그때 비가 내리기 시작했어.
  예 Call again tomorrow, when he'll be at home.
  내일 다시 전화해라. 그때는 he가 집에 있을 테니.
  I'm waiting for Sunday, when I'll play soccer with my brother.
  일요일을 기다리고 있고, 그때 동생과 축구를 할 거야.
  I moved here in 2002, when my daughter was born.
  2002년도에 이곳으로 이사 왔고, 그때 딸이 태어났다.
  I went out for a walk, when I met my brother.
  [주절 전체 내용에 대한 추가적 설명] 산책하러 나갔고, 그때 동생을 만났다.
  (산책하러 나간 일이 있었고, 그때 동생을 만났다는 말)

관계부사 'that'

생략할 수 있는 관계부사를 대신해 that을 쓸 수 있습니다.

- This is <u>the place</u> <u>that</u> I met Betty for the first time.
  - the place와 where는 장소와 장소, 동일 의미 반복을 피해 둘 중 하나를 생략하거나 관계부사 대신 that을 씀. 다른 관계부사도 마찬가지
  - that을 관계부사로 쓰면 선행명사 생략 불가 (생략하면 의사소통 불가)
  - 전치사를 쓰면 관계대명사 (관계부사는 '전치사+관계대명사'로, 전치사를 내포)
    예 This is the house <u>that</u> she was born <u>in</u>.
    [that: 관계대명사 (이때는 집이 장소가 아닌 건물로 인식됨)]

That's + 관계부사

- <u>That's why</u> I'm here.
  (결과적으로) 그래서 내가 여기 온 거잖아.
  - why: 선행명사(the reason)가 생략된 관계부사. 다른 관계부사도 마찬가지
  - 'That's'로 시작하면 어감이 강해짐
  - That's + why: 결과적인 말이 뒤따름. 결과 강조
  - That's + because: 사건의 이유·원인이 뒤따름. 이유·원인 강조
    예 I can't afford to buy it. That's because it's very expensive.
    그것을 살 여유가 없다. 왜냐하면 비싸도 너무 비싸기 때문이야.
  - That's + where / That's + when / That's + how
    예 That's where you are mistaken. 네가 틀린 곳이 바로 거기다.
    Yes, that's where I got this. 네, 맞아요. 이거 바로 여기서 주웠어요.
    That's when I was happy. 그때가 행복했지.
    That's how it goes. 그런 식으로 되는 거예요.

어떻습니까? 형용사절을 알고 나니, 영어에 자신감이 솟구치지 않습니까?

'서술식으로, 누가 더 말을 잘 이어 가느냐?'
결국, 영어 학습의 성공 여부는 이 문제에 달려 있습니다.

영어문법 학습과 관련해, 고질병 중에 하나가 '수식'과 '설명'을 구별하지 않는 것입니다. 명사 앞에서는 수식이고, 명사 뒤에서는 설명인데, 자꾸 명사 뒤에서도 수식이라고 하는 것입니다.

전위수식! 후위설명!

여러분

명사는 문장의 주요 품사고, 그것이 주어든 목적어든 보어든 그 자체로 '설명의 대상'입니다. 요컨대, 명사는 자리와 상관없이 설명될 수 있는 이야깃거리입니다. 이러한 명사를 뒤에서 설명하는 '명사 설명어'는 말을 잇는 연결 방식으로, 아무리 강조해도 지나치지 않은, 매우 중요한 영어의 특성 중 하나입니다.

명사 뒤에 덧붙어 선행명사를 설명하는 말, 명사 설명어! 정말로 영어를 잘하고 싶다면, 선행명사를 설명하며 앞말과 뒷말을 이어 가는 연결 방식에 눈을 뜨십시오. 언제까지 토막말만 할 수 없지 않습니까?

부사절을 이끄는 관계사, 부사절로 쓰이는 관계사절
명사절을 이끄는 관계사, 명사절로 쓰이는 관계사절

'관계사' 하면, 대부분 사람이 형용사절을 떠올립니다. 하지만 관계사가 형용사절만 이끄는 것은 아닙니다. 부사절도, 명사절도 이끕니다. 형용사절과 구별해야겠습니다.

〉 부사절을 이끄는 관계사

부사절을 이끄는 관계사 Compound Relative Adverbs
  └ 복합관계부사: wherever, whenever, however

■ 복합관계부사

관계부사에 ever가 붙은 '관계부사+ever'의 형태를 '복합관계부사'로 부릅니다. ever가 붙어 관계부사의 의미가 강조됩니다. 복합관계부사는 '장소·시간·방법'을 나타내는 부사절을 이끕니다. (어느 장소[where], 어느 시간[when], 어느 방법[how]에 상관없이 항상[ever])

[부사절을 이끈다는 말은 곧 형용사절이 아니므로, 선행명사가 없다는 뜻입니다. 한편, 'whyever 도대체 왜'는 부사입니다. 접속사로, 복합관계부사로 쓰이지 않습니다.]

- Sit <u>wherever you like</u>. [장소] 어디든 앉고 싶은 데 앉아라.

  wherever　at any place where 어디서나, 어디든 (= anywhere, everywhere)
  예 Wherever you work, do your best. 어디서나 최선을 다해 일해라.
  　　Wherever he led, I followed him. 어디든 he가 이끄는 곳으로 따라 다녔다.

- You can come <u>whenever you like</u>. [시간] 언제든 오고 싶을 때 와.

  whenever　at any time when, every time when
  　　　　～할 때마다, ~할 때는 언제나 (반복적인 상황을 나타냄)
  예 You can ask for help whenever you need it.
  　　　필요할 때마다 도움을 요청할 수 있어요. 〉 필요하면 언제든 도움을 요청하세요.
  　　Whenever I go to New York, I try to see Mr. Kim.
  　　　뉴욕에 갈 때는 언제나 김 선생님을 뵈려 한다.

- You may act <u>however you like</u>. [방법]
  (어떤 방법이든) 좋을 대로 해도 좋다.

  however　in any way that 어떤 방법이든 (= in whatever way)

  예) I'll help you however I can. 내가 할 수 있는 한 너를 도와줄 게.

또한, '양보'를 나타내는 부사절을 이끕니다.

however　no matter how 아무리 하더라도

예) However you look at it, there's nothing wrong with it.
　　네가 아무리 살펴봐도, 그것에는 아무 이상이 없다.

However <u>long</u> it takes, however <u>much</u> it costs, I'll repair it.
　　아무리 오래 걸려도, 아무리 비용이 많이 들어도, 그것을 수리할 것이다.
　　　　(long, much: 부사 도치, 부사 강조 / 아래 문장: 형용사 도치, 형용사 강조)

However <u>cold</u> it is, she always goes skating.
　　she는 아무리 추워도 항상 스케이트를 타러 간다.

However <u>hard</u> you may try, you can't beat me.
　　아무리 열심히 노력해도, 너는 나를 이길 수 없다.

However <u>tired</u> you may be, you must do it.
　　아무리 피곤해도, 너는 그것을 해야 한다.

wherever　no matter where 어디서 하더라도

예) Wherever you may go, I will always be with you.
　　당신이 어디를 가더라도, 항상 당신과 함께할 것입니다.

Wherever you are, I never forget you.
　　네가 어디에 있든, 나는 너를 절대 못 잊는다.

Mike comes from Indiana, wherever that may be.
　　마이크는 인디애나 출신이야, 거기가 어딘지 모르겠지만.

whenever　no matter when 언제 하더라도

예) Whenever it may be, we're always waiting for you.
　　언제일지는 모르지만, 우리는 항상 당신을 기다리고 있습니다.

Whenever you come here, we'll welcome you.
　　당신이 여기를 언제 오더라도, 우리는 당신을 환영할 거예요.

〉 명사절을 이끄는 관계사

명사절을 이끄는 관계사
└ 관계대명사: what
└ 복합관계대명사: whoever, whichever, whatever
└ 복합관계소유한정사: whosever
└ 복합관계한정사: whichever, whatever

◉ 관계대명사 'what'

[보통 문법책에는 관계대명사 'what'이 'the thing(s) which'의 의미로, '선행사를 내포하며' 명사절을 이끈다고 나옵니다. 명사절을 이끄는 것은 맞지만, '선행사를 내포한다'는 말이 관계대명사 'what'을 이해하는 데 얼마나 도움이 될까요? 관계대명사로 what을 왜 쓰는지, 정작 알아야 할 것은 이유가 아닐까요?]

관계대명사 'which'와 'what'을 비교해 보면,

- I'll buy you the shoes which you want. [형용사절]
  신발 사줄게, 네가 원하는 것으로.
  [유형6: 주어(I) + 서술어(will buy) + 간접목적어(you) + 직접목적어(the shoes)]
  − which you want: 선행명사(the shoes)를 설명, 형용사절, 명사 설명어

위 예문은 일단, 너에게 '신발'을 사주겠다는 말입니다. 선행명사가 the shoes로 특정된, 사주려는 것이 신발로 특정된 말입니다. 이어서, 신발에 대해 '네가 원하는' 신발을 사주겠다고 설명하고 있습니다. 반면에,

- I'll buy you <u>what you want</u>. [명사절] 사줄게, 네가 원하는 것을.
  [유형6: 주어(I)+서술어(will buy)+간접목적어(you)+직접목적어(what you want)]
  - what you want: 선행명사를 설명하는 형용사절이 아님
                   buy의 직접목적어, 목적어라는 명사 역할을 하며
                   명사적으로 설명, 명사 역할을 하므로 명사절

위 예문은 (구체적으로 무엇을 사줘야 할지 모르거나 정하지 못한 상황으로) 사주려는 것이 '특정되지 않은' 말입니다. 특정되거나 특정할 수 있는 상황이면, 앞선 예문처럼 선행명사를 썼을 것입니다. 요컨대 '특정되지 않은 무엇', 이를 what으로 나타낸 것입니다. 이어서 무엇에 대해 '네가 원하는' 것을 사주겠다고 설명하고 있습니다.

선행명사가 특정되지 않은 경우
선행명사를 특정할 수 없거나 특정할 필요가 없는 경우

위 경우에 관계대명사 'what'을 씁니다. that절과 비교해 보면,

- <u>That the earth is round</u> is true. [that절, 주어, 명사절]
    지구가 둥글다는 것은 사실이다.
  - that은 연결 기능만 있는 접속사이므로, that 뒤에 완전한 문장이 이어짐

- <u>What he said</u> was perfectly true. [what절, 주어, 명사절]
    he가 말한 것은 전적으로 사실이었다. (What: said의 목적어)
  - what you said: 'he가 말한 특정되지 않은 무엇은 > he가 말한 것은'
                  (선행사를 포함한다기보다) 선행명사를 못 쓰거나 안 쓴 것
  - what은 접속사이면서 대명사인 관계대명사, '주어·목적어·보어' 역할을
           함으로, what 뒤에 (목적어가 없는) 불완전한 문장이 이어짐
    예 <u>What made me sad</u> was his death.
        나를 슬프게 한 것은 그의 죽음이었다. (What: made의 주어)
      I am <u>what I am</u>, and I do <u>what I do</u>.
        나는 나고, 나는 내 일을 한다. (what: I의 보어 - what: do의 목적어)

- Tell me <u>what</u> you bought.
    해석①: 내게 말해라, 네가 '무엇을' 샀는지를. [의문대명사 (+ What did you buy?)]
    해석②: 내게 말해라, 네가 산 '것'을. (관계대명사)

이런, 문제가 생겼습니다. 선행명사가 없다 보니, 위 예문과 같이 what이 의문대명사인지, 관계대명사인지 헷갈릴 수 있습니다. 이 점은 주절의 동사로 쉽게 파악됩니다. ★ 유사한 문제 ☞ p. 189

- I asked <u>what</u> he was writing. [의문대명사]
    나는 물었다. he가 무엇을 쓰고 있었는지를. (+ What was he writing?)
    – 주절의 동사가 (ask와 같은) '의문·불확실·호기심' 등을 나타내면
      이때의 what은 의문대명사, 의문을 뜻함, '-ㄴ지'로 해석됨
      예 I don't know what his name is.
          나는 모른다, 그이의 이름이 무엇인지를. (+ what is his name?)
        I wanted to know what it was like.
          나는 알고 싶었다. 그것이 어떤 것인지를. (+ what was it like?)
        I don't understand what you mean.
          나는 이해하지 못한다. 네가 무슨 말을 하는지를. (+ what do you mean?)

- I know <u>what</u> you did last summer. [관계대명사]
    나는 알고 있다. 네가 지난여름에 한 일을.
    – 주절의 동사가 (know와 같은) '서술·지각·기억' 등을 나타내면, 이때의 what은
      관계대명사, 의문을 뜻하지 않음, 대개 '... 것[일·바]' 등으로 해석됨
      예 This is what I really need. 이것이 바로 내게 정말 필요한 것이다.
        This is not what I mean. 이것은 내가 의미하는 바가 아니다.
        Let's see what you have done. 어디 한번 보자, 네가 한 것을.
        I still remember what he said to me. 나는 아직도 기억한다. he가 내게 한 말을.
        That's what I'm saying. 내 말이 그 말이야.
    – 관계대명사 'what'과 what절은 단수 취급이 원칙
      예 What <u>is</u> needed <u>is</u> books. 필요한 것은 책이다.
          [What: 앞 is의 주어, 단수 취급 / 'What is needed': 뒤 is의 주어, 단수 취급]
        What <u>are</u> needed <u>are</u> books. 필요한 것들은 책이다.
          (books가 복수명사라, 관계대명사 'what'과 what절을 복수 취급하기도 함)

− 'p. 179'에 이어 −

what + 명사

이때의 what은 '관계한정사'입니다. 앞에서 명사를 한정하며 명사와 함께 쓰입니다. ★ whatever + 명사 ☞ p. 208

[(which는 선택 범위가 있지만, what은 선택 범위가 없습니다.) 관계한정사로 쓰인 what은 '특정되지 않음 〉 제한되지 않음'을 뜻합니다. 이를테면, 'what money'는 '특정되지 않은 돈 〉 제한되지 않은 돈'이고, '어떤 돈이든 〉 모든 돈'으로 해석됩니다.]

- He spent <u>what money</u> he had earned. [목적어]
      he는 번 돈이면 어떤 돈이든 〉 모든 돈을 썼다. 〉 번 돈을 모두 썼다.
      (= He spent <u>any money that</u> or <u>all the money that</u> he had earned.)
  − what money: 명사구, 동사구 'had earned'의 목적어
  − what 이하: spent의 목적어, 명사절
      예 <u>What money I have</u> will be yours when I die. [주어]
          내가 가진 돈 전부는 내가 죽고 나면 네 것이 될 것이다.
      Please give me <u>what advice you have</u>. [직접목적어]
          뭐라도 좋으니 나에게 충고 좀 해 주세요.
      I'll give you <u>what little money I have</u>. [직접목적어]
          가진 돈이 아무리 적어도 몽땅 너한테 줄게.
  − what + 복수명사: what이 '모든'의 뜻이라, 개체 명사면 복수명사가 옴
      예 He'll accept <u>what proposals</u> you'll make for peace.
          he는 네가 화해하자는 모든 제의를 받아들일 것이다. (= ... any proposals that ...)
      <u>What books</u> we have are sold out.
          우리가 갖고 있는 책은 다 팔렸다. (= All the books that ...)
      You may choose <u>what pens</u> you want to buy.
          네가 사고 싶은 만큼 펜을 골라도 된다. (= ... as many pens as you want to buy.)
  − 의문한정사와 비교
      예 I don't know <u>what book</u> she read.
          she가 무슨 책을 읽었는지 모른다. (I don't know + What book did she read?)
          [what: 의문한정사 (book을 한정) / what 이하: know의 목적어, 명사절]

관계대명사 'what'

생각 더하기 70. 관계대명사 'what'이 쓰인 표현

- He's not <u>what he was</u> ten years ago.
  he는 십 년 전의 he가 아니다.

  what one is[was · used to be] 현재[과거]의 인격이나 모습
  예 Seoul is not what it used to be. 서울은 예전의 서울이 아니다.
  what one has 재산 / what one does 행실

- He's, <u>what we call</u>, an all-round player.
  he는 말하자면 만능선수다.

  what one calls (= what is called) 말하자면, 소위, 이른바
  예 It becomes what is called a "black dwarf."
  그것은 "흑색왜성"으로 불리게 된다.

- This is useful, and <u>what is better</u>, very cheap.
  이것은 유용하다. 더욱 좋은 것은 매우 싸다.

  what is + 비교급 더욱 ~한 것은
  예 I lost my way, and what was worse, it began to rain.
  길을 잃었고, 설상가상으로, 비가 내리기 시작했다.

- Reading is to the mind <u>what exercise is to the body</u>.
  독서와 정신의 관계는 운동과 몸의 관계와 같다.

  A is to B what C is to D AB의 관계는 CD의 관계와 같다
  예 Words are to language what notes are to music.
  단어와 언어의 관계는 음표와 음악의 관계와 같다.

- <u>What with drinking and smoking</u>, he became ill.
  음주도 하고 흡연도 하고 해서, he는 병이 들었다.

  what with A and (what with) B [= what by A and (what by) B]
  A이기도 하고 B이기도 해서, A도 하고 B도 해서
  예 What by diligence and (what by) sincerity, he was respected.
  부지런하고 성실해서, he는 존경을 받았다.

◨ 복합관계대명사

복합관계대명사 Compound Relative Pronouns
└ 주　격: whoever 누구나 (= anyone who)
　　　　　 whichever 어느 것이나 (= anything that)
　　　　　 whatever 무엇이나 (= anything that)
└ 목적격: whomever (= anyone whom)
　　　　　 whichever (= anything that)
　　　　　 whatever (= anything that)

　관계대명사에 ever가 붙은 '관계대명사＋ever'의 형태를 '복합관계대명사'로 부릅니다. ever가 붙어 관계대명사의 의미가 강조됩니다. 이 또한 명사절을 이끕니다.

아래 예문을 비교해 보십시오.

- I like the person <u>who</u> works hard. [관계대명사]
  나는 열심히 일하는 사람을 좋아한다.
  - who 이하: 선행명사(the person)를 설명, 형용사절

- I like <u>whoever</u> works hard. [복합관계대명사]
  나는 열심히 일하는 사람이면 누구나 좋아한다.
  - whoever: works의 주어, 단수 취급(works)
  - whoever 이하: like의 목적어, 명사절

예문 **70**은 복합관계대명사가 쓰인 문장입니다.

주격

70-1] <u>Whoever comes</u> will be welcomed.
70-2] Take <u>whichever is in this box</u>.
70-3] I don't care <u>whatever happens to him</u>.
70-4] I'll buy <u>whatever is cheaper</u>.
70-5] I'll give the movie ticket to <u>whoever likes me</u>.

70-1] 누구든 오는 사람은 환영 받을 거야. [70-2] 이 박스 안에 있는 것이면 어느 것이든 가져. [70-3] 그에게 무슨 일이 일어나든 신경 쓰지 않아. [70-4] 무엇이든 더 싼 걸 살 거야. [70-5] 나를 좋아하는 사람이면 누구에게나 영화표를 줄 거야.

70-1] Whoever: comes의 주어, 주격 (밑줄: 문장의 주어)

예) <u>Whoever gets home first</u> starts cooking the supper. (문장의 주어)
누구든 집에 제일 먼저 도착하는 사람이 저녁을 한다.

<u>Whoever is responsible for it</u> must be punished.
그것에 책임이 있는 사람이면 누구나 처벌을 받아야 한다.

70-2] whichever: is의 주어, 주격 (밑줄: take의 목적어)

예) I'll buy <u>whichever is lower in price</u>. (buy의 목적어)
어느 것이든 가격이 더 저렴한 것을 살 거야.

70-5] whoever: likes의 주어, 주격 (밑줄: to의 목적어)

예) Send it to <u>whoever is in charge of sales</u>. (to의 목적어)
누구든 판매를 책임지고 있는 사람에게 그것을 보내라.

This is for <u>whoever wants it</u>. (for의 목적어)
이것은 원하는 사람이면 누구나 쓸 수 있다.

주의! whichever는 '범위가 정해진, 특정한 것 중에 어느 것이나'를 뜻하고 whatever는 '범위가 정해지지 않은, 불특정한 것 중에 무엇이나'를 뜻합니다.

목적격

70-6] I'll marry whomever[whoever] I love.
70-7] You are free to take whichever you like.
70-8] I'll give the movie ticket to whomever I like.
70-9] I can do whatever you want.

70-6] 누구든 내가 사랑하는 사람과 결혼하겠다. [70-7] 마음에 드는 거 마음대로 골라. [70-8] 내가 좋아하는 사람이면 누구에게나 영화표를 줄 거야. [70-9] 네가 원하는 것이면 무엇이든 나는 할 수 있어.

70-6] whomever: love의 목적어, 목적격 (밑줄: marry의 목적어)
  예 I really don't mind whomever[whoever] you like. (mind의 목적어)
  네가 누구를 좋아하든 나는 정말 상관없다.

70-7] whichever: like의 목적어, 목적격 (밑줄: to take의 목적어)
  예 The king was free to marry whoever he chose. (to marry의 목적어)
  왕은 자기가 선택한 사람이면 누구와도 자유롭게 결혼할 수 있었다.
  The baby tried to touch whatever he saw. (to touch의 목적어)
  아기는 보이는 것은 무엇이든 만지려 했다.

70-8] whomever: like의 목적어, 목적격 (밑줄: to의 목적어)
  예 Spend the money on whatever you like. (on의 목적어)
  무엇이든 네가 쓰고 싶은 데에 돈을 써라.

70-9] whatever: want의 목적어, 목적격 (밑줄: do의 목적어)
  예 You can have whichever you choose. (have의 목적어)
  네가 고른 것이면 무엇이든 가질 수 있다. 〉 마음대로 고르세요.

양보 부사절

복합관계대명사는 '양보'를 나타내는 부사절을 이끌기도 합니다.
(…일지라도[할지라도], …이더라도[하더라도]) ★ 양보 부사절 ☞ p. 85

양보 부사절을 이끄는 복합관계대명사
└ whoever (= no matter who)
　whichever (= no matter which)
　whatever (= no matter what)

명사절은 '주어·목적어·보어' 역할을 하는 절이고, 부사절은 온전한 문장에 덧붙어 부연 설명하는 절입니다. 어렵지 않게 구별됩니다.

- **Whatever you wear** looks good on you. [명사절]
  네가 입는 옷은 무엇이든 너한테 잘 어울려.
  (= Anything that you wear, …)
  - 'looks good on you': 온전한 문장이 아님, 주어가 빠짐
  - 'Whatever you wear': 문장의 주어, 명사절

- **Whatever you wear**, it'll look good on you. [양보 부사절]
  무슨 옷을 입어도, 너한테 잘 어울릴 거야.
  (= No matter what you wear, …)
  - 'it'll look good on you': 온전한 문장
  - 'Whatever you wear': 온전한 문장에 덧붙은 양보 부사절

  예 Whatever you do, you should always do your best.
  　무엇을 하든, 항상 최선을 다해야 한다.

아래는 복합관계대명사가 양보 부사절을 이끄는 문장입니다.

70-10] <u>Whoever comes</u>, they'll be welcomed.

70-11] <u>Whoever may say so</u>, I won't believe it.

70-12] <u>Whichever you choose</u>, you won't regret it.

70-13] <u>Whatever happens</u>, keep calm.

70-10] 누가 오더라도, 오는 사람들은 환영 받을 것입니다. [70-11] 누가 그렇게 말하더라도 그것을 믿지 않겠다. [70-12] 어느 것을 골라도 후회하지 않을 것입니다. [70-13] 무슨 일이 일어나도 침착해라.

 70-10] Whoever: comes의 주어, 주격

   예 Whoever you are, we welcome you.
     여러분이 누구든, 우리는 여러분을 환영합니다. (Whoever: you의 보어)

   목적격의 경우, 현대영어에서는 whomever 대신 whoever를 씁니다.
   예 Whoever I'll invite, the party will be a success.
     내가 누구를 초대하더라도, 파티는 성공할 것이다. (Whoever: invite의 목적어)
   Whoever you vote for, prices will go on rising.
     누구에게 투표하든, 물가는 계속 오를 것이다. (Whoever: for의 목적어)

 70-11] may를 쓰면 불확실함이 더해집니다. 또는 알지 못함을 나타냅니다.

   예 Betty met John yesterday whoever he may be.
     베티는 어제 존을 만났다. 존이 누구인지는 잘 모르지만. (whoever: he의 보어)
   Whichever you may be, you deserve to be happy.
     어떤 사람이든 간에, 당신은 행복해질 자격이 있다. (Whichever: you의 보어)

 70-12] Whichever: choose의 목적어, 목적격

   예 Don't tell John, whatever you do!
     존에게 말하지 마, 네가 무엇을 하든 〉무슨 일이 있어도! (whatever: do의 목적어)

 70-13] Whatever: happens의 주어, 주격

   예 I'll take a taxi or the bus, whichever comes first.
     택시든 버스든 먼저 오는 것을 탈 것이다. (whichever: comes의 주어)

■ 복합관계소유한정사

복합관계소유한정사 Compound Relative Possessive Determiners
└ 소유격: whosever 누구 것이든 (= anyone whose)
　　　　　　　　　　누구 것이라도 (= no matter whose)

whosever + 명사

'my car'의 my처럼, whosever가 앞에서 명사를 한정하며 명사와 함께 쓰입니다. 명사절 또는 양보 부사절을 이끕니다.

- **Whosever horse** comes in first wins the prize.
  누구 말이든, 맨 먼저 들어오는 말이 상을 탄다.
  - 'Whosever horse comes in first': 문장의 주어, 명사절

- **Whosever book** it is, I'll read it.
  그것이 누구의 책이라도, 나는 그것을 읽을 것이다.
  - 'Whosever book it is': 온전한 문장에 덧붙은 양보 부사절

다만, whosever는 오늘날 거의 쓰이지 않습니다. 아래 예문과 같이, 'anyone whose'나 'no matter whose'가 주로 쓰입니다.

- **Anyone whose horse** comes in first ... [whose: 관계소유한정사]
  (= Anyone's horse that comes in first ...)
  예) I'll give the ticket to anyone whose story is interesting.
  누구든 이야기가 재미있는 사람에게 티켓을 줄 거야.

- **No matter whose book** it is, ...
  예) No matter whose house it used to be, it's mine now.
  그것이 누구의 집이었던 간에, 지금은 내 집이다.

◉ 복합관계한정사

복합관계한정사 Compound Relative Determiners
└ whichever, whatever

whichever + 명사

whichever가 앞에서 명사를 한정하며 명사와 함께 쓰입니다. 명사절 또는 양보 부사절을 이끕니다.

- You can take <u>whichever seat you like</u>. [명사절]
    어느 자리든 마음에 드는 자리에 앉아요.
    (= You can take any seat that you like.)
  - 밑줄: take의 목적어, 명사절
    예) Choose whichever product is cheaper.
       어떤 제품이든 더 싼 제품으로 선택해.
    You may take whichever way you think the best.
       어떤 방법이든, 네가 최선이라고 생각하는 방법을 택하면 된다.
    We'll eat at whichever restaurant serves Western food.
       우리는 양식을 제공하는 식당이면 어느 식당에서나 식사를 할 것이다.
  - 일정한 범위 내에 있는 것을 말할 때 whichever를 씀
    예) Whichever bus goes there is rapid.
       그곳에 가는 버스는 어떤 버스든 급행입니다.
  - whichever of + 복수 개체 명사: '(복수의) 어느 것 중에'라는 말이므로 개체명사면 복수명사가 옴
    예) Whichever of <u>the chairs</u> is not cheap.
       그 의자 중 어느 것도 싸지 않다.
  - whichever of + 대명사 ★ 'of + 대명사'인 이유 ☞ ❸ p. 171
    예) Whichever of <u>you</u> gets here first will get the prize.
       너희 중 누구든 여기에 맨 먼저 오는 사람이 상을 받을 것이다.

관계대명사 'what'

- **Whichever side wins**, the game will be very exciting.
    [양보 부사절] 어느 쪽이 이기더라도, 경기는 매우 재밌을 것이다.
        (= No matter which side wins, ...)
- 밑줄: 온전한 문장에 덧붙은 양보 부사절
    예 Whichever bus you take, it'll pass by the city hall.
        어느 버스를 타더라도, 시청을 지나갑니다.
    It takes two hours whichever route you take.
        어느 길을 택하든 두 시간이 걸린다.
    Read well to the end whichever book you choose once.
        어떤 책을 택하든 한 번 택하면 끝까지 잘 읽어라.
    Whichever of them you marry, you'll be happy.
        그들 중 누구와 결혼해도, 너는 행복할 것이다.

whatever + 명사

whatever 또한 앞에서 명사를 한정하며 명사와 함께 쓰이고 명사절이나 양보 부사절을 이끕니다.

- You can eat **whatever food you want**. [명사절]
    어떤 음식이든 네가 원하는 음식은 먹을 수 있다.
        (= You can eat any food[all the food] that you want.)
- 밑줄: eat의 목적어, 명사절
- 'whatever + 명사'는 'what + 명사'의 강조 표현
- 선택 범위가 없는 막연한 것을 말할 때 whatever를 씀
    예 Take whatever action is needed.
        (어떤 조치든) 필요한 모든 조치를 취해라.
    I'm willing to pay whatever price you ask.
        가격이 얼마든 달라는 대로 기꺼이 지불할 것입니다.
    Whatever excuse he makes will not be believed.
        he가 어떤 변명을 해도 믿어 주지 않을 것이다.

- **Whatever problems you have, I'll help you.** [양보 부사절]
  너에게 어떤 문제가 있어도 너를 도울 것이다.
  (= No matter what problems you have, ...)
  - 밑줄: 온전한 문장에 덧붙은 양보 부사절
    - 예 Whatever decision you make, I'll support it.
      네가 어떤 결정을 내려도, 나는 그것을 지지할 것이다.
      Whatever job it is, you need to be satisfied.
      그것이 어떤 일이라도, 너는 만족해야 한다.
      We'll carry out our plan whatever difficulties we may have.
      어떤 고난이 닥쳐도, 우리는 계획을 실행할 것이다.
      He'll go whatever results follow.
      어떤 결과가 뒤따라도, he는 갈 것이다.

    ▶ 부사로 쓰이는 whatever: 전혀, 어떤 것도 / 무슨 일이 있어도, 어쨌든
    - 예 My grandmother know nothing whatever about the Internet.
      우리 할머니는 인터넷에 대해서는 전혀 모른다.
      It has no interest whatever for me. 도무지 재미가 없다.
      There can be no doubt whatever about it.
      그것에 대해서는 의심의 여지가 조금이라도 있을 수 없다.
      We told him we'd back him whatever.
      우리는 그에게 무슨 일이 있어도 지지할 것이라고 말했다.

    ▶ 의문사 뒤에 ever를 띄어 써서 'on earth 도대체'의 의미로, '놀라움·황당함·충격' 등을 나타냅니다.
    - 예 Who ever said so? 도대체 누가 그런 말을 하는 거야?
      How ever did you do that? 도대체 어떻게 그것을 한 거야?
      When ever will we have time to rest? 우리는 도대체 언제쯤 쉴 시간이 있을까?
      Why ever did I marry you? 도대체 내가 왜 당신하고 결혼했을까?

    문어에서는 종종, 한 단어처럼 ever를 붙여 쓰기도 합니다.
    - 예 Whoever heard of such a thing! 도대체 누가 그런 말을 들었다는 거야!
      Whatever are you doing? 도대체 뭐하는 거야?
      Whyever would they do that? 도대체 왜 그들이 그렇게 할까?

| 생각 더하기 | 71. 유사 관계대명사 'as, but, than'

원래는 전치사나 접속사인데, 중복된 명사의 생략으로 관계대명사로 쓰이게 된 'as, than, but'을 "유사 관계대명사 (또는, 준관계대명사)"라고 합니다. 선행명사를 설명하며 특정한 선행어구와 '상관적으로' 쓰입니다.

- I have <u>as</u> much money <u>as</u> is needed.
  돈이 많이 있어. 필요한 만큼 말이야.

  as 선행어구 'as, such, the same'과 상관적으로

  - 'I have as much money as <u>money that</u> is needed.'에서 중복을 피해 'money that'이 생략됨. as가 관계대명사로 쓰이게 됨
  - as 이하: 선행명사(much money)를 설명 (이 점이 전치사나 접속사로 쓰이는 as와 다름)

  예 He's as hard a worker as has ever been employed.
     he는 누구 못지않게 근면한 근로자다. 지금껏 고용된 사람 중에 말이야.
     He's as honest a man as I've ever met.
     he는 가장 정직한 사람이다. 내가 만난 사람 중에 말이야.

  - 주절 전체 내용에 대해 추가적으로 설명, which처럼 쓰임
    이 경우 문두로 도치 가능

  예 Don't lose your cell phone, as I did.
     핸드폰을 잃어버리지 마라. 나처럼 말이야.
     She looks happy, as she really is.
     she는 행복해 보인다. 실제로 말이야.
     If he's promoted, as I sincerely hope he'll be, ...
     he가 승진하면, 그렇게 되기를 진심으로 바라는데요, ...
     As is often the case in life, money is not everything.
     인생에서 흔한 일이지만, 돈이 전부는 아니다. (문두로 도치)

- I like <u>such</u> a man <u>as</u> does his best.
  그런 사람을 좋아해. 최선을 다하는 사람 말이야.

  예 Don't read such books as you can't understand.
     그런 책은 읽지 마라. 이해 안 되는 책 말이야.

- This is <u>the same</u> watch <u>as</u> I have.
  이것은 같은 종류의 시계네. 내가 가지고 있는 시계와 말이야.
  - as는 '같은 종류'를 뜻함, that은 '동일물'을 뜻함
    예 This is <u>the same</u> watch <u>that</u> I lost yesterday.
      이것은 똑같은 시계네. 어제 내가 잃어버린 시계와 말이야.

- He sent <u>more[less]</u> books <u>than</u> I had ordered.
  he가 더 많은[적은] 책을 보냈네. 내가 주문한 것보다 말이야.

  than   비교급 선행어구와 상관적으로

  예 Don't give your son more money than is necessary.
    아들에게 돈을 주지 마라. 필요 이상으로 말이야. (= ... than he needs.)
  He got a higher score than he got on the last exam.
    he가 높은 점수를 받았어. 지난 번 시험에서 받은 점수보다 말이야.
  - more + 형용사[분사] + than
    예 It was more difficult than I had been expected.
      그것은 더 어려웠어. 생각한 것보다 말이지.
    She was more frightened than I was.
      she는 더 놀랐어. 나보다 말이지.

- There is <u>no</u> one <u>but</u> knows the story.
  아무도 없어. 그 이야기를 알지 못하는 사람은 말이야.

  but   부정 선행어구와 상관적으로

  - but (격식체) = 'that ... not' (비격식체), 이중부정 문장
    (= There is no one <u>that</u> does <u>not</u> know the story.)
  - 이중부정: 부정(no)의 부정(but)은 강한 긍정
    (= Everybody knows the story. 그 이야기는 누구나 알아.)
  예 There is no rule but has an exception. 규칙은 없다. 예외 없는.
    (= There is no rule <u>that</u> has <u>no</u> exception.)
  I don't like to know anything but was connected with my major.
    알고 싶지 않다. 전공과 관련 없는 것은. 〉 알고 싶다. 관련 있는 것만.
  Who is there but wants to be happy? [수사의문문 ☞ ❸ p. 294]
    누가 있겠는가? 행복해지고 싶지 않은 사람이.

유사 관계대명사

관계대명사

- ✓ 주격: who, which
  - The man who lives next door is a lawyer.
    The umbrella which is on the table is mine.

- ✓ 목적격: whom, which
  - Psy is the K-pop singer whom I love.
    The umbrella which you lost yesterday was mine.
    Do you know that girl whom Mike is talking to?

- ✓ 관계대명사 'that'
  - Who that believes in God would do such a thing?
    The driver and his car that fell into the river were found yesterday.
    He's not the sort of man that women like.
    Is there anything that I can do?
    All that you should do is to do your best.
    This is all the money that I have.
    This is the very person that will do the job.

- ✓ 필수 설명절, 추가 설명절
  - I know the man who is American.
    I met Betty, who asked me to dinner.

관계[소유]한정사

- ✓ whose + 명사
  - I have an Australian friend whose name is Betty.
    I have an Australian friend whose sister I like.
    Look at the dog whose tail is cut.
    This is my dog whose tail he cut.

- ✓ 명사 + of which
  - I bought a book the cover of which was made of silk.
    I bought a book the cover of which I liked.

- ✓ which + 명사
  - I learned Italian, which language was very interesting.
    He sometimes speaks Arabic, which language I can't understand.
    We went as far as Busan, at which place we parted.

- ✓ what + 명사
  - He spent what money he had earned.

관계부사

- ✓ 장소, 시간, 이유, 방법
  - This is the place where I met Betty for the first time.
    This is the time when you should go there.
    This is the reason why he was late.
    This is how I solved the problem.

복합관계부사

✓ 장소, 시간, 방법, 양보
  − Sit wherever you like.
    You can come whenever you like.
    You may act however you like.
    Wherever I am, I never forget you.

명사절을 이끄는 관계대명사

✓ 관계대명사 'what'
  − I'll buy you what you want.
    What he said was perfectly true.

✓ 복합관계대명사
  − Whoever comes will be welcomed.
    I'll marry whomever I love.
    You are free to take whichever you like.

✓ 복합관계소유한정사
  − Whosever horse comes in first wins the prize.
    Whosever book it is, I'll read it.

✓ 복합관계한정사
  − You can take whichever seat you like.
    You can eat whatever food you want.

8장

전치사
Prepositions

문법이 쉽습니까, 어렵습니까? 설마, 쉽다고 대답하는 사람은 없을 것입니다. 초급 수준은 쉬워 보이고 쉽게 설명할 수 있을지 몰라도, 일정 수준이 되면 어려워지기 마련입니다.

필자는 문법이 어려워서 좋습니다. 어려워서 좋다? 풍딴지같은 소리로 들릴지 모르겠지만, 이유는 어려운 만큼 재미있기 때문입니다. 재미없다면 20년 넘게 할 수 없었을 것입니다.

한번 생각해 보십시오. 게임도 어려운 게임을 잘해야 재미있지 않습니까? 쉬운 게임은 잘해 봐야 시시하고 지루할 뿐, 재미없지 않습니까? 어려울수록 그것이 풀릴 때, 더욱더 재미있고 즐겁고 신나는 법입니다.

필자가 쓰고자 한, 지금껏 써 온 책은 어려운 문법을 생각하고 이해하고 인식하는 인지 과정을 통해, 문법에 재미를 느끼며 문법 공부를 즐길 수 있는 '재미있는 문법책'입니다. (또한, 지식적인 문법의 굴레를 벗어나 인문적 깨달음을 주는 '감동적인 문법책'이고, 깨달음을 통해 거듭나는 '교육적인 문법책'입니다. 이것이 생각문법의 철학입니다.)

본디 어려운 문법, 생각문법은 문법을 쉽게 해드리지 못합니다. 하지만, 그렇습니다, 재미있게 해드립니다. (또한, 쓸데없는 고생을 하지 않게 해드리고, 힘이 덜 들게 해드립니다.)

여러분

어려운 것이 재밌으면 사람은 미칩니다. 미치면 무엇이든 잘하게 됩니다. 잘하게 되면 비로소 쉬워집니다. 진정 쉬운 것은 내 것이 된 것이 아닐까요? 지금 생각문법의 마지막 Unit, 어렵기로 소문난 전치사가 우리를 기다리고 있습니다.

전치사는 저마다 쓰임이 복잡하고 다양합니다. 이유는 말이 오가는 상황이 그만큼 복잡하고 다양하기 때문입니다. 아무리 그렇더라도, '지적 유희(知的 遊戲)'라, 치열하지만 즐거운 고민과 사유를 하며, 지금껏 해 온 것처럼 전치사를 내 것으로 만들 것입니다. 우리는 기필코, '영어문장으로 말하는 법'을 완성할 것입니다.

[전치사의 쓰임을 일일이 전부 다 암기한다? 전혀 불가능한 일은 아니지만, 초인적인 인내력이 필요합니다. 학습에 엄청난 부담을 줄뿐더러 점차 기억에서 사라집니다. 결정적으로, 암기하면 언어 감각이 생기지 않습니다. 내가 영어로 말을 하긴 하는데 마치 로봇이 말하는 것처럼, 내가 하는 말을 내가 느끼지 못합니다. 느끼려면 생각하고 이해하고 인식하고 의식하는 '인지 과정'을 거쳐야 합니다.]

[문법은 온통 개념입니다. 개념을 잡아야 문법이 인식되고, 문장이 눈에 들어오고 상황과 의도가 파악됩니다. 전치사도 예외가 아니라서, 개념을 잡는 것이 무엇보다 중요합니다. 기계적인 해석에 머물 양이 아니면, '여기에 이 전치사를 왜 쓰는지'를 이해할 수 있도록, 개념을 먼저 확실히 잡아야겠습니다.]

Zoom in Grammar

'전치사'와 '불변화사'
Prepositions & Particles

전치사 + 명사어

"**전치사** 前置詞·Prepositions"는 명사 '앞에(前) 둔다(置)'하여 지어진 이름입니다. 이름대로 전치사는 바로 뒤에 명사어가 있고, 바로 뒤에 명사어가 있어 전치사입니다. 명사 앞에 두어 전치사니, 전치사는 항상 '전치사 + 명사어'입니다. 명사어와 불가분의 관계!

[문장에서 명사 역할을 - '주어·목적어·보어' 역할을 - 하는 말을 "명사어"라고 합니다. 명사어에는 '명사/명사구/명사절'과 '대명사', 명사와 다름없는 '동명사'와 명사적으로 쓰인 '부정사'가 있습니다. 다만, 명사절과 부정사는 전치사의 목적어로 쓰이지 않습니다. ★ 이유 ☞ p. 34, 37]

전치사와 부사의 구별은 매우 간단합니다. 바로 뒤에 명사어가 있으면 전치사고, 없으면 부사입니다.

- The train is coming <u>in</u> the station. 기차가 들어오고 있다.
  - 뒤에 명사어(the station)가 있으므로, in은 전치사

- The train is <u>in</u>. 기차가 들어와 있다.
  - (생략되었든, 원래 없든) 뒤에 명사어가 없으므로, in은 부사

■ 명사 + 전치사 + 명사

접속사·관계사와 같이, 전치사도 의미적으로/문법적으로 앞말과 뒷말을 잇는 연결어입니다.

- the love <u>of</u> peace
  - love peace: 두 단어의 나열에 불과, 말이 안 됨
  - love of peace: [의미적 관계] 사랑의 대상이 평화, 평화에 대한 사랑
    [문법적 관계] 사랑, 무엇을 사랑? 평화를, 평화를 사랑
    peace는 의미상 love의 목적어
  - of peace: (사랑이 '평화에 대한' 사랑이라고) 선행명사 'the love'를 설명
  - 전치사[의]가 앞말과 뒷말을 의미적/문법적으로 연결, 말이 됨
    ★ 형용사구 ☞ p. 123

■ 형용사 + 전치사 + 명사

- She is afraid <u>of</u> dogs.
    she는 개를 무서워한다.
  - afraid dogs: 두 단어의 나열에 불과, 말이 안 됨
    [의미적 관계] 무서움의 대상이 개, 개에 대한 무서움
    [문법적 관계] 무서워한다, 무엇을? 개를, 개를 무서워함
    dogs는 의미상 afraid의 목적어
  - of dogs: (무서워하는 대상이 개라고) 형용사 'afraid'를 설명
  - 전치사[의]가 앞말과 뒷말을 의미적/문법적으로 연결, 말이 됨
  - be afraid of: 일종의 타동사구 ☞ p. 127

> 구동사 (★★★ 매우 중요)

- I always <u>get up</u> at six (o'clock). [구동사]
  항상 6시에 일어난다.
  - up: 부사 (또는, 부사적 불변화사)
  - at: 전치사

'get up'처럼 전치사나 부사를 수반하는, 구로 이루어진 동사를 "**구동사** Phrasal Verbs"라고 합니다. 또한, up처럼 구동사를 이루는 전치사나 부사를 특히, "**불변화사** Particles · 소사"라고 합니다. 불변화사는 동사의 기본적인 의미를 구체화하거나 확장합니다.

['인칭 · 수 · 시제' 등, 어떤 문법에도 영향을 받지 않고, 형태가 변하지 않는다 하여 "불변화사"라고 합니다. 단어의 길이가 짧은 것을 보면 알 수 있듯이, Particle의 어원은 '작은(-icle) 부분(part)'이고, '소사(小詞)'로 부르기도 합니다.]

[구동사를 "Two-word Verbs 이어동사", "Three-word Verbs 삼어동사"로 부르기도 합니다. '조동사(서법)+동사(시제)+분사(상/태)'를 말하는 동사구와 구별해야겠습니다.]

[전치사와 부사의 구별: 전치사는 명사 '앞에(前) 둔다(置)'하여 지어진 이름입니다. 이름대로 뒤에 명사어가 있습니다. 반면에, 부사는 뒤에 명사어가 없습니다. 위 예문의 up은 뒤에 명사어가 없으므로 '부사 (부사적 불변화사)'고, at은 뒤에 명사어가 있으므로 '전치사 (전치사적 불변화사)'입니다.]

```
구동사의 유형
  └ 동사+전치사
  └ 동사+부사
  └ 동사+부사+전치사
```

구동사는 두 단어 또는 세 단어지만, 강조합니다, 한 단어와 같은, 하나의 '타동사구'나 '자동사구'로 보시길 바랍니다.

- **He looked at me.** [동사+전치사]

    he는 나를 쳐다보았다.
    - look at: 목적어가 있는 구동사, 하나의 타동사구로 봄
    - 유형4: 주어(He)+서술어(looked at)+목적어(me)

        예) He gave up smoking last year. he는 작년에 담배를 끊었다.
        [서술어(gave up)+목적어(smoking)]

        He was listening to music. he는 음악을 듣고 있었다.
        [서술어(was listening to)+목적어(music)]

    - 유형3 '주어+서술어[자동사]+부사어'와 비교

        예) He lived in Seoul. he는 서울에 살았다.
        [서술어(lived)+부사어(in Seoul)]

        It works by electricity. 그것은 전기로 작동된다.
        [서술어(works)+부사어(by electricity)]

- **He walked out.** [동사+부사]

    he는 걸어 나갔다.
    - walk out: 목적어가 없는 구동사, 하나의 자동사구로 봄
    - '주어(He)+서술어(walked out)' 이렇게 유형2로 볼 수도 있고 (유형2를 권장)
      '주어(He)+서술어(walked)+부사어(out)' 이렇게 유형3으로 볼 수도 있음

        예) The car broke down. 차가 고장 났다.

        Please sit down. 앉으세요.

- **I look up to my parents.** [동사+부사+전치사]

    부모님을 존경한다.
    - look up to: 목적어가 있는 구동사, 하나의 타동사구로 봄
    - 유형4: 주어(I)+서술어(look up to)+목적어(my parents)

        예) I'm looking forward to it. 그것을 고대하고 있어. (am looking forward to+it)

        I'll catch up with you in a minute. 곧 따라 갈게. (will catch up with+you)

구동사

영어는 말의 위치나 순서가 달라지면 역할이 달라지는, 전달 내용도 달라지는 '구조어'입니다. 다시 말해, 문장구조가 다르면 앞말과 뒷말의 의미적/문법적 관계가 다릅니다. 아래 예문은 off의 위치가 다릅니다. 비교해 보십시오.

① He <u>turned off</u> the TV.
- turned off: 구동사, 타동사구
- 유형4: 주어(He) + 서술어(turned off) + 목적어(the TV)
  예 Put on your coat. (잠바가 아닌) 코트를 입어라.

② He <u>turned</u> the TV <u>off</u>.
- turned: 타동사 / off: 부사 또는 부사적 불변화사
- 유형7: 주어(He) + 서술어(turned) + 목적어(the TV) + 목적보어(off)
- off: 목적보어, 목적어 'the TV'를 설명
  예 Put your coat on. 코트를 (벗고 있지 말고) 입어라.

①: '스위치를 돌려(turned) 껐다(off), 무엇을? (전등이 아닌) TV를.' 입니다. 목적어 'the TV'가 강조되는 표현입니다.

②: '스위치를 돌려 TV를 어떻게 했다? (켜 놓지 않고) 껐다(off).' 입니다. 부사 'off'가 강조되는 표현입니다.

대명사는 상대방이 알고 있는 구정보입니다. 구정보는 강조의 대상이 아닙니다. 문미에 두고 강조하지 않습니다.

①-a NOT He turned off <u>it</u>.
②-a He turned <u>it</u> off.

〉 전치사를 수반하는 동사

아래 예문을 비교해 보십시오.

- He <u>turned off</u> the TV. [off: 전치사]
  He <u>turned</u> the TV <u>off</u>. [off: 부사]
  – turn off: 구동사, 동사와 전치사가 분리됨

- He <u>looked at</u> me. [at: 전치사]
  NOT He <u>looked</u> me <u>at</u>.
  – loot at: 전치사를 수반하는 동사, 동사와 전치사가 분리되지 않음

'look at'처럼, 동사와 전치사가 분리되지 않는 '동사＋전치사'는 구동사로 부르지 않고, '전치사를 수반하는 동사'로 부르기도 합니다. 다만, 무엇으로 부르든 신경 쓰지 마시고, 무엇이 다른지 한 번만 이해하고 넘어가십시오. 생각문법은 구별하지 않고, 전치사를 수반하는 동사도 구동사로 부릅니다.

아래와 같은 구문적인 차이가 있습니다.

- Turn off! 꺼라!
  – 목적어가 없어져도 부사는 없어지지 않음

- Look! 이봐!
  – 목적어가 없어지면 전치사도 없어짐

구동사

생각 더하기   72. 'make a decision' vs. 'decide'

- make a decision
- have a talk
- take a walk

have・take, make・do: 일상생활에서 매우 자주 쓰이는 이와 같은 표현동사를 명사와 함께 써서, '명사를 동사적'으로 표현할 수 있습니다. ★ 명사의 동사적 표현 ☞ ❸ p. 372

그럼 위 표현이 일반동사 'decide 결정하다, talk 이야기하다 walk 걷다'와 어떤 차이가 있을까요?

의미 차이는 없고, 아래 해석처럼 '어감 차이'입니다. '결정하다'와 '결정을 내리다'의 차이 정도 됩니다.

- **결정을 내렸다** made a decision
  – make의 핵심 의미는 '無에서 有', 없던 결정이 생김
- **이야기를 나눴다** had a talk
  – have의 핵심 의미는 '소유', 이야기를 나눈 일을 가짐
- **산책했다** took a walk
  – take의 핵심 의미는 '의지', 의지를 가지고 걸음

Unit 20

전치사
Prepositions

- a cat <u>on</u> the sofa [전치사]
  소파 위에 고양이

위 예문에서 'cat'과 'sofa'는 연관이 없는 별개의 두 단어지만 전치사[on]로 연결되면 '의미적/문법적 관계'를 지니게 됩니다.

영어문법의 완성, 전치사!
앞말과 뒷말의 의미적/문법적 관계를 나타내며
앞말과 뒷말을 잇는 연결어

전치사의 핵심 의미는, 언뜻 보면 단순해 보일지 몰라도, 상황에 따라 의미가 파생되고 확장됩니다. 특히, 앞서 살펴본 '구동사'를 온전히 내 것으로 만들기 위해서는 전치사는 필수입니다.

어느 때보다도 생각의 생각, 생각하는 힘이 필요한 때입니다. 논리적으로 생각하며, 감각적으로 받아들여야겠습니다. 조금만 더 힘내시길 바랍니다. 아자 아자!

전치사 · 부사 · 불변화사

- OF
- WITH
- BY
- FOR
- TO
- ON ↔ OFF   ◉ UPON, ONTO
- IN, INTO ↔ OUT (OF)
- AT
- FROM
- AWAY
- UP ↔ DOWN   ◉ UP TO
- OVER ↔ UNDER   ◉ BEYOND

• • •

◉ ABOVE ↔ BELOW
◉ AFTER ↔ BEFORE   ◉ AHEAD ↔ BACK
◉ ABOUT, AROUND
◉ ACROSS, THROUGH
◉ AGAINST, ALONG
　◉ LIKE, AS, BUT

OF

■ 소유의 of

'X of Y'에서, of는 '소유'를 의미합니다.

개념1 ■ 소유: X가 Y를 가지고 있음 (주어가 사람 및 생물)

- He's <u>of noble blood</u>.
  he는 귀족 혈통이다. 〉 귀족 태생이다.
  - be of (= have): '내적 소유'
  - 소유의 of: 소유하되 '내재적으로' 소유, 이는 Y가 달라지면 X의 본질이 달라짐을 의미 (혈통이 달라지면 사람의 본질이 달라짐)
  - of noble blood: he가 '귀족 혈통을 가지고 있다'고 He를 설명
    형용사구, 명사 설명어, 주보어
    예 He's of Herculean strength.
    he는 헤라클레스의 힘을 가지고 있다. 〉 힘이 엄청나게 세다.
  - X의 본질이 달라지지 않는 have와 비교
    예 I have a car. 나는 차가 있다.
    She has a cold. she는 감기에 걸렸다.
    (차가 있든 없든, 감기에 걸리든 안 걸리든, 사람의 본질은 달라지지 않음)
  - 명사+of
    예 He is a man of ability. he는 능력자다.
    (사람인데, 무엇을 소유한[of] 사람? 능력을[ability] - a man을 'of ability'가 설명)
    (= an able man 유능한 사람)
    a woman of enviable beauty
    부러운 아름다움을 소유한 여인 〉 부럽도록 아름다운 여인
    a family of five 다섯 식구를 소유한 가족 〉 식구가 다섯 명인 가족
    a boy of ten 열 살을 소유한 소년 〉 열 살 소년

예문 71은 소유의 of가 쓰인 문장입니다.

71-1] We're all of an age. [동사+of]
71-2] I'm of the opinion that he's guilty.
71-3] He died of cancer.
71-4] There's nothing to speak of that issue.
71-5] He's ill of a fever. [형용사+of]

71-1] 우리는 모두 한 나이를 〉 같은 나이를 가지고 있다. 〉 동갑이다. [71-2] he가 유죄라고 생각한다. [71-3] he는 암으로 죽었다. [71-4] 그 문제에 대해 할 말이 없다. [71-5] he는 열병에 걸렸다.

71-1] 예 He's of an age to smoke.
　　　　he는 담배를 피울 수 있는 나이다.
　　　When I was of your age, ... 내가 네 나이였을 때, ...

71-2] 예 It's of no use struggling and wriggling. 아무리 몸부림쳐도 소용없다.

71-3] 암을 '소유한(of)' 상태에서 〉 암을 가지고 〉 암으로 죽었다.
　　　예 He died of disease[hunger/old age].
　　　　he는 병으로[기아로/노령으로] 죽었다.
　　　I'm dying of boredom. 심심해 죽을 지경이다.

71-4] ▶ speak[think/dream] of: …에 대해/관해 말하다[생각하다/꿈꾸다]
　　　예 She'd been dreaming of him.
　　　　she는 (그때까지) 그이에 대한 꿈을 〉 그이 꿈을 꾸었다.

주의! English는 언어고, 언어는 speak의 직접적인 대상입니다. 언어를 말할 때는 of를 쓰면 안 됩니다.

　　* Can you speak English?
　　　영어 할 줄 아세요? (NOT ... speak of English?)

생각문법
228

아래는 of와 잘 어울리는, '감정·인식' 등을 나타내는 형용사가 쓰인 문장입니다.

71-6] My daughter is really <u>afraid of</u> dogs. [감정]
71-7] He may well be <u>proud of</u> his son.
71-8] I was <u>aware of</u> the problem. [인식]
71-9] She's very <u>conscious of</u> her weight. [의식]

71-6] 우리 딸은 개를 정말 무서워한다. [71-7] he가 자기 아들을 자랑스러워하는 것은 당연하다. [71-8] 그 문제를 알고 있었다. [71-9] she는 몸무게를 몹시 의식한다.

71-6] 무서워한다(am afraid), 무엇을? 내재적으로 마음속에 '갖고 있는(of)' 심적 대상인 개를. 무서워하는 대상을 'of dogs'로 설명하고 있습니다. [개를 마음속에 소유한(of) 상태(be)]

> 예 I was fearful of making a mistake. 실수할까 두려웠다.
> I've always been scared of snakes. (지금껏) 항상 뱀이 무서웠다.
> I'm frightened of walking home alone in the dark.
> 밤에 혼자 걸어서 집에 가는 것이 무섭다.

71-7] 예 He was envious of your success. he는 너의 성공을 부러워했다.
> Don't you feel ashamed of yourself? 네 자신이 부끄럽지도 않니?
> I'm sick and tired of this work. 이 일에 신물이 난다.
> I'm weary of life. 삶에 지친다.

71-8] 알고 있다(was aware), 무엇을? 내재적으로 머릿속에 '갖고 있는(of)' 지적 대상인 그 문제를.

> 예 I'm sure of your success. 너의 성공을 확신한다. (= certain)
> I was doubtful of its truth. 그것의 진위가 의심스러웠다. (= distrustful)

71-9] 예 You have to be careful of strange people. 낯선 사람을 조심해야 한다.
> He's careless of his health. he는 건강에 무관심하다.

OF

〉 'inform A of B' 이런 식으로 암기할 것인가?

- He informed me of the news.
    he는 나에게 그 소식을 알렸다.
    - 유형5: 주어 + 서술어 + 목적어(me) + 부사어(of the news)
    - 소유의 of: me of the news = 'I had the news.'
    - of the news: 문법적으로는 부사어인 부사구
              의미상으로 전치사를 수반하는 목적어로 보면 좋음

inform은 알리되, 들을 필요가 있거나 듣기를 원하는 사람에게 알린다는 뜻입니다. 알림을 들은 사람은 소식 등을 '소유하게[of]' 됩니다. 요컨대, 위 예문은 'he가 나에게 알려 He informed me' '내가 그 소식을 소유하게 〉 알게 했다 me of the news'는 말입니다. '경고'와 '상기' 등도 마찬가지입니다.

- The doctor warned my grandfather of heart disease.
    의사는 할아버지에게 심장병을 경고했다. 〉 조심하라고 했다.
    - warn: 경고를 들을 필요가 있거나 들어야 하는 사람에게 위험 등을 알림
    - 단지 알리는 것이 목적이 아님. 알려서 목적어가 알게 하는 것이 목적
    - 의사가 경고해(warned) 할아버지가 심장병을 '알게(of)' 했다는 말
        예 The doctor convinced my grandfather of its truth.
            의사는 그것이 사실임을 할아버지에게 납득시켰다. (할아버지가 그것을 사실로 알게 함)
        The dealer assured me of its quality.
            딜러는 나에게 그것의 품질을 장담했다. (내가 그것의 품질을 알게 함)

- That song always reminds me of my first love.
    저 노래는 항상 나에게 첫사랑을 상기시킨다. 〉 생각나게 한다.
    - 저 노래가 나에게 첫사랑을 '소유하게(of) 〉 생각나게' 한다는 말
        예 You remind me of your grandfather when you say that.
            네가 그런 말을 하면 네 할아버지가 떠오른다.

rob은 박탈을 의미합니다. 'rob A of B'는 'inform A of B'와 의미구조가 다릅니다.

- He robbed <u>me of my wallet</u>.
    he는 내 지갑을 강탈했다. 〉 빼앗았다.
    (수동문: I was robbed of my wallet by him.)
  - me of my wallet = 'I had my wallet.'
  - 소유의 상대어는 '제거 없애 버림 〉 박탈', 소유한 것을 제거 〉 박탈
  - he가 '내가(me) 소유한(of) 지갑을(my wallet)' 〉 갖고 있던 지갑을 빼앗았다는 말
    (남의 물건을 빼앗으려면, 빼앗 물건을 남이 먼저 갖고 있어야 함)
  - 유형4: 주어 + 서술어 + 목적어(<u>me of my wallet</u>)
    ('빼앗았다, <u>무엇을?</u>' 이렇게) 'me of the news'를 하나의 목적어로 볼 것
  - 예 They deprived him of his property.
    그들은 그가 소유한 재산을 〉 (갖고 있던) 그의 재산을 빼앗았다.
    (수동문: He was deprived of his property by them. … 빼앗겼다.)
    He cheated the old man of his house.
    he는 노인을 속여 노인이 소유한 집을 〉 (갖고 있던) 노인의 집을 빼앗았다.
    (수동문: The old man was cheated of his house by him. … 속임을 당해 빼앗겼다.)

주의! steal은 훔친 물건이 중요해, 훔친 물건을 먼저 씁니다.
  * He stole my wallet from me. he는 나에게서 지갑을 〉 내 지갑을 훔쳤다.
    (수동문: My wallet was stolen by him.)

- I rid <u>the house of rats</u>.
    집이(the house) 소유한(of) 쥐를(rats) 제거했다. 〉 집에 있던 쥐를 없앴다.
  - the house of rats = 'the house had rats.'
  - 유형4: 주어 + 서술어 + 목적어(<u>the house of rats</u>)
    ('없앴다. <u>무엇을?</u>' 이렇게) 'the house of rats'를 하나의 목적어로 볼 것
  - 예 This medicine will relieve you of your pain.
    이 약은 당신이(you) 소유한(of) 통증을(your pain) 〉 당신의 통증을 덜어 줄 것입니다.
    I can't seem to get rid of this cold.
    (소유한) 이번 감기는 떨어질 줄을 모르네요.

- **구성의 of**

소유는 소유하려는 '소유 의지'가 있어야 합니다. 사람 및 생물은 소유 의지가 있지만, 무생물은 없습니다. 요컨대, 무생물은 (Y를 가지고 있는 것이 아니라) 'Y로 이루어져 있는 것'입니다.

'X of Y'에서, X가 무생물일 때, of는 '구성'을 의미합니다.

개념2 ■ 구성: X가 Y로 이루어져 있음 (주어가 무생물)
  - Y는 X를 이루는 '구성물'이나 '구성 요소'
  - Y는 X의 본질, Y가 달라지면 X의 본질이 달라짐

- This house is built <u>of stone</u>.
    이 집은 돌로 지어졌다. 〉 석조다.
  - of stone: 집이 돌로 이루어져 있음. 이때의 돌은 집의 구성물, 즉 건축 자재나 재료
  - built of stone: 집이 '돌로 지어졌다'고 This house를 설명
      형용사구, 명사 설명어, 주보어
  - 명사+of
    예 The kid played with a ball of rubber. 아이는 고무공을 가지고 놀았다.
      [a ball of rubber: 공이 고무로 이루어져 있음. 문어적 표현 (= a rubber ball)]
      We put up a wall of red brick. 우리는 붉은 벽돌로 벽을 세웠다.
      (a wall of red brick: 벽이 붉은 벽돌로 이루어져 있음)
      I had a quick lunch of bread and milk. 빵과 우유로 간단한 점심을 먹었다.
      (a lunch of bread and milk: 점심이 빵과 우유로 이루어져 있음)
      a necklace of solid gold 순금 목걸이
      a dress of cotton 면 드레스
      a family of five 다섯 식구
  - be+of
    예 This dress is of silk. 이 드레스는 (원단이) 실크다.

예문72는 구성의 of가 쓰인 문장입니다.

72-1] The desk is made <u>of wood</u>. [구성물]
72-2] Water consists <u>of hydrogen and oxygen</u>.
72-3] This meal smells <u>of garlic</u>.
72-4] A cup <u>of coffee</u>, please.
72-5] This matter is <u>of great account</u>. [구성 요소]

72-1] 그 책상은 나무로 만들어졌다. [72-2] 물은 수소와 산소로 이루어져 있다. [72-3] 이 음식에서 마늘 냄새가 난다. [72-4] 커피 한 잔 주세요. [72-5] 이 문제는 대단히 중요하다.

72-2] 예 The United States is composed of 50 states.
　　　　미국은 50개의 주로 구성되어 있다.

　　　The Philippines is made <u>up</u> of more than 7,000 islands.
　　　　필리핀은 7천 개 이상의 섬으로 이루어졌다. (복수 또는 다수의 구성체가 하나의 완전체를 이룰 때는 'up'이 쓰임. 이때의 up은 '완전히'라는 뜻)

72-3] 냄새가 마늘 냄새로 '이루어져(of)' 있음
　　　예 This yoghurt tastes of strawberries. 이 요구르트는 딸기 맛이 난다.
　　　　(tastes of strawberries: 맛이 딸기 맛으로 이루어져 있음)
　　　The taste of lemon is sour. [명사+of] 레몬 맛은 시다.
　　　a strong smell of garlic 강한 마늘 냄새

72-4] ★ a cup of coffee ☞ p. 236

72-5] 문제가 중요함으로 '이루어져(of)' 있음. 중요함이 문제의 구성 요소
　　　예 It'll be of great interest to you. 그것은 너에게 큰 관심이 될 것이다.
　　　It may be of use to us. 그것이 우리에게 도움이 될지도 모른다.
　　　the question of importance [명사+of] 중요한 질문 (= the important question)

- This house is built of stone. 이 집은 석조다.
    (be동사: 연결동사[기능], 상태동사[의미])
    - ① house is of stone: 집이 돌로 이루어진 상태
      ② house is built: 집이 지어진 상태
    - ①+②: 집이 돌로 지어진 상태
          지어졌는데(is built), 돌로(of stone) 지어졌다고 This house를 설명

위와 같은 맥락으로,

- The bucket is full of water. 양동이는 물로 가득하다.
    - ① bucket is of water: 양동이가 물로 이루어진 상태 (물이 들어 있는 상태)
      ② bucket is full: 양동이가 가득한 상태
    - ①+②: 양동이가 물로 가득한 상태
          가득한데(is full), 물로(of water) 가득하다고 The bucket를 설명

- The bucket is empty of water. 양동이에 물이 없다.
    - ① bucket is of water: 양동이가 물로 이루어진 상태
      ② bucket is empty: 양동이가 비어 있는 상태, 즉 부정
    - ①+②: 양동이가 물로 이루어지지 않은 상태 〉 양동이에 물이 비어 있는 상태
          비어 있는데(is empty), 물이(of water) 비어 있다고 The bucket를 설명

[구문적으로, 목적어를 취할 수 있는 품사는 '타동사'와 '전치사'입니다. (목적어에는 '타동사의 목적어'와 '전치사의 목적어'가 있습니다.) 분사[built]를 포함한, 형용사(full/empty)는 목적어(stone/water)를 취할 수 없으므로, 목적어를 취할 수 있는 전치사[of]를 필요로 합니다. 어떤 전치사가 필요한지는 앞말과 뒷말의 의미관계에 따라 선택됩니다.]

아래는 X가 '소유 여부 있음/없음', '소유 정도 많음/적음·충분/부족'과 관련된, of와 잘 어울리는 형용사와 명사가 쓰인 문장입니다.

72-6] There was **plenty of** food on the table. [형용사+of]

72-7] I'll fix it **free of** charge.

72-8] He's **slow of** comprehension.

72-9] We're in **need of** necessities. [명사+of]

72-6] 식탁이 음식으로 가득했다. [72-7] 그것을 무료로 고쳐 드리겠습니다. [72-8] he는 이해력이 느리다. [72-9] 우리는 필수품이 필요한 상태에 있다. 〉 필요하다.

72-6] 예 The house is bare of furniture.
그 집은 가구가 없어 덩그렇다.

The letter was devoid of warmth.
그 편지에는 따스함이 들어 있지 않았다.

72-7] 예 He was found innocent of any crime.
he는 아무 죄가 없는 것으로 밝혀졌다.

72-8] 주어가 사람일 때는 '소유의 of'로 보시면 됩니다.

예 I'm short of money.
돈이 모자란다.

We're finally clear of debt.
마침내 우리는 빚을 청산했다.

72-9] 예 They failed for want of help.
그들은 원조가 없어 실패했다.

a lack of sleep[food/money/skill]
수면[식량/자금/기술] 부족

| 생각 더하기 | 73. a cup of coffee |

- **a cup of coffee** 커피 한 잔
    - cup of coffee: 컵이 커피로 이루어져 있음 > 컵에 커피가 담겨 있음
    - 'cup · loaf · pound' 등: 양을 나타내는 단위 명사
    - 'coffee · bread · beef' 등: 단위 명사를 '구성하는[of]' 물질명사
        - 예 a drop of rain 빗방울 (방울이 비로 이루어져 있음)
            a loaf of bread 빵 한 덩이
            two[some] lumps of sugar 각설탕 두[몇] 개
            5 pounds of beef 소고기 5파운드
            2 kilos of potatoes 감자 2킬로
            a pocketful of coin 동전 한 주머니
            several packets of cigarettes 담배 몇 갑
            a small bag of groceries 식료품 작은 부대 하나
        - ★ 물질명사의 양 표시 ☞ ❸ p. 79
    - 단위를 구성하는 집합명사·추상명사에도 of가 쓰임
        - 예 a team of players 한 팀 선수들
            a piece of news 뉴스 한 가지
            a sort of accident 일종의 사고
        - ★ 집합명사의 단위 표시 ☞ ❸ p. 61
        - ★ 추상명사의 단위 표시 ☞ ❸ p. 85
    - 수량을 구성하는 명사에도 of가 쓰임
        - 예 You're asking too much of me.
            나한테 너무 많은 걸 바라는군요.
            How much is left of the cake?
            케이크가 얼마나 남았니?
            a few of the problems 몇 가지 문제
            lots of money 많은 돈
    - 소속의 of와 비교
        - two of you 너희 중 두 명 (이때의 you는 복수, 목적격)
            [you가 두 명이면, 너희 두 명 [= you two (이때의 you는 복수, 주격)]
            two of us 우리 중 두 명 [us가 두 명이면, 우리 두 명 (= we two)]
            two[many] of them 그들 중 두 명[몇 명/많은 사람들]

- **소속의 of**

- **a classmate <u>of Betty's</u>.**
  - 'a classmate가 Betty's를 가지고 있다(?)', 소유의 of로 설명되지 않음

X와 Y의 소유관계에서, X가 Y를 소유만 하라는 법은 없습니다. X와 Y의 성격에 따라, 역으로 X가 Y에 소유될 수도 있습니다. Y에 소유됨은 'Y에 속해 있음'으로 풀이됩니다. '소속'의 의미로 of가 쓰입니다.

개념3 ■ 소속: X가 Y에 속해 있음
  - '부분[X] of 전체[Y]'의 관계
  (부분은 전체에 속함, 전체를 이루는 한 부분)

- **a classmate <u>of Betty's</u>** 베티 급우 중 한 명
  - a classmate (어떤) 급우 한 명 [부분] / Betty's 베티 급우들 [전체]
  - Betty's (= Betty's classmates): 소유대명사 ('Betty's classmates'의 Betty's는 소유한정사)
  - of Betty's: 급우 한 명이 '베티 급우들(Betty's)에 속한(of)'
    [급우가 어디에 '속한(of)' 급우? 베티 급우들에 〉
    베티 급우들 중 한 명의 급우 〉 베티 급우 중 한 명]
    a classmate를 설명, 형용사구, 명사 설명어
  - a friend of mine: 친구 한 명이 '내 친구들(mine)에 속한(of)' (mine = my friends)
    [친구가 어디에 '속한(of)' 친구? 내 친구들에 〉
    내 친구들 중 한 명의 친구 〉 내 친구 중 한 명]
    ★ 이중소유격이 아닌 이유 ☞ ❸ p. 170
    예 I sold that old car of mine. (내 차 중) 저 낡은 내 차를 팔았다.
    some of them 그들 중 몇 명[그것들 중 몇 개]
  - a favor of you: 추상명사에도 적용됨, 너에 '속한(of)' 호의 〉 너의 호의
    예 May I ask a favor of you?
    당신의 호의를 부탁해도 〉 (제가 당신에게) 부탁을 좀 드려도 될까요?

- **the legs of a chair** 의자 다리
    - 'the legs가 a chair로 이루어져 있다(?)', 구성의 of로 설명되지 않음
    - of a chair: 다리가 의자에 '속한(of)' [다리가 어디에 '속한(of)' 다리? 의자에 〉
          의자에 속한 다리 〉 의자 다리]
              the legs를 설명, 형용사구, 명사 설명어
    - '부분(the legs)'과 '전체(a chair)'의 관계
        - 예 February is the shortest of all the months.
             2월은 모든 달 중 가장 짧다. [February (부분) / all the months (전체)]
             the lid of a kettle 주전자 뚜껑 / the collar of a shirt 셔츠 칼라
             the last scene of the movie 영화의 마지막 장면 / act IV of Hamlet 햄릿 4막
             the top of the mountain 산 정상 / the corner of the street 길모퉁이
             the east of Jeju 제주 동부 / ten miles south of Jeju-do 제주도 남쪽 10마일
             the 25th of April 4월 25일 / at this time of the year 매년 이맘때
             the first week of April 4월 첫 주 / the end of the week 주말
             here of all places (모든 곳 중) 하필이면 여기서
             The Book of Books 책 중에 책 〉 성서

- **the works of Hemingway**
    헤밍웨이에 속한 〉 헤밍웨이가 쓴 〉 헤밍웨이 작품들 ('Hemingway's works'가 일반적)
    (a work by Hemingway: 한두 작품의 '곡[노래], 글[저서]' 등을 말할 때는 by가 쓰임)
    - 예 the paintings of Picasso 피카소 그림들
         the son of my friend 친구 아들 ('my friend's son'이 일반적)
         the Queen of England 영국 여왕 / the citizens of Rome 로마 시민
         the daughter of a very famous actor 매우 유명한 배우의 딸
         ('a very famous actor' 이 정도는 수식하는 말이 아니라 설명하는 말
          of로 앞말과 뒷말을 이으며 뒤에서 the daughter를 설명)
    ★ 관사 선택의 문제 ☞ ❸ p. 146

[개화기에 일본어 격조사 'の'의 영향을 받아, 그 당시 지식인들이 무분별하게 쓰기 시작한 격조사가 바로, '의'입니다. ('의': 체언을 관형어로 만드는 관형격 조사, 관형화소) 국어답게, '의'는 안 쓸 수 있으면 안 쓰는 것이 좋습니다. ＊책상의 크기 → 책상 크기, 금리의 하락 → 금리 하락, 나의 고향 → 내 고향, 나의 존경하는 위인 → 내가 존경하는 위인]

아래 예문을 비교해 보십시오.

- <u>Korean</u> history 한국사
  - '(고유)형용사(Korean) + 명사(history)', 형용사가 명사를 수식, 수식 구조
    ('Korea's history'도 가능, 무생물이지만 '국명·지명' 등은 "'s"를 사용할 수 있음)
  - 우리나라 학생이 보는 우리나라 역사책 제목

- the history <u>of Korean</u> 한국의 역사 〉 한국 역사
  - '명사(history) + of + (고유)명사(Korean)', 앞 명사를 뒤 명사가 설명, 서술식 구조
  - 소속의 of: 역사(부분)가 한국(전체)에 속함(of)
  - of Korean: 역사가 한국에 '속한 〉 관한' 역사라고 the history를 설명
  - 외국 학생이 보는 우리나라 역사책 제목, 문어적 표현
    (우리가 "한국 역사"를 보면, 우리나라 역사가 다른 나라 역사 같은 느낌을 줌)

    예 the book of poetry 시집 (책이 '시에 관한' 책이라고 설명)
       the date of the examination 시험 날짜
       the cost of the meal 음식 가격
       the size of your waist 네 허리둘레
       the length and width of a desk 책상 길이와 폭
       the maple of Canada 캐나다의 단풍
       the Great Wall of China 중국의 만리장성
       the beauty of nature 자연미
       the cause of the accident 사고 원인
       the problem of unemployment 실업 문제
       the news of the big fire 대형 화재 소식
       the courage of the fire fighters 소방관들의 용기
       the sudden clap of thunder 갑작스런 천둥소리
       the story of my life 내 인생에 관한 이야기 〉 내 인생 이야기
       the purpose of your coming here 네가 여기 오는 목적
  - 미국영어 구어에서, 시간을 말할 때 of가 'before'의 뜻으로 쓰임
    예 It's a quarter of ten 10시 15분 전 (9시 45분)

■ 보충의 of

보통 문법책에 '동격의 of'로 나와서 그런지, 'X = Y'로 여기는 것 같습니다. Y는 X를 '보충 설명'하는 말입니다.

> 개념4 ■ 보충: X를 Y로 보충 설명 (보충: 부족한 것을 보태어 채움)

- **This is the city of Jeju.**
  - 이곳이 도시다. 제주라는. 〉제주시다. (문어체, 'Jeju city'가 일반적)
  - X(city)는 '일반적인' 말, Y(Jeju)는 '구체적인' 말, 이때의 X와 Y는 의미적으로 서로 관련이 깊음, X를 Y로 보충 설명 ★ 동격과 비교 ☞ p. 62
  - of Jeju: 도시가 '제주'라는 도시라고 the city를 보충 설명
    - 예 the crime of stealing 절도죄 (죄가 '절도'라는 죄)
    - the art of painting 회화 예술 (예술이 '회화'라는 예술)
    - tears of sadness 슬픔의 눈물 (눈물이 '슬픔'라는 눈물)

- **an angel of a girl** 천사 같은 소녀
  - (천사가 곧 소녀일 수는 없고, '천사로 보일 정도로 어여쁜 소녀'라는 말)
  - of a girl: 천사가 '소녀라는' 천사라고 an angel을 보충 설명
    - 예 He wants to make an athlete of his son.
      - he는 아들을 운동선수로 만들려고 한다. (= He wants to make his son an athlete.)
    - Don't make a fool of me. (바보가 '나'라는 바보라고) 나를 바보 취급하지 마.
    - a brute of a man 짐승 같은 남자 / that idiot of a candidate 저 바보 같은 후보

- **under the age of 18** (years) 18세 미만
  - of 18: 나이가 '열여덟'이라고 the age를 보충 설명
    - 예 the presidential election of 2017 2017년 대통령 선거
    - an increase of 5% 5% 증가 / the year of the dragon 용의 해
  - '명사+명사'는 복합어, 두 단어 이상이 한 단어처럼 쓰이는 복합명사
    - 예 a car owner 차주 / a high school 고등학교 / school friends 학교 친구들
    - a living room 거실 / a hot dog 핫도그 / table setters (야구) 1번·2번 타자

◫ of와 격

'X of Y'에서, of는 X와 Y의 문법적인 관계를 나타냅니다. 그것이 바로, 격입니다.

[격 표시: 명사의 역할 표시 / 격 관계: 명사가 주어로 쓰였는지, 목적어로 쓰였는지, 동사에 대한 명사의 역할 관계 ★ 격 ☞ ❸ p. 19]

영어는 어순이 곧 문법인 '구조어'입니다. 명사가 '동사 앞에' 있어 주어고, '동사 뒤에' 있어 목적어입니다. 이는 동사와 엮여야 '주어다, 목적어다'를 말할 수 있다는 의미입니다.

여러분

Y와의 격 관계를 말하려면, X가 동사에서 파생된 명사이거나 동사적 의미를 내포한, '(동사성을 지닌) 동사적 명사'이어야 합니다. 그래야 'Y가 X의 주어다, 목적어다'를 말할 수 있습니다.

아래는 '명사+of+명사'에서, 명사와 명사의 격 관계입니다.

    '명사[X]+of+명사[Y]'의 격 관계
      └ of+목적어
      └ of+주어
         - 명사[X]는 동사와 관련된 명사, 즉 동사에서 파생된 명사이거나 동사적 의미를 내포한, '(동사성을 지닌) 동사적 명사'

OF

of + 목적어

- **Philosophy means the love of wisdom.**
  철학은 지혜에 대한 사랑을 의미한다.
  - love: 동사적 명사
  - of wisdom: (사랑, 무엇을 사랑? 지혜를, 지혜를 사랑 〉 지혜에 대한 사랑)

    지혜는 사랑의 대상, 즉 wisdom은 의미상 love의 목적어
    (사랑이 '지혜에 대한' 사랑이라고) 선행명사 'the love'를 설명, 형용사구
    이때의 of는 '소유의 of'로 이해, of 다음에는 주로 목적어가 옴

    예 the discovery of America (발견, 무엇을 발견? 미 대륙을) 미 대륙 발견
    (America는 discovery의 목적어)

    the pursuit of happiness 행복 추구 / a waste of resource 자원 낭비
    a collection of pictures 그림 수집 / the examination of the patient 환자 진찰
    Betty's picture of Ella 베티가 소유한 엘라를 찍은 사진 〉 엘라를 찍은 베티의 사진

    ▶ 명사의 동사적 표현 ☞ ❸ p. 372

    예 Just took hold of the tube and squeeze. 튜브를 잡고 짜세요.
    You should take advantage of it. 당신은 그것을 이용해야 합니다.
    Try to make use of every opportunity. 모든 기회를 이용해 봐라.
    I got possession of new information. 새로운 정보를 손에 넣었다.

of + 주어

- **the love of God** 하느님의 사랑
  (문어체, 'God's love'가 일반적 / the god of love: 연애의 신, 즉 'Cupid')
  - of God: (사랑, 누가 사랑? 하느님이, 하느님이 사랑 〉 하느님의 사랑)

    하느님은 사랑의 주체, 즉 God은 의미상 love의 주어
    (사랑이 '하느님이 하시는' 사랑이라고) 선행명사 'the love'를 설명, 형용사구
    이때의 of는 '소속'의 of로 이해
  - 하느님을 사랑의 대상으로 볼 수도 있음. God이 의미상 love의 목적어가 됨
    '하느님을 사랑 〉 하느님에 대한 사랑'으로 해석됨

예) the rise of the sun 해돋이 (의미상, sun은 rise의 주어)
the arrival of a train 기차 도착
the ringing of the phone 전화기 벨소리
the love of a mother for her child 어머니의 자식 사랑
the resignation of the President 대통령 사임
the request of the audience 관객 요청
the role of the teacher 교사 역할
the day of the accident 사고가 일어난 날
the pressure of gas 가스 압력
a picture of Betty's 베티가 소유한 사진 〉 베티의 사진 (Betty's: 소유대명사)
(a picture of Betty 베티를 찍은 사진 〉 베티 사진)

형용사 + of + 주어

이때의 형용사는 '주보어'고, 사람의 성격이나 성품을 뜻합니다.

- It's **kind of you** (to help me).
  (나를 도와주다니) 당신은 친절하군요.
  − It은 형식적인 주어, you는 kind의 주어, kind는 주보어 ☞ p. 40
  − to help me: kind를 부사적으로 설명, 부정사의 부사적 용법
    예) That's clever[wise/brave/rude] of you.
    너는 영리하구나[현명하구나/용감하구나/무례하구나].
    It was silly[foolish/stupid] of me to make such a mistake.
    그런 실수를 하다니, 내가 어리석었다.

| 생각 더하기 | 74. '타동사+직접목적어', 전치사의 목적어

- I killed a roach.
    바퀴벌레를 죽였다.
    - kill 죽이다: 타동사 / a roach: 직접목적어

상식적으로 '죽였다'고 하면, 누구를/무엇을 죽였는지 '죽인 대상'이 바로 이어집니다. 이렇듯 타동사와 목적어 사이에는 어떤 말이 개입될 필요도 여지도 없습니다. 타동사와 목적어의 의미적 관계가 긴밀합니다.

직접목적어: 타동사와의 의미적 관계가 긴밀한, 타동사의 일차적 의미에 정확히 부합하는, 딱 맞아 떨어지는 목적어

['I love you.'에서 'love'는 타동사고, 'you'는 직접목적어입니다. 다만, 타동사가 있는 문장에 목적어가 하나만 있으면, 직접목적어인데 직접목적어라고 하지 않고, 간략히 '목적어'라고 합니다. 직접목적어는 주로 '간접목적어'의 상대적인 말로 쓰입니다.]

- I know him very well. [직접목적어]
    그이를 매우 잘 안다.
    - 타동사와의 의미적 관계를 긴밀하게 표현할 정도로 직접목적어로 나타낼 정도로 him을 안다는 말
    - 이때의 him은 '가족이나 친구, 지인이나 동료'와 같은 '내가 직접 겪어 본', '잘 아는 사람'을 뜻함
    - 잘 아는 사람이니, 'very well'과 잘 어울림

- NOT I know the sun. 태양을 안다.
    - 태양은 가 보거나 만져 볼 수 있는 대상이 아님 이렇게 말할 수 없음

전치사의 목적어: 타동사 또는 자동사와의 의미적 관계가 느슨한 말, 동사의 기본적인 의미를 구체화하거나 확장할 필요가 있음, 전치사를 필요로 함

- I know of him. [전치사의 목적어]
    그의 존재를 〉 그이에 대해 〉 그이를 안다.
    - 타동사와의 의미적 관계를 느슨하게 표현할 정도로
        전치사의 목적어로 나타낼 정도로 him을 안다는 말
    - 이때의 him은 '안면이 있거나 들어본 적이 있는'
        '좀 아는 사람'을 뜻함
    - 좀 아는 사람이니, 'very well'과 어울리지 않음
    - Know about: 'know of'보다는 이것저것 많이 앎
        '어느 정도 아는 사람'을 뜻함

- I know about the sun.
    태양에 대해 (이것저것) 안다.
    예 I know of Pluto.
        명왕성의 존재를 〉 명왕성에 대해 〉 명왕성을 안다.

- He died of disease. [자동사 + 전치사]
    he는 병을 가지고(of) 〉 병으로 죽었다.
    - die 죽다: 자동사 (자동사는 주어와의 의미적 관계가 긴밀함)
    - disease: 전치사의 목적어
    - 전치사를 써서 앞말과 뒷말을 의미적/문법적으로 연결

- I am afraid of tigers. [형용사 + 전치사]
    호랑이를 무서워한다. 〉 호랑이가 무섭다.
    - tigers: 전치사의 목적어

WITH

■ 보유의 with

'X with Y'에서, with는 '보유'를 의미합니다.

개념1 ■ 보유: X가 Y를 지니고 있음

궁금합니다. 보유는 소유와 어떻게 다를까요?

소유는 '자기 것'이라는 것이 핵심입니다. 소유물이 지금 자신과 함께 있는지는 중요하지 않습니다.

보유는 지금[여기], 같은 시각[장소]에 있다, 즉 '함께 있다'는 것이 핵심입니다. 보유물이 자기 것인지는 중요하지 않습니다. 남의 것이라도 보유는 할 수 있습니다.

동사 'have'는 소유의 뜻으로도, 보유의 뜻으로도 쓰입니다. 상황에 따라, 아래 예문이 두 가지로 해석됩니다.

- I have a gun.
    - 총을 소유: 내 소유의 총이 있음, 총기 소유자
    - 총을 보유: 누구 총이든, 총을 보관하거나 휴대하고 있음

with를 쓰면 보유의 의미가 확실해집니다.

- I have a gun <u>with me</u>.
    총이 나와 함께 있다. 〉총을 가지고 있다. 〉몸에 지니고 있다. 〉휴대하고 있다.
    - a gun with me : 총이 나와 함께 있음, 휴대하고 있음
        남의 총을 휴대하고서도 할 수 있는 말
        예 She has a son. she는 아들이 있다.
            (아들을 소유 : she가 아들과 떨어져 있어도 할 수 있는 말)
        She is with child. she는 임신 중이다. (= She's pregnant.)
            (태아를 보유 : she와 태아가 함께 있음, 태아와 떨어지면 할 수 없는 말)
            (태아는 독립된 개체로 보지 않음, 무관사를 씀)

아래 예문을 비교해 보십시오.

- a man <u>of</u> great wisdom [소유]
    대단한 지혜를 소유한 사람 〉 지혜로운 훌륭한 사람
    - of는 '내적 소유'를 의미, Y가 없으면 X의 본질이 달라짐
    - 지혜는 인격과 관련된 말, 지혜가 없어지면 사람의 본질이 달라짐
        예 He is a man of ability. he는 능력을 소유한 사람이다. 〉 능력자다.
            a scholar of great knowledge 해박한 지식을 소유한 학자 〉 지식이 해박한 학자
            (해박한 지식이 없으면 학자가 아님, 해박한 지식은 학자의 본질 〉 자질)

- a man <u>with</u> great knowledge of cars [보유]
    차에 관한 대단한 지식을 보유한 사람 〉 차에 관한 지식이 풍부한 사람
    - 지식은 없어져도 사람의 본질은 달라지지 않음, 인격까지 달라지지 않음
        예 He's a man with a grudge.
            he는 원한을 보유한 〉 품고 있는 사람이다.
        He's a person with no sense of humor.
            he는 유머 감각이 없는 사람이다.

예문73은 보유의 with가 쓰인 문장입니다.

73-1] We need someone <u>with new ideas</u>.

73-2] The mountaintop was covered <u>with snow</u>.

73-3] Handle <u>with care</u>.

73-4] <u>With all his faults</u>, I still like him.

73-1] 우리는 새로운 생각을 보유〉하는 사람이 필요하다. [73-2] 산꼭대기는 눈으로 덮여 있었다. (산이 눈을 보유함) [73-3] 주의를 보유하고/가지고 〉 조심스럽게 다뤄라. [73-4] 결점을 보유하지만 〉 결점이 있지만, 여전히 그이를 좋아한다.

73-1] 선행명사[someone]를 설명하는 형용사구, 명사 설명어

예 A child <u>with no parents</u> is called an orphan.
부모와 함께 하지 못하는 〉 부모가 없는 아이를 고아라고 부른다.

Only people <u>with plenty of money</u> can afford to shop here.
돈을 두둑이 보유한 〉 돈이 두둑한 사람만이 여기서 쇼핑할 수 있다.

Fill up the bucket <u>with water</u>.
양동이를 물로 가득 채워라. (양동이가 물을 보유)

73-2] 수동문입니다.

예 The truck was loaded with logs.
트럭에는 통나무가 실려 있었다.

The bag was stuffed with dirty clothes.
가방에는 더러운 옷이 잔뜩 들어 있었다.

This street is crowded with people on weekends.
이 거리는 주말마다 사람들로 북적거린다.

In summer, Venice is crammed with tourists.
여름이면 베니스는 관광객으로 가득 찬다.

She was filled with fear[envy].
she는 두려움으로[시기심으로] 가득 차 있었다.

She's married with two children.
she는 자식 두 명을 보유한 〉 자식 두 명 딸린 기혼녀다.

아래는 능동문입니다.

예) The barn is abounding with rats.
곳간에는 쥐가 많다.

The pool was alive with goldfish.
연못에는 금붕어로 우글거렸다. 〉 가득했다.

His face was wet with sweat.
그의 얼굴은 땀으로 젖어 있었다.

73-3] 동사를 설명하는 부사구 (= carefully)

예) Children can learn English with ease.
아이들은 쉽게 영어를 배울 수 있다. (= easily)

I got to sleep with difficulty last night.
어젯밤 어렵게 〉 가까스로 잠들었다.

I waited my turn with patience.
참을성 있게 내 차례를 기다렸다.

The child ran off with all his might.
그 아이는 전력을 다해 도망쳤다.

With pleasure, I'll go with you.
기꺼이 당신과 같이 가겠습니다.

with safety 안전하게 / with diligence 성실하게 / with courage 용감하게
with dignity 품위 있게 / with coldness 냉정히 / with skill 교묘히
with all my heart 온 마음을 다해 〉 진심으로

73-4] with all: …을 갖고서도, 그럼에도 (양보의 부사적 의미)

예) He's rich with all, he wants to be more.
he는 부자이면서도, 더 부자가 되기를 원한다.

With all his wealth, he's still unhappy.
he는 그만한 부를 가졌음에도 여전히 불행하다.

▷ for와 비교

예) We could hardly see for the mist.
우리는 안개로 거의 볼 수 없었다.

I like him all the better for his faults.
결점이 있어 오히려 그이를 좋아한다.
(all the better for: 때문에 오히려 더 낫게)

함께 있음의 보유, '함께'로 해석되고, X와 Y의 의미관계에 따라, 아래 예문과 같이 다양하게 해석됩니다.

73-5] He still lives <u>with his parents</u>. [동거]

73-6] I'll go to church <u>with my father</u> tomorrow. [동반]

73-7] I always wear this dress <u>with these shoes</u>. [수반]

73-8] It comes to $20 <u>with shipping</u>. [포함]

73-9] I want a room <u>with two beds</u>. [부속]

73-5] he는 아직도 부모와 함께 산다. [73-6] 내일 아버지와 함께 〉 아버지를 모시고 교회에 갈 것이다. [73-7] 이 옷에는 언제나 이 신을 신는다. [73-8] 선박 운송비 포함 20달러입니다. [73-9] 침대가 둘 있는 방을 원합니다.

- 73-5] ▷ 소속의 of와 비교

  예 He lives independently of his parents.
  he는 부모에게서 독립해 산다. (of his parents: 부모에 소속 – 부모로부터 독립하려면 그 전에 부모에 소속되어야 함. he가 소속된 부모로부터의 독립을 뜻함)

- 73-6] 예 I saw Betty with Mike. 베티가 마이크와 함께 있는 것을 보았다.

  Can I stay with you for the weekend? 주말에 같이 지낼 수 있니?

  I'll be right with you. 당신과 곧 함께 있을 것입니다. 〉 곧바로 가겠습니다.

  How about going to a cinema with me this weekend?
  이번 주말에 나랑 영화 보러 가는 거 어때?

  I'm going to spend next weekend with my children.
  다음 주말을 아이들과 보낼 생각이다.

  The king was walking with many court ladies.
  왕은 많은 궁녀를 거느리고 걷고 있었다.

  Take an umbrella with you. 우산을 가지고 가라. 〉 챙겨라.

  Put these books with the others. 이 책들을 다른 책들과 함께 놓아라.

  Leave it with me. 그것을 나와 함께 있도록 놔둬라. 〉 나에게 맡겨라.

73-7] 수반: 어떤 일과 더불어 생김

> 예 A car goes with the job. 그 일에는 차가 나온다.
>
> He rises with the sun. he는 해 뜰 때 일어난다.
>
> The shadows lengthened with the approach of sunset.
> 해질녘에 가까워지면서 그림자가 길어졌다.
>
> Skill comes with practice.
> 기술은 연습과 함께 온다. 〉 연습을 해야 길러진다.
>
> Friends and wines improve with age.
> 친구와 포도주는 오래될수록 좋다.

73-8] 예 I'd like a salad and pasta, with ice cream for dessert.
샐러드와 파스타, 디저트로 아이스크림을 (포함해) 같이 주세요.

> The meal with wine came to $20 each.
> 포도주를 포함한 식비는 일인당 20달러가 되었다.
>
> She can speak three languages, four with Korean.
> she는 3개 국어를 할 수 있는데, 한국어를 포함하면 4개 국어다.

73-9] 부속: 주된 것에 딸려서 붙음

> 예 That girl with red hair is my sister.
> 빨간 머리인 저 여자아이가 내 여동생이다.
>
> Many kinds of animals with horns have been killed.
> 뿔이 달린 많은 종류의 동물들이 죽임을 당했다.
>
> Serve with new potatoes. 햇감자를 곁들여 내세요.
>
> a nice steak with a bottle of red wine
> 적포도주 한 병을 곁들인 맛 좋은 스테이크
>
> a tall man with a large suitcase 큰 여행 가방을 든 키 큰 남자
>
> a house with a large garden 큰 정원이 딸린 집
>
> a book with a blue cover 파란색 커버를 씌운 책
>
> a hat with a broad brim 넓은 챙이 달린 모자
>
> ▷ 소속의 of와 비교
>
>> 예 a necklace with the cross pendant
>> 십자가 장식물을 보유한 〉 십자가 장식물이 달린 목걸이
>>
>> a cross pendant of the necklace
>> 목걸이에 속한 〉 목걸이에 달린 십자가 장식물

<mark>동의 · 찬성</mark>　누구와 함께하거나 어떤 일을 함께하는 것은 '같은 생각, 같은 의견을 가지고 있다', '뜻을 같이한다'는 뜻이고 '동의'나 '찬성'의 의미로 풀이됩니다.

73-10] I'm with you on this issue.
73-11] I agree with you.
73-12] He disagreed with his parents on most things.

　　73-10] 이 문제에 대해서는 너와 함께한다. 〉 같은 의견이다. 〉 동의한다. [73-11] 네 의견에 찬성한다. [73-12] he는 대부분 일에 부모님과 의견이 달랐다.

　　73-10] 예 Are you with us or against us? 찬성이니, 반대니?
　　　　　He voted with the ruling party. he는 여당에 투표했다.

　　73-11] agree with + 사람 또는 사람이 아닌 것: 동의[찬성]하다
　　　　예 He agreed with me about the need of a better education.
　　　　　　he는 더 좋은 교육의 필요성에 관해 나와 의견이 같다.
　　　　　I agree with your opinion. 당신 의견에 동의한다.
　　　　　I agree with abortion. 낙태에 찬성한다.
　　　　　　(의견 개진에 그침. 동조하거나 공감하는 정도)

　　　▶ agree to + 사람이 아닌 것: 동의[찬성]하다 〉 승인[승낙]하다
　　　　예 I agreed to abortion to save my daughter's life.
　　　　　　내 딸의 목숨을 구하기 위해 (실질적인/현실적인 이유로) 낙태를 승낙했다.
　　　　　　[이후, 낙태를 했다. (단순히 의견 개진에 그치는 말이 아님. 행동으로 옮김)]
　　　　　The rebels finally agreed to a ban on terrorist activity.
　　　　　　반군은 결국 테러활동에 관한 금지령에 (설득 당해) 승인했다. 〉 합의했다.
　　　　　　[이후, 테러활동을 하지 않았다. (행동이 따름)]

　　73-12] 예 I strongly disagree with this argument.
　　　　　　이 주장을 강력히 반대합니다.

조화·동화　또한, 함께하는 것은 서로 어울리거나 하나가 되는 '조화'나 '동화'의 의미로 풀이됩니다.

73-13] This <u>matches</u> well <u>with</u> that.
73-14] This wine <u>goes</u> particularly well <u>with</u> cheese.
73-15] <u>Are</u> you <u>with</u> me so far?
73-16] I'll <u>catch up with</u> you in a minute.

73-13] 이것은 저것과 잘 어울린다. [73-14] 이 포도주는 특히, 치즈와 잘 어울린다. [73-15] 지금까지 함께하고 있나요? 〉어울리고 있나요? 〉따라오고 있나요? 〉한 말을 알아들었나요? [73-16] 곧 뒤따라갈게요.

73-13] 예 Let beggars match with beggars. 유유상종
　　　　Oil will not mix with water. 기름은 물과 하나가 되지 않는다. 〉섞이지 않는다.
　　　　You can't mix business with pleasure. 공과 사를 구분해라.
　　　　Your story doesn't correspond with what he says.
　　　　　네 이야기는 he가 말하는 것과 일치하지 않는다. 〉다르다.
　　　　I can't put up with your smoking any longer.
　　　　　네가 담배 피우는 것을 더는 못 참겠다.

73-14] 예 It goes well with me. 잘되고 있어요.
　　　　Does my child get along with others? 우리 애가 다른 애들과 잘 지냅니까?

73-15] 예 Betty is familiar with my family. 베티는 우리 가족과 친숙하다. 〉잘 안다.
　　　　Are you familiar with this area? 이 지역에 익숙하세요? 〉잘 아세요?

73-16] 예 Keep up with the times. 시대에 뒤떨어지지 마라.
　　　　She likes to keep up with the latest fashions.
　　　　　she는 최신 유행을 따라가는 것을 〉최신 유행에 대해 아는 것을 좋아한다.
　　　　The menu varies with the season. 메뉴는 계절에 따라 달라진다.
　　　　We should comply with the rules. 우리는 규칙을 따라야 한다.

동시동작

with를 쓰면, 지금 여기 함께 있다는 '동시성'과 '현장성'이 두드러집니다. 아래 예문을 비교해 보십시오.

- I don't have money.
    돈이 없다. 〉가난하다.

- I don't have any money <u>with me</u>.
    (지금) 수중에 돈이 한 푼도 없다. 〉쓸 돈이 없다.
    - with me: (돈이 '나와 함께 있는' 돈이라고) 선행명사 'any money'를 설명
        즉 '지금 수중에 있는 돈'

    예 I spent all the money I had with me.
        수중에 있던 돈을 모조리 다 써 버렸다.
    I have a client with me right now.
        제가 지금은 고객님과 함께 있습니다. (잠시 후, 연락드리겠습니다.)
    What's the matter with you?
        너와 함께 있는 문제가 무엇이니? 〉무슨 일 있니?
    What's with you? 어떻게 된 거야?
        ("무엇이 너와 함께 있는 거야? 정신 차려." 이러한 뉘앙스)
    It's all up with me. 모든 것이 나와 함께 끝났다. 〉볼 장 다 봤다. 〉끝장났다.
    He looked at me with a hurt[blank] expression.
        he는 마음이 상한[얼빠진] 표정으로 나를 바라보았다.
    With his death, the play came to an end.
        연극은 그의 죽음과 함께 (동시에) 〉그의 죽음으로 막을 내렸다.
    - 동시에 〉따라서 〉비례해

    예 Wisdom comes with age.
        나이를 먹음에 따라 〉나이가 들수록 현명해진다.
    My grief lessened with time.
        슬픔은 시간에 비례해 〉시간과 함께 줄어들었다.

[동시동작의 상황을 '곁달아 덧붙은 상황'이라 하여 "부대(附帶) 상황"이라고 합니다. (부대: 기본이 되는 것에 곁달아 덧붙음) 참고만 하십시오.]

사람·사물뿐 아니라, 동작이나 행위도 보유할 수 있습니다. 보유하면 동시동작이 됩니다. 이러한 동시동작을 'with+명사(구)'로 나타냅니다. '~한 채로, ~하면서/하며'로 해석됩니다.

73-17] Don't talk <u>with your mouth</u> full. [with+명사구]
73-18] He came in <u>with a knife</u> in his hand.
73-19] He left there <u>with his hand</u> waving.

73-17] 입에 음식을 가득 넣은 채로 말하지 마라. [73-18] he는 칼을 손에 든 채로 〉 손에 들고 들어 왔다. [73-19] he는 손을 흔들면서 그곳을 떠났다.

73-17] 예 He was standing in the rain with his arms open wide.
he는 두 팔을 활짝 벌린 채로 〉 활짝 벌리고 빗속에 서 있었다.
She was knitting with the television on.
she는 TV를 켜 둔 채로 〉 켜 두고 뜨개질을 하고 있었다.

73-18] 예 She came in with a letter in her hand. she는 손에 편지를 들고 들어 왔다.
Don't stand with your hands in your pockets. 주머니에 손 넣고 서 있지 마라.
He stood with her back to me. he는 내게 등을 보이며 서 있었다.

73-19] (= He left there, waving his hand.)
예 She fell asleep with the kettle <u>boiling</u>. [진행분사]
she는 주전자가 끓고 있는데 잠이 들었다.
He was sitting on the sofa with his wife cooking.
he는 아내가 요리하는 동안 소파에 앉아 있었다.
With night coming on, we left for home.
어둠이 다가옴과 동시에 〉 어둠이 다가오자, 우리는 집으로 향했다.
with my hair flying in the air 바람에 머리를 날리며
Don't sit with your legs <u>crossed</u>. [수동분사]
다리를 꼰 채로 〉 꼬고 앉지 마라. (= ... as your legs are crossed.)
with his arms folded 팔짱을 끼고
with an eye bandaged 눈에 붕대가 감긴 채로 〉 눈에 붕대를 감고

도구 · 방법

'기능'이 있거나 '효용 가치'가 있는 사물을 보유하면, 그것을 기능이나 목적에 맞게, 필요에 따라 사용하거나 이용할 수 있습니다. '도구'의 의미로 with가 쓰입니다.

73-20] Peel off the skins <u>with a sharp knife</u>. [도구]
73-21] I could make it <u>with his help</u>. [방법]
73-22] The party ended <u>with a dance</u>.

73-20] 잘 드는 칼로 껍질을 벗겨 내라. [73-21] 그이의 도움으로 그것을 해낼 수 있었다. (could: 시제 조동사) / 그이가 도와주면 그것을 해낼 수 있을 것 같은데. (could: 서법 조동사) [73-22] 파티는 춤을 춤으로써 〉 춤을 추는 것으로 〉 춤을 추고 끝났다.

73-20] 예 Write with a pencil[the right hand].
　　　　연필을 이용해 〉 연필로[오른손으로] 써라. (연필: 필기도구)
　　We sew with a needle and thread. 바늘과 실로 깁는다.
　　He moved the rock with a lever. he는 지렛대로 돌을 옮겼다.
　　I covered myself with a blanket. 담요로 나를 감쌌다. 〉 담요를 덮었다.
　　The kid was playing with the toy cars. 아이는 장난감 차를 가지고 놀고 있었다.
　　What will you buy with the money? 그 돈으로 무엇을 살 거니?
　　Would you please have our picture taken with this camera?
　　　　이 카메라로 저희들 사진 좀 찍어 주시겠어요?

73-21] 사물이 아닌 도구는 목적을 이루기 위한 '방법'이 됩니다.
　　예 With his advice, I could fix it up. 그이의 조언으로, 그것을 해결할 수 있었다.

73-22] 이때의 춤은 파티를 끝내는 '방법'입니다.
　　예 We finished with ice cream. 우리는 아이스크림을 먹고 식사를 마쳤다.
　　It begins with three questions. 그것은 세 가지 질문으로 시작한다.
　　To begin with, I don't like its looks. 우선, 그것의 겉모양이 마음에 들지 않는다.

〉'provide A with B' 이런 식으로 암기할 것인가?

'inform A of B A에게 B를 알리다'처럼, 이 또한 아무 생각 없이 'provide A with B A에게 B를 공급[제공]하다'하면서 암기할 일이 아닙니다. 문장의 의미구조를 파악해야겠습니다.

① He gave me the book.
   he는 나에게 그 책을 주었다.
 - 유형6: 주어+서술어+간목(me)+직목(the book)

② We provided the sufferers with food and water.
   우리는 이재민에게 음식과 물을 공급[제공]했다.
 - 유형5: 주어+서술어+목적어(the sufferers)+부사어(with food and water)
 - with food and water: 문법적으로는 부사어인 부사구
       의미상으로 '전치사를 수반하는 목적어'로 보면 좋음

give나 provide나 주는 것은 같은데, ②도 '간목+직목'으로 표현할 만한데, 왜 '목적어+부사어'로 표현할까요? 왜 with를 쓸까요?

[with의 핵심 의미는 '보유'고, of의 핵심 의미는 '소유'입니다.]

여러분

give와 달리, provide는 단순히 준다는 말이 아닙니다.

집중! 집중!

이재민은 음식과 물이 없거나 부족합니다. 필요하고, 그것을 요구합니다. "공급함"이란 '없거나 부족해', '필요와 요구로' 주는 것을 말합니다. 그럼 공급을 받으면? 네, 그렇습니다. 없거나 부족한 것을, 필요하고 요구한 것을 '보유하게[with]' 됩니다.

② We provided <u>the sufferers</u> <u>with food and water</u>.
  (= We provided food and water to[for] the sufferers.)
  – 보유의 with: The sufferers <u>with</u> food and water =
                'The sufferers <u>had</u> food and water.'

요컨대, ②는 '우리가 이재민에게 공급해 We provided the sufferers' '이재민이 음식과 물을 보유하게 했다 the sufferers with food and water' 는 말입니다.

'provide A with B'를 'A에게 B를 공급하다'로 의역하기 전에 'A에게 공급해 A가 B를 보유하게 하다 (A가 B와 함께 있게 하다)'라는 문장의 의미구조를 먼저 알아야겠습니다.

- They supplied <u>the rebels</u> <u>with arms</u>.
    그들은 반군들에게 무기를 공급했다. (= They supplied arms to the rebels.)
  – 그들이 제공해(supplied) 반군들이 무기를 보유하게(with) 했다는 말
    예 The lungs supply the body with oxygen.
       폐는 몸에 산소를 공급한다.
       He supplied the police with the names of those involved in the crime.
       he는 범죄에 연루된 사람들의 이름을 경찰에 제보했다.
       My secretary will furnish you with the rest of the details. [격식체]
       비서가 당신에게 나머지 세부 사항을 제공할 것입니다.
       The president presented me with a medal[a bunch of flowers].
       회장님은 나에게 메달[꽃다발]을 수여[증정]했다.
    ★ 수여동사로 오인하기 쉬운 타동사 ☞ ❸ p. 387

응용해 보겠습니다. 'do away with'는 'provide A with B'와 의미구조가 다릅니다. 아래 예문을 유심히 보십시오.

- Please <u>do away with that broken radio</u>.
    (보유한) 고장 난 저 라디오 좀 갖다 버리세요.
    - do away with [구동사]: …을 제거하다, 버리다
    - 보유의 상대어는 '처분 처리해 치움', 보유한 것을 처분
    - 유형4: 주어 + 서술어 + 목적어(with that broken radio)
        예 North Korea must do away with its nuclear weapons.
        북한은 (보유한) 핵무기를 폐기해야 한다.
        (핵무기는 사용[처분]하기 위해 보유하는 것)

보유의 상대어는 '처분'입니다. 무엇을 사용할 일이 있거나 무엇이 불필요해져 처분하려면, 무엇을 먼저 보유해야 합니다. 요컨대 위 예문은 '보유한[with]', '고장 난 저 라디오[that broken radio]'를 '처분하라[do away]'는 말입니다. 아래 예문도 마찬가지!

- Have you <u>dealt with the problem</u> yet?
    그 문제를 지금은 처리했습니까?
    예 I have done with the problem.
        그 문제를 처리했다. 〉 끝냈다.
    I think we can dispense with the formalities.
        격식은 처분해도 〉 생략해도 될 것 같습니다.
    - 처분은 제거와 다름 (보유 ↔ 처분 / 소유 ↔ 제거), 제거와 비교 ☞ p. 231
        예 The doctor cured him of his depression.
        의사는 그이가(him) 소유한(of) 우울증을(his depression) 〉 그이의 우울증을 치료했다.
    We must dispose of an unexploded bomb.
        우리는 불발탄을 제거해야 한다.
        (불발탄은 사용[처분]하기 위해 보유하는 것이 아님, 소유한 위험물로 제거의 대상)

■ 관계의 with

보유의 with, 나와 함께하거나 나에 수반하는 것은 그 자체로 나와 '엮여 있는' 것이고, 이런저런 의미로 '서로 관련이 있는' 것입니다. '관계'의 의미로 with가 쓰입니다. (관계: 둘 이상의 사람·사물·현상 등이 서로 관련을 맺거나 관련이 있음)

개념2 ■ 관계: X와 Y가 서로 관련이 있음

예문74는 관계의 with가 쓰인 문장입니다.

74-1] Betty is <u>friends</u> <u>with Mike</u>.
74-2] She's <u>a flight attendant</u> <u>with Jeju Air</u>.
74-3] I can do <u>nothing</u> <u>with the matter</u>.
74-4] I have <u>no concern</u> <u>with the matter</u>.

74-1] 베티는 마이크와 친구 사이다. [74-2] she는 제주항공에서 일하는 여승무원이다. [74-3] 그 일과 관련해 할 수 있는 것이 없어. [74-4] 그 일과 아무 관련이 없어.

74-1] **친구라는 말 자체가 관계를 의미, 친구라는 관계를 나타냅니다.**
　　예 We made good friends with each other. 우리는 서로 좋은 친구가 되었다.
　　　 They fell in love with each other. 그들은 서로 사랑에 빠졌다.
　　　 Are you acquainted[friendly] with Betty? 베티와 아는 사이니[친하니]?
　　　 I want to be on good terms with you. 너와 잘 지내고 싶어. (terms: 관계, 사이)
　　　 Don't keep company with such a man.
　　　　저런 사람하고 함께 있지 마라. 〉사귀지 마라. (company: 함께 있음)

He wanted to get in touch with his old friends.
he는 옛 친구들과 연락을 취하기를 원했다.

I can sympathize with those who have lost loved one.
연인을 잃은 사람의 (슬픈) 마음을 공감할 수 있다.

▷ of와 비교

예 What do you want with me?
(나와 관련해) 나에게 무슨 볼 일이 있니? 〉무슨 일로 나를 찾니?

What do you want of me?
(내게 속한 것에서) 나에게서 무엇을 원하니?

▷ to와 비교

예 He's friendly with us. he는 우리와 잘 지낸다. (with는 쌍방적)

He's friendly to us. he는 우리에게 친절하다. (to는 일방적)

74-2] 제주항공과 관계된 사람, 즉 제주항공에서 일하는 사람을 말합니다.

예 My husband has been with the company since 2002.
남편은 2002년부터 그 회사에서 일하고 있습니다.

I bank with ABC. ABC 은행과 거래한다.

The keys are with the office.
열쇠는 사무실과 관련 있다. 〉사무실에서 관리한다.

Korean trade with the United States
미국과 관계된 한국 무역 〉한국의 대미 무역

74-3] 예 I have nothing to do with the matter. 그 일과 전혀 관련이 없다.

I don't know what to do with it.
(그것과 관련해) 그것을 어떻게 해야 할지 모르겠다.

74-4] with가 관계를 의미하니, '관계·관련'이라는 말과 잘 어울립니다.

예 I'm not concerned with it. 그것과 관련이 없다. 〉내 알 바 아니다.

This chapter concerns itself with the historical background.
이 장은 역사적 배경과 관련이 있다. 〉역사적 배경을 다루고 있다.

The evidence relates with the fact. 그 증거는 사실과 관련이 있다. 〉부합한다.

Relations with neighbouring countries are under strain.
이웃 국가들과의 관계가 긴장 상태에 있다.

The railroad connects our town with the city.
철도는 우리 읍과 시를 관계 짓는다. 〉연결한다.

비교　둘을 관계 짓거나 관련지어 서로 비교할 수 있습니다.

74-5] Don't <u>compare</u> yourself <u>with</u> others.

74-5] 네 자신을 다른 사람과 비교하지 마라.
예 It's much easier compared with last time.
　지난번에 비해 이번이 훨씬 더 쉽다.
This drawing is comparable with a Monet.
　이 그림은 모네 그림과 비교할 만하다. 〉필적한다.
These glasses are identical with yours.
　이 안경은 네 안경과 (비교해) 동일하다.
This floor is level with the roof of that building.
　이 층은 높이가 저 건물의 지붕과 (비교해) 같다.

이유·원인

'인과 관계'라는 말이 있습니다. 결과는 결과를 초래한, 결과와 관련된 이유나 원인을 수반합니다.

74-6] He was faint <u>with cold and hunger</u>. [결과 – 이유·원인]
74-7] I've been very busy <u>with my own business</u>.

74-6] he는 추위와 굶주림으로 기진맥진했다. [74-7] 사업하느라 무척 바빴어요.

74-6] 예 My daughter was in bed with flu. 딸은 독감에 걸려 잠자리에 누워 있었다.
She blushed with embarrassment. she는 창피함에 얼굴을 붉혔다.
My legs were trembling with fear. 겁이 나서 다리가 떨렸다.
He was charged with stealing. he는 절도죄로 기소되었다.

She was at a loss with her money all stolen.
she는 돈을 전부 잃어버리고 어쩔 줄을 몰랐다.

With fall coming soon, you'll need to get your sweaters ready.
이제 곧 가을이 되니까 스웨터를 준비해 두어라.

> 대립 · 단절

관계에 좋은, 긍정적 관계만 있으라는 법은 없습니다. 안 좋은 부정적 관계도 있기 마련입니다.

74-8] Why do you <u>argue with</u> Mr. Kim?
74-9] He <u>broke up with</u> his wife last year.

74-8] 왜 김 선생님과 논쟁을 벌이니? [74-9] he는 작년에 아내와 결별했다.

74-8] 예 He's always fighting[quarrelling] with his brother. [대립 〉 충돌 〉 싸움]
　　　he는 맨날 동생과 싸움만[다투기만] 해. (그만 좀 싸웠으면 좋겠어.)

I'd been struggling with the problem for over an hour.
　한 시간도 넘게 그 문제와 씨름 중이야.

The ship collided with an iceberg and sank.
　그 배는 빙산과 충돌해 침몰했다.

His testimony conflicts with yours. [대립 〉 상충 〉 이견]
　그의 증언은 너의 증언과 상충된다.

He was out of step with my colleagues.
　he는 동료들과 생각이 달랐다.

74-9] 아내와의 '관계(with)'가 '깨졌다(broke up)'
　예 The guy seemed very unwilling to part with my daughter.
　　그 녀석은 내 딸과 정말 헤어지고 싶지 않는 것 같았다.

to break with tradition[the past] 전통과[과거와] 단절하기

〉 'tired of'와 'tired with', 어떻게 다를까?

아래는 형용사와 함께 '소유의 of'가 쓰인 문장입니다. X가 Y를 소유할 때의 상태를 나타내고 있습니다.

>   I have been bitten by a dog.
>   개에게 물린 적이 있다.

- **I am <u>afraid of</u> dogs.** [소유]
    개를 무서워한다.
    - of dogs: 심적 대상으로, 마음속에 갖고 있는 개
    - ① I am of dogs: dogs를 내재적으로 소유
        ② I am afraid: 무서워함
    - ①+②: 내재적으로 소유한 dogs를 무서워함

>   My job is so routine and boring.
>   내 일은 너무 일상적이고 지루하다.

- **I am <u>tired of</u> my job.**
    내 일에 싫증난다.
    - of my job: 심적 대상으로, 마음속에 갖고 있는 내 일
    - ① I am of my job: my job을 내재적으로 소유
        ② I am tired: 싫증남
    - ①+②: 내재적으로 소유한 my job에 싫증남

'X of Y'에서, 위 예문은 X가(I) Y를(dogs · my job) '내재적으로 소유함으로(of)' 형용사가(afraid · tired) 나타내는 상태에 있다는 말입니다. 이때의 상태는 '평상시 느끼는', '마음속에 담아 두고 있는' 감정 상태입니다. Y는 감정 상태의 원인입니다.

아래는 형용사와 함께 '보유의 with'가 쓰인 문장입니다. X가 Y를 보유할 때의 상태를 나타내고 있습니다.

- I am <u>happy with</u> the last result. [보유]
  최종 결과로 만족하고 있다.
  - ① I am with the last result: the last result를 보유 〉 얻음
    ② I am happy: (정신적으로) 만족함
  - ①+②: the last result를 얻음으로 만족함

- I am <u>tired with</u> a long walk.
  산책을 오래해 피곤하다.
  - ① I am with a long walk: a long walk를 보유 〉 겪음
    ② I am tired: (육체적으로) 피곤함
  - ①+②: a long walk를 겪음으로 피곤함

위 예문은 X가(I) Y를(the last result · a long walk) '보유함으로(with)' 형용사가(happy · tired) 나타내는 상태에 있다는 말입니다. 이때의 상태는 '특정한 일이나 사건'에 대한, '특정한 때'의 심신 상태입니다. Y는 심신 상태의 원인입니다.

아래는 '관계의 with'가 쓰인 문장입니다. X가(He) Y와(me) 관련해(with) 형용사가(angry) 나타내는 상태에 있다는 말입니다.

- He is <u>angry with</u> me. [관계]
  he는 나에게 화가 나 있다.
  - he가 나와 관련해 화가 나 있음

아래는 '형용사+with'가 쓰인 문장입니다.

- I'm <u>satisfied with</u> life in Jeju. [보유]

  제주 생활이 만족스럽다.

  예 Are you content with the quality of education there?

  그곳의 교육의 질에 만족하세요?

  I'm bored with my old car. 내 낡은 차가 지겨워요.

  I'm very pleased with my son's success. 아들이 성공해 무척 기쁘다.

  My wife was delighted with the gift. 아내는 선물을 받고 기뻐했다.

  I'm extremely disappointed with last month's profits.

  지난달 수익에 무척이나 실망했다.

  All the people's eyes were moist with tears.

  모든 사람들이 눈물을 글썽였다.

  − 소유의 of와 비교

  예 I'm dying of hunger!

  배고파 죽을 지경이에요! (내 안에 배고픔이 있음)

- Something is <u>wrong with</u> this computer. [관계]

  (컴퓨터와 관련해) 이 컴퓨터는 어딘가 이상하다.

  예 Be careful with this glass vase.

  (꽃병과 관련해) 이 유리 꽃병은 조심히 다루세요.

  Don't be rough with your puppy. 강아지에게 험하게 대하지 마라.

  He's very popular with the girls. he는 여자아이들한테 인기가 무척 많다.

  There's a problem with this approach. 이 접근법에는 문제가 있다.

  We got annoyed with each other. 우리는 서로에게 짜증이 났다.

  I was very disappointed with myself. 나 자신에게 몹시 실망했다.

  He was quite frank with me. he는 나에게 정말 솔직했다.

  It's all right with me. 나는 괜찮아.

> **생각 더하기**　　75. 서술식 구조

- He hit <u>me</u> <u>on the head</u>.

    he는 내 머리를 때렸다.
    - me: 때린 대상을 먼저 말함
    - on the head: 구체적으로 어디를 때렸는지 설명
    ★ 'He hit my head.'와 비교 ☞ ❸ p. 121

핵심 중에 핵심, 아무리 강조해도 지나치지 않은, 세뇌라도 시켜야 하는 말, 영어문장은 앞말을 뒷말이 설명해 나가는 '서술식 구조'입니다.

- They supplied <u>the rebels</u> <u>with arms</u>. [보유]

    그들은 반군들에게 무기를 제공했다.
    - the rebels: 제공한 대상을 먼저 말함
    - with arms: 구체적으로 반군들이 무엇을 보유하게 되었는지 설명

- He helped <u>me</u> <u>with my work</u>. [관계 > 관련]

    he는 내 일을 도와주었다.
    - me: 도움의 대상을 먼저 말함
    - with my work: 구체적으로 무엇을 도와주었는지 설명

- Would you connect <u>me</u> <u>with Mr. Kim</u>? [관련 > 연결]

    김 선생님 좀 연결해 주시겠습니까?
    - me: 연결 대상을 먼저 말함
    - with Mr. Kim: 구체적으로 누구와 연결해 달라는지 설명

주의! 'He helped my work.', 'Would you connect Mr. Kim?' 이렇게 말해도 알아듣기는 하겠지만, 영어답지 않은 표현입니다.

BY

■ **기준의 by**

'X by Y'에서, by는 '기준'을 의미합니다.

> 개념1 ■ 기준: Y는 X의 기준

기준, 기본이 되는 표준, 이를 극명하게 보여 주는 좋은 예가 도량형과 관련된 '단위'입니다. 단위는 수량을 수치로 나타낼 때 필요한 기준입니다. 기준의 by, 단위로 시작합니다.

예문75는 기준의 by가 쓰인 문장입니다.

단위   단위는 누구나 아는 사회적 기준입니다. '길이·무게·면적·부피' 등을 측정하는 단위에 by가 쓰입니다. 'by+단위'로 나타냅니다.

75-1] The store sells apples <u>by the pound</u>.
75-2] This room is 2 meters (wide) <u>by 3 meters</u> (long).
75-3] Please enter the room one <u>by one</u>.

75-1] 그 가게는 사과를 파운드로 판다. [75-2] 이 방은 가로 2미터에 세로 3미터다. [75-3] 방으로 차례차례 들어가 주세요.

75-1] '파운드라는 단위를 기준으로 〉 1파운드에 얼마로 〉 파운드로' 사과를 판다는 말입니다. 이러한 단위는 특정한 수량을 나타내므로 the가 쓰입니다.

> 예 Cloth is sold by the yard. 옷감은 야드로 판다.
> Gasoline is sold by the gallon. 휘발유는 갤런으로 판다.
> Eggs are sold by the dozen. 달걀은 다스로 판다.

하지만 '길이·무게·부피'는 특정한 수량을 나타내지 않으므로, the가 쓰이지 않습니다.

> 예 by weight[length/volume] 무게로[길이로/부피로]

▶ by+시간: 단위가 시간, 시간 단위, 사회적 약속으로 여겨지는 시간을 말합니다.

> 예 Do you get paid by the week or month?
> 주급을 받으세요, 월급을 받으세요?
> We rented the car by the day.
> 우리는 차를 하루 단위로 빌렸다.

75-2] 세로가 기준입니다. 즉 '가로 by 세로'입니다. 이렇게 일정 수량을 기준으로 다른 수량을 측정할 수 있습니다. 이 예문은 '3미터 기준으로 2미터' 즉 '가로 2미터에 세로 3미터'라는 말입니다. [2(가로)×3(세로): 가로, 세로의 순서로 말하고, 이때의 '곱하기(×)'는 by로 읽습니다.]

> 예 I want a plank of wood three feet by four feet.
> 가로 3피트에 세로 4피트의 나무 널빤지 한 장을 원해요. (3×4)

75-3] 하나를 기준으로 하나, '하나씩 〉 차례로' (= by one and one, by ones)

> 예 day by day 나날이 / year by year 해가 갈수록, 매년
> little by little 조금씩, 천천히 / bit by bit 야금야금, 시나브로
> one by one 하나하나 〉 하나씩 〉 차례로 / step by step 한 걸음씩 〉 점차
> drop by drop 한 방울씩 / side by side 나란히

▶ by+복수명사

> 예 by turns 차례로, 교대로, 번갈아
> by degrees 서서히, 점차
> by twos and threes 두 세 사람씩, 삼삼오오 (= in twos and threes)
> by ones and twos 하나 둘씩, 드문드문

단위는 '수량'을 나타내고, 수량은 '크기'나 정도'이기도 합니다. 'by + 수량 + 단위'로 차이의 크기나 정도를 나타냅니다.

75-4] You are taller than I <u>by two inches</u>.
75-5] We lost the game <u>by two points</u>.

75-4] 너는 나보다 2인치만큼 〉 2인치 크다. [75-5] 우리는 2점 차로 경기에 패했다.

75-4] 인치를 기준으로 2인치 크다.
> 예 He's my senior by two years. he는 2년 선배다.
> House prices went up by 20%. 집값이 20퍼센트 올랐다.
> The production of steel increased by 10%. 철 생산량이 10퍼센트 증가했다.
> We have to reduce the weight by half. 우리는 무게를 절반으로 줄여야 한다.
> I missed getting on the bus by ten minutes[a hair's breadth].
> 10분 차이로[털끝 차이로 〉 간발의 차이로] 버스를 놓쳐 버렸다.

75-5] 예 Our team won by two goals[a nose].
> 우리 팀은 두 골 차로[코 하나 차이로 〉 가까스로] 승리했다. (goal: 승패 단위)
> Our products are by far the best in quality.
> 우리 제품의 품질은 단연코 최고다. (by far: 훨씬, 단연코 - 비교급/최상급 강조)

준거 사회적 기준은 지키고 따라야 하는 '준거(遵據)'이기도 합니다. '법규'나 '규칙'이 좋은 예입니다.

75-6] <u>By law</u>, you're a child until you are eighteen.
75-7] You have to play the game <u>by the rule</u>.

75-6] 법에 따르면, 18세까지는 아이다. [75-7] 규칙을 기준으로 〉 규칙을 지키며 게임을 해야 한다.

75-6] 예 It's not easy to live by the principles. 원칙을 지키며 > 원칙대로 살기란 쉽지 않다.
You had to abide by the referee's decision. 심판의 결정에 승복해야 한다.
I swear by God that I'll speak the truth. 진실을 말할 것을 하느님께 맹세합니다.
Do your duty by a student. 학생의 본분을 다해라.
(이때의 학생은 학생으로서 '지켜야 하는' 의무를 뜻함)

근거 무언가를 판단할 때는 '의거(依據)'할, 판단의 근거가 되는 기준이 있기 마련입니다.

75-8] Don't judge (of) a man <u>by his looks</u>.
75-9] A man is known <u>by the company</u> he keeps.

75-8] 사람을 외모로 판단하지 마라. [75-9] 어울리는 친구를 보면 그 사람을 알 수 있다.

75-8] 외모를 기준으로 > 외모를 판단의 근거로 > 외모로
  예 I recognized him by his voice[white hair].
    목소리를[백발을] 기준으로 > 목소리를 듣고[백발을 보고] 그이를 알아보았다.
  I know that woman by sight, but not by name.
    그 여자를 얼굴로는 알지만, 이름으로는 모른다. > 안면은 있지만, 이름은 모른다.

75-9] 친구를 기준으로 > 친구를 판단의 근거로 > 친구를 보면
  예 He's German by birth[blood]. he는 (태생[혈통]을 기준으로) 독일 태생[혈통]이다.
  Hyenas are cruel by nature. 하이에나는 (본성을 기준으로) 본성이 잔인하다.
  I'm a writer by profession. 직업으로 말하자면, 나는 작가다.
  He's Hong Gildong by name. 이름으로 말할 것 같으면, he는 홍길동이다.
  By my watch, it's two o'clock. 내 시계로는 두 시다.
  It's going to rain today by the look of it.
    보아 하니 오늘 비가 올 것 같다.

옆에

- The telephone is <u>by the TV</u>.
    전화기는 TV를 기준으로 있다. 〉TV 옆에 있다.

한 사람이 '기준!' 하면, 다른 사람들은 앞뒤로 늘어서지 않고 '좌우로, 옆으로' 늘어섭니다. 이런 맥락에서, Y를 기준으로 X가 있다고 말하면, 사람은 X가 Y '옆에' 있는 것으로 인식합니다. 이것이 by를 '옆에'로 해석하는 이유입니다.

75-10] I sat <u>by the window</u>.

75-11] Please stand <u>by me</u>.

75-10] 창가에 앉았다. [75-11] 내 곁에 있어 줘. 〉 나를 지켜 줘. 〉 지지해 줘.

75-10] 예 Come and sit by me. 이리 와 내 옆에 앉아라.
I pass by the church on my way to work. 출근길에 교회 옆을 지나간다.
Cars have been left by the side of the road. 차들이 도로변에 놓여 있다.
He's fishing by the river now. he는 지금 강가에서 낚시하고 있다.
How did you come by those pretty clothes?
어떻게 그 예쁜 옷 옆에 가게 되었나요? 〉 어떻게 그 예쁜 옷을 구했나요?
Betty came by my house. 베티가 내 집 옆에 왔다. 〉 내 집에 잠깐 들렀다.
(come by = stop[drop/call] by)

75-11] 심리적인 옆에 〉 곁에

예 I'll be by you in time of need.
어려울 때 네 곁에 있겠다. 〉 지지하겠다. 〉 도와주겠다.
You should always have an English-English dictionary by you.
(영어 실력 향상을 위해) 네 곁에 늘 영영사전을 두어야 한다.

▶ next to: 위치상 바로 옆에, 바로 다음에, 매우 가까이
　　예 I sat next to my boss at dinner. 식사 때 사장님 바로 옆 자리에 앉았다.
　　Who's next? 다음 분 누구세요?

▶ put[lay/set] by: (옆에) 따로 두다[떼어 놓다], 저축[비축]하다 (이때의 by는 부사)
　　예 Let's put some money by for tomorrow. 내일을 위해 돈을 좀 모아 두자.

▶ by the way: [옆으로(by) 지금까지 오던 길(the way) 〉 옆길로 〉 다른 길로] 그런데
　　(화제를 바꿀 때 쓰는 접속어)

기한

• I'll come back here <u>by five</u>. 늦어도 5시까지는 돌아올게.

5시를 기준으로 말하면, 사람은 이를 5시 '옆에' 있는 시간, 즉 '5시가 되기 전'으로 받아들입니다. 위 예문은 늦어도 5시까지는 말한 시간을 넘기지 않고 그 전에 돌아온다는 말입니다. 이렇듯 시간의 by는 어떤 행위의 '기한'을 나타냅니다. ★ by vs. until ☞ ❷ p. 75

75-12] Can you finish the work <u>by tomorrow</u>?

　　75-12] 내일까지는 그 일을 마칠 수 있니?
　　　예 Be here by six o'clock. (늦지 말고) 6시까지는 와라.
　　　　By the time he get home, all the food will be gone.
　　　　　he가 집에 올 때까지는 〉 오기 전에 음식은 전부 없어질 거야.
　　　　He should be here by now. 지금쯤이면 he가 여기에 와 있어야 하는데.
　　　　by this day[time] next week 다음 주 오늘[이맘때]까지
　　　　by the end of the day[week] 오늘[금주 말]까지

■ 수동의 by

기준은 지켜야 하는 '표준'이기도 하고, 어기면 안 되는 '준거'이기도 합니다. 마음대로 할 수 없고, 의지와 상관없이 따라야 합니다. 즉 수동적입니다. '수동'의 의미로 by가 쓰입니다.

개념2 ■ 수동: X가 Y로 생기게 되거나 하게 됨

예문76은 수동의 by가 쓰인 문장입니다.

76-1] This picture was painted <u>by Picasso</u>.
76-2] <u>Who</u> was the window broken <u>by</u>?

76-1] 이 그림은 피카소가 그렸다. [76-2] 창문은 누가 깼니?

76-1] 대표적으로, 수동문에서 'by+행위자'로 쓰입니다. ☞ ❷ p. 332
  예 I was attacked by a dog. 개한테 공격을 받았다.
  He got caught by the police. he는 경찰에게 붙잡혔다.
  The boy was run over by a taxi. 아이가 택시에 치였다.
  He's better known by his nickname. he는 별명으로 더 알려져 있다.
  Jeju Island is surrounded by the sea. 제주도는 바다로 둘러 싸여 있다.
  The building was completely destroyed by fire. 건물은 화재로 전소되었다.
  It's a car accident caused by a drunk driver. 그것은 음주 운전자가 낸 교통사고다.
  He had a son by his first wife. he는 첫 아내가 낳은 아들 하나를 두고 있다.
  I was frightened by the noise. 그 소리에 겁먹었다.

76-2] 예 Do to others as you would be done by.
  대우받고 싶은 대로 타인을 대우하라.

수단 · 방법

 이를테면, 교통수단인 버스는 아무 데서나 타고 내릴 수 없습니다. 필요에 따라 이용할 뿐, 마음대로 사용할 수 없습니다. 이렇듯 수단은 수동적입니다. 수동적인 수단, '수단'의 의미로 by가 쓰입니다.

76-3] I go to school <u>by bus</u>.
76-4] It works <u>by electricity</u>.

76-3] 버스를 타고 학교를 다닌다. [76-4] 그것은 전기로 작동된다.

76-3] 버스와 같은 탈것이 교통수단을 뜻할 때는 추상명사입니다. 관사가 쓰이지 않습니다. 무관사입니다. (*NOT* by a bus)

  예 We travelled Europe by car[airplane/ship/land/sea/air].
  우리는 차로[비행기로/배로/육로로/해로로/공로로] 유럽을 여행했다.

  by letter[post/phone/telegram] 편지로[우편으로/전화로/전보로]

  형용사 수식으로 '구체적인[특정한]' 탈것이 되면 관사가 쓰입니다.
  예 He left for Busan by an early train[the 9 a.m. train].
  he는 새벽 기차로[오전 9시 기차로] 부산으로 떠났다.

76-4] 예 The house is heated by gas. 이 집은 가스로 난방을 한다.
  Are you paying in cash or by credit card?
  현금으로 지불하시겠어요, 신용카드로 지불하시겠어요?
   [by credit card: 신용카드라는 '지불 수단' (by cheque: 수표로)]
   (in cash: 지폐 또는 주화, 즉 현금이라는 '지불 형태〉지불 방식')

  sell by auction 경매하다 / learn by heart 암기하다
  He lost his health by drinking too much. [이유]
  he는 과음으로〉과음 때문에 건강을 잃었다.

  die by poison 독으로 죽다

도구가 그렇듯이, 수단 또한 목적을 이루기 위한 '방법'입니다.

주의! 칼과 같은 도구는 용도에 맞게 – 기능이나 목적에 맞게 – 마음대로 사용할 수 있습니다. '도구의 with'가 뜻하는 방법은 '능동적인' 방법입니다. (칼로 자르고 베고 찌르고 뚫고……. 칼은 마음대로 사용할 수 있습니다.) 반면에, '수단의 by'가 뜻하는 방법은 마음대로 사용할 수 없는 '수동적인' 방법입니다. '능동적이냐 수동적이냐', 이 점이 도구와 수단의 차이입니다.

76–5] The bat flies <u>by night</u>.
76–6] He held me <u>by the arm</u>.
76–7] The door seemed to open <u>by itself</u>.

76–5] 박쥐는 밤을 이용해 〉 밤에 난다. [76–6] he는 내 팔을 잡았다. [76–7] (손대지 않았는데) 문이 스스로 열린 것 같았다.

76–5] 박쥐든 사람이든 밤을 마음대로 어떻게 할 수 없습니다. 수동적으로 밤을 이용할 뿐입니다. (by night: 밤을 이용, 수단의 밤 / at night: 시간상의 밤)

> 예 The enemy attacked by night. 적은 밤을 이용해 〉 야음을 틈타 공격했다.
> I had to work by candlelight. 촛불을 이용해 〉 촛불을 켜 놓고 일을 해야 했다.
> The thief went in by the back door. 도둑은 뒷문을 이용해 〉 뒷문으로 들어갔다.
> She arrived in Paris by (way of) London.
>   she는 런던을 (런던 길을) 이용해 〉 런던을 경유해 파리에 도착했다.
> Switch it on by pressing this button. 이 버튼을 눌러 전원을 켜세요.
> Man shall not live by bread alone. 인간은 빵만으로 살 수 없다.
> 4 divided by 2 equals 2. 2를 이용해 4를 〉 4를 2로 나누면 〉 4 나누기 2는 2다.
> death by drowning[hanging] 익사[교수형]
>
> ▷ 도구의 with와 비교
>> 예 I'll pay with my credit card. [능동적인 방법]
>> (내 카드는 할인도 되고 적립도 되니까, 효용 가치가 더 있는) 내 카드로 지불할게.

76-6] he가 내 팔을 '이용해 〉 내 팔을 잡음으로' 나를 잡았다. (나를 잡은 방법이 내 팔을 잡음) ★ 'He held my hand.'와 비교 ☞ ❸ p. 121

  예 He caught[grabbed/seized] the dog by the tail.
   he는 개 꼬리를 잡았대[움켜잡았다/꽉 붙잡았다]. (꼬리를 잡아 개를 잡았다는 말)
  I pulled him by the sleeve and turned him around.
   소매를 잡아당겨 그이를 돌려세웠다.

76-7] ▶ by oneself: 홀로 (= alone), 혼자 힘으로, 단독으로, 스스로
  예 She lives (all) by herself. she는 혼자 산다.

▶ of itself: 자연히, 저절로 (= naturally, automatically)
  예 The wound healed of itself. 상처가 자연히 아물었다.

우연·운명

뜻하지 않게 우연히 일어나는 일만큼 수동적인 일이 또 있을까요? 사고를 내고 싶어 내는 사람도 없고, 실수를 하고 싶어 하는 사람도 없습니다. 사고도 실수도 모두 수동적입니다. 이미 정해져 있는 운명 또한, 운명에 맡긴다고 하니, 역시 수동적입니다.

76-8] I met Betty in the park <u>by accident</u>.
76-9] He lost his property <u>by bad luck</u>.

76-8] 우연히 공원에서 베티를 만났다. [76-9] he는 불행히도 그의 재산을 잃었다.

76-8] ▶ by accident: 우연히 (= by chance) / by mistake: 실수로
  예 I took your pen by mistake. 실수로 네 연필을 가져갔어.

76-9] 예 As time goes by, the incident will be forgotten.
  시간이 지남에 따라 〉 지날수록 〉 흐르면, 그 사고는 잊힐 것이다.
  (시간의 흐름은 인간이 거스를 수 없는 불가항력, 이 또한 수동적)

FOR

■ **미래의 for**

'X for Y'에서, for는 '미래'를 의미합니다.

> 개념1 ■ 미래: X가 Y를 향함, Y는 X의 미래

- He left <u>for Busan</u>.
  he는 부산을 향해 〉 부산으로 떠났다.

  Is this the train <u>for Busan</u>?
  이것이 부산으로 향하는 〉 (앞으로 떠날) 부산행 기차인가요?

부산을 향해 떠난 시점에서 보면, 부산 도착은 미래의 일입니다. 앞으로 떠날 부산행 기차도 마찬가지입니다. 이렇듯 for는 '미래성'을 지닙니다.

예문77은 미래의 for가 쓰인 문장입니다.

77-1] The fighter plane took off <u>for Washington</u>.
77-2] It's time we made <u>for home</u>.

77-1] 전투기는 워싱턴을 향해 이륙했다. 〉 워싱턴으로 출발했다. [77-2] 우리 이제 집으로 향할 〉 집에 갈 시간이다.

77-1] 예 He jumped out of the boat and swam for shore.
he는 보트에서 뛰어내려 해변을 향해 〉해변으로 헤엄쳤다.

The airplane was heading for the World Trade Center.
비행기는 세계무역센터를 향하고 있었다.

The oil tanker sailed for the Atlantic.
유조선은 대서양으로 출항했다.

77-2] for는 (어디를 떠나) 어디를 향해 '출발'하므로, 'leave · depart, start · make'와 같은 동사와 잘 어울립니다.

예 Betty started for Sydney a week ago.
베티는 일주일 전에 시드니로 떠났다.

The flight departs from Incheon for Sydney at 7:10 P.M.
그 항공편은 인천발 시드니행으로 저녁 7시 10분에 출발한다.

I think it's time we made for home.
집에 갈 때가 된 것 같다. (make for = head for)

▶ to는 (어디를 떠나) 어디에 '도착'하므로, 'go · come, get · return'과 같은 동사와 잘 어울립니다.

예 How do I get to the hotel from the airport? 공항에서 호텔로 어떻게 가나요?
Please return to your seat. 자리로 되돌아가 주세요.

목표 · 목적

우리에게 미래는 어떤 세계일까요? 바라건대, 성공과 행복을 향한 꿈과 희망의 세계가 아닐까요?

성공 · 행복을 비롯해, 건강 · 안녕, 부 · 명예, 자유 · 평화 등등 꿈꾸고 희망하는 것은 이루려는 – 성취하고 달성하려는 – '목표'입니다. 우리는 목표를 꿈꾸고 원하고 바라고 구합니다. 희망하고 열망하고 소원하고 추구합니다. '목적' 또한 다르지 않습니다.

목적은 '실현하려는 일'입니다. 실현을 위해 계획하고 준비하고 노력하고 행동합니다. 이렇듯 목표와 목적은 관련된 말이 모두 미래적입니다. 미래의 for와 잘 어울립니다.

77-3] Everyone <u>wishes for</u> happiness. [목표]
77-4] The citizens were <u>eager for</u> change.
77-5] He was <u>looking for</u> a job last week. [목적]
77-6] Are you <u>ready for</u> school?
77-7] <u>What</u> do you come here <u>for</u>?

77-3] 모든 이는 행복을 바란다. [77-4] 시민들은 변화를 갈망하고 있었다. [77-5] he는 지난주에 구직 중이었다. [77-6] 학교 갈 준비가 되었니? [77-7] 여기 뭐 하러 왔니? 〉 왜 온 거니?

77-3] 예 I hope for your success.
　　　　너의 성공을 〉 네가 성공하기를 바란다.

　　　He was hungering for something to change.
　　　　he는 무언가 바뀌기를 간절히 바랐다.

　　　After years of war, the people longed for a lasting peace.
　　　　수년간 전쟁을 치른 후라, 국민들은 지속적인 평화를 열망했다.

　　　He must study hard to make up for lost time.
　　　　he는 허비한 시간을 보충하기 위해 〉 메우려면 열심히 공부해야 한다.

　　　For more information, please call this number.
　　　　더 많은 정보를 얻으려면 〉 자세한 내용은 이 번호로 연락하세요.

77-4] ▶ 형용사+for
　　　예 They were zealous for freedom. 그들은 자유를 몹시 원했다.
　　　　We're hungry[thirsty] for knowledge. 우리는 지식을 갈구한다.
　　　　He was homesick for his won country. he는 조국을 그리워했다.
　　　　I was anxious for him to do as little as possible.
　　　　　나는 그이가 가능한 일을 적게 하기를 간절히 바랐다.

▶ 명사+for

예 a strong desire for power 강한 권력욕

a hunger for fame 명예욕

77-5] 예 Police searched for clues in the room.
경찰은 방에서 단서를 찾아보았다.

I'd like to apply for a visa. 비자를 신청하려고 합니다.

I cried[screamed] for help. 소리를[비명을] 질러 구조를 요청했다.

I'm here to ask for your help. 너에게 도움을 요청하러 온 거야.

I'll go out for a walk with my dog. 개를 데리고 산책하러 나갈 거야.

Let's go for a beer. 맥주 한 잔 하러 가자.

Are you waiting for the bus? 버스를 기다리고 있니?

I sent for a doctor. 의사를 부르러 (사람을) 보냈다.

I studied English hard for studying abroad.
유학을 위해 열심히 영어를 공부했다.

I came here for the purpose of winning the first prize.
우승을 목적으로 〉 우승하러 여기 왔다.

Are you learning English for pleasure or for your work?
영어를 재미로 배우세요, 일 때문에 배우세요?

I simply believe that killing animals for fun is wrong.
재미를 목적으로 〉 재미 삼아 〉 재미로 동물을 죽이는 건 정말 나쁜 일이라고 생각해.

77-6] 예 I'm prepared for all situations.
모든 상황에 준비하고 〉 대비하고 있다.

The whole class is working hard preparing for the exams.
학급 전체가 시험을 대비해 열심히 공부하고 있다.

I've saved a little money for a rainy day.
만일에 대비해 돈을 좀 모았다.

get ready for supper 저녁을 준비하다

make plans for retirement 은퇴 계획을 세우다

77-7] (what for = why)

예 What did you do that for?
무슨 목적으로 〉 무엇 때문에 〉 왜 그랬니? (= Why did you do that?)

용도·이익

사물은 의지가 없습니다. 의지를 가지고 목적을 실현할 수 없습니다. 의지의 주체가 아니라 대상이므로, 사물에 대한 사물의 목적은 '사물이 쓰이는 일', 즉 '용도'로 풀이됩니다.

77-8] This knife is <u>for cutting bread</u>. [용도]
77-9] You can use this empty can <u>for an ashtray</u>.

77-8] 이 칼은 목적이 〉 용도가 빵을 자르는 것이다. 〉 빵칼이다. [77-9] 이 빈 깡통을 재떨이로 쓰면 됩니다.

77-8] 예 This is an outfit for summer.
　　　　이것은 여름용 의상이다. 〉 여름옷이다.
　　We got a table for the dining room.
　　　　우리는 식당용 탁자를 〉 식당에서 쓸 탁자를 하나 들여 놓았다.
　　I need a new battery for the radio.
　　　　라디오용 건전지가 〉 라디오에 쓸 건전지가 한 개 필요하다.
　　I had a sandwich for lunch. 점심용으로 〉 점심으로 샌드위치를 먹었다.
　　I bought it for my own use. 그것을 개인용으로 〉 내가 쓰기 위해 샀다.
　　These are not for sale. 이것들은 판매용이 아니다. 〉 비매품이다.

77-9] 예 books for children 아동(용) 도서 / movies for adults 성인(용) 영화
　　suits for bathing 수영복 / equipment for the army 군용 장비
　　a reference book for the study of English 영어 참고서
　　a table for two 2인 탁자 / a house for rent 셋집

▷ 도구의 with, 수단의 by와 비교
　　예 Cut bread <u>with</u> this knife. [도구]
　　　　이 칼로 빵을 잘라라. (용도에 맞게 도구를 사용. 능동적)
　　I go to school <u>by</u> bus. [수단]
　　　　버스를 타고 학교를 다닌다. (필요에 따라 수단을 이용. 수동적)

사물의 목적은 용도지만, 임상실험이면 모를까, 사람이 용도로 쓰이는 일은 없습니다. 목적이 사람이면, 이는 사람을 위한다는 의미고, '이익'으로 풀이됩니다.

77-10] Happy birthday! This is <u>for you</u>. [이익]
77-11] I work <u>for the ABC</u>.

77-10] 생일 축하해요. 이건 당신을 위한 〉 당신에게 줄 생일선물이에요. [77-11] 저는 ABC의 이익을 위해 (반대급부로, 내 이익을 위해) 〉 ABC에서 일합니다.

77-10] 이때의 for를 지나치게 '위해'로 해석하는 경향이 있습니다.

예 I've got something[a present] for you. 너에게 줄 것[선물]이 있다.
I bought him a watch for his birthday. 그이에게 생일선물로 시계를 사주었다.
Someone left a message for you. 누군가 당신에게 메시지를 남겨 놓았어요.
Here's a letter for you. 당신 앞으로 편지 한 통이 왔어요.
Who is it for? 그것은 누구에게 줄 것인가요?
What can I do for you? 무엇을 도와 드릴까요?
Let me carry that bag for you. 가방을 들어 드리겠습니다.
Would you please make room for this old man?
　이 노인에게 자리를 만들어 〉 자리를 양보해 주시겠습니까?
Fortunately for us, the weather changed.
　우리에게는 다행스럽게도, 날씨가 바뀌었다. (fortunately = luckily)
Candy is not good for your teeth. 사탕은 치아에 좋지 않다.
an English course for foreign students 외국인 유학생을 위한 영어 강좌
government of the people, by the people, for the people
　국민의, 국민에 의한, 국민을 위한 정부

77-11] 예 I did voluntary work for the Red Cross yesterday.
　어제 적십자에서 자원봉사를 했다.
She's a violinist for the orchestra.
　she는 오케스트라의 바이올린 연주자다.

선호 · 찬성

누구나 목적으로 삼는 것은 '좋아하거나 하고 싶은 일'일 것입니다. 응당, '선호하는 일'이 목적의 대상일 것입니다.

77-12] He had a great <u>liking for</u> fast cars.
77-13] My <u>preference</u> is <u>for</u> hybrid cars.

77-12] he는 빠른 차를 아주 좋아했다. [77-13] 내가 선호하는 차는 하이브리드다.

77-12] 예 He had a strong dislike for slow cars.
he는 느린 차를 매우 싫어했다.

'선호한다'는 '긍정적으로 생각한다'는 의미로 풀이할 수 있고 긍정적 생각은 '찬성'이나 '지지'의 의미로 확장됩니다.

77-14] <u>Are</u> you <u>for the project</u> or against it?
77-15] I <u>voted for</u> the candidate.

77-14] 계획에 찬성하세요, 반대하세요? [77-15] 그 후보자에게 투표했다.

77-14] 예 I'm all for it. 그것에 전적으로 찬성입니다.

77-15] 예 About 60% of the Democrats voted for. ...
민주당원의 약 60%는 찬성했고, ...
He provided strong evidence for the hypothesis.
he는 가설을 지지하는 확실한 증거를 제시했다.

- **상응의 for**

- He studied hard <u>for failing the exam</u>(?)
  <small>he는 시험에 불합격하기 위해 〉 불합격하려고 열심히 공부했다.
  (studied hard: 열공 / failing the exam: 불합격)</small>
  - 열공의 목적이 불합격? 의미상, 열공은 불합격과 상응하지 않음

열공의 목적이 불합격? 불합격을 향해, 불합격을 위해, 시험에 떨어지려고 열공하는 사람이 있을까요? 의미상, 불합격은 열공과 어울리는 말이 아닙니다. 상응하지 않습니다.

개념2 ■ 상응: X와 Y가 서로 응하거나 어울림

목적을 이루기 위한 노력에 합당하고, 이익을 얻을 만한 일이 목적입니다. 아래 예문과 같이, 상식적으로 말입니다.

- He studied hard <u>for passing the exam</u>.
  <small>he는 시험에 합격하려고 열심히 공부했다.
  (studied hard: 열공 / passing the exam: 목적)</small>
  - 열공은 합격과 상응함

열공이 향한 일은, 열공의 목적은 합격입니다. 합격은 열공과 대응되고 조응되는, 서로 어울리는 말입니다. 즉 상응하는 말입니다. '상응'의 의미로 for가 쓰입니다. [상응(相應): 서로 응하거나 어울림]

예문78은 상응의 for가 쓰인 문장입니다.

78-1] An eye₁ <u>for an eye₂</u>, a tooth₁ <u>for a tooth₂</u>!
78-2] Animals make noises. <u>For example</u>, dogs bark cats meow, and rats squeak.
78-3] This is a check <u>for $100</u>.

78-1] 눈2에는 눈1, 이2에는 이1! [78-2] 동물은 소리를 낸다. 예를 들어, 개는 짖고, 고양이는 야옹하고, 쥐는 찍찍거린다. [78-3] 이것은 100달러 수표입니다.

78-1] 해(eye2)를 입은 만큼 앙갚음(eye1)한다는 말로, 이때의 앙갚음은 해를 입은 만큼의, 해에 상응하는 앙갚음입니다.

> 예 Don't translate the sentence word for word.
> 문장을 한 글자 한 글자 상응되게 〉 직역하지 마라.
>
> You have no feeling for the sufferings of others.
> 너는 다른 사람들의 고통에 대해 (상응하는) 동정심이 조금도 없다.
>
> to give blow for blow 주먹[타격/공격]에 주먹[타격/공격]으로 갚기

78-2] 예를 들 때는 마땅히, 선행 내용에 상응하는 예를 들기 마련입니다. 그래야 예입니다. (= for instance)

> 예 For instance, we use "for example" instead of "e. g."
> 예를 들어, "e.g." 대신에 "for example"를 사용한다.
> (e.g.: 라틴어 'exempli gratia'의 약어, 'for example'로 읽음)

78-3] 100달러에 상응하는 수표, 즉 100달러 수표

> 예 These apples are $5 for 3. 이 사과는 3개에 5달러입니다.
> ($5 for 3 = 3 for $5)
>
> money for goods 상품 대금
> (상품에 상응하는 〉 상품 가치에 합당한 대금)

| 교환 |

서로 다른 물건인데, 물건과 물건을 서로 바꿉니다. 물물교환을 합니다. 이것이 가능한 이유는 두 물건의 가치가 상응하기 때문입니다. 물물교환처럼, X와 Y의 가치가 상응하면 교환할 수 있습니다. '교환'의 의미로 for가 쓰입니다.

78-4] I changed a dollar bill <u>for ten dimes</u>.
78-5] I bought this dress <u>for fifty dollars</u>.

78-4] 1달러 지폐를 10센트 동전 열 개로 바꿨다. [78-5] 이 옷을 50달러에 샀다.

78-4] 1달러 지폐를 '1달러 지폐에 상응하는' 10센트 동전 10개와 바꿨다는 말입니다. 1달러 지폐와 10센트 동전 10개가 교환되었습니다.

    예) May I exchanged this ball-point pen for another kind.
        이 볼펜을 다른 종류로 바꿀 수 있을까요?

    I'll swap these two cans for those three bottles.
        이 캔 두 개를 저 병 세 개와 바꿀게요.

78-5] 이 옷을 '이 옷의 가치에 상응하는' 50달러에 샀다는 말입니다. 이 옷과 50달러가 교환되었습니다.

    예) I paid $80 for the camera.
        그 카메라에 80달러를 치렀다.

    He gave me his camera for my CD player.
        he는 내 CD 플레이어에 상응하는 자기 카메라를 나에게 주었다. 〉
        자기 카메라를 내 CD 플레이어와 교환했다.

    I exchanged my used car for a new one.
        내 중고차를 새 차와 교환했다.

대가

이를테면, 죄를 지으면 지은 만큼 벌을 받습니다. 죄와 벌이 교환되듯, 죄에 상응하는 벌이라는 대가를 치릅니다. 이렇듯 대가에도 상응의 개념이 들어 있습니다. 대가는 X와 Y의 의미관계에 따라 '보상·보답, 처벌·비난' 등의 의미로 확장됩니다.

78-6] You get five points <u>for each correct answer</u>. [보상]
78-7] I praised my son <u>for his courage</u>.
78-8] I don't want money <u>for it</u>.
78-9] Thank you <u>for your letter</u>. [보답]

78-6] 한 문제를 맞힐 때마다 5점을 얻습니다. [78-7] 아들의 용기에 아들을 칭찬했다. [78-8] 그 일에 돈을 원하지 않는다. [78-9] 편지를 보내 주셔서 감사합니다.

78-6] 정답에 상응하는 '대가로 〉보상으로' 5점을 얻는다.
  예 He's always trying to get something for nothing.
   he는 항상 대가 없이 〉거저 얻으려고 해. (좀 안 그랬으면) (for nothing[free] 무료로)
  She was rewarded for her efforts with a cash bonus.
   she는 노력에 대한 보상으로 현금 보너스를 받았다.

78-8] 예 How much do you want for your car?
   차의 대가로 〉차 값으로 얼마를 원하세요?
  What do you want for your birthday[the information]?
   생일[정보]의 대가로 〉생일 선물로[정보로] 무엇을 원하세요?
  How long does it take for a steak?
   (주문할 때) 스테이크는 (먹기 위한 대가로 시간이) 얼마나 걸립니까?

78-9] 편지에 상응하는 '대가로 〉보답으로' 감사하다.
  예 I'm very grateful for your hospitality during my stay here.
   여기 머무는 동안 환대해 주셔서 정말 감사합니다. (= I owe you for your hospitality ...)

78-10] I wanted to punish him <u>for deceiving me</u>. [처벌]
78-11] I don't blame you <u>for doing that</u>. [비난]
78-12] I'm sorry <u>for what I did</u>. [사과]

78-10] 나를 속여 그이를 처벌하고 싶었다. [78-11] 그렇게 했다고 너를 비난하지 않는다. [78-12] 내가 한 일을 사과합니다.

78-10] X를 결과로 보면, 나를 속인 '대가로 〉 이유로', 이렇게 Y는 결과에 상응하는 이유가 됩니다.

예 My teacher scolded me for being late.
지각해서 선생님께서 나를 꾸짖으셨다. (지각한 대가로 〉 이유로)

He was punished[arrested/imprisoned] for receiving bribes.
he는 뇌물 수수로 처벌을 받았다[체포되었다/투옥되었다]. (뇌물 수수 대가로 〉 이유로)

You have to be responsible for the result.
당신은 결과에 대해 책임져야 한다. (결과의 대가로 〉 이유로)

78-12] 내가 한 일의 '대가로 〉 이유로' 사과한다.

예 He apologized to me for his rudeness. he는 나에게 무례한 점을 사과했다.
I've tried to forgive him for what he said. he가 한 말을 용서하려고 했다.
I'm sorry for you. (너에 대한 어떤 이유로) 미안하다.

▶ 결과에 상응하는 이유·원인

예 I couldn't see the mountain peak for the thick fog.
짙은 안개로 산봉우리가 보이지 않았다. (결과: 안 보임 / 이유: 짙은 안개)

He was fined for drunk driving. he는 음주운전으로 벌금이 과해졌다.

You'll feel all the better for a good sleep. 푹 자면 기분이 훨씬 좋아질 거야.

He jumped for joy. he는 기뻐서 펄쩍 뛰었다.

England is famous for its rain. 영국은 비로 유명하다.

Jagalchi Market is well known for its seafood.
자갈치 시장은 해산물로 잘 알려져 있다. (be well known = be famed)

for this reason 이런 이유로 / for several reasons 몇몇 이유로

시공간: 거리·기간

어떤 일을 하거나 어떤 일이 일어남에 불가항력적으로, 반드시 치러야 하는 대가가 있습니다. 바로, '시공간'입니다. for가 '(계속된 공간인) 거리'와 '(지속된 시간인) 기간'을 나타냅니다.

78-13] We walked (for) two miles.
78-14] I'll stay here for a while[for a week].

78-13] 우리는 2마일을 걸었다. [78-14] 여기서 잠시[한 주 동안] 머무를 것이다.

78-13] 동사가 계속된 행동을 나타내면, for는 대개 생략됩니다.
   예 The forest stretches (for) a long way. 숲은 멀리까지 펼쳐져 있다.
   For miles and miles there was nothing but sand. 몇 마일을 가도 모래뿐이었다.

78-14] 예 I'll go away for two[a few] days. 이틀간[며칠간] 자리를 비울 거야.
   That's all the news there is for now. 당분간은 그것이 뉴스의 전부다.
   I've lived here for life[the past five years]. 평생[지난 5년간] 여기서 살았다.

for가 시간의 흐름에 따른 횟수나 순서도 나타냅니다.
   예 My daughter put on lipstick for the first time in her life.
   우리 딸은 태어나서 처음으로 립스틱을 발랐다.

대신·간주

'X for Y'에서, X의 '의미·가치, 역할·모습' 등이 Y의 그것과 상응하면, X가 Y를 대신할 수 있습니다. 대신함을 대등한 관계로 인식하면, X를 Y로 간주할 수 있습니다. (잘못 간주하면 '오인')

78-15] He <u>acted for</u> his father. [대신]

78-16] USA <u>stands for</u> United States of America.

78-17] I <u>took</u> Betty <u>for</u> an American. [간주 〉 오인]

78-15] he는 아버지 역할을 했다. [78-16] USA는 미합중국을 대신한다. 〉 나타낸다. 〉 미합중국의 약자다. [78-17] 베티가 미국사람인 줄 알았다.

78-15] 예 Say hello to Betty for me. 베티에게 (나 대신) 안부 전해 줘.

I spoke[wrote] for my bother. 동생 대신 말했다[썼다]. 〉 대변했다[대필했다].

I looked after the baby for its mother. 아기 엄마를 대신해 아기를 돌봤다.

He acted for the chairman in the meeting. he는 미팅에서 의장을 대리했다.

I used a table for a desk. 책상 대신 탁자를 〉 탁자를 책상으로 사용했다.

He was named Mike for his grandfather.
　　he는 조부의 이름을 대신해 〉 조부의 이름을 따서 마이크라고 지었다.

Nothing can compensate for the loss of a loved one.
　　사랑하는 사람을 잃은 것은 그 무엇으로도 대신할 수 없다.

It's too beautiful for words.
　　그것은 말로 대신하기에 〉 말로 표현할 수 없을 정도로 너무나 아름답다.

78-16] 예 What does TGIF stand for? TGIF는 무엇의 약자죠?

What's the French word for "happiness"? 행복이 프랑스어로 무엇인가요?

He's the senator for this district. 이 지역을 대신하는 〉 대표하는 〉 상원 의원이다.

Red is for danger. 빨간색은 위험을 대신한다. 〉 나타낸다.

78-17] 미국사람으로 '간주[생각]했다 〉 오인[착각]했다.'

I know it for a fact. 그것을 사실로 간주한다. 〉 알고 있다.

Do you take me for a fool? 나를 바보로 간주하는 〉 바보로 아는 건가요?

I don't know for sure, but I think so.
　　확실한 것으로 간주할 수 없지만 〉 확실하지는 않지만, 그렇게 생각해.

They gave up the old man for dead[lost].
　　그들은 노인을 사망자로[실종자로] 간주하고 〉 여기고 포기했다.

Soldiers take it for granted that they should obey orders.
　　군인은 명령에 복종하는 것을 당연한 것으로 생각한다.

| 적합 |

상응하는 일은 '서로 어울리는 일'입니다. 그 사람과 그 일이 서로 어울린다는 말은 그 사람이 그 일에, 그 일이 그 사람에게 '적합하다'는 말입니다.

78-18] Rock music is not <u>for me</u>.
78-19] He's the ideal person <u>for the position</u>.
78-20] My daughter has a gift <u>for painting</u>.

78-18] 록뮤직은 내게 적합하지 않다. 〉 내 취향이 아니다. [78-19] he는 그 지위에 가장 적합한 사람이다. 〉 적임자다. [78-20] 딸은 그림에 적합한 재능이 〉 소질이 있다.

78-18] 예 This dress is just right for you. 이 옷은 너에게 딱 맞다.
　　　　The weather is perfect for a picnic. 날씨가 소풍 가기에 안성맞춤이다.
　　　　It's not for me to say that. 그것을 그렇게 말하기에는 나에게 적절치 않다.
　　　　It's time for lunch. 점심에 적합한 시간이다. 〉 점심시간이다.
　　　　The room is not big enough for a double bed.
　　　　　그 방은 크기가 더블침대에 적합하지 않다. 〉 더블침대를 놓기에 넉넉지 않다.
　　　　So much for today. 오늘은 여기까지.
　　　　　(수업이 끝날 때, 오늘 수업은 이 정도면 적합, 수업 끝!)
　　　　Miss Korea for 2017 2017년도 미스코리아

78-19] 예 She would be best for the job. she는 그 일에 가장 적합할 〉 알맞을 것이다.
　　　　The work is not suitable for me. 그 일은 내게 적합하지 〉 맞지 않는다.

78-20] 예 She has no ear for music. she는 음악을 전혀 모른다. (음악에 적합한 귀)
　　　　He had a head for science. he는 과학에 재능이 있었다. (과학에 적합한 머리)
　　　　a taste for jazz 재즈에 대한 감각 / an eye for beauty 심미안

〉 'at ten dollars'와 'for ten dollars', 어떻게 다를까?

X와 Y가 상응합니다. 다시 말해, X는 Y에 상응하고, Y는 X에 상응합니다. 이렇듯 상응은 서로를 상대합니다. 요컨대, X와 Y는 서로 비교되거나 맞서는 관계, 즉 '상대적인' 관계에 있습니다.

[그 사람은 그 일에 적합합니다. 그렇다고 다른 사람도 그 일에 적합할까요? 사람에 따라, 일에 따라 다릅니다. '상대적'입니다. (백만 원이 누구에게는 큰돈이고, 누구에게는 작은 돈입니다. 똑같은 금액인데, 이렇게 상대적입니다.)]

- He bought the shirt <u>at ten dollars</u>.
    he는 그 셔츠를 10달러에 샀다.
  - at ten dollars: 이때의 10달러는 비교되지 않는 '절대적인 가격', '정가'
    예 The clothing store sells the shirt at ten dollars.
    그 옷가게는 그 셔츠를 10달러에 판다.
    It's at ten dollars. 그것은 (정가가) 10달러야.

위 예문은 셔츠 가격이 '10달러'라고, 단지 셔츠 가격을 말한 것뿐입니다. 하지만 아래 예문의 '5달러'는 단순히 셔츠 가격만을 말하지 않습니다.

- I bought the shirt <u>for five dollars</u> on sale.
    그 셔츠를 세일 중에 5달러에 샀다.
  - he는 그 셔츠를 10달러에 샀는데, 나는 세일 중이라 5달러에 삼
  - for five dollars: 이때의 5달러는 10달러와 비교되는 '상대적인 가격', '할인가'
    예 The clothing store was selling the shirt for five dollars during the sale.
    그 옷가게는 세일 기간 동안 그 셔츠를 (10달러짜리를) 5달러에 팔고 있었다.
    It's on sale for five dollars. 그것은 할인해서 5달러야.

FOR

아래 예문을 비교해 보십시오.

- We're having a BBQ party <u>at eight</u>.

    8시에 바비큐 파티가 있습니다.
    - 단지 바비큐 파티가 열리는 시간을 말한 것 뿐
    - at eight: 절대적인, 정확한 시간

- I've invited Betty to the party <u>for eight</u>.

    베티를 8시 파티로 〉파티에 초대했다. (다른 시간에도 파티가 있다는 말로 들림)
    - 이를테면, 파티가 5시에 1부가 있고, 8시에 2부가 있는 상황에서
        누구는 1부에 초대하고, 누구는 2부에 초대하면, 즉 상대적이면 for를 씀
        (2부에는 바비큐 파티도 열리고, 베티가 가장 친한 친구고 해서, 8시로 초대했다. 또는 베티가 6시에 아르바이트가 끝나. 5시와 8시 중, 8시로 초대했다.)
    - for nine: 상대적인, 적합한 〉알맞은 시간
    - 시간의 at, 요일·날짜의 on을 쓰는 경우와 다름
        예 Mike was invited <u>for</u> five o'clock. 마이크는 5시로 초대받았다.
        I have an appointment with the doctor <u>for</u> Monday afternoon.
            월요일 오후로 진료를 예약했다. (월요일 오후가 상대적으로 적합한 요일과 시간)
        The wedding has been fixed <u>for</u> May 5th. 결혼식은 5월 5일로 정해졌다.
            (여러 날 중에 상대적으로, 결혼식에 적합한 날로 정해졌다는 말)
        My father is coming <u>for</u> Christmas. 아빠는 크리스마스에는 돌아올 거야.
            (이를테면, 추수감사절에는 돌아오지 못해도, 크리스마스에는 돌아올 것이라는 말)

- Sugar is sold <u>by the pound</u>.

    설탕은 파운드로 판다.
    - 파운드라는 단위를 기준으로 설탕을 판매
    - by the pound: 비교되지 않는 절대적인 기준

- The cookies are five <u>for a dollar</u>.

    쿠키는 1달러당 〉1달러에 다섯 개다. (five for a dollar = a dollar for five)
    - 쿠키 다섯 개의 가치와 1달러의 가치가 상응
    - for a dollar: 쿠키 다섯 개와 비교되는 상대적인 기준

상대적인 비율·대비　수량의 차이가 있는 X와 Y를 상대적으로 맞대어 비교합니다. X와 Y의 상대적인 비율이나 대비를 for로 나타냅니다.

78-21] There was one Korean passenger <u>for every five American.</u> [비율]

78-22] She looks young <u>for her age.</u> [대비]

78-21] 승객은 미국인 다섯 명에 (상대적으로) 한국인 한 명이 있었다. [78-22] she는 나이에 비해 (상대적으로) 어려 보인다.

78-21] 예 For every five who passed, there were three who failed.
　　　　합격자 다섯 명에 불합격자 세 명의 비율이었다.

For one tank that we have, the enemy have twenty.
우리가 보유하고 있는 탱크 한 대당 적은 스무 대를 보유하고 있다.

I'll deduct 10 points for every mistake you make.
하나를 틀릴 때마다 10점을 감점합니다.

The fee is only ten dollars for each course.
수업료는 과목당 겨우 10달러다.

78-22] 예 My son is too small for a boy of ten.
　　　　아들은 열 살짜리 아이에 비해 너무 작다.

For an American, he speaks Korean well.
he는 미국인치고 한국어를 잘한다.

It's quite warm for December. 날씨가 12월치고는 꽤 따듯하다.

Man for man, we were better than the team.
한 사람씩 비교하면, 우리가 그 팀보다 낫다.

The ant, for its size, is the world's strongest creature.
개미는 크기에 비해 세상에서 힘이 가장 센 생물이다.

▷ by와 비교

　예 Don't judge a book by its cover.
　　책을 표지로 판단하지 마라.

상대적인 평가·판단   평가·판단은 '주관적'이고, 주관적이라 또한 '상대적'입니다. for와 잘 어울립니다.

78-23] It was a shock <u>for him</u>.
78-24] He's too old <u>for such a work</u>.
78-25] It's difficult <u>for me</u> to solve it.
78-26] English is not easy <u>for Koreans</u> to learn.
78-27] <u>For my part</u>, I don't care who wins.

78-23] (다른 사람에게는 어떨지 몰라도, 상대적으로) 그에게는 그것이 충격적인 일이었다. [78-24] he는 (다른 일은 몰라도) 그런 일을 하기에는 나이가 너무 많다. [78-25] 그것을 해결하는 것이 (다른 사람에게는 쉬울지 몰라도) 나에게는 어렵다. [78-26] 영어는 한국 사람이 배우기에 쉽지 않다. [78-27] 나로서는 누가 이기든 상관없다.

78-23] 예 It's a little too expensive for me.
(다른 사람에게는 쌀지 몰라도, 상대적으로) 나한테는 그것이 좀 비싸요.

78-24] 예 I'm all right for money. (다른 걱정은 있어도) 돈 걱정은 없다.
It's too bad to smoke for your health. 당신 건강에는 흡연이 정말 나쁘다.

78-25] 이때의 for가 '부정사의 의미상의 주어[for+(대)명사]'에 쓰인 for입니다.
예 It was intolerable for me to fight with them.
그들과 싸우는 것이 나에게는 견딜 수 없는 일이었다.
★ 부정사의 의미상의 주어 ☞ ❷ p. 265

78-26] 예 The work is not easy for you to do. 그 일은 내가 하기에는 쉽지 않다.
This bag is too heavy for me to carry. 이 가방은 내가 들기에는 너무 무겁다.
★ 'too ... to ~' 구문 ☞ ❷ p. 313

78-27] 예 As for me, I wouldn't do that work.
나라면 그런 일을 하지 않을 것이다.
Fortunately for us, the weather changed.
우리에게는 다행히도, 날씨가 바뀌었다.

TO

■ **부착의 to**

'X to Y'에서, to는 '부착'을 의미합니다.

개념1 ■ 부착: X가 Y로 가서 붙음 (X가 이동해 Y에 붙음)

- He left for Busan. he는 부산으로 떠났다.
  - 부산을 향해 떠났을 뿐 도착했는지는, 지금 부산에 있는지는 알 수 없음
  - 부산은 목적지 (도착은 미래의 일)
  - Y는 X의 (미래적인) '목표·목적'

- He went to Busan. he는 부산에 갔다.
  - 부산으로 가서 붙음 〉 부산에 도착함 〉 지금 부산에 있음
    예 Turn to the right. 오른편에 붙어. 〉 우회전해.
    There are mountains to the north.
    북쪽에 붙은 〉 북쪽으로 뻗어 있는 〉 북쪽에 산이 있다.
    It's on the way to the station. 그것은 역에 붙은 〉 역으로 가는 길에 있다.
    All roads lead to Rome. 모든 길은 로마로 붙는다. 〉 통한다.
    Did you get an invitation to the wedding?
    그 결혼식에 (붙은) 초대를 받았니?
    I'm looking forward to seeing you soon.
    조만간 뵙기를 고대하고 있습니다. (고대가 뵙기에 붙음)
  - 부산은 도착지, 즉 Y는 X의 '결과'
    예 I came home to dinner.
    집에 왔고, 저녁에 붙었다. 〉 집에 와서 저녁을 먹었다. (실제로 저녁을 먹음)
  - for와 비교
    예 I came home for dinner. [목적]
    저녁을 먹으러 집에 왔다. (실제로 저녁을 먹었는지는 모름)

예문79는 부착의 to가 쓰인 문장입니다.

79-1] <u>Attach</u> it firmly <u>to</u> the floor.
79-2] A chewing gum was <u>stuck to</u> my shoe.

79-1] 그것을 바닥에 단단히 붙여라. 〉고정시켜라. [79-2] 껌이 신발에 달라붙었다.

79-1/2] to가 부착을 의미하니, 무엇보다 '붙(이)다, 달래[들러]붙다'라는 뜻의 동사와 – 'attach · stick, adhere · cling'과 같은 동사와 – 잘 어울립니다.

예 Please attach a recent photograph to your application form.
최근에 찍은 사진을 지원서에 붙이세요.

My wet clothes were sticking to my body. [접착]
젖은 옷이 몸에 달라붙어 있었다.

That glue doesn't adhere to the wall.
저 접착제는 벽에 잘 들러붙지 않는다.

Seaweed clung to the rocks. 해초가 바위에 달라붙었다.

He slept with his back to the wall. [밀착]
he는 벽에 등을 대고 잤다.

고집   '붙음'은 '떨어지지 않음', 즉 '버팀 · 지킴'으로 달리 말할 수 있습니다. '고집 · 고수'의 의미로 풀이됩니다.

79-3] There is no need to <u>stick to</u> a diet.
79-4] The referee <u>adhered</u> strictly <u>to</u> the rule.

79-3] 다이어트를 고집할 〉계속할 필요는 없어요. [79-4] 심판은 엄격히 규칙을 고수했다. 〉충실히 지켰다.

79–3/4] 예 She clung to the hope that her baby would be cured.
she는 아기가 치유될 것이라는 희망에 붙었다. 〉 희망을 놓지 않았다.
Just stick to the plan. 계획을 고수해. 〉 계획대로 해.
He adheres to teaching methods he learned 20 years ago.
he는 20년 전 자신이 배운 교수법을 고수한다.
stick[cling] to old ideas 묵은 사상을 고수하다
I do not cling to life. 삶에 집착하지 않는다.

집중 정신을 사람에 사물에 일에, 어느 한곳에 붙일 수 있습니다. 정신을 부착, '집중'의 의미로 풀이됩니다.

79–5] **Listen to me!**
79–6] Please pay **attention to** what I am saying.

79–5] 내 말 좀 들어 봐. [79–6] 제 말에 주목해 주십시오.

79–5] 예 He listened carefully to my story.
he는 내 이야기에 주의 깊게 귀를 기울였다.

79–6] 집중은 신경을 쓰거나 주의하는 일이기도 합니다.
예 Don't worry. I'll see to it. 걱정 마. 내가 (신경 써서) 볼게 〉 처리할게.
Customers want companies that are attentive to their needs.
고객이 필요로 하는 것에 신경을 쓰는 회사를 고객은 원한다.
We must look to our defences. 우리는 방어에 주의를 기울여야 한다.
He's very sensitive to criticism. he는 비판에 아주 민감하다.
Students should devote their best efforts to their studies. [열중 〉 전념]
학생은 공부에 최선의 노력을 쏟아야 한다. 〉 전념해야 한다.
He's addicted to drinking. [중독] he는 술에 중독되었다.

귀속 X가 Y로 가서 붙되, '특정 주체'에 붙을 수 있습니다. '(특정 주체에 속하거나 딸리는) 귀속'의 의미로 풀이됩니다. [이때의 to가 '…에(게)'로 해석되는 경우인데, 단순히 방향을 말하는 것이 아닙니다.]

79-7] I wrote a letter <u>to Betty</u>.
79-8] It was a shock <u>to him</u>.
79-9] Dokdo Island belongs <u>to Korea</u>.

79-7] 베티에게 편지를 썼다. [79-8] 그것은 그이에게 충격이었다. [79-9] 독도는 한국에 속한다.

79-7] Betty는 편지를 받은 주체입니다.
> 예) I want to speak to you. 너에게 할 이야기가 있다.
> No blame attaches to you. 너에게 아무런 책임이 없다.

79-8] him은 충격을 받은 주체로, 그이가 충격을 받았다는 말입니다.
> 예) He was unkind to me.
> he는 나에게 불친절하게 대했다. (내가 불친절함을 받았다는 말)

▷ for와 비교
> 예) It was a shock for him.
> (다른 사람에게는 어떨지 몰라도, 상대적으로) 그이에게는 그것이 충격적인 일이었다.
> (충격을 받았다는 말이 아니라, 일의 성격이 충격적인 일이었다는 말)
>
> He was unkind for me.
> he가 (누구에게는 친절했는데, 상대적으로) 나에게는 불친절했다.

79-9] Y가 주체라, X가 Y에 속하거나 딸리기도 합니다.
> 예) Who does this scarf belong to?
> 이 스카프는 누구에게 속한 거죠? 〉 누구 거죠?
>
> You have no right to the land.
> 당신은 토지에 딸린 〉 토지에 대한 아무런 권한이 없다.

귀착　X를 다른 곳으로, 이곳[Y1]에서 저곳[Y2]으로, 붙일 수 있습니다. '귀착'의 의미로 확장됩니다.

79-10] I'd like to <u>attribute</u> this glory <u>to</u> God.
79-11] The meeting will be <u>postponed to</u> May 2nd.

79-10] 이 영광을 하느님께 돌리고 싶습니다. [79-11] 회의는 5월 2일로 연기될 것입니다.

79-10] 예 It's all thanks to you. 모두 여러분 덕분입니다.
　　　　He ascribed his failure to bad luck. he는 실패를 불운 탓으로 돌렸다.
　　　　go from bad to worse 더욱더 악화되다 / rise to fame 유명해지다

부가·결합　X가 Y에 붙음으로 '부가'되거나 '결합'합니다.

79-12] Would you like to <u>add</u> some sugar <u>to</u> your coffee?
79-13] She got <u>married to</u> a Canadian.

79-12] 커피에 설탕을 좀 넣어 드릴까요? [79-13] she는 캐나다인과 결혼했다.

79-12] 부가 > 첨가
　　　　In addition to English, he speaks German. he는 영어뿐 아니라 독일어도 한다.
　　　　two to the third power 2의 3 제곱

79-13] 결혼이나 약혼은 두 사람의 결합입니다. (with를 쓰면 안 됩니다.)
　　　▶ get/be married[engaged] to+사람: ···와 결혼[약혼]하다
　　　　예 How could I be engaged to a married man?
　　　　　　내가 어떻게 유부남과 약혼할 수 있니?

일치 · 부합

X가 Y에 붙어 결합합니다. 결합하되, 서로 어긋나지 않고, 꼭 들어맞을 수 있습니다. 결합은 '일치', '부합'의 의미로 확장됩니다.

[부합(符合): 사물이나 현상이 서로 꼭 들어맞음]

79-14] I <u>agree to</u> your plan. [일치]
79-15] This picture is true <u>to life</u>.
79-16] People were dancing together <u>to the music</u>. [부합]
79-17] The dog came <u>to my whistle</u>.
79-18] This beer is <u>to my taste</u>.
79-19] Here's a key <u>to the front door</u>.

79-14] 당신 계획에 동의합니다. [79-15] 이 그림은 실물과 꼭 같다. [79-16] 사람들은 다 같이 음악에 맞춰 춤추고 있었다. [79-17] 그 개는 내 휘파람 소리에 달려왔다. [79-18] 이 맥주는 내 입맛에 맞는다. [79-19] 현관 열쇠 여기 있어요.

79-14] 일치 〉 동의[찬성] 〉 승인[승낙] ★ agree with와 비교 ☞ p. 252

  예) My boss assented to my request to work from home.
      사장님은 재택근무를 하자는 내 요청을 승인하셨다.
  Many local people object to the building of the new airport.
      [일치의 반대, 불일치] 많은 지역 주민들이 새 공항 건설을 반대한다.

79-16] 춤이 음악과 결합해 〉 일치해 〉 부합해 〉 음악에 맞춰 춤을 춤

  예) It's really fun to sing to the guitar.
      기타에 맞춰 노래를 부르는 것은 정말 재미있다.
  I woke up to the sound of an alarm. 알람 소리에 (맞춰) 눈을 떴다.
  The soldiers marched to the playing of the band.
      병사들은 악대 연주에 맞춰 행진했다.

79-17] 개가 내 휘파람 소리에 부합해 〉 맞춰 달려옴

예 This sports car is made to order.
이 스포츠카는 주문에 맞춰 제작된다. 〉 주문 생산된다.
According to the weather center, ... 기상청에 맞춰 〉 따르면, ...

79-18] 내 입맛에 부합하는 〉 내 입맛에 맞는 맥주

예 I sweetened my cereal with a little honey to my liking.
내 입맛에 맞게 시리얼에 꿀을 좀 넣어 달게 만들었다.
a job to my liking 내 적성에 맞는 일

79-19] 현관 (자물쇠)에 부합하는 〉 들어맞는 열쇠

예 Do you know the answer to question 10?
10번 문제에 들어맞는 〉 10번 문제의 정답을 아니? (문제에 부합하는 정답)
His successful business testified to his ability.
성공적인 그의 사업은 그의 능력을 증명했다. (능력에 부합하는 성공)
Crying is natural to a baby. 울음은 아기에게 당연한 것이다. (아기에 부합하는 울음)
Water is essential to life. 물은 생명에 필수적이다. (생명에 부합하는 물)
the solution to the problem 문제의 해결책 (문제에 부합하는 해결책)
an adviser to the President 대통령 고문 (대통령직에 부합하는 고문)

어떤 상황에 부합한다는 말은 곧 어떤 상황과 잘 맞는다는 뜻이고, 나아가 어떤 상황에 적응해 그만큼 익숙하다는 뜻입니다.

79-20] Emperor penguins are <u>used to</u> very cold weather.
79-21] The girl soon became <u>accustomed to</u> hard work.

79-20] 황제 펭귄은 혹한에 익숙하다. [79-21] 소녀는 곧 고된 일에 익숙해졌다.

79-20] 예 Your eyes will adjust to the dark soon. 눈이 곧 어둠에 익숙해질 거야.
The voice was very familiar to me. 그 목소리는 내게 아주 친숙했다.
★ be used to ☞ ❷ p. 158

TO

결속 · 구속

'붙음'은 달리 말해, '떨어지지 않음'입니다. 즉 '결속'의 의미로 풀이됩니다. 남의 의지나 힘에 의해 결속되면, '떨어지지 못함' 즉 '구속'의 의미로 풀이됩니다.

79-22] <u>Hold</u> tight <u>to</u> the handrail. [결속]
79-23] He'll be <u>sentenced to</u> life in prison. [구속]

79-22] 난간을 꼭 잡아라. [79-23] he는 종신형에 처해질 것이다.

79-22] 예 I fastened my bike to the pole. 자전거를 기둥에 묶었다. (기둥에 결속함)
  The sled dogs are all tied to one rope. 썰매 개들은 모두 한 밧줄에 묶여 있다.

79-23] 예 I want to work but I'm tied to the house with the two baby.
  일하고 싶지만 두 아기 때문에 집에 매여 있다. (집에 구속됨)
  The Roman Empire subjected most of Europe to its rule.
  로마 제국은 유럽 국가 대부분을 지배하에 두었다.
  The dog is loyal to its master.
  그 개는 주인에게 충성스럽다.

제한 · 범위 · 한도

'규제에 붙음 〉 규제에 묶임 〉 규제로 제한됨' 이렇게 볼 수 있습니다. 제한은 '한계'가 있는 것이고, 한계는 '범위'가 있는 것입니다. 범위가 분량이나 수준에 적용되면 '한도'가 됩니다. 이렇듯 '붙음'은 '제한', '범위', '한도'의 의미로 확장됩니다.

79-24] This course is limited <u>to 12 people</u>. [제한]
79-25] In Daegu, the temperature has risen <u>to 39℃</u>. [범위]
79-26] Draw a line <u>to the halves</u>. [한도: 한정된 정도]

79-24] 이 강좌는 12명으로 제한되었다. 〉정원이 12명이다. [79-25] 대구의 기온이 39도까지 올랐다. [79-26] 절반까지 〉절반으로 금을 그어라.

79-24] 12명에 붙음 〉12명에 묶임 〉12명으로 제한 〉12명까지

   예 Families are limited to four free tickets each.
      무료 티켓은 가족 당 네 장으로 제한되어 있습니다.
      The speed is restricted to 60 kilometers an hour.
      속도는 시속 60킬로로 제한되어 있다.
      Would you confine your remarks to the fact?
      사실로 제한해 〉사실에 한정해 발언해 주시겠어요?

79-25] 예 No Parking from 9 AM[Sunrise] to 5 PM[Sunset]
      오전 9시[일출]부터 오후 5시[일몰]까지 주차 금지
      The bill came to $100. 청구액이 100달러가 되었다.
      I got wet to the skin. 비에 (피부까지) 흠뻑 젖었다.
      I did it to the best of my ability. 최선을 다해 그것을 했다.
      The building was burnt to the ground.
      건물은 땅바닥까지 탔다. 〉전소됐다.
      The soldiers fought to the last man.
      군인들은 최후의 한 사람까지 싸웠다. 〉전멸했다.

79-26] 예 To the best of my knowledge, it's impossible.
      내가 알고 있는 한도에서는 〉내가 아는 바로는 그것은 불가능하다.
      He never eats to excess.
      he는 과도하게 먹지 않는다. 〉과식하지 않는다.
      We enjoyed the beautiful sight to the full.
      우리는 아름다운 경치를 최대한도로 〉마음껏 즐겼다. 〉만끽했다.
      I ate to my heart's content at the hotel buffet yesterday.
      어제 호텔 뷔페에서 실컷 먹었다.

결과

제한은 '한계'가 있는 것이고, 한계는 '다다른 거기까지'입니다. 더는 갈 곳이 없습니다. 이는 과정을 거쳐 결말에 이른 '귀결'을 의미하고, '결과'의 의미로 해석됩니다.

79-27] He was frozen to death.
79-28] I sang the baby to sleep.
79-29] The window was broken to pieces.
79-30] To my surprise, my grandmother remembered it.

79-27] he는 얼어 죽었다. [79-28] 자장가를 불러 아기를 재웠다. [79-29] 유리창이 깨져 산산조각이 났다. [79-30] 놀랍게도, 할머니는 그것을 기억했다.

79-27] 'X to Y'에서, X의 결과로 'Y가 되었거나 Y를 했다'는 말입니다.

예 The fox was starved[burnt] to death.
그 여우는 굶어[불타] 죽음에 이르렀다. 〉(결과적으로) 죽었다.

My son grew to 5 feet. 아들은 키가 자라 5피트가 되었다.

He confessed to the murder. he는 살인을 (시인 안 하다가 결국) 시인했다.

I did my best, but to no purpose. 최선을 다했지만 소용이 없었다.

His gambling debts brought him to ruin.
노름빚이 그를 파멸에 이르게 했다. 〉파멸시켰다.

At last the economy of the country came to a crisis.
마침내 나라 경제가 위기에 처하게 되었다.

79-30] 부사적으로, 결과를 먼저 말하고 있습니다.

예 To his cost, he decided not to gamble at cards.
he는 대가를 치르고 나서야 카드 도박을 않기로 다짐했다.

To my joy[sorrow/regret/disappointment], ...
기쁘게도[슬프게도/유감스럽게도/실망스럽게도], ...

생각 더하기 76. It's five to ten.

- It's five (minutes) **to ten** (o'clock).
  (지금 시각은) 10시 5분 전이다.

위 예문은 분침이 '10시에 붙기까지', 즉 '10시가 되기까지 5분 남았다[걸린다]'는 말입니다. 이와 같은 맥락으로 어떤 때가 시작되기 전을 to로 나타냅니다.

- How long is it **to lunch**?
  점심시간에 붙기까지 〉점심시간이 되기까지 〉점심시간까지 얼마나 남았나요?

- It's only two weeks **to Christmas**.
  크리스마스까지 2주밖에 안 남았다.

응용해 보겠습니다.

- It's two miles **to the airport**.
  공항에 붙기까지는 〉 공항까지는 2마일 거리다.
  예 It's a long way yet to Busan.
  부산까지는 아직 갈 길이 멀다.
  Do you live close to the subway station?
  지하철역에서 가까운 데 사세요?
  I live close to work.
  회사에서 가까운 곳에 삽니다.

- It's hard to get near **to the man**.
  그 남자에게 가까이 붙는 것은 〉 가까워지는 것은 〉 접근하는 것은 힘들다.
  예 My father is close to a decision.
  아버지께서 곧 결정에 붙으실 〉 결정을 내리실 겁니다.

■ 비교의 to

'붙음의 to', X와 Y의 의미관계에 따라, X를 Y에 '붙여' 볼 수 있습니다. 붙여 봄은 (길고 짧은 것을 대보듯) '대보는' 것이고, 대봄은 '견주어 보는' 것입니다. 요컨대, X를 Y와 견줌으로, X를 Y와 비교합니다. '비교'의 의미로 to가 쓰입니다.

개념2 ■ 비교: X를 Y에 붙임 〉 대봄 〉 견줌 〉 비교

어원이 '라틴어'인, 아래 형용사는 (than이 아닌) to를 써서 비교합니다.

senior 손위의 (= older)	**junior** 손아래의 (= younger)
superior 우수한 (= better)	**inferior** 열등한 (= worse)
major 많은, 큰 (= more)	**minor** 적은, 작은 (= less)
interior 내부의 (= inner)	**exterior** 외부의 (= outer)
anterior 앞에 (= earlier)	**posterior** 뒤에 (= later)
prior 전에 (= before)	

주의! 'senior to'와 같은 말은 '비교급'이라는 문법이 아닙니다. 비교를 나타내는 표현입니다.

예문80은 비교의 to가 쓰인 문장입니다.

80-1] He's <u>senior</u> <u>to</u> me.
80-2] I <u>prefer</u> this shirt <u>to</u> that one.
80-3] He's <u>second</u> <u>to</u> none in this field.

80-1] he는 나보다 선배다. [80-2] 이 셔츠가 저 셔츠보다 더 좋다. [80-3] he는 이 분야에서 누구에게도 뒤지지 않는다. 〉 최고다.

80-1] he를 나에게 '붙임 〉 대봄 〉 견줌 〉 비교' - he와 비교하면, he가 나보다 학년[나이/직위/계급] 등이 높은 윗사람이라는 말입니다.

   예 My husband is junior to me by three years.
      남편은 나보다 세 살 연하다.

   Your computer is far superior to mine.
   네 컴퓨터가 내 컴퓨터보다 훨씬 좋다.

   Home education is major to school education.
   가정교육이 학교 교육보다 더 중요하다.

   posterior to the year 1970 1970년 이후에
   prior to the beginning 시작하기 전에

80-2] prefer: '더 좋아하다, 선호하다'라는 뜻의 동사 (= like better)

   예 He much prefers jazz to rock music. he는 록보다 재즈를 훨씬 더 좋아한다.
   He preferred business to law. he는 법조계보다 사업을 선호했다.

80-3] ▶ second to none: (1등과 비교해 2등인데 아무도 없음 〉 비교할 대상이 없는 2등 〉 나를 2등으로 만들 자가 없음) 누구에게도 뒤지지 않는, 둘째가라면 서러운, 타의 추종을 불허하는

   예 As a computer programmer he's second to none.
      he는 컴퓨터 프로그래머로서 둘째가라면 서러운 사람이다.

   The pineapple is second to the banana in popularity.
   파인애플은 인기 면에서 (바나나에 비해) 바나나 다음이다.
   (바나나가 1등이면, 파인애플은 2등)

   second to one[two/all] 한[두/모든] 사람 다음 〉 2등[3등/꼴등]

대비・비율   비교하되, X와 Y의 차이를 말하기 위해, '서로 맞대어' 비교합니다. '대비(對比)・비율'의 의미로 확장됩니다.

80-4] We won by three <u>to two</u> in the final game. [대비]
80-5] My work is nothing <u>to what you've done</u>.
80-6] The line AB is at a right angle <u>to CD</u>.
80-7] This car runs 30 miles <u>to the gallon</u>. [비율]

80-4] 우리는 (축구) 결승전에서 3 대 2로 이겼다. [80-5] 당신이 한 일에 비하면 내가 한 일은 아무것도 아니다. [80-6] 선분 AB는 선분 CD와 (대비해) 직각이다. [80-7] 이 차는 갤런당 30마일을 간다.

80-4] 두 골 '대비(to)' 세 골로, '3 : 2'로 이겼다.

예 We won the game with the score of 3 to 2.
우리는 3 대 2의 점수로 게임을 이겼다.

The bill was passed by 75 votes to 25.
법안은 75표 대 25표로 통과되었다.

80-5] 예 I'm very well now to what I used to be. 예전에 비해 지금은 매우 건강하다.
How is it compared to last year? 그것은 작년에 비해 어때요?

80-6] 예 The road runs parallel to the river. 도로는 (강 대비) 강과 평행으로 뻗어 있다.
(= The road and the river are parallel to each other. 도로와 강은 서로 평행하다.)

The room is very long in proportion to its width.
그 방은 폭에 비해 길이가 아주 길다.

face to face 얼굴을 맞대고, 대면하고 / back to back 등을 맞대고 〉 번갈아

80-7] Y에 대한 X의 비율을 수량으로 말하고 있습니다.

예 There are 2.54 centimeters to an inch. 1인치는 2.54센티미터다.

The exchange rate stays around 1,100 won to the dollar.
환율이 1달러에 1,100원 근처에서 유지되고 있다.

★ 상대적인 비율・대비의 for와 비교 ☞ p. 295

유사·비유 비교하다 보면, 때로는 X가 Y와 '유사'할 수 있습니다. 또한, X를 Y와 유사하게 '비유적으로' 말할 수 있습니다.

80-8] His ideas were quite <u>similar to</u> mine. [유사]
80-9] Betty bears a strong <u>likeness to</u> her father.

80-8] 그이의 생각은 내 생각과 상당히 비슷했다. [80-9] 베티는 아빠를 아주 많이 닮았다.

80-8] 예 His own background was rather similar to my own.
그이의 배경은 내 배경과 꽤나 유사했다.

80-9] 예 These myths have a startling likeness to one another.
이 신화들은 놀라우리만큼 서로 비슷하다.

80-10] Books are often <u>compared to</u> friends. [비유]
80-11] A <u>is to</u> B <u>as</u> C <u>is to</u> D.

80-10] 책은 흔히 친구에 비유된다. [80-11] A와 B의 관계는 C와 D의 관계와 같다.

80-10] 예 We often liken life to a journey.
사람들은 흔히 인생을 여행에 비유한다.
(수동문: Life is often likened to a journey. 인생은 흔히 여행에 비유된다.)

We often assimilate a camel to a ship.
사람들은 흔히 낙타를 배에 비유한다.

80-11] 예 Reading is to the mind what (= as) exercise is to the body.
독서와 마음의 관계는 운동과 신체의 관계와 같다.

The desert is to a sea as the camel is to a ship.
사막이 바다면 낙타는 배다.

| 생각 더하기 | 77. 부정사와 to |

to의 핵심 의미는 '부착'입니다. 다시 말해, X가 Y로 가서 '붙음'입니다.

- He went to Busan.
  he는 부산에 갔다.
  - 부산으로 가서 붙음 〉 부산에 도착함 〉 지금 부산에 있음

중요한 사실은 to가 명사 앞뿐 아니라, 동사 앞에도 쓰인다는 것입니다. 그것이 '부정사'입니다. 전치사의 to나 부정사의 to나 개념은 같습니다.

- I want to travel abroad next year. [부정사]
  내년에 해외여행을 가고 싶다.
  - to travel: to + 동사원형

'want to travel abroad' - 원하는 마음이 해외여행에 붙어 있습니다. 붙어 있으니, '해외 여행을 가고 싶다'로 해석됩니다.

부정사의 형태는 'to + 동사원형'이고, 동사원형은 '행위 자체'를 뜻합니다. 즉 '붙음 + 행위'입니다. 행위에 붙음은 곧 '행위를 하겠다'는 뜻입니다. '의지'로 풀이됩니다.

★ 부정사의 개념 ☞ ❷ p. 258

ON ↔ OFF

■ 접촉의 on

'X on Y'에서, on은 '접촉'을 의미합니다.

개념1 ■ 접촉: X가 Y에 붙어 있음 (붙어 있는 상태)

주의! to는 '이동해 붙음'이고, on은 '붙어 있음'입니다.

주의! to는 X가 Y에 붙고 나면, 붙는 것으로 끝납니다. 붙은 것이 떨어지는 반대 경우가 상정되어 있지 않습니다. 이와 달리 on은 X가 Y에 붙어 있고 떨어지는 반대 경우가 상정되어 있습니다. 그것이 'X off Y'입니다. 즉, off는 on의 반대어입니다. (to의 부착은 떨어지지 않게 붙인다는 느낌이고, on의 접촉은 붙어 있지만 떨어지기도 한다는 느낌입니다.)

다시 한 번, 전치사와 부사를 구별해야겠습니다.

- She wears a ring <u>on</u> her third finger. [전치사]
    she는 약지에 반지를 끼고 있다.
    − 전치사 바로 뒤에 명사어(her third finger)가 있으면 전치사

- Put your jacket <u>on</u>. [부사]
    재킷을 입어라.
    − 전치사 바로 뒤에 명사어가 없으면 부사
        예 Put the kettle on. 주전자를 (불 위에 〉 불에) 올려.

예문81은 접촉의 on이 쓰인 문장입니다.

> 장소의 on

81-1] There is a picture <u>on the wall</u>. [접촉]
81-2] Many apples are hanging <u>on the tree</u>. [연결]
81-3] The house is <u>on the river</u>. [인접]

81-1] 벽에 그림이 걸려 있다. [81-2] 나무에 많은 사과가 달려 있다. [81-3] 그 집은 강에 인접해 있다. 〉 강가에 있다.

주의! on을 '위에'로만 해석하는 경향이 있습니다. 붙어 있되, 붙어 있는 위치가 위면 '위에'로, 아래면 '아래에'로, 옆이면 '옆에'로 해석합니다. 그런데 (위치가 중요하지 않아) '…에(서)'로 주로 해석됩니다. * on the ceiling 천장 아래에 〉 천장에

81-1] on은 위치보다 '붙어 있음'이 중요합니다. 2차원으로 인식되는 '표면에 접촉한 상태'를 나타냅니다. (단순히 위치를 나타내는 전치사가 아닙니다.)

예 Put it down on the table. 그것을 식탁 위에 〉 식탁에 내려놔.
My wife was sleeping on the sofa. 아내는 소파에서 자고 있었다.
A boat was floating on the river. 보트가 강 위를 〉 강을 떠다니고 있었다.
Get on the ground right now. 당장 바닥에 붙어 있어. 〉 엎드려.
I met Betty on the street. 길거리에서 베티를 만났다.
The old man has a scar on his face. 그 노인은 얼굴에 흉터가 있다.
There's a lot of snow on the street. 길 위에 〉 길에 많은 눈이 내렸다.
There's a store on Fifth Avenue. 5번가에 상점이 있다.
There are a great many islands on the Pacific. 태평양에는 아주 많은 섬이 있다.
There live countless creatures on the earth's surface.
  지구 표면에는 〉 지구에는 셀 수 없이 많은 생명체가 산다.

On my mother's face was a happy smile.
엄마의 얼굴에 행복한 미소를 띠었다.

How did you get this lipstick stain on your shirt?
당신 와이셔츠에 묻어 있는 이 립스틱 자국은 어떻게 생긴 거죠?

He was walking around with his son on his shoulders.
he는 아들을 목말을 태우고 걸어 다니고 있었다.
(a soldier on horseback 말 등에 올라 탄 병사)

Tell me what's on your mind. 마음에 붙어 있는 > 담아 둔 것을 말해.

I wrote my name on the list of applicants. 지원자 리스트에 내 이름을 올렸다.

You'll find the answer on page 99. 정답은 99 페이지에 있습니다.

He hit me on the head. he는 내 머리를 때렸다.

▶ head-on 정면으로: '접촉 > 충돌'

예 The truck crashed head-on with an SUV in thick fog.
트럭은 짙은 안개 속에서 SUV 차량과 정면충돌했다. (head-on: 정면으로)

81-2] 매달려 있는, '연결된, 이어진' 경우에도 on을 씁니다.

예 There's a chandelier on the ceiling. 천장에 샹들리에가 매달려 있다.

Dogs must be kept on a lead in the park. 공원에선 개를 줄에 묶고 다녀야 한다.

The key is hanging on a string by the door.
열쇠는 문 옆에 끈에 묶여 매달려 있다.

81-3] 지리적으로 '인접한' 경우에도 on을 씁니다. (이 예문은 물 위에 있는 집 '수상 가옥'을 뜻할 수도 있습니다.)

예 The old man lives in a small village on the frontier.
그 노인은 국경에 인접한 > 국경 지역에 있는 작은 마을에 산다.

The church is located on the other side of the river.
그 교회는 강 건너편에 위치해 있다.

Take the first turning on the left and you'll see the school on your right.
첫 번째 모퉁이에서 왼쪽으로 돌면 오른쪽으로 그 학교가 보일 겁니다.

어떤 상황에 '근접한' 경우에도 on을 씁니다.

예 My aunt is close on sixty. 우리 고모는 거의 예순이 다 되셨다.

Ella was on the brink of crying. 엘라는 울기 직전이었다.

시간의 on

월요일은 일주일 중에 하루입니다. 생일과 한글날과 입학식은 365일 중에 하루입니다. '특정한 한 점'에 붙어 있는 on, 시간에 적용하면, 하루에 해당하는 '특정한 요일·날짜'에 on이 쓰입니다.

81-4] I'll see you <u>on Monday</u>.
81-5] Ella was born <u>on July (the) fifth</u>, 2017.
81-6] The bus leaves for Busan <u>on the hour</u>.

81-4] 월요일에 만나자. [81-5] 엘라는 2017년 7월 5일에 태어났다. [81-6] 부산행 버스는 매시 정각에 출발한다.

- 81-4] 예 What should I do on my birthday? 내 생일날 뭐하지?
  (생일이나 기념일과 같은 '달력에 동그라미를 치는 날'에는 on을 쓸 수 있음)
  What do you do on Christmas Eve? 크리스마스이브에 무엇을 하나요?
  [on Mondays 월요일마다 (= every Monday)]

- 81-5] 예 ㉠ July 5th 2017 (월일년) / ㉡ 5th July 2017 (일월년)

  특정한 날짜의 아침에도 on이 쓰입니다.
  예 on the morning of July 5th 7월 5일 아침에 (*NOT* in the morning of ...)
  [단, 형용사의 수식을 받으면 in이 쓰임 (in the <u>early</u> morning 새벽에)]
  ▷ in과 비교
  예 in July 7월에, in 2017 2017년에, in July 2017 2017년 7월에
  (월·년은 특정한 하루에 해당하지 않음. '기간·시기'을 뜻하므로 in이 쓰임)

- 81-6] '(틀림없는 바로 그 시각) 정각'을 뜻할 때도 on이 쓰입니다.
  예 There's a bus on the hour[on the half-hour].
  매시 정각에[30분에] 버스가 있다. (버스 출발이 정각에 붙어 있음. 정각마다 출발)
  on time[schedule] 시간을 어기지 않고, 시간에 맞추어, 정각에 (= punctually)

착용

옷을 입거나, 신발을 신거나, 반지를 끼거나, 신체와 접촉되는 경우면 모두 on이 쓰입니다.

81-7] Can I <u>try on</u> this jacket?
81-8] <u>Put on</u> your shoes. [구동사]
81-9] <u>Put</u> your shoes <u>on</u>.

81-7] 이 재킷을 한번 입어 봐도 되나요? [81-8/9] 네 신발을 신어라.

81-7] 예 The soldier buckled on his armor and helmet. 병사는 갑옷을 입고 투구를 썼다.
She helped me on with my coat. she는 나에게 코트를 입혀 주었다.

81-8] '네 신발'이 강조되는 표현입니다.
예 Hang your coat up on the hook. 외투를 (의자에 걸지 말고) 옷걸이에 걸어라.

81-9] '신어라'가 강조되는 표현입니다. (이때의 on은 부사)
예 Is the cloth on? 식탁보는 (식탁에) 덮여 있니?
I put a record on. 레코드판을 (턴테이블에) 올려놓았다.
She didn't have her glasses on. she는 (얼굴에) 안경을 쓰고 있지 않았다.
The little boy had nothing on. 꼬마는 (몸에) 아무 것도 걸치고 있지 않았다.
Can you sew this button on for me? (옷에) 이 단추 좀 달아 줄래?
He kept his school cap on in the classroom.
he는 교실에서 (머리에) 학교 모자를 계속 쓰고 있었다.

▶ put on은 '착용하는 동작'에, wear는 '착용한 상태'에 초점이 있습니다.
예 Did you wear a new dress[a hat/a tie/a seat belt/ski goggles]?
새 드레스를 입고 있었나요[모자를/넥타이를/안전벨트를/스키고글을 착용했나요]?
My wife was wearing a diamond ring on the right hand.
아내는 오른손에 다이아 반지를 끼고 있었다.

ON

승차

81-10] He was <u>on the KTX train</u> from Busan.

81-10] he는 부산발 KTX 기차를 타고 있었다. 'on the train'은 기차와 접촉한 즉 기차를 타고 있는 '승차한[탑승한] 상태'를 뜻합니다. [이때의 기차는 (교통수단이 아닌) '탈것'으로 인식됩니다. the를 씁니다. ★ 'by bus, in a limousine'과 비교 ☞ p. 275, 345]

예) I'll go on the first train. 첫 기차를 타고 〉 첫 기차로 갈 겁니다.
   (on the bus[train/plane/bike/boat] 버스[기차/비행기/자전거/보트]를 타고)
   How much do you ride on the bike in a week?
   자전거는 일주일에 얼마나 타세요?

연결·진행

81-11] The light <u>is on</u>.
81-12] He's <u>on a trip</u>.

81-11] 불이 켜져 있다. [81-12] he는 여행 중이다.

81-11] 에너지원과의 '접촉 〉 접속 〉 연결'을 뜻합니다.

예) Is the water on? 물이 연결되었니? 〉 나오니?
   I always turn on the radio in the morning. 항상 아침에 라디오를 켠다.
   Don't leave the tap on. 꼭지를 열어 두지 마. 〉 물을 틀어 놓지 마.
   The electricity finally came on. 마침내 전기가 들어왔다.
   How do you turn[switch] this lamp on? 이 램프는 어떻게 켜는 거야?
   The programme is on Channel 9.
      그 프로는 채널 9와 연결되어 있다. 〉 채널 9에서 방영한다.

What's on TV tonight?
오늘 밤 무엇이 TV와 연결되니? 〉 TV에서 무엇을 방영하니?

You can get me on 321.
321번에 연결하면 나와 연락이 돼요. 〉 321번으로 연락하세요.

"What have you got on this Saturday?" "I've got nothing on."
"이번 주 토요일에 무엇과 연결되니? 〉 무슨 일 있니?" "아무 일도 없어."

You're on in five minutes. 5분 후에 네가 할 차례야.

I'm on at six tonight. 오늘 밤 6시부터 근무야.

'연결 〉 관련 〉 소속'으로 의미가 확장됩니다.

예 Whose side[Which team] are you on?
너는 누구 편에[어느 팀에] 붙어 있니? 〉 속해 있니? 〉 너는 누구 편[어느 팀]이니?

He's on the board of directors. he는 중역 중 한 명이다.
(on the staff[committee/jury/panel] 직원[위원/배심원/토론자]에 붙어 있는 〉 속한)

I have no cash on me. [소지]
지금 나에게 붙어 있는 〉 가진 현금이 없어.

81-12] 연결된 것이 여행이면, 이는 '여행하고 있다 〉 여행 중'이라는 뜻입니다. 어떤 상황과 연결되어 있으면 '진행'을 뜻하게 됩니다.

예 The building is on fire. 빌딩이 불타고 있다.

Is Betty still on the phone? 베티는 아직도 통화 중이니?

Who's on duty today? 오늘 누가 근무죠? 〉 당번이죠? (↔ off duty 비번)
(on duty[business/holiday/vacation/show/loan] 근무[업무/휴가/방학/전시/대여] 중)

I'll stop by your office on my way home.
집에 가는 중에 〉 가다가 네 사무실에 들를게.

Can you tell me why you are on a hunger strike?
왜 단식 투쟁 중인지 말해 줄래요?
(on a business trip 출장 중, on the march[move] 행진[이동] 중)

The number of those who are unemployed is on the increase.
실업자 수가 상승 중에 〉 증가하고 있다. (= ... is increasing.)

The patient is on the road to recovery. 환자는 회복 중에 있다.

What's on? 현재 하고 있는 프로[영화/공연]은 뭐니? 〉 무엇이 방영[상영/공연] 중이니?
("무슨 일 있니?" 이런 뜻도 됨)

The new opera is on. 새 오페라가 공연 중이다.

계속 · 연속동작

81-13] Please <u>go on</u> with your story.
81-14] <u>On arriving</u> home, I took a shower.

81-13] 네 이야기를 계속 해 줘. [81-14] 집에 오자마자 샤워를 했다.

81-13] '연결 〉 진행 〉 계속'으로 의미가 확장됩니다.

예 Come on. 멈추지 말고 계속해 〉 힘 내.
Hold on just a minute. 잠시만 기다려.
If you keep on smoking, ... 담배를 계속 피우면, ...
Keep straight on for the beach. 해변에 가려면 곧장 쭉 가.
He worked on without a break. he는 쉬지 않고 계속 일했다.
The strike is still on. 파업은 아직 계속되고 있다.
I have decided to stay on. 계속 머물기로 했다.
She never spoke to me again from that day on.
　she는 그날 이후로 (계속) 다시는 내게 말을 하지 않았다.
　(from now[then] on 향후[그때 이후] / later on: 나중에, 차후에)
and so on 기타 등등 [그 밖에(and) 같은 종류(so)의 것이 계속(on)]

▶ pass on to: 사람에서 사람으로 '연이어' 전해질 때는 on을 씁니다.
　예 Pass the book on to me when you've finished with it.
　　그 책 다 보고 나면, 나한테 넘겨. (책 돌려보기 하는 중)
　　(pass on to의 좋은 예: 수건돌리기, 문화 전승)
　The skills of making pottery have been passed on to other people.
　　도자기 제조 기술은 다른 사람들에게 전수되었다.
　hand on[down] traditions to the next generation
　　다음 세대에 (대대로) 전통을 전하다

▶ pass to: 일회성으로, 한 번 전해 줄 때는 on을 쓰지 않습니다.
　예 Please pass it to me. 그것 좀 저한테 주세요.

81-14] 연속동작의 'on+동명사구': '사건 on 사건' – '사건이 사건에 접촉한 〉사건과 사건이 붙어 있는', 즉 연속적으로 일어나는 두 사건을 나타냅니다. '하자마자, 하자 곧, 하면 바로, 하는 즉시'로 해석됩니다.

> 예 I danced for joy on hearing the good news.
> 반가운 소식을 듣자마자 기쁨에 춤을 추었다.

▶ on+명사구

> 예 There was a letter waiting for me on my return.
> 돌아와 보니 편지 한 통이 나를 기다리고 있었다. 〉내게 온 편지가 한 통 있었다.
>
> Passengers must go through Customs and Immigration on arrival.
> 승객들은 도착하면 곧바로 세관과 입국 심사를 통과해야 한다.

의지 · 의존

"막내는 아직도 어머니에게 붙어 용돈을 타 쓴다."
　　(붙다: 생활을 남에게 기대다)

"처가에 붙어사는 주제에 무슨 말이 그리 많은가?"
　　(붙어살다: 남에게 의지해 얹혀살다)

위 예문의 '붙어'는 문맥상 '기대어 〉의지해'로 풀이됩니다. 이렇듯 '붙다'에는 '의지·의존'의 뜻이 들어 있습니다. 이를 영어는 접촉의, '붙어 있음'의 on으로 나타냅니다.

81-15] We don't just <u>live on</u> rice. [의지]
81-16] All living things <u>depend on</u> the sun.
81-17] Can I buy it <u>on credit card</u>? [의존]
81-18] I go to school <u>on foot</u>.

81-15] 우리는 쌀만 먹고 살지 않는다. [81-16] 살아 있는 모든 생명체는 태양에 의존한다. [81-17] 그것을 신용카드로 살 수 있나요? [81-18] 걸어서 학교에 간다.

81-15] 쌀에 의존해 〉 쌀을 먹고

> 예 I live on twenty dollars a week. 일주일에 20달러에 의존해 〉 20달러로 산다.

81-16] 의미상, depend는 on과 잘 어울립니다. (= rely on, count on)

> 예 I'm depending on you to achieve the goal.
> 목표를 달성하기 위해 당신에게 의존하고 있습니다.
>
> He's dependent on drugs. he는 약물에 의존한다. 〉 중독되어 있다.
>
> Many people now rely on the Internet for news.
> 이제는 많은 사람들이 뉴스를 보기 위해 인터넷에 의존한다. 〉 인터넷으로 본다.
>
> Can I count on you? 너에게 의지해도 돼? 〉 널 믿어도 돼?

81-17] 신용카드에 의존해 〉 (현금 대신) 신용카드로 ★ in cash ☞ p. 346

> 예 This is a electronic car which runs on electricity.
> 이것은 전기에 의존해 〉 전기로 달리는 전기차다.
>
> We spoke on the phone. 우리는 전화로 대화했다.

81-18] 발에 의지해 〉 발로 〉 걸어서 〉 도보로

> 예 He came on horseback. he는 말 등에 의지해 〉 말을 타고 왔다.
>
> The baby was crawling around the room on all fours.
> 아기는 방 안을 네 발로 기어 다니고 있었다. (= on his hands and knees 네 발로)
> (on one foot 한 발로 / on tiptoe 발끝으로)
>
> Can you stand on your head? 물구나무를 설 수 있니?
>
> The dog turned over on his back. 개는 바닥에 등을 대고 누워 있었다.
>
> The box stood on its end. 박스가 세워져 있었다.

기초·기반, 근거·이유

나무는 땅에 달라붙어, 땅에 의존해 뿌리를 내리고 있습니다. 나무와 땅의 관계처럼, X가 의존하는 Y는 '기초'고, '기반'입니다. 또한 X의 '근거'고, 근거는 '이유'가 되기도 합니다.

81-19] This story is based **on a true incident**. [기초·기반]
81-20] I congratulate you **on your promotion**. [근거·이유]

81-19] 이 이야기는 실제 사건에 기초한다. [81-20] 승진을 축하합니다.

81-19] 예 This is a documentary based on fact. 이것은 사실에 기초한 다큐멘터리다.
I'll model myself on my teacher. 선생님을 기초로 〉 근본으로 〉 본보기로 삼겠다.
a house built on the sand 사상누각

81-20] 승진은 축하의 근거고, 한편 이유입니다.
예 He was killed on the King's orders.
he는 왕의 명령에 근거해 〉 명령으로 죽었다.

He applied for the job on my advice.
he는 내 충고에 근거해 〉 내 충고를 듣고 그 직장에 지원했다.
(act on a plan[principle] 계획[원칙]에 근거해 〉 입각해 행동하다)

On account of bad weather, the school outing was cancelled.
학교 야유회가 악천후로 취소되었다. (악천후: 취소된 근거 또는 이유)

He was arrested on a charge of murder.
he는 살인 혐의로 체포되었다. (살인 혐의: 체포된 근거 또는 이유)

Further information is available on request.
자세한 내용은 요청에 근거해 〉 요청하시면 〉 요청 시 알려 드립니다.

Sales of cars are up on last year.
자동차 매출이 작년에 근거해 〉 비해 올랐다.

The witness swore on the Bible.
증인은 성경에 손을 얹고 맹세했다.

■ 압박의 on

개념2 ■ 압박: X가 Y를 누름

'X on Y'에서, X는 Y에 붙어 있습니다. 그런데 X가 힘을 가진 존재면 – 강한 것이 약한 것에, 큰 것이 작은 것에 붙어 있으면 – X의 힘이 Y에 작용해, X가 Y에 '압력을 > 압박을' 가할 수 있습니다. '압박'의 의미로 on이 쓰입니다.

예문82는 압박의 on이 쓰인 문장입니다.

요구·부담   압박 방법이나 정도에 따라, 압박은 '요구·금지·공격·비난' 등의 의미로 확장됩니다.

82-1] She kept pressing cake on us.
82-2] He's hard on his kids.

[82-1] she는 우리에게 케이크를 먹으라고 계속 압박했다. > 케이크를 자꾸 권했다.
[82-2] he는 아이들에게 엄하다.

82-2] 예 My boss put a lot of pressure on me to do more work. [요구]
사장님은 나에게 일을 더 하라고 많은 압박을 가했다. > 더 많은 일을 요구했다.
Try not to impose your religious beliefs on the other person. [강요]
당신의 종교적 신념을 다른 사람에게 강요하려고 하지 마세요.
a ban on smoking [금지] 흡연 금지

It was a preemptive attack on the military base. [공격]
그것은 군사 기지에 대한 선제공격이었다.

The enemy made an assault on the capital. 적은 수도를 공격했다.

The children fell on the food and ate it greedily.
아이들은 음식에 달려들어 게걸스럽게 먹었다.

a cat ready to pounce on a rat 쥐를 덮칠 준비를 하는 고양이

Are you trying to lay the blame on me now? [비난]
지금 나를 비난하려는 겁니까?

Don't look down on me because I'm poor. [비하]
내가 가난하다고 업신여기지 마라.

'압박하다'는 '부담을 지우다'로 달리 말할 수 있습니다.

82-3] He put the responsibility on me.

82-4] It's on me.

82-3] he는 나에게 그 책임을 지웠다. [82-4] 그것은 나에게 부담이 있다. 〉 내가 부담한다. 〉 내가 살게.

82-3] 예 I'm sorry to lay all this on you.
이 모든 걸 네가 부담하게 해서 〉 너한테 시켜서 미안해.

I don't want to impose myself on you. 너에게 짐이 되고 싶지 않아.

These repayments are putting a strain on our finances.
이 부채 상환들이 우리 재정에 부담을 주고 있다.

The king conferred the title of duke on the knight.
왕은 기사에게 공작의 작위를 내렸다. (기사에게 공작으로서의 책임이나 의무를 지움)

the financial burden on parents 부모님에게 부과된 〉 부모님의 경제적 부담

a tax on cigarettes 담배에 부과된 세금 〉 담뱃세

82-4] 예 All the drinks are on the house.
모든 음료는 저희 가게 부담입니다. 〉 서비스입니다.

영향

X가 힘을 가진 존재면, X가 Y에 붙어 있으므로, 힘의 작용이나 효과가 Y에 미치게 됩니다. X가 Y에 '영향'을 끼치게 됩니다.

82-5] The Internet has great <u>influence on</u> our life.
82-6] My wife <u>slammed</u> the door <u>on</u> me.

82-5] 인터넷은 삶에 커다란 영향을 끼친다. [82-6] 아내는 문을 쾅 닫았다.

82-5] 예 Colors have an effect on our moods. 색깔은 기분에 영향을 미친다.
  (have a positive[negative] effect on …에 긍정적인[부정적인] 영향을 미치다)
The trip to Australia made a deep impression on me.
  호주 여행은 나에게 깊은 감동을 주었다.
This medicine had no effect on me. 이 약은 나에게 효과가 없었다.
It'll work on you. 그것은 너에게 효과가 있을 것이다.
My words are lost on Betty. 내 말은 베티에게 효과가 없다. 〉 안 통한다.

82-6] 단순히 문을 닫았다는 말이 아닙니다. 이를테면, 부부싸움으로 화난 아내가 문을 쾅 닫고 방으로 들어가 버렸습니다. 이 상황이 'on me'를 했다는, 즉 나에게 심적 영향을 끼쳤다는 - 마음이 상했거나 기분이 언짢았다는 - 말입니다. 강조합니다. on은 특히 마음과 관련된 '심적 영향'에 잘 쓰입니다.

예 He smiled on me. he는 나에게 미소를 지었다. (내 기분이 좋아졌다[심쿵했다].)
  (미소가 나에게 심적 영향을 끼침. 'smile at'과 뉘앙스가 다름) ★ 목적의 at ☞ p. 369
He played a trick on me. he는 나에게 장난을 쳤다. 〉 골탕을 먹였다.
The man died on me. 그 남자가 죽다니. (놀랐다[슬펐다].)
Suddenly the car broke down on me.
  갑자기 차가 고장 나 버렸어. (속상했다[난처했다].)
I turned my back on him. 그에게 등을 돌렸다. (그를 외면[배신]했다.)
I have pity on you. 너를 불쌍히[측은히] 여긴다. 〉 동정한다.

비중 · 중점

힘을 가진 X가 Y를 누르면 Y에 무게가 실리게 됩니다. 다시 말해, Y에 '비중이 있게' 됩니다. 비중이 있다는 말은 곧 '그만큼 중요하다'는 뜻입니다. 중요하니, '중점을 둘 것'입니다.

82-7] She spends too much money <u>on clothes</u>. [비중]
82-8] Mr. Kim is writing <u>on the Korean War</u>. [중점]
82-9] <u>What</u> are you working <u>on</u>?

82-7] she는 옷에 너무 많은 돈을 쓴다. [82-8] 김 선생님은 한국전쟁에 관한 글을 쓰고 있다. [82-9] 무슨 일을 하세요?

82-7] 옷에 돈을 쓰는 '비중이' 너무 높다.
> 예 Why are you wasting time on such trifles?
> 왜 그런 하찮은 일에 시간을 허비하고 있니?
>
> The company has overspent on marketing.
> 회사는 마케팅에 초과 지출했다.

82-8] 한국전쟁이라는 '특정한 주제에 중점을 두고' 글을 쓰고 있다는 말입니다. 중점을 둔 만큼 내용이 '전문적'일 것입니다.
> 예 He's due to make a speech on the economy next week.
> he는 다음 주에 (특정한 전문적인 주제로) 경제에 관한 담화를 발표할 예정이다.
>
> a book on South-North relations 남북 관계에 관한 책 (전문 서적)
> an outstanding authority on astronomy 천문학에 뛰어난 권위자 (전문가)

82-9] 중점을 두고 하는, 특정한 개인의 일을 묻고 있습니다.
> 예 I'm working on repairing cars.
> 자동차 수리를 (전문적으로) 하고 있습니다.
>
> You need to practice on your pronunciation a bit more.
> 너는 발음에 중점을 좀 더 두어야 〉 발음 연습을 좀 더 해야 한다.

중점을 두는 일은 그만큼 중요하니 집중할 것입니다.

82-10] I'll <u>concentrate on</u> major subjects. [집중]
82-11] Let's <u>focus on</u> this problem.

82-10] 주요 과목에 집중할 거야. [82-11] 이 문제에 초점을 맞추자. 〉주목하자.

82-10] 주요 과목에 '의식의 비중을 높여' 집중할 것이라는 말입니다. 집중은 '주목 〉주력 〉강조'로 의미가 확장됩니다.

> 예 Please keep an eye on my suitcase while I buy a ticket.
> 　　표 끊는 동안 내 가방에 주목해 주세요. 〉내 가방을 좀 봐 주세요.
> We need to concentrate more on our core business.
> 　　우리는 핵심 사업에 좀 더 주력해야 한다.
> My teacher laid stress on the study of English grammar.
> 　　선생님은 영어문법 공부를 강조하셨다.

▶ on은 '의식의 비중을 높임 〉의식의 상승' 이런 의미에서의 집중입니다. 이와 달리, to는 '정신을 어느 한 곳에 붙임, 정신의 부착' 이런 의미에서의 집중입니다.

> 예 Listen to me! 내 말 좀 들어봐.

중점을 두는 일은 또한, 의도나 목적을 가질 것입니다.

82-12] I didn't do it <u>on purpose</u>. [의도]
82-13] I came here <u>on business</u> two months ago. [목적]

82-12] 고의로 그런 게 아니었어요. [82-13] 두 달 전에 사업차 여기에 왔습니다.

82-12] 의도(purpose)에 중점을 두고(on), 즉 '고의로, 일부러'

  예 I lost the game on purpose.
   일부러 그 게임을 져 주었다.

82-13] 사업에 중점을 두고, 사업 목적으로, 즉 '사업차' (= for my work)

  예 on holiday[vacation] 휴가차 (= for a holiday[vacation])
  Let's go on a picnic[trip]. 소풍[여행] 가자.
  go on an errand 심부름을 가다

▣ UPON, ONTO

- There is not a bench to sit upon.
  앉을 벤치가 하나도 없다.
  - upon: on보다 딱딱한 말, 위 예문과 같이 문장 끝이나 일부 정해진
    표현에서 관용적으로 쓰임
  예 once upon a time 옛날에
  upon my word 맹세코
  depend upon it 확실히

- He jumped onto the train.
  he는 기차에 뛰어 올랐다.
  - onto (= on to): 주로 이동을 나타내는 동사와 함께, 이동에 중점이 있는
    경우에 쓰임
  예 He stepped down from the train onto the platform.
   he는 기차에서 플랫폼으로 내려섰다.
  Put the book onto the second shelf.
   책을 두 번째 선반에 올려놓아라.
  The car rolled over onto its side.
   차가 굴러 옆으로 누웠다.
  - 이동한 후의 장소에 중점이 있는 경우는 on을 씀
  예 get on the bus 버스를 타다

- **분리의 off**

'X off Y'에서, off는 '분리'를 의미합니다.

  개념 ■ 분리: X가 Y에서 떨어짐, 또는 떨어져 있음

예문83은 분리의 off가 쓰인 문장입니다.

83-1] One of the buttons has <u>come off</u> my shirt. [떨어짐]
83-2] The wheels were <u>off the bike</u>. [떨어져 있음 〉 떨어진 상태]
83-3] Christmas is only <u>two weeks off</u>.

83-1] 셔츠에서 단추 하나가 떨어졌다. [83-2] 자전거에서 바퀴가 떨어져 있었다. [83-3] 크리스마스는 겨우 2주가 떨어져 있다. 〉 크리스마스까지 2주밖에 안 남았다.

83-1] 예 She broke off a piece of chocolate and gave it to me.
　　　　　she는 초콜릿 한 조각을 분리해 〉 잘라 나에게 주었다.
　　　I ate off beefsteak yesterday. 어제 비프스테이크를 분리해 〉 잘라 먹었다.
　　　　　(고기 덩어리에서 일부가 떨어짐. 우리도 '갈비를 뜯어 먹었다.'고 함)
　　　Mark it off into three equal parts. 그것을 3등분해라.
　　　He can read off ancient letters.
　　　　　he는 고대 문자를 읽어 낼 수 있다. 〉 이해할 수 있다.
　　　He tried to laugh his mistake off.
　　　　　he는 실수를 웃음으로 떨어트리려 〉 웃어넘기려 했다.
　　　The playing area was marked off with a white line.
　　　　　놀이터는 흰 선으로 떨어져 〉 분리되어 〉 표시되어 있었다.
　　　　　(흰 선으로 놀이터 경계가 표시되어 있었다는 말)

83-2] be동사[상태동사]와 함께, 공간적으로 떨어진 상태를 말합니다.

예 The ship is about a mile off the port.
배는 항구에서 1마일 정도 떨어진 곳에 있다.

"How far off is it?" "A great way off."
"얼마나 떨어져 있니?" "상당히 멀리."

83-3] 시간적으로 떨어진 상태를 말합니다.

예 Summer is not far off now. 이제 여름이 얼마 안 남았다.

The rain kept off a few weeks. 비가 몇 주 동안 오지 않았다.

▶ put off 연기하다: 어떤 일을 '분리해(off) 〉 떼어 내어' 다른 시간에 '놓다(put)'

예 We put off our wedding until May.
우리는 결혼을 5월까지 연기했다. (결혼을 5월까지 떼놓음)

We have to put the meeting off until next week.
우리는 미팅을 다음 주로 연기해야 한다.

He keeps putting off going to the dentist.
he는 치과에 가는 일을 계속 미루고 있다.

▶ play off: 동등한 위치의 두 팀이 '경기해(play)', 두 팀 중 한 팀을 '떨어뜨리다(off)' - 이렇게 '승패를 가르다'라는 말입니다.

예 Tottenham and Manchester United will play off tomorrow.
토트넘과 맨유의 결승전이 내일 열릴 예정입니다.

a run-off election 결선 투표

▶ live off …에 의존해 살다, 신세 지다: 주로 수입원과 관련해 경제적으로 의존할 때 씁니다. ('…을 뜯어먹고 살다'라는 다소 부정적인 느낌을 주기도 합니다.)

예 He lives off his older brother[the tourists].
he는 형을 뜯어먹고 〉 형에게 얹혀산다[관광객을 상대로 살아간다].

He lives off his pension[inheritance].
he는 연금에 의존해 〉 연금[유산]에 기대어 산다.

He lives off the land. 땅에 의존해 〉 땅을 일구고 산다.

▶ be well[badly] off 유복핸[궁핍한]: 보통 사람의 생활수준과 '떨어진(off) 〉 격차가 있는', 주머니 사정이나 살림살이가 좋은(well) 상태에 있다(be)는 말입니다.

예 They are fairly well off. 그들은 꽤 부유하다.
[= better off, well-to-do / be rich: (돈 많은) 부자]

제거·이탈·발산   분리되는 방식이나 형태에 따라, 분리는 '제거·이탈·발산' 등의 의미로 확장됩니다.

83-4] I can't <u>shake off</u> the cold. [제거]
83-5] The train <u>ran off</u> the tracks. [이탈]

83-4] 감기를 떨쳐 버릴 수가 없어요. 〉 감기가 안 떨어져요. [83-5] 기차가 탈선했다.

83-4] 예 Take your feet off the desk. 책상에서 발을 치워라.
Take the lid off the jar. 단지에서 뚜껑을 제거해라. 〉 열어라.
I picked the dead leaves off. (가지에서) 죽은 나뭇잎을 떼어 냈다.
He had his beard shaved off. he는 (턱에서) 수염을 밀어 버렸다.
Take the curtain off the hook. 고리에서 커튼을 떼어라.
Cut the fat off the meat, please. 고기에서 비계를 분리해 〉 제거해 〉 떼 주세요.
Scrape off the old paint before repainting the door.
  문에 페인트를 다시 칠하기 전에 예전 페인트를 긁어내라.
The manager gave[took] $10 off the regular price.
  매니저는 정가에서 10달러를 분리해 〉 떼어 〉 깎아 주었다.
The bookstore sold the books at 10% off the list price.
  서점은 정가의 10% 할인된 가격으로 그 책들을 판다.
The lion chased off the hyenas.
  사자는 하이에나를 쫓아서 떼어 냈다. 〉 쫓아냈다.
A man was drinking water to cool off.
  어떤 사람이 더위를 떼어 내려고 〉 식히려고 물을 마시고 있었다.
I dried my shoes off by the fire.
  불 옆에서 신발을 (물기를 떼어 내려고) 말렸다.
He wanted to marry his daughter off.
  he는 딸을 결혼시켜 치우길 〉 시집보내길 원했다.
The crew were paid off as soon as the ship docked.
  선원들은 배가 선착장에 닿자마자 급료를 받고 해고되었다.
    (lay off a worker 노동자를 해고하다 / a laid-off worker 해고자)

▶ take off ↔ put on

　　예 Take your shoes off. 신발을 벗어라.

　　　I want to pull off my gloves. 장갑을 벗고 싶다.

　　　Off with your hat! [쓰고 있는(with)] 모자를 벗어래

83-5] 예 The handle came off. 핸들이 이탈했다. 〉빠졌다.

　　　I fell[slipped] off the ladder. 사다리에서 (이탈해) 떨어졌다[미끄러졌다].

　　　He pushed me off the railroad track. he는 나를 철길에서 밀어냈다.

　　　The horrible smell put me off my food. 지독한 냄새가 밥맛 떨어지게 했다.

　　　I must be off now. 이제 자리에서 이탈해야 〉일어나야 〉(집에) 가야 한다.

　　　I'm off to Sydney for a vacation. 휴가차 시드니로 떠날 것이다.

　　　My little bluebird has flown off. 내 작은 파랑새가 날아가 버렸다.

　　　He turned off and parked in a side road.
　　　　he는 (핸들을 돌려) 길을 이탈해 〉벗어나 옆길에 주차했다.

　　　"Are you ready?" "Off we go!" "준비됐니?" "출발!"

　　　My plane took off an hour late.
　　　　비행기는 한 시간 늦게 이륙했다. (이륙: 땅에서 이탈)

　　　The moment he saw me, he ran[drove] off.
　　　　he는 나를 보자 도망쳤다. 〉달아나 버렸다. 〉줄행랑쳤다[차를 타고 사라졌다].

　　　I went to the airport to see my friend off.
　　　　친구가 떠나는(off) 것을 보러(to see) 〉친구를 배웅하러 공항에 갔다.

　　　I borrowed some money off him.
　　　　그에게 돈을 좀 빌렸다. (돈이 그에게서 이탈. off = from)

　　　The profit has fallen off recently.
　　　　최근에 수익이 이탈했다. 〉줄었다.

　　　Traffic in the town has dropped off since the bypass opened.
　　　　우회 도로가 개통된 후로 시내 교통량이 줄었다.

▶ get off ↔ get on

　　예 He got off the limousine. he는 리무진에서 내렸다.

　　　I'm getting off at the next station. 다음 역에서 내립니다.

▶ kick off 시작하다: 축구 경기를 시작할 때, 중앙선 한가운데서 공격권을 가진 팀이 공을 찹니다. 공을 '차(kick)' 땅에서 공을 '이탈시킴으로(off)' 경기를 시작합니다. [골프에서는 'tee off'라고 합니다. (tee에서 골프공을 off시킴)]

예 The 2018 FIFA World Cup will kick off on June 14th.
   2018년 피파 월드컵은 6월 14일에 시작할 것입니다.

The rock band kicked off a 10-city concert tour.
그 록밴드는 10개 도시 순회공연을 시작했다.

83-6] The flower <u>gave off</u> a fragrant perfume. [발산]
83-7] Luckily the bomb didn't <u>go off</u>. [폭발]

83-6] 그 꽃은 향긋한 향기를 뿜었다. 〉 향긋한 향기가 났다. [83-7] 폭탄은 다행히 폭발하지 않았다.

83-6/7] '냄새·소리·빛·열' 등이 사방으로 퍼져 나가는 '발산'은 일종의 이탈이고, 이 역시 off의 상황입니다. '폭발'과 '발사'도 마찬가지!

예 The chimney was giving off thick black smoke.
   굴뚝은 시꺼먼 연기를 내뿜고 있었다.

The moon does not give off any light on its own.
달은 스스로 빛을 내보내지 않는다.

Some children were letting off fireworks on the beach.
몇몇 아이들이 해변에서 폭죽을 터뜨리고 있었다.

The enemy fired off two missiles.
적군은 미사일 2기를 발사했다.

▶ show off 뽐내다[자랑하다/우쭐대다]: 발산하듯, 보란 듯이 '드러내어(off)' '나타내다/보이다(show)'라는 말입니다.

예 She wanted to show off her new luxury bag at the party.
   she는 파티에서 새 명품 백을 자랑하고 싶었다.

The white dress showed off my dark skin.
흰 드레스가 거무스름한 내 피부를 돋보이게 했다.

단절 · 중단

아래 예문은 '연결 · 진행'의 on과 반대 상황입니다.

83-8] The water is off. [단절]
83-9] I'm off coffee for a week. [중단]

83-8] 수도가 끊겼다. [83-9] 일주일 동안 커피를 안 마신다.

83-8] 예 The water is shut[cut] off this afternoon.
오늘 오후에 물이 끊어집니다. 〉 단수됩니다.
Make sure the gas is off. 가스가 꺼졌는지 확인해라.
You should break off the bad habit. 나쁜 습관을 버려야 한다.
He's finally off gambling[drugs]. he는 마침내 도박을[마약을] 끊었다.
She's off with me. she는 나와 관계를 〉 인연을 끊었다.

83-9] 예 I'll be off tomorrow. 나 내일 쉬어.
Who's off duty today? 오늘 비번은 누구죠? (↔ on duty 당번)
I've got three days off next week. 다음 주에 사흘 동안 쉰다.
My daughter had ten days off school. 딸은 열 간 학교를 결석했다.
Let's break it off for today. 오늘은 이만 끝냅시다.
I was so sick that I had to leave off my work.
너무 아파 일을 그만두어야 했다.
The meeting[agreement] is off.
그 미팅은[협정은] 취소되었다[무효가 되었다].
The game was called off because of bad weather.
그 경기는 악천후로 취소되었다.
It has been raining off and on all day long.
하루 종일 비가 왔다가 그쳤다가 〉 오락가락했다.

▶ keep off: '떨어진(off)' 상태를 '유지하다(keep)' – 무엇으로부터 떨어져 있거나 다가가지 못하게 하는 '차단'을 의미합니다.

예 Keep off the grass.
　　잔디밭에서 떨어져 있으시오. 〉잔디밭에 들어가지 마시오.

　　Get your hands off me.
　　네 손이 내게서 떨어져라. 〉내게 손대지 마.

　　The police blocked off the street.
　　경찰은 길을 (들어가지 못하게) 차단했다.

　　He lit a fire to keep off wild animals.
　　he는 들짐승들이 가까이 오지 못하도록 불을 피웠다.

　　I'm trying to keep off fatty foods.
　　기름진 음식은 멀리하려고 노력 중이다.

비정상

선로를 이탈한[off한] 기차는 정상이 아닙니다. 다시 말해, 본래 '기준·목표·주제' 등에서 벗어나면 '비정상'입니다. 이를 off가 나타냅니다.

83-10] The fish is a bit off.
83-11] I'm feeling rather off today.
83-12] The shot was off the mark.
83-13] We're getting off the subject.

　83-10] 생선이 좀 상했다. [83-11] 오늘은 (평소와 다르게) 몸이 좀 안 좋다. [83-12] 총알이 과녁을 벗어났다. 〉빗나갔다. [83-13] 우리는 주제에서 벗어나고 있다.

83-10] 예 I think this milk has gone off. 이 우유는 상한 것 같다.

You're off in your calculation. 네 계산이 틀렸다. (= Your calculation is off.)

The market is off. 시장은 불황이다.

He's off work. he는 일을 하지 않고 있다.

He's off his head. he는 머리가 정상이 아니다. 〉 정신이 나갔다. 〉 미쳤다.

I was thrown off balance by the sudden gust of wind.
갑작스런 돌풍에 균형을 잃었다.

I dozed off in front of the fire.
난로 앞에서 잠이 들었다. (doze off = drop off)

Room rates are cheap because it's off-season.
비수기라 숙박 요금이 싸다. [off-season 비수기 (제철이 아닌 때)]

I've tried to pass off my accent as a New York one. [위장]
내 말투를 뉴욕 말투처럼 들리게 행세하려고 했다.

He escaped by passing himself off as a security guard.
he는 경호원 행세를 해서 탈출했다.

83-11] 예 You look a little off color today.
오늘 네 안색이 별로 안 좋아 보이네.

83-12] 예 The ship had been blown off its course in the storm.
배는 폭풍으로 항로를 벗어나 있었다.

They were off the bear tracks.
그들은 곰 발자국을 벗어났다. 〉 놓쳤다.

83-13] 예 We seem to have got off the point.
요점에서 벗어난 것 같군요.

be off center 중심[중점]에서 벗어나 있다

완결 · 강조

나뭇잎이 떨어지고 있습니다. (The leaves are falling off.) 하지만 무한히 떨어지는 것은 아닙니다. 언제고 마지막 잎이 떨어집니다. 말인즉, 한정된 수량에서 off하면 결국, 더는 off할 것이 없어집니다. 완결됩니다. 완결에 완결을 더해 강조도 합니다.

83-14] I <u>paid</u> my debts <u>off</u>. [완결]
83-15] I <u>finished off</u> my homework. [강조]

83-14] 빚을 전부 다 갚았다. 〉 청산했다. [83-15] 숙제를 완전히 끝냈다. 〉 해치웠다.

83-14] 예 I drank off the water at a stretch.
단번에 물을 다 마셔 버렸다.

You've polished off the whole cake! 그새 케이크를 다 먹어 치웠구나!
(eat off[up/out] 다 먹다)

The survivors are dying off daily.
생존자는 매일 한 명씩 (모두 죽을 때까지) 죽어 갔다.

83-15] off가 finish의 의미를 강조하고 있습니다.

예 Can you clear off the table for me?
식탁 좀 깨끗이 치워줄래요?

I sold off all my stocks last week.
지난주에 주식을 몽땅 팔아 치웠다.

He tore the contract off. he는 계약서를 찢어 버렸다.

The pain passed off. 통증이 말끔히 가셨다.

It was a very difficult problem, but he carried it off.
그것은 매우 어려운 문제였지만, he는 그것을 해냈다.

[out과 up도 '완결 · 강조'의 의미를 지닙니다. ☞ p. 363, 387]

생각문법

생각문법으로 전치사를 접하고 나니, 실감납니다, 문법은 외운다고 되는 일이 아니라는 말이. 주요 전치사 17개 중 7개를 먼저 살펴보았습니다. 어려웠나요? 그래도 재미있지 않았나요?

처음에 한 번 보기가 어려울 뿐입니다. 한 번 보고 나면, 한결 수월해집니다. 그래도 머리가 지끈거린다고요? 머리가 좋아지는 호전반응이니, 마음껏 생각하십시오.

전치사가 쉽사리 잡히지 않는 이유는 핵심 의미가 상황에 따라 확장되고 파생되기 때문입니다. 핵심 의미를 확장시키고 파생시키는 생각을 하는 것, 이것이 진짜 전치사 공부! 생각과 생각을 연결하는 논리적인 생각의 연결고리로 다양한 쓰임을 감각적으로 받아들이는 일, 이것이 진짜 언어 공부!

전치사를 어떻게 공부해야 하는지 확실히 감을 잡았습니다. 자 그럼 박차를 가하겠습니다.

IN ↔ OUT (OF)

■ **내부의 in**

'X in Y'에서, in은 '내부'를 의미합니다.

> 개념 ■ 내부: X가 Y 안에 있음

예문84는 내부의 in이 쓰인 문장입니다.

장소의 in

이때의 Y는 3차원으로 인식되는 '한정된 공간'입니다.

84-1] There is a gift for you <u>in this box</u>.
84-2] I was born <u>in Daegu</u> but grew up <u>in Busan</u>.

   84-1] 이 상자 안에 너에게 줄 선물이 있다. [84-2] 대구에서 태어났지만, 부산에서 자랐어요.

   84-2] 예 He lived in a big house in a suburb.
         he는 교외에 있는 저택에 살았다.
      riding a bicycle in the street 길에서 자전거를 타며 (= on the street)
      walking in the rain[darkness/mist] 빗속을[어둠 속을/안개 속을] 걸으며

84-3] My sister is in hospital now.

84-4] My mother is in the hospital now.

84-3] 동생은 지금 입원 중이다. [84-4] 엄마는 지금 병원에 계신다.

84-3] 동생이 아파 지금 병원에 있나 봅니다. '입원 중'이라는 말입니다.
> 예 He died in prison. he는 수감 중에 죽었다. 〉 옥사했다.

이 경우 미국영어는 종종 the를 씁니다.
> 예 영 in hospital / at university, 미 in the hospital / at the university
> ★ 무관사 'Ø', 장소 본래의 목적 ☞ ❸ p. 154

84-4] 엄마가 동생을 간호하러 병원에 가셨나 봅니다. 병원이라는 '특정한 장소[병원 건물]'에 계신다는 말입니다. 이때는 the를 씁니다.
> 예 He worked in the prison as a prison officer.
> he는 교도소에서 교도관으로 일했다.

주의! 보통 문법책에 '넓은 장소'에는 in이 쓰이고, '좁은 장소'에는 at이 쓰인다고 나옵니다. 그럼 '넓다, 좁다'를 구분하는 기준은? 모호할뿐더러 주관적입니다. 같은 장소라도 in이 쓰일 수도 있고, at이 쓰일 수도 있습니다.

* He lives in Hong Kong.
  he는 홍콩에 산다. (이때의 홍콩은 살아가는 '공간 〉 영역'으로 인식됨)
* The plane stops for an hour at Hong Kong.
  비행기는 홍콩에서 한 시간 머문다. (이때의 홍콩은 경유지, '한 점 〉 지점'으로 인식됨)

주의! 한 문장에 장소가 두 개 이상 나올 때, 크기나 면적이 확연히 차이 나고, 그것이 상대적으로 비교되면 at과 in으로 구분합니다.

* I spent time at Seoul while staying in Korea.
  한국에 머무는 동안 서울에서 시간을 보냈다.
* at Namdaemun Market in Seoul, Korea
  한국의 서울에 있는 남대문 시장에서

범위 · 범주 · 영역

Y는 '한정된 공간'입니다. 한정된 공간은 '한정된 범위'고, 어떤 사물이 존재하거나 어떤 일이 일어나는 '특정한 영역'입니다.

84-5] I read about it <u>in the paper</u> this morning.
84-6] North Korea took part <u>in the London Olympic</u>.
84-7] All of them were experts <u>in classical music</u>.
84-8] He was poor <u>in health</u>.
84-9] My daughter was <u>in bed</u>.

84-5] 오늘 아침 신문에서 그것에 대해 읽었다. [84-6] 북한은 런던 올림픽에 참가했다. [84-7] 그들은 모두 고전음악의 전문가들이었다. [84-8] he는 몸이 부실했다. [84-9] 딸은 자고 있었다.

84-5] 예 There's a crack in the handle. 손잡이에 금이 있다. 〉 금이 갔다.
He was wounded in the left leg. he는 왼쪽 다리에 부상을 입었다.
He looked me straight in the face. he는 내 얼굴을 빤히 쳐다보았다.
Select folders and views in the list, and click OK.
　　목록에서 폴더와 보기를 선택하고 확인을 누르세요.
all the paintings in the collection 수집품 중 회화 작품 모두
one in five men 남성 5명 중 1명 / a play in three acts 3막 극
three meters in length (길이라는 범주에서) 길이 3미터

84-6] 예 How many people died in the car accident?
　　얼마나 많은 사람들이 교통사고로 죽었나요? (사고 범주가 교통사고)
How many goals did you score in the last game?
　　지난 경기에서 몇 골을 넣었나요?
Did you see the Great Wall in your journey through China?
　　중국여행에서 만리장성을 보셨나요?

In his speech, he referred to a recent trip to China.
he는 자신의 연설에서 최근의 중국여행을 언급했다.

Keep in mind what I said. 내가 한 말을 명심해.

in my view[experience/power] 내 판단[경험/권한] 범위에서는 〉
내 판단[경험/권한]으로는

▶ hand[give] something in (to somebody): (…에게) …을 제출하다

예 All of you must hand your works in by the end of next week.
여러분 모두 다음 주말까지는 작품을 (누군가의 영역으로) 제출해야 합니다.
[= You must hand in your works by … (누군가의 영역으로) 작품을]

Please give your report in before Monday.
월요일 전에 보고서를 제출해 주세요.

▶ give in: …에 굴복[항복]하다 (상대방의 강요나 설득으로, 결국 받아들이거나 동의함)

예 Eventually I gave in and accepted the job on their terms.
그들의 조건에 결국 굴복하고, 그 일을 수락했다. (상대방의 영역으로 내줌)

84-7] 특정한 영역은 '특정한 세계·분야'로 의미가 확장됩니다.

예 Do you want to succeed in the business? 사업에 성공하고 싶나요?

He's engaged in trade[politics/teaching]. he는 무역[정계/교직]에 종사한다.

I decided to take a course in philosophy. 철학을 수강하기로 결정했다.

I majored in economics at college. 대학에서 경제학을 전공했다.

They vary in size and color. 그것들은 크기와 색깔이 가지각색이다.

I believe in God. 신을 믿는다.

84-8] 예 This food is rich[poor] in vitamin C.
이 음식은 비타민 C가 풍부하다[부족하다].

This country abounds in natural resources.
이 나라는 천연자원이 풍부하다. (= This country is abundant in natural resources.)

He was fertile in imagination. he는 상상력이 풍부했다.

84-9] ▶ in bed 취침 중 / in the bed 잠자리에

예 Ella was in bed. 엘라는 취침 중이었다. 〉 자고 있었다.

Ella was in the bed. 엘라는 잠자리에(이불 속에) 들어 있었다.

Ella was sleeping in the bed. 엘라는 잠자리에 들어 자고 있었다.

형태 · 형식 · 방식

안이 있으면 밖이 있고, 안팎이 있으면 안팎을 구분하는 경계가 있기 마련입니다. 'X in Y'에서, 경계는 Y의 생김새나 모양을 이룹니다. 요컨대, Y의 '특정한 형태'를 이룹니다.

- We sat around the fire <u>in a circle</u>.
  우리는 둥그렇게 불 주위에 둘러앉았다.
  - 원은 한정된 '범위' 〉 특정한 '틀' 〉 특정한 '형태'
  - in a circle: 원의 형태로 〉 원을 이루며 〉 원을 그리며 〉 둥그렇게
    ('원 안에'로 해석하면 안 됨)

84-10] The soldiers stood <u>in a row</u>. [형태]

84-10] 군인들이 일렬의 형태로 〉 일렬로 서 있었다.

예) The earth spins in a big circle, while travelling around the sun.
지구는 큰 원을 그리며 태양 주위를 돌며 회전한다.

I slept curled up in a ball. 공 모양으로 몸을 웅크리고 〉 새우잠을 잤다.

The cake has been cut in half. 케이크는 절반의 형태로 〉 반으로 잘렸다.

I broke the bar of chocolate in two.
초콜릿 바를 둘의 형태로 〉 둘로, 두 동강으로 〉 이등분으로 잘랐다.

Pack them in dozens. 그것들을 다스의 형태로 〉 한 다스씩 포장해라.
(in pairs: 쌍의 형태로 〉 둘씩)

They have resigned in a body.
그들은 한 몸으로 〉 단체로 〉 다 함께 사퇴했다.

Can you walk in a straight line?
직선의 형태로 〉 그런 자세로 〉 똑바로 걸을 수 있니?

It's much more economical to buy goods in large quantities.
상품을 많은 양의 형태로 〉 대량으로 사는 것이 훨씬 더 경제적이다.

How much did we spend in all?
전부 다 해서 우리가 얼마를 썼니?

The rain was coming down in buckets. [형상 〉 모양]
비가 (양동이 채로 퍼붓듯이) 억수같이 내리고 있었다.

oval in shape and pink in color 모양은 타원이고 색깔은 분홍
(in a ball 공 모양으로 / in pigtails 돼지 꼬리 모양으로 〉 갈래로 땋은 머리로)

특정한 상황에서 특정한 형태를 갖추면 '특정한 형식'이 됩니다.

84-11] **My daughter was dressed <u>in a raincoat</u>.** [형식]
84-12] **He arrived <u>in an ambulance</u>.**

84-11] 딸은 비옷을 입고 있었다. [84-12] he는 앰뷸런스를 타고 도착했다.

84-11] 비옷은 비 올 때 입는 '특정한 형태, 특정한 형식'의 옷입니다.

예 The lady in red[evening dress] is Betty.
빨간 옷[야회복]을 입고 있는 숙녀가 베티다. (상황에 맞는 옷의 형식을 갖춤)
(in silk[a blue tie/sunglasses] 비단옷을 입고[파란 넥타이를 매고/선글라스를 쓰고])

84-12] 이를테면, 영국여왕이 방한했습니다. 여왕인데 설마, 소형차로 영접할까요? 당연히 리무진으로 영접합니다. 이때의 리무진은 영접의 형식을 갖춘 의전 차량으로, '특정한 형태, 특정한 형식'의 차량입니다. 대중적인 교통수단이나 일반적인 이동수단이 아닙니다. ★ by bus, on the train ☞ p. 275, 318

예 He has come home in a limousine.
[이를테면, 출세하고 금의환향한 친구를 보고, 서울에서 사업한다더니 성공했나봐.]
he가 리무진을 타고 고향에 왔어. (이때의 리무진은 평범한 탈것이 아님)

in a helicopter[canoe/covered wagon] 헬기[카누/포장마차]를 타고

우리는 일할 때, 아무렇게나 막하지 않습니다. 나름의 특정한 형식에 맞추어 합니다. 일과 관련된 특정한 형식은 일하기 위한 '특정한 방식'이기도 합니다.

84-13] How do you say that in English? [방식]
84-14] I don't need help in such a way.

84-13] 그것을 영어로 어떻게 말하니? [84-14] 그런 식의 도움은 필요 없다.

84-13] in English: 영어라는 '언어 형식 〉 의사소통하는 방식'을 뜻합니다.
  예 You have to write this form in ballpoint. 이 양식은 볼펜으로 써야 한다.
    [이때의 볼펜은 (필기도구가 아닌) 필기 형식 〉 필기 방식. 방식이라 '무관사'를 씀
    필기도구일 때는 관사를 씀. 도구의 with를 쓴 'with a ballpoint' ☞ p. 256]
  in ink 잉크로 / in code 암호로 / in alphabetical order 알파벳순으로
  You need to explain it in the concrete[abstract].
    그것을 구체적으로[추상적으로] 설명할 필요가 있다. 〉 설명해야 한다.
  Tell me about it in detail. 그것에 대해 상세한 방식으로 〉 상세히 말해 달라.
  in general 일반적인 방식 〉 대개, 보통 / in full 전부 〉 빠짐없이 〉 자세히
  in secret 은밀히 / in order 적법한

84-14] 예 You should not behave in that manner. 저런 식으로 행동하면 안 된다.
    (in this way 이런 식으로, 이렇게 해서는)
  He spoke in a loud voice. he는 큰 목소리로 말했다. (큰 목소리: 말하는 방식)
  He received the prize in reward for his effort.
    he는 노력에 대한 보상으로 그 상을 받았다. (보상이라는 형식 〉 방식)
  in response 대답으로 / in fun 농담으로 / in exchange 교환으로

  ▶ in cash 현금으로: 지폐 또는 주화, 즉 현금이라는 '지불 형태 〉 지불 방식'
    예 Will you pay in cash or by credit card?
      현금으로 계산하시겠어요, 신용카드로 계산하시겠어요?
      [by credit card: 신용카드라는 '지불 수단' (by cheque: 수표로) ☞ p. 275]
      [on credit card: 신용카드에 의존해 〉 (현금이 없어) 신용카드로 ☞ p. 322]

상태 · 지속, 상황

'X in Y'에서, Y는 3차원인 공간으로 인식됩니다. 그런데 공간에는 물질적/물리적 공간뿐 아니라, '정신적/심리적' 공간도 있습니다. Y는 어떤 상황에 '있는 상태'나 '처한 상태'도 나타냅니다.

84-15] We're <u>in love</u> with each other. [상태]
84-16] A friend <u>in need</u> is a friend indeed.

84-15] 우리는 서로 사랑하는 사이다. [84-16] 어려울 때 친구가 진정한 친구다.

84-15] in love: 서로 사랑하는 상태에 - 어떤 상태에 - 있다.
  예 Mike falls in love with Betty. 마이크는 베티와 사랑하는 상태에 〉사랑에 빠졌다.
  I was in a bad temper last night. 어젯밤 기분이 나쁜 상태였다. 〉나빴다.
  The engine is in good condition. 엔진은 좋은 상태에 있다. 〉엔진 상태는 좋다.
  I'm still in debt to you. 아직도 네게 빚진 상태에 〉빚지고 있구나.
  in danger 위험한 상태에 〉위험에 직면해 / in trouble 곤경의 상태에 〉곤경에 빠져

84-16] in need: '필요한 상태 〉어려운 처지[형편]'에 처해[놓여] 있다.
  예 The area is badly in need of rain now.
     그 지역은 지금 극심한 가뭄에 처해 있다.
  He didn't try it in fear of failure.
     he는 실패에 대한 두려운 상태에 처해 〉두려움에 그것을 시도하지 않았다.
  She cried in despair of getting back the lost money.
     she는 분실한 돈을 찾는 것이 절망적인 상태에 처해 〉절망적이라 울었다.
  in surprise 놀람 상태에 처해 〉놀라서 / in horror 공포 상태에 처해 〉공포로

▶ in haste 급히: 초점이 '급한 상태'에 있습니다. / in a hurry 서둘러: 행동을 서두름, 초점이 '(한 차례) 급한 행동'에 있습니다.
  예 He sent me in haste for the doctor. he는 의사를 부르러 급히 나를 보냈다.
  He had to leave in a hurry. he는 서둘러 떠나야 했다.

사랑을 한순간만 하고, 관심을 1초 동안만 가질까요? 사랑이나 관심은 순간적이지 않습니다. 그 상태가 일정 기간 지속됩니다. 상태는 본질적으로 '지속성'을 지니고, 상태에는 '지속'의 의미가 들어 있습니다. (상태 〉 지속 〉 진행)

84-17] My sister is very <u>interested in</u> K-pop. [지속적인 상태]
84-18] He was <u>absorbed in</u> his work.

84-17] 여동생은 케이팝에 관심이 매우 많다. [84-18] he는 일에 몰두해 있었다.

84-17] 예 I have a particular interest in the subject. 그 주제에 특별한 흥미가 있다.
('I was surprised at the news. 그 소식을 듣고 놀랐다.' -
놀람은 순간적이라 '순간의 at'을 씀)
I'm directly concerned in the project. 그 프로젝트에 직접 관여하고 있다.

84-18] 예 He seemed to be lost in deep thought. he는 깊은 생각에 빠져 있는 것 같았다.
He indulges himself in drugs. he는 마약에 중독되어 있다.

'계속 · 유지 · 유행, 과정 · 경과 · 진행' 등, 이러한 상황은 의미상 순간적이지 않습니다. 지속적입니다. 지속의 in과 잘 어울립니다.

84-19] Do you keep <u>in touch</u> with Betty?
84-20] Miniskirts were <u>in vogue</u> last year.
84-21] The bridge is <u>in process</u> of construction.
84-22] I'm busy now <u>in preparing</u> for the exam.

84-19] 베티와 계속 연락하고 지내니? [84-20] 작년에는 미니스커트가 유행했다. [84-21] 다리는 공사 중이다. [84-22] 시험 준비를 하느라 지금 바쁘다.

84-20] 예 Oysters are in season these days.
요즘 굴이 제철이다. (out of season 제철이 아닌 / off-season 비수기)

Knee-high boots are in fashion this year.
올해는 무릎까지 오는 부츠가 유행이다. (out of fashion 유행에 뒤떨어진)

84-22] in+동명사: '특정한 상태 〉 특정한 상황'을 말합니다. [과정·경과·진행을 한 글자로 말하면 '(일어 되어가는 과정이나 형편) 상황'입니다.]

예 You should be always careful in crossing the street.
길을 건너는 상황에서는 〉 길을 건널 때는 항상 조심해야 한다.
[길을 건너는 (과정)·건너다가 (경과)·건너는 중에 (진행) 〉 상황에서]

I cut my finger in cutting the paper with a knife.
칼로 종이를 자르는 상황에서 〉 종이를 자르다가 손가락을 베었다.

Many foreign students have difficulty in learning the Korean language.
많은 유학생들이 한국어를 배우는 상황에서 〉 배우는 일에 어려움을 겪는다.

He lost himself in watching TV.
he는 TV 시청을 하는 상황에서 〉 TV 시청에 넋을 잃고 있었다.

In doing so, he got better.
he는 그렇게 하는 상황에서 〉 그렇게 해서 좋아졌다.

아래 예문은 'in+(동적 의미의) 동사적 명사'인 경우입니다.

예 How long has the factory been in operation?
공장이 가동된 상황이 〉 가동된 지 얼마나 됐나요?

You have only to push a button to set the machine in motion.
기계가 작동하는 상황이 되려면 〉 기계를 작동시키려면 단추 하나만 누르면 됩니다.

The thief was caught in the act of stealing some money.
도둑은 돈을 훔치는 상황에서 〉 돈을 훔치다가 잡혔다.

Police set out in search of the criminal.
경찰은 범인을 찾는 상황에 착수했다. 〉 범인을 찾아 나섰다.

We are all in pursuit of happiness.
우리는 모두 행복한 상황을 〉 행복을 추구한다.

Who is in charge of advertising?
누가 광고를 담당하는 상황인가요? 〉 담당하고 있나요?

시간의 in

시간과 공간은 본디 분리할 수 없는 일체, 즉 '시공간'입니다. 공간과 같이, 범위나 영역으로 인식되는 시간, 즉 '기간·시기'에 in이 쓰입니다.

84-23] I was born <u>in March</u>.
84-24] <u>In the past</u>, it was difficult to travel to Europe.

84-23] 3월에 태어났다. [84-24] 과거에는 유럽여행이 어려웠다.

84-23] 월[년]은 1일[1월]부터 말일[12월]까지로 '일정 범위'를 지닙니다.
  예 in early[late] July 7월 초[말]에 (= at the beginning[end] of July)
  in the morning 아침에 (일정 범위를 지닌 오전 시간에)
  [this morning 오늘 아침 (*NOT* in this morning)]
  in the middle of the night 한밤중에, 야밤에 ('by night 야음을 틈타'와 구별할 것)
  in late summer 늦여름에 / in 2002 2002년에 / in the 16th century 16세기에
  in a while 한동안 / once in a while 한동안에 한 번 〉 가끔
  in years past 지난 수년간 (= in past years) / in my life 평생
  in time 늦지 않게 시간에 맞춰, 제 시간에 ('on time 정각에'와 구별할 것)

84-24] 기간·시기 (공간과 같이, 범위나 영역으로 인식되는 시간)
  예 Your girlfriend came here in your absence.
    네가 없을 때 네 여자 친구가 여기 왔다. (in = during)
  She was a famous actress in her day.
    she는 젊었을 때 유명한 여배우였다. (in one's day 젊었을 때, 한창때)
  In the days of Queen Elizabeth 엘리자베스 여왕 시대에
  a woman in her mid-40s 40대 중반 여성

  ★ 시간의 on ☞ p. 316
  ★ 시간의 at ☞ p. 366

> **생각 더하기**　　78. '이틀 후에'를 영어로 하면?

① I'll come back <u>in two days</u>. 이틀 후에 돌아올게.
② I'll come back <u>in two days' time</u>.
③ I came back <u>two days later</u>. 이틀 후에 돌아왔다.
④ I came back <u>after two days</u>.

①②: 지금이나 오늘을 기준으로 '이틀 후에'라는 뜻으로 쓰입니다. (미국영어는 ①을 선호하고, 영국영어는 ②를 선호합니다.) 기준이 과거면 ③ 또는 ④로 말합니다.

in two days: 돌아옴이 이틀 안에 있습니다. 이틀 밖으로 나오려면 이틀이 지나야 합니다. 이는 돌아오기까지 '이틀 걸림'을 의미합니다. 이틀이 걸리니, in을 '후에'로 해석하는 것입니다. 이때의 in은 '시간의 경과'의 의미로 무얼 하는 데 '소요되는 시간'을 나타냅니다.

- It'll be ready <u>in a week</u>.
  그것은 준비하는 데 일주일 걸릴 것입니다. 〉 일주일 후에 준비될 것입니다.
  – 부정문과 과거시제·현재완료 문장에도 쓰임. 주로 '만에'로 해석됨
    예 I can't[couldn't] finish it in a day or two.
      그것을 하루 이틀 만에 끝낼 수 없대[없었다].
    I learnt to drive in three days. 3일 만에 운전을 배웠다.
      ('in three days' time'은 과거시제·현재완료 문장에는 쓰이지 않음)
    It's the first letter I've had in three weeks.
      그것은 3주 만에 처음 받은 편지다.
  – 'within 이내에'와 혼동하지 말 것 (오래 걸리지 않는다는 뉘앙스)
    예 You should receive a letter within two days.
      이틀 이내에 (빠른 시일 내에) 편지를 받아 보실 것입니다.
    He was dead within two hours.
      he는 2시간 이내에 (2시간 만에 빨리) 사망했다.

아래는 유심히 살펴봐야 하는 in의 쓰임입니다.

- **a statue in bronze** 동상 (= a bronze statue)
  - in bronze: 동이라는 형태·형식 〉방식·양식
    (다른 재료와 차별되는, 유별하고 특별한 재료로서의 방식·양식이라는 말)
    - 예) It'll be cheaper to build it in stone.
      그것을 돌로 지으면 더 저렴할 거야. (건축 방식·건축 양식이 돌)
      a Buddha carved in wood (나무로 만든, 목조 양식의) 목조 불상
      a doll in clay 점토 인형 / paint in oils 유화로 그리다
  - 이때의 in으로 색깔도 나타냄 (유별하고 특별한 방식·양식의 색깔)
    - 예) I'll draw it in blue. 파란색으로 그릴게요.
      The shirt was covered in blood. 셔츠는 피투성이였다.

- **In fact**, it's not your fault.
  사실, 그것은 네 잘못이 아니다.
  - in fact: (지금부터 하는 말은) 사실이라는 범위 안에 〉 사실 안에 있음
    사실은, 사실상 (= in truth, in reality, as a matter of fact)
    '사실로 말하면' 이렇게 말하는 방식으로도 볼 수 있음
    - 예) In general, a lot of time is needed to learn a foreign language.
      일반적으로, 외국어를 배우는 데는 많은 시간이 필요하다.
      in practice 실제는 / in principle 원칙상 (= as a rule) / in theory 이론상
      in short 간단히 말하면, 요컨대 (= in brief, in a few words) / in detail 상세히
      in the end 결국에는 (= in the long run) / in addition to …에 더하여

- The accident **resulted in** four deaths.
  사고는 사망자 네 명을 낳았다.
  - 'X in Y'에서, X에 대한 서술이 결과면, Y는 결과에 관한 구체적인 내용
  - X가 결과적으로 Y 안에 있음 〉 결과적으로 Y를 낳음[유발함/초래함/야기함] 〉
    Y로 귀결됨 〉 끝남
  - four deaths: 사고의 결과, 결과의 내용이 사망자 네 명
    - 예) Your carelessness can result in a fire. 부주의로 화재가 날 수 있습니다.
      All the efforts ended in failure[vain]. 모든 노력은 실패로[허무하게] 끝났다.

- Men differ from monkeys <u>in that</u> they can speak.

  인간은 말할 수 있다는 점에서 원숭이와 다르다.

  in that …라는 점에서 〉 …라는 이유로 (= for the reason that, because)

  전달 내용은 사실·정보, that절이 옴

  in을 쓰지 않으면, 문맥상 의미가 통하지 않음 ☞ p. 36

  예 I've been lucky in that I have never had to worry about money.
  지금껏 한 번도 돈 걱정을 해 본 적이 없다는 점에서 운이 좋았다.

  I like it in that it's cheap and good.
  그것이 싸고 좋아 (가격과 품질 면에서, 이런 이유로) 마음에 든다.

'X in Y'에서, Y를 상황이나 문맥으로 알 수 있으면 생략할 수 있습니다. 아래는 Y가 없는, in이 부사로 쓰인 문장입니다.

- "Is your mother <u>in</u>?" "She's not <u>in</u> right now."

  "엄마 (집 안에 〉 집에) 계시니?" "지금 안 계세요."

  예 "Let me in." "Come in."
  "(집) 안으로 들어갈게." "들어 와."

  I opened the garage and put my car in.
  차고를 열고 (차고에) 차를 넣었다.

  I can't drink coffee with milk in.
  (커피에) 우유가 들어간 커피는 못 마신다.

  The train is <u>in</u>. 기차는 (역에) 도착해 있다. 〉 도착했다.

  The bus is due in at five. 버스는 (정거장에) 6시에 올 예정이다.

  Applications must be in by the end of July.
  신청서는 7월 말까지 (이곳에) 반드시 도착해야 합니다.

- Long skirts are <u>in</u> (fashion) now.

  지금은 롱스커트가 유행이다.

  예 Oysters are in (season). 굴이 제철이다.

▣ INTO

'X into Y'에서, into는 '진입'을 의미합니다.

> 개념 ■ 진입: X가 Y 안으로 들어감 [into ↔ out of]

예문85는 진입의 into가 쓰인 문장입니다.

85-1] A burglar <u>broke into</u> my house last night.
85-2] She <u>married into</u> a poor family.

85-1] 간밤에 도둑이 집 안으로 침입했다. [85-2] she는 가난한 집안으로 시집갔다.

85-1] 예 jump into the water 물속으로 〉물에 뛰어들다
　　　 run into the sea 바닷속으로 〉바다로 흘러 들어가다
　　　 travel into space 우주로 들어가다 〉우주를 여행하다
　　　 pour milk into a glass 우유를 컵 안으로 〉컵에 따르다
　　　 take a taxi into town 택시를 타고 시내로 들어가다
　　　 get into the car 차에 타다

85-2] marry into + 집안[가문] ★ get/be married to + 사람 ☞ p. 301, ❷ p. 336

주의! into는 in에 비해 '방향성[to]'을 지녔습니다. 방향을 나타낼 때는 대개 into가 쓰입니다. 다만, 구어에서는 'go, jump, push, throw, put'과 같은 방향성을 지닌 동사는 into의 의미로 in을 쓰기도 합니다.

　　　 * Push it in when you're ready. 준비되면 그것을 밀어 넣어라.
　　　 * Put the car in the garage. 차를 차고에 넣어라.
　　　 * Get in the car. 차에 타라.

85-3] She <u>looked into</u> the mirror several times a day.

85-4] We stayed up talking far <u>into the night</u>.

85-5] She's very much <u>into perfumes</u>.

85-6] A car <u>ran into</u> a tree.

85-3] she는 하루에 몇 번씩 거울을 들여다보았다. [85-4] 우리는 밤늦도록 이야기하며 안 자고 있었다. [85-5] she는 향수에 푹 빠졌다. [85-6] 차가 나무와 충돌했다.

85-3] '들여다보다'는 '살피다 〉 관찰하다 〉 조사하다'로 의미가 확장됩니다.

예] Astronomers look into the universe for new stars. 천문학자들은 새로운 별을 찾기 위해 우주를 관찰한다.

look into the problem 문제를 조사하다

an insight into human nature 인간 본성에 대한 통찰력

85-4] 밤 깊이 들어가 〉 밤늦도록 (far = well 아주, 상당히)

예] He was well into his forties. he는 마흔이 훌쩍 넘었다.

85-5] 심리적으로, 향수에 '들어감 〉 빠져 있음' – 빠져 있는 만큼 향수에 관심이나 흥미가 많다는 말입니다.

예] What kind of music are you into? 어떤 음악에 관심이[흥미가] 있니?

Are you into something special? 특별히 관심 가는 일이 있니?

85-6] 진입 〉 침범 〉 충돌

예] He ran his car into a tree. he는 차로 나무를 들이받았다.

The two planes crashed into each other. 비행기 두 대가 서로 충돌했다.

충돌과 같은 사고는 예기치 않게 '갑자기', 뜻하지 않게 '우연히' 일어납니다. 이런 일에 into가 쓰입니다.

예] The ship ran into a storm. 배는 (갑자기) 폭풍을 만났다.

We ran into thick fog on the way home. 우리는 귀가 길에 짙은 안개를 만났다.

Guess who I ran into today! 내가 오늘 (우연히) 누구와 마주쳤는지 알아맞혀 봐!

시작 · 발생

이를테면, 바닷속으로 들어갔습니다. 바다 밖과 속은 완전히 서로 다른 세계입니다. into는 진입하되, 이 세계에서 (완전히 다른) 저 세계로의 진입을 의미합니다. Y로 진입하는 순간, 다른 세계가 시작되고 펼쳐집니다. 어떤 일이 시작되고 일어나게 됩니다.

85-7] They <u>entered into</u> negotiations with the opposition.
85-8] He <u>persuaded</u> me <u>into</u> doing the work.
85-9] Why did you <u>get</u> me <u>into</u> trouble?

85-7] 그들은 반대편과 협상을 시작했다. [85-8] he는 나를 설득해 그 일을 하게 했다. [85-9] 당신은 왜 나를 곤경에 빠뜨렸나요?

85-7] 예 She burst into tears[song].
　　　　she는 와락[불쑥] 울음을 터뜨렸다[노래를 불렀다].
　　　He broke into a run. he는 갑자기 달아났다.
　　　He often gets into a temper. he는 종종 화를 낸다.
　　　I don't want to rush into anything. 어떤 일이라도 서둘러 하고 싶지 않아.
　　　I'll go into journalism[teaching] when I leave college.
　　　　대학을 졸업하면 언론[교직] 일을 시작할 〉 언론계에 몸담을 것이다[교편을 잡을 것이다].
　　　This word finally came into use. 마침내 이 단어가 쓰이게 되었다.

85-8] 어떤 행동의 발생은 어떤 행동의 실행입니다.
　　　예 She forced[frightened] me into accepting the offer.
　　　　she는 나에게 강요해[겁주어] 그 제안을 받아들이게 했다.
　　　He deceived you into going there.
　　　　he가 너를 속여 그곳에 가게 했다.

85-9] 예 The problem threw me into confusion.
　　　　그 문제는 나를 혼란에 빠뜨렸다.

변화 · 나눔

"진입 전과 후는 서로 다른 세계"라고 했습니다. 이는 이 세계에서 저 세계로 완전히 바뀌는, 탈바꿈하는 '변화'를 의미합니다. into는 특히, 변화를 나타내는 말과 잘 어울립니다.

85-10] Caterpillars <u>change into</u> butterflies.
85-11] I <u>cut</u> the pizza <u>into</u> pieces.

85-10] 애벌레는 나비로 변한다. [85-11] 피자를 조각냈다.

85-10] into의 변화는 (애벌레가 나비가 되는 정도로) 탈바꿈하는 '질적인 변화'고 '극적인 변화'입니다. (= A caterpillar is transformed into a butterfly.)

　　　예 The water turned into ice. 물이 얼음이 되었다.
　　　　He made milk into cheese. he는 우유를 치즈로 만들었다.
　　　　The castle has changed into a hotel. 성은 호텔로 바뀌었다.
　　　　Translate the following sentence into English. 다음 문장을 영어로 번역하시오.
　　　　Put the feelings into words. 감정을 말로 표현해라.
　　　　The boy grew into a strong man. 소년은 강한 남자로 자랐다.

85-11] 변화 〉 나눔

　　　예 The teacher divided the class into two groups.
　　　　　선생님은 학급을 두 그룹으로 변화시켰다. 〉 나눴다.
　　　　Fold the paper into two parts. 종이를 절반으로 (나뉘게) 접어라.
　　　　2 into 8 goes 4. 8÷2=4 (2가 8을 나누면 4가 된다.)
　　　　[= 8 divided by 2 equals 4. (수단의 by: 8을 2로 나누면 4다.)]

　　▷ to와 비교
　　　예 I broke the glass into three pieces. 유리를 깨트려 세 조각을 냈다.
　　　　　(into: 변화에 초점. 조각내다. 유리를 세 조각으로 변화시켰다는 말)
　　　　The glass was broken to three pieces. 유리가 깨져 세 조각이 났다.
　　　　　(to: 결과에 초점. 조각나다. 유리가 결과적으로 세 조각이 되었다는 말)

- **외부의 out (of)**

'X out of Y'에서, out은 '외부'를 의미합니다.

개념 ■ 외부: X가 밖에 있음 [out ↔ in]
　　　　X가 Y 밖으로 나옴 [out of ↔ into]

주의! out은 '밖에/밖으로'라는 뜻의 부사입니다. (부사는 목적어를 취할 수 없으므로) out이 목적어를 취하려면, 다시 말해 '무엇의 밖으로'인지 나온 곳[Y]을 말하려면 전치사 'of'를 써야 합니다.

예문86은 외부의 out (of)가 쓰인 문장입니다.

86-1] My mother is out (shopping/to lunch).
86-2] The cat jumped out of the basket.

86-1] 엄마는 밖에 계세요. 〉 외출하셨어요. (쇼핑하러/점심 드시러) [86-2] 고양이는 바구니에서 뛰쳐나왔다.

86-1] 예 He live out in the country.
　　　　he는 (도시에 살다가) 밖으로 나와 시골에 산다. 〉 시골로 나와 산다.
　　Some students have to live out. 몇몇 학생들은 (기숙사를 나와) 밖에서 살아야 한다.
　　He ran out into the garage.
　　　　he는 (집 안에 있다가) 밖으로 달려 나와 차고 안으로 들어갔다.
　　Keep Out 밖에 있는 상태를 유지하라. 〉 출입금지
　　go out 외출하다 / eat out 외식하다 (= dine out) / sleep out 야숙하다
　　Way Out 출구 / on my way out 나가는 길[도중]에
　　out of question 의문 밖으로 〉 의문을 벗어난 〉 의심의 여지가 없는 〉 틀림없이, 물론

86-2] out of + 목적어 / out of the basket 바구니 밖으로: 부사구

    예 Take your hands out of your pockets. 주머니에서 손을 빼라.
    I'm a little out of breath. 숨이 좀 차네요. (숨이 밖으로 나옴)
    nine times out of ten 십중팔구, 거의 틀림없이
        [열 번에서 나온 아홉 번 (= nine in ten, ten to one)]
    a village about three miles out of the harbour 항구에서 약 3마일 떨어진 마을
    a statue out of bronze 동상 (= a statue in bronze)

출현

A는 집 밖에 있고, B는 집 안에 있는 상황: B가 집 밖으로 이동하면, A의 관점에서는 B가 집 밖으로 '나오는' 것입니다. 즉, 보이지 않던 B가 보이게 됩니다. 밖으로 나타남, '출현'의 의미로 out이 쓰입니다. 출현은 여러 의미로 확장됩니다.

86-3] The moon **is out**. [출현]

86-4] A big fire **broke out** last night. [발생]

86-3] 달이 밖에 나와 있다. 〉 떠 있다. 〉 떴다. [86-4] 어젯밤 큰불이 났다.

86-3] 예 Stars came out one by one. 별이 하나씩 밖으로 나왔다. 〉 떴다.
    The flower[chick] is out. 꽃이 피었다[병아리가 부화했다].
    The new book will soon be out. 새 책이 곧 출간될 것이다.

86-4] break out: 발생[발발]하다 ★ 구동사 ☞ p. 220
    예 We all burst out laughing at that time. 우리 모두는 그때 갑자기 웃음을 터뜨렸다.
        (burst out laughing[crying/singing] = burst into laughter[tears/song])
    When did the Korean War break out?
        한국 전쟁은 언제 발발했나요?

86-5] Gas is leaking <u>out of the pipe</u>. [유출]

86-6] The sun <u>sends out</u> light. [방출]

86-7] When did you <u>bring out</u> the book? [출간]

86-8] <u>Write out</u> everything you know. [표현]

86-9] <u>Act out</u> your idea. [실행]

86-5] 파이프에서 가스가 새고 있다. [86-6] 태양은 빛을 방출한다. [86-7] 언제 그 책을 내셨나요? [86-8] 네가 아는 것을 모두 글로 써서 밖으로 드러내라. 〉 표현해라. 〉 써라. [86-9] 네 생각을 밖으로 드러내라. 〉 실행해라.

86-6~9] light는 out의 목적어가 아닙니다. 'sends out'의 목적어입니다. 즉 'sends out'은 구동사로, 한 단어와 같은 하나의 타동사구입니다. 'bring out, write out, act out'도 모두 구동사입니다.

86-6] 예 The radiator gives out a lot of heat. 난방기에서 열이 많이 난다.
You must not let out the secret. 비밀을 누설해서는 안 된다.

86-8] 예 You need to fill out the application first.
신청서를 먼저 작성해 주셔야 합니다. (빈칸을 채워 개인정보를 밖으로 나타냄)
My daughter pounded out a tune on the piano.
우리 딸이 피아노를 쿵쾅 거리며 곡을 연주했다. (피아노를 쳐 곡을 밖으로 나타냄)

86-9] 예 Carry out the plan. 계획을 수행해라.

86-10] I can't <u>stretch out</u> my legs. [확장 〉 팽창]

86-11] Could you <u>hand</u> these books <u>out</u>, please? [분배 〉 전개]

86-12] <u>Cut out</u> round this paper. [분리 〉 구분]

86-10] 다리를 쭉 뻗을 수가 없어요. [86-11] 이 책들을 좀 나누어 주시겠어요? [86-12] 이 종이를 둥글게 오려 내세요.

86-10] 예 The company branched out into selling cars.
회사가 자동차 판매 분야로 사업을 확장했다.

The street opened out into a small square.
길이 넓어지고 작은 광장이 나왔다.

open out the wings[umbrella] 날개를[우산을] 펼치다

roll out a carpet 카펫을 펴다

86-11] 예 I laid the cards out on the table. 탁자 위에 카드를 펼쳤다.

Would you please spell out the word on this sheet?
이 종이에 그 단어의 철자를 펼쳐 〉 적어 주시겠어요?

I'll dish out the soup to everyone.
수프를 접시에 담아 모두에게 (나눠) 줄게.

86-12] 예 Can you sort out these papers? 이 서류들을 좀 분류해 줄래?

Didn't you pick out wedding rings yet? 결혼반지를 아직 안 골랐니?

86-13] His ears stick out. [돌출 〉 두각]

86-14] The rumor turned out to be false. [판명 〉 분간]

86-13] 그이의 귀는 톡 튀어나왔다. [86-14] 소문은 거짓으로 드러났다.

86-13] 예 an outstanding player[achievement/success]
뛰어난 선수[성과/성공] (outstanding 뛰어난, 걸출한)

86-14] 밖으로 드러나면 보입니다. 보이는 것이 찾던 것이면 찾아낸 것이고, 알고 싶던 것이면 알아낸 것입니다.

예 I eventually searched out the criminal. 범인을 결국 찾아냈다.

I haven't found anything out about it. 그것에 대해 알아낸 것이 아무 것도 없다.

I can't make out what you're saying. 네가 무슨 말을 하고 있는지 모르겠다.

I couldn't figure it out. 그것을 알아낼 수 없었다.

OUT (OF)

소멸

A, B 둘 다 집 안에 있는 상황: B가 집 밖으로 이동하면, A의 관점에서는 B가 집 밖으로 '나가는' 것입니다. 즉, 보이던 B가 보이지 않게 됩니다. 밖으로 사라짐, '소멸'의 의미로 out이 쓰입니다. 소멸은 여러 의미로 확장됩니다.

86-15] **The light <u>went out</u> suddenly.** [소멸 〉 소진 〉 퇴조]
86-16] **Get <u>out of here</u>.** [추방 〉 퇴출 〉 배제 〉 제거 〉 제외]

86-15] 갑자기 전등이 나갔다. [86-16] 여기서 나가.

86-15] 예 The fire finally went[burned] out. 드디어 불이 꺼졌다[다 탔다].
I put out the fire with water last night. 어젯밤 물을 끼얹어 불을 껐다.
We're out of milk. 우유가 없다.
We've run out of fuel. 연료가 떨어졌다.
All the tickets are sold out. 모든 티켓이 매진이다.
Some animals will die out. 몇몇 동물은 멸종할 것이다.
That style has gone out. 저 스타일은 유행이 지났다.
  (out of season[fashion] 제철[유행]이 아닌)
The tide is out[in]. 지금 썰물[밀물]이다.

86-16] 예 New fashions drive out old ones. 새로운 유행이 낡은 유행을 몰아낸다.
Germany knocked out of the World Cup. 독일은 월드컵 대회에서 탈락했다.
Please squeeze out the water from a towel. 수건에서 물을 짜내세요.
Have you thrown out yesterday's paper? 어제 신문 버렸니?
Why don't you leave me out of this? 여기서 날 빼는 게 어때?
Cross the name out. (이름에 가로줄을 그어 명단에서) 이름을 지워라. 〉 빼라.
Out of sight, out of mind. 눈에 보이지 않으면 곧 잊힌다.

86-17] My phone is <u>out of order</u> again.

86-18] He talked me <u>out of doing</u> the work.

86-17] 폰이 또 고장이야. [86-18] he는 나를 설득해 그 일을 못하게 했다.

86-17] 질서 밖으로 〉 정상을 벗어나 〉 비정상 〉 고장 〉 중지

예 The fires are burning out of control.
불이 통제를 벗어나 〉 걷잡을 수 없이 타고 있다. (out of reach 손이 닿지 않는 곳에)
My watch is five minutes out. 내 시계는 5분 틀린다.
out of the question 질문 밖으로 〉 질문을 벗어난 〉 의논해 봐야 소용없는 〉 불가능한
out of the ordinary 보통이 아닌 (= extraordinary 보기 드문, 비범한)
Please close out my account. 통장을 해지시켜 주세요.
Time out! 경기 중지!

완결 · 강조

한정된 수량에서 out하면 결국, 더는 out할 것이 없어집니다. 완결됩니다. 완결에 완결을 더해 강조도 합니다. ☞ p. 338, 387

86-19] <u>Hear me out.</u> [완결]

86-20] I'm <u>tired out.</u> [강조]

86-19] 내 말을 끝까지 들어 봐. [86-20] 너무 피곤하다. 〉 녹초가 됐다.

86-19] 예 He lived out his life[days] alone. he는 죽을 때까지 혼자 살았다.
fight it out 끝까지 싸우다 / say it all out 자초지종을 말하다

86-20] 예 The boy shout out in pain. 아이는 아픈 나머지 비명을 질렀다.
Watch[Look] out! 조심해!

AT

■ 한 점의 at

'X at Y'에서, at은 '한 점'을 의미합니다.

개념 ■ 한 점: Y는 X에 대한 한 점

[at: 1차원 '한 점' / on: 2차원 '평면' / in: 3차원 '공간']

예문87은 한 점의 at이 쓰인 문장입니다.

장소의 at

이때의 Y는 1차원으로 인식되는 '지점'입니다.

87-1] She's <u>at Ella's</u>.
87-2] She's (a student of physics) <u>at Yale University</u>.
87-3] Does this bus stop <u>at Gongdeok Station</u>?
87-4] Please call me <u>at 123-456</u>.

87-1] she는 엘라 집에 있어요. [87-2] she는 예일대 (물리학과) 학생이에요. [87-3] 이 버스는 공덕역에 섭니까? [87-4] 123-456번으로 저에게 전화해 주세요.

87-1] 예 He lives at 3 Harbor Street. he는 하버 스트리트 3번지에 산다.

We had dinner at a small French restaurant at the seashore.
우리는 해변에 있는 작은 프랑스 레스토랑에서 저녁 식사를 했다.

He pointed at a spot on the map. he는 지도에서 한 지점을 가리켰다.

at the corner of the street 길모퉁이에서

at a distance of three feet from the window 창문에서 3피트 떨어진 곳에

at arm's length 팔을 뻗으면 닿는 거리에 〉 아주 가까운 곳에

87-2] ▷ in과 비교

예 She studied psychology at Oxford.
she는 (학생으로서) 옥스퍼드에서 심리학을 공부했다.

He took a lot of pictures in Oxford.
he는 (관광객으로서) 옥스퍼드에서 많은 사진을 찍었다.

87-3] 이 경우 at 대신 in을 쓸 수 있습니다. at을 쓰면 '지점'으로 인식했다는 말이고, in을 쓰면 '영역'으로 인식했다는 말입니다.

예 They arrived late at[in] the airport. 그들은 공항에 늦게 도착했다.

It'll be located at[in/on] the second floor. 그것은 2층에 위치할 것입니다.

87-4] 이때의 전화번호는 전화기가 놓인 곳, 집이나 사무실, 즉 '처소'를 뜻합니다.

예 Let's start at Unit 5[at the beginning]. 5단원부터[처음부터] 시작합시다.

Open your book at page 34. 34페이지를 펴라.

주의! 서울은 세계적으로 손꼽히는 매우 큰 도시입니다. 보통 문법책에 at이 좁은 장소에 쓰인다고 나오는데, 서울이 좁은 장소일까요? 기준이 모호할뿐더러 상황에 따라 다를 것입니다. in에 비해 상대적으로 좁은 장소에 쓰인다는 말이지, 넓든 좁든, at은 한 점으로 인식되는 지점에 쓰입니다.

* The plane stops for an hour at Seoul. 비행기는 서울에서 한 시간 머문다.
(한 점의 at: 이때의 서울은 경유지, '한 점' 〉 지점'으로 인식됨)

* He lives in Seoul. he는 서울에 산다.
(공간의 in: 이때의 서울은 살아가는 '공간 〉 영역'으로 인식됨)

시간의 at

시간적 한 점, 즉 '시점'에 at이 쓰입니다.

87-5] I usually get up <u>at six</u> in the morning.
87-6] <u>At night</u> you can see the stars.
87-7] The exam is close <u>at hand</u>.

[87-5] 보통 아침 6시에 일어난다. [87-6] 밤에 별을 볼 수 있다. [87-7] 시험이 코앞에 닥쳤다.

87-5] 예 at lunch 점심때 / at noon[dawn] 정오[새벽]에 / at sunrise[dusk] 해 뜰[황혼] 녘에
at times 때때로 / at all time 항상 / at the last moment 마지막 순간에
at once 즉시 / at the same time 동시에 / at present 지금 / at lunch 점심때
at the age of 40 마흔에 / at the beginning[end] of the month 월초[말]에
at Christmas[Easter] 크리스마스[부활절] 시점에 (on Christmas 12월 25일 당일)

87-6] ▶ at night 밤에: 잠든 후 기상하기까지는 무의식의 세계라, 시간의 흐름을 의식하지 못합니다. 자고 나면 한 순간, at night은 눈을 감고 뜨는 시간, 시점으로 인식되는 밤입니다. ★ 'by night'과 비교 ☞ p. 276

▶ in the night 밤중에, 야간에: 'in the morning'처럼 일정 범위를 지닌 밤입니다.
예 I was sick three times in the night. 밤새 세 번을 토했다.

87-7] 손에 있는 〉 시간상 가까이에 (또는, 거리상 가까운 곳에)

주의! 시간[기간]을 나타내는 명사가 한정사 'this·that, last·next' 등으로 한정되면, 특정 시간[기간]을 말하므로, 전치사를 쓰지 않습니다.
  * He came early this morning. he는 오늘 아침 일찍 왔다. (NOT in this morning)
  * Next Thursday is 5 May. 다음 목요일은 5월 5일이다. (NOT on next Thursday)

순간 · 일시 · 일회

등산 중에 갑자기, 뱀이 불쑥 나타났습니다. 뱀을 보고 깜짝 놀랍니다. 놀라도 화들짝 '순간적으로' 놀랍니다. 놀람은 시점으로 인식되는 일입니다. 놀람과 같은 순간적인 일에 at이 쓰입니다.

87-8] Everybody <u>was surprised at</u> the news.
87-9] I finished it <u>at a stretch</u>.

87-8] 그 소식을 듣고 다들 놀랐다. [87-9] 그것을 (한 번의 뻗음으로) 단번에 끝냈다.

87-8] 예 I was delighted[pleased] at the news. 그 소식에 기뻤다.
(be amazed[astonished] at …에 깜짝 놀라다 / be shocked at …에 충격을 받다)

Dad got really mad at me for scratching the car.
아빠는 내가 차에 흠집을 내는 바람에 몹시 화를 내셨다. 〉노여워하셨다.

▷ 소유의 of, 관계의 with와 비교

예 I was frightened at the sight of a snake. 뱀을 보고 소스라쳤다.

I was frightened of losing my job. 실직할까봐 두려웠다.
[be of (= have): '내적 소유' – 실직(losing my job)을 마음속에 소유한(of) 상태(be)]

She got angry[furious] at my reply. she는 내 대답에 화를 냈다[격분했다].

She was very angry with me. she는 (나와 관련해) 나에게 몹시 화가 나 있었다.
(get angry: 화를 내는 변화에 초점 / be angry: 화가 나 있는 상태에 초점)

87-9] 순간 〉일시 〉일회

예 The boxer was knocked down at a blow.
그 권투선수는 주먹 한 방에 〉일격에 쓰러졌다.

The boy drank milk at a gulp. 아이는 우유를 한 모금에 마셔 버렸다.

I fell in love with Betty at first sight. 베티에게 첫눈에 반했다.

at the third attempt 3차 시도 (일회의 세 번째 시도)

at a loss 어쩔 줄 모르는

수치·값

한 점의 수, 하나의 특정한 수치나 값에 at이 쓰입니다.

87-10] These are sold **at 500 won** apiece.
87-11] I drove my car **at full speed**.

87-10] 이것들은 한 개에 500원에 팔린다. [87-11] 전속력으로 차를 몰았다.

87-10] 예 Water boils at 100℃. 물은 100도에서 끓는다.
They were selling popcorn and coke at rip-off prices.
그들은 팝콘과 콜라를 바가지요금에 팔고 있었다.
I bought it at half-price[a good price]. 그것을 반값에[좋은 가격에] 샀다.
(at a reduced price 할인된 가격으로)
at the rate of 10 miles an hour 시속 10마일 속도로

▶ 특정한 수: "중간고사 때 수학 몇 점 맞았니?" "85점이요." — 이때의 85점은 ('높고 낮고'가 아닌, 다시 말해 복수 의미가 아닌) 0점부터 100점 중 한 점수를 뜻합니다. (0~100 사이의 숫자 중 유일) 특정한 수는 수의 크기와 상관없는, 수많은 수 가운데 한 수를 뜻합니다.

87-11] 최대치도 – 어떤 수치든 – 한 점의 수고, 하나의 특정한 수치입니다.
예 It'll cost at least 50 dollars. 그것은 최소한 〉적어도 50달러는 할 것이다.
(at most[best] 최대한으로 잡아, 많아 봐야, 기껏해야)
I was listening to the music at full blast. 음량을 한껏 올려 음악을 듣고 있었다.
The cherry blossoms are at their best[at their most beautiful in May].
벚꽃이 활짝 피었다[벚꽃은 5월에 가장 아름답다].
at a high rate[salary/interest] 높은 비율[월급/이자]로
at first[last] 처음에[마지막에, 마침내] / at all 전혀

'특정한 경우'를 말할 때도 at을 쓸 수 있습니다.
at worst 최악의 경우에 / at any cost 무슨 일이 있어도, 반드시 (= at all costs)
at any rate 어쨌든 / at will 마음대로

목표 · 목적

총은 여러 곳을 동시에 겨눌 수 없고, 아무 데나 조준하지 않습니다. 한 곳만 겨눌 수 있고, 표적을 조준합니다. 표적은 한 점의 at과 잘 어울립니다. 표적은 '목표 · 목적'의 의미로 풀이됩니다.

87-12] He took <u>aim at</u> the mark and fired.
87-13] Don't <u>look at</u> me!

87-12] he는 표적을 조준해 사격했다. [87-13] 날 쳐다보지 말라고!

87-12] at은 '목적성'을 지닙니다.

    예 The gun was aimed at the boar's head.
        총은 멧돼지의 머리를 (맞히려고) 겨누고 있었다.

    The government is aiming at a 50% reduction in unemployment.
        정부는 실업률 50% 감소를 목표로 하고 있다.

    shoot at …을 겨냥해 쏘다 / bark at …에게 짖어 대다

    Knock at[on] the door before entering the room.
        방에 들어오기 전에 문을 노크하시오. (접촉의 on이므로, on은 강도가 약한 느낌)

    A drowning man will catch at a straw. 물에 빠진 사람은 지푸라기라도 잡는다.

    He's good[bad] at tennis. he는 테니스를 잘 친다[잘 치지 못한다].

  ▷ to와 비교

    예 The shepherd boy threw a stone at the wolf.
        양치기 소년은 늑대에게 (맞히려고) 돌을 던졌다.

    I threw a ball to the dog. 개에게 (가지고 놀라고) 공을 던져 주었다.

    He shouted at me in anger. he는 화가 나 나에게 (들으라고) 고함쳤다.

    He shouted to me. he는 나에게 (들리도록) 소리쳤다.]

87-13] 예 Don't stare[glare] at me like that. 날 그렇게 쳐다보지[노려보지] 마.

    The baby smiled at me so sweetly. 아기는 나를 보고 방긋 웃었다.

    He laughed at my hair style. he는 내 헤어스타일을 보고 놀렸다.

생각 더하기 79. in school, at school

[궁금하지 않을 수 없습니다. 'in school'과 'at school'의 차이점은 무엇일까요? 영어사전에서 찾아보니, in은 '재학 중'으로 나오고, at은 '수업 중'으로 나옵니다. 그런데 미국영어는 in 대신 at을 쓴다고 하고 어떤 문법책은 예민하게 구별하지 않는다고 합니다. 차이점이 있으면서 없으니 난감하기만 합니다. 그렇더라도 이제 막 문법에 눈뜨기 시작했다면, 학습자답게 구별해야 하는 상황에서는 구별해야 합니다.]

잠시, '에'와 '에서'의 쓰임을 살펴보겠습니다.

① NOT 철수는 (그때) 학교에서 있었다.
② NOT 철수는 (그때) 학교에 공부했다.
③ 철수는 (그때) 학교에 있었다.
④ 철수는 (그때) 학교에서 공부했다.

①②는 부자연스럽고, ③④는 자연스럽습니다. 직감적으로, 확연히 구별됩니다. 그런데 문제는 ⑤⑥입니다.

⑤ 그 사람들은 (지금) 부산에 산다.
⑥ 그 사람들은 (지금) 부산에서 산다.

⑤⑥은 둘 다 자연스럽습니다. '에'와 '에서'를 구별하지 않아도 의사소통에는 지장이 없습니다. 하지만 뉘앙스가 다릅니다.

'에'는 in에, '에서'는 at에 해당합니다. 'in[에]'은 단순히 처소만 나타내지만, 'at[에서]'은 그렇지 않습니다.

③ He was in school. 학교에
- 공간의 in. 범위·영역으로 인식되는 학교
  예 He's in school now.
  he는 지금 '학교에' 있는 상태다. 〉재학 중이다.
- 단순히 처소만 나타낼 때는 in을 씀
  예 There are many flowers in the garden.
  정원에 많은 꽃들이 있다. (정원: 많은 꽃들이 있는 장소)
  The country is situated in the northern part of Europe.
  그 나라는 유럽 북부에 위치해 있다.

at은 '활동·행위가 이루어지는' 처소를 나타냅니다. 이유는 at이 '목적성'을 지니기 때문입니다.

④ He studied at school. 학교에서
- 목적의 at. 학습 활동을 하는 곳으로 인식되는 학교
  study는 목적이 있는 학습 활동. 목적의 at과 잘 어울림
- 목적이 있는 '활동·행위'를 하는 처소 앞에는 at을 씀
  예 He's at school now.
  he는 (학생으로서) '학교에서' 공부하고 있다. 〉수업 중이다.
  a student[professor] of physics at Harvard University
  (학습[연구] 활동을 하는) 하버드 대학 물리학과 학생[교수]
  ★ 장소 본래의 목적 ☞ ❸ p. 154

⑤ They live in Busan. 부산에
- 살고 있는 곳이 부산. 위치나 장소만 나타냄
  ('밥은 식탁에 먹어라.', '그 친구는 부산에 사업한다.' – 부자연스러움)

⑥ They live at Busan. 부산에서
- 어떤 목적을 이루기 위해 활동하는 곳으로서의 부산
  ('밥은 식탁에서 먹어라.', '그 친구는 부산에서 사업한다.' – 자연스러움)

FROM

■ **기점의 from**

'X from Y'에서, from은 '기점(起點)'을 의미합니다. (기점: 어떤 것이 처음으로 시작되거나 일어나는 곳)

　개념1 ■ 기점: X가 Y로부터 시작되거나 일어남

예문88은 기점의 from이 쓰인 문장입니다.

> 시작점·출발점

88-1] We're open <u>from 9</u> to 5. [시작점]
88-2] We've known each other <u>from childhood</u>. (from = since)
88-3] How far is it <u>from Seoul</u> to Busan? [출발점]
88-4] The chandelier hangs <u>from the ceiling</u>.
88-5] "<u>Where are you from</u>?" (= Where do you come from?) [출신지]
　　　"I'm <u>from Seattle</u>." (= My hometown is Seattle.)

　88-1] 가게는 9시부터 5시까지 영업합니다. [88-2] 우린 어릴 적부터 아는 사이야. [88-3] 서울에서 부산까지 거리가 얼마나 되나요? [88-4] 샹들리에가 천장으로부터 〉 천장에 매달려 있다. [88-5] "고향이 어디세요?" "시애틀이에요."

88-1] 예 I'm on leave from August first. 8월 1일부터 휴가다.

He lived from 1775 to[till] 1845. he는 1775년부터 1845년까지 살았다.

from morning[Monday] to night[Friday] 아침[월요일]부터 밤[금요일]까지

from now on 지금부터 계속 / from that day on 그날 이후로 죽

from day to day 하루하루

88-3] 예 I'll start from here. 여기서부터 할게.

Some apples fell from the tree. 사과 몇 개가 나무에서 떨어졌다.

The moon came out from behind the clouds. 달이 구름 뒤에서 나타났다.

The light slowly changed from green to blue.
빛은 서서히 초록색에서 파란색으로 변했다.

I'll try to translate from English to Spanish. 영어를 스페인어로 번역해 볼게요.

Things went from bad to worse. 사태가 점점 악화되었다.

from door to door 집집마다 / from place to place 여기저기에

('from ... to ...' 구문은 보통 관사 생략)

rise from office boy to director 사환에서 이사로 승진하다

88-4] ▷ on과 비교

예 There's a light on the ceiling. 천장에 전등이 (붙어[매달려]) 있다.

(연결에 초점이 있으면 on을 씀 - 전등이 천장 바로 밑에 붙어 있을 수도 있고
선으로 이어져 매달려 있을 수도 있음)

88-5] be from: '출신 국가 (출신지)', '고향 (출생지)'를 뜻합니다. (come from: 영국 귀족과 같은 '사회적 출신지'도 나타냅니다.)

예 He comes from the nobility of England. he는 영국 귀족 출신이다.

They come from totally different cultures. 그들은 완전히 다른 문화 출신이다.

(graduate from a prestigious university. 명문대를 졸업하다)

과거시제로 말하면 여기 오기 전에 있던 '출발지'를 뜻하게 됩니다.

예 "Where did you come from?" "I came here from Seattle."
"어디서 왔나요?" (출신지를 묻는 말이 아님) "시애틀에서 왔어요." (출발지가 시애틀)

▷ 소속의 of와 비교

예 a man from Rome 출신지가 로마인 남자, 또는 출발지로 로마에서 온 남자

a man of Rome 로마에 속한 남자 〉 로마 출신의 남자 (아는 출신지만)

출처·근원

88-6] I heard the news <u>from your sister</u>. [출처]

88-7] These oranges are <u>from America</u>. [원산지]

88-8] Bread is made <u>from flour, water, and yeast</u>. [근원]

88-9] Judging <u>from my experience</u>, ... [근거]

88-6] 네 여동생한테서 그 소식을 들었다. [88-7] 이 오렌지는 미국산이다. [88-8] 빵은 밀가루, 물, 이스트로 만들어진다. [88-9] 내 경험으로는 ...

88-6] 예 Have you heard from Betty lately?
　　　　근래에 베티로부터 〉 베티한테서 소식 들었니? 〉 연락 있었니?

　　　　He inherited a huge fortune from his father.
　　　　he는 아버지에게서 막대한 재산을 물려받았다.

　　　　They stole one hundred thousand dollars from the bank.
　　　　그들은 은행에서 10만 달러를 훔쳤다.

　　　　Many English words are derived from Latin.
　　　　많은 영어 단어가 라틴어에서 파생되었다.

　　　　quotations from the Bible 성경에서 따온 인용문

88-8] 예 Any river starts from a spring. 어떤 강이든 샘에서 시작한다.

　　　　make it from curiosity 호기심에서 〉 호기심으로 그것을 만들다 (from = out of)

　　▷ 구성의 of와 비교

　　　　예 Cheese is made from milk. 치즈는 우유로부터 〉 우유로 만들어진다.
　　　　　　(치즈가 시작된 〉 나온 곳이 우유, 치즈의 출처가 〉 근원이 우유, 원료를 의미)

　　　　This toy is made of plastic. 이 장난감은 플라스틱으로 만들어졌다.
　　　　　　(장난감이 플라스틱으로 이루어져 있음. 플라스틱은 장난감의 구성물, 재료를 의미)

88-9] 예 From the way he is walking, he seems to be drunk.
　　　　걸음걸이로 봐서는 (판단하건대) he가 취한 것 같다.

　　　　From what I heard, ... 내가 들은 바로는 ...

이유 · 원인

88-10] I noded off <u>from tiredness</u>.
88-11] The polar bear died <u>from hunger</u>.
88-12] The accident resulted <u>from his carelessness</u>.

88-10] 피곤해 깜박 졸았다. [88-11] 북극곰은 굶어 죽었다. [88-12] 사고는 그이의 부주의로 일어났다.

88-10] 졸음의 출처가 피곤함 〉 피곤함에서 기인한 졸음 — 이때의 이유 · 원인은 '기인(起因)'을 뜻합니다. (기인: 일이 일어나게 된 까닭, 어떤 것에 원인을 둠) 과로나 부상이 이유면 보통 from을 씁니다.

   예 I'm very tired from overwork[staying up all night].
      he는 과로로[밤샘 작업으로] 몹시 피곤하다.

   Your illness comes from the wound[drinking too much].
      당신이 걸린 병은 부상에서[과음에서] 비롯된 것입니다.

88-11] 죽음의 출처가 굶주림 〉 굶주림에서 기인한 죽음

   예 Many people in Africa are suffering from want of food.
      아프리카에서는 많은 사람들이 식량 부족으로 고통 받고 있다.

  ▷ 소유의 of와 비교

     예 He died of cancer.
        he는 암을 소유한 상태에서 〉 암을 가지고 〉 암으로 죽었다.

    ★ 이유 · 원인의 with ☞ p. 262 / ★ 이유 · 원인의 for ☞ p. 289

88-12] 사고는 부주의에서 기인함, 부주의가 사고의 원인

  ▷ 'result in'과 비교 ☞ p. 352

     예 His carelessness resulted in the accident.
        그이의 부주의가 사고를 초래했다.
        (the accident: 부주의의 결과, 결과의 내용이 사고)

격리·분리

"떨어져 있어라." 이때 꼭 필요한 말이 '어디서[어디로]부터'입니다. 다시 말해, 떨어지기 시작한 곳을 나타내야 합니다. '격리·분리' 등과 관련해, 이 시작점을 from으로 나타냅니다.

88-13] My school is far from my house. [격리]
88-14] The miner separated gold from sand. [분리]
88-15] My mom kept me from going there. [금지 > 삼가]
88-16] It'll protect your skin from the sunlight. [차단 > 보호]

88-13] 학교는 집에서 멀리 떨어져 있다. [88-14] 광부는 모래에서 금을 가려냈다. [88-15] 엄마는 나를 그곳에 못 가게 하셨다. [88-16] 그것이 햇빛으로부터 당신의 피부를 보호해 줄 것입니다.

88-13] 예 It's a long way from here. 그곳은 여기서 멀다.
He lives apart from his wife. he는 아내와 별거하고 있다.
He's considering a divorce from his wife. he는 아내와 이혼을 고려하고 있다.
He's to retire from politics in September. he는 9월에 정계를 은퇴할 예정이다.
be absent from school 학교에 결석하다

88-14] 예 I cut away the dead wood from a tree. 나무에서 죽은 가지를 잘라버렸다.
Does he recover from his illness? he는 병으로부터 > 병이 회복되었나요?
I'm free from debt. 빚으로부터 > 빚에서 자유롭다. > 빚이 없다.

88-15] 어떤 행동으로부터 '분리 > 금지 > 삼가', 또는 '분리 > 차단 > 보호'
예 You must keep the secret from others.
다른 사람들로부터 비밀을 유지해야 한다. > 다른 사람들에게 비밀로 해야 한다.
Bad weather prevented us from starting. 우리는 악천후로 출발을 하지 못했다.
My wife will stop me from going fishing. 아내가 낚시 가는 것을 막을 거야.

I couldn't hardly keep myself from laughing after seeing that.
그것을 보고 웃음을 참지 못했다.

The law prohibits minors from smoking. 법률은 미성년자의 흡연을 금하고 있다.

The doctor told me to abstain from drinking. 의사는 내게 술을 삼가라고 했다.

88-16] 예 My mom kept me from harm.
엄마는 내가 해를 입지 않도록 보호했다.

The parents wanted to shield their children from school violence.
부모들은 학교 폭력으로부터 자녀가 보호 받기를 원했다.

The lifeguard saved the child from drowning.
수상 안전요원은 아이를 익사에서 구했다.
(수동문: The child was saved from drowning by the lifeguard.)

구별 · 차이

섞여 있으면 잘 안 보이다가, 서로 떨어지면 잘 보이게 되고 구별도 됩니다. 또한, 차이도 알 수 있습니다.

88-17] Can you <u>tell</u> Jane <u>from</u> her twin sister? [구별]

88-18] My opinion is <u>different from</u> yours. [차이]

88-17] 제인을 쌍둥이 동생과 구별할 수 있니? [88-18] 내 의견은 네 의견과 달라.

88-17] 예 It's not easy to distinguish good from evil. 선악을 구분하는 것은 쉽지 않다.
Reason distinguishes men from animals. 이성은 인간을 동물과 구별 짓는다.

88-18] 예 I found my hometown much changed from what it used to be.
고향이 예전과 많이 달라진 것을 알았다.

It's far from true[my intention].
그것은 진실과[내 의도와] 거리가 멀었다. 〉 달랐다.

| 생각 더하기 | 80. 무생물 주어 |

① If I drink coffee, I can't sleep.
  커피를 마시면 잠이 안 온다.
  – 문법적으로 문제될 것이 없는, 흔히 쓰는 표현
  예 There are about twenty teachers in our school.
    우리 학교는 선생님이 스무 분쯤 계신다.
    If you walk an hour, you'll get to the station.
    한 시간을 걸으면, 역에 도착할 것입니다.
    Because it rained, I couldn't go out.
    비가 와서 외출할 수 없었다.

② **Coffee** keeps me awake. [무생물 주어]
  예 Our school has about twenty teachers.
    An hour's walk will take you to the station.
    The rain prevented me from going out.

②는 주어가 '무생물'입니다. ①과 같은 내용인데, 영어답다고 할까요, 영어스럽다고 할까요? 간결하면서 세련된 느낌을 줍니다. 영어의 특성 중 하나로, 영어는 무생물을 주어로 한, 이른바 '물주구문'을 즐겨 씁니다.

[반면에, 국어는 수동문과 더불어 물주구문도 즐겨 쓰지 않습니다. 당연히 우리에게는 물주구문이 낯설게 느껴질 수밖에 없습니다. 의식적으로 물주구문을 즐겨 써야겠습니다.]

- <u>My poverty</u> prevented me from going to college.
  가난이 대학 진학을 막았다.
  (= Because of my poverty, I couldn't go to college. /
   Because I was poor, I couldn't go to college. /
   I was so poor that I couldn't go to college. /
   I was too poor to go to college.)

물주구문은 대개 '이유·원인, 조건, 시간' 등 부사적 의미로 해석됩니다.

- <u>The heavy snow</u> delayed the arrival. [이유·원인]

  폭설은 도착을 지연시켰다. 〉 폭설로 도착이 지연되었다.

  (= As it snowed heavily, the arrival was delayed.)

  예 Your advice enabled me to avoid the danger.

  네 충고가 위험을 피할 수 있게 했다. 〉

  네 충고 덕분에 위험을 피할 수 있었다.

  (= Thanks to your advice, I could avoid the danger.)

  What made you so angry?

  무엇이 널 그렇게 화나게 했니? 〉 왜 그렇게 화났니?

  (= Why are you so angry?)

  What brought you here?

  무엇이 널 여기로 데려왔니? 〉 여기 어쩐 일이니?

  (= Why did you come here?)

- <u>This road</u> will take you to the park. [조건]

  이 길이 공원까지 데려다 줄 겁니다. 〉 이 길을 따라가면 공원이 나올 겁니다.

  (= If you follow this road, you'll get to the park.)

  예 This medicine make you feel better.

  이 약은 너를 나아지게 만들 거야. 〉 이 약을 먹으면 나아질 거야.

  (= If you take this medicine, you'll feel better.)

- <u>This picture</u> reminds me of the good old days.

  [시간] 이 사진은 그리운 옛날을 상기시킨다. 〉

  이 사진을 보면 그리운 옛날이 생각난다.

  (= When I see this picture, I remember the good old days.)

  예 An hour's walk up the hill took me to the top.

  언덕 위로 한 시간의 도보가 정상으로 데려갔다. 〉

  언덕 위로 한 시간을 걸어 정상에 도착했다.

  (= After an hour's walk up the hill, I got to the top.)

AWAY

- **멀어짐, 멂의 away (from)**

'X away from Y'에서, away는 '멀어짐/떨어짐'을 의미합니다.

개념 ■ X가 멀어지거나 떨어져 있음 [away]
　　　 X가 Y로부터 멀어지거나 떨어져 있음 [away from]

주의! away는 '멀어져/떨어져'라는 뜻의 부사입니다. (부사는 목적어를 취하지 못하므로) away가 목적어를 취하려면, 다시 말해 어디부터 멀어졌는지 멀어진 곳[Y]을 말하려면, 전치사 'from'를 써야 합니다.

예문89는 멀어짐/떨어짐의 away (from)이 쓰인 문장입니다.

89-1] He's away from the office.
89-2] Go away! (= Get away!)
89-3] Keep away from the edge of the cliff.
89-4] Why did you turn away from me?

　　[89-1] he는 사무실로부터 멀어져 있습니다. 〉 부재중입니다. [89-2] 저리 개! 〉 꺼져! [89-3] 절벽 끝으로부터 떨어져 있어. 〉 절벽 끝으로 가까이 가지 마. [89-4] 왜 나로부터 멀어졌니? 〉 나에게 등을 돌렸니? 〉 외면했니?

89-1] 예 Please don't go away from me again. 다시는 날 떠나지마.

There were three children away yesterday. 어제 아이들 3명이 결석했다.

He ran away from home at the age of eighteen.
he는 18살에 집으로부터 멀리 달아났다. 〉 가출했다.

I just want to get away from this city life. 이 도시 생활에서 좀 벗어나고 싶어.
(변화의 get+away: 멀어지는 상황으로 되다 〉 어떤 상황에서 벗어나다)

He took a trip to break away from everyday life.
he는 일상을 벗어나 여행을 떠났다.

89-2] 예 How far away is the gas station?
주유소가 얼마나 떨어져 있나요? 〉 얼마나 머나요?

The station is a long way from here. 역은 여기서 멀리 떨어진 곳에 있습니다.
(be two kilometers[five minutes' walk] away 2킬로미터[도보로 5분] 떨어진 거리에)

There's another gas station not far away.
멀지 않은 곳에 다른 주유소가 있습니다.

거리상 '멂'은 시간상 '오래 걸린다'는 느낌을 줍니다.

예 Christmas is two weeks[still months] away.
크리스마스가 2주[아직 여러 달] 떨어져 있다. 〉 남았다. (많이 남은 느낌)

He's been away from work for several weeks.
he는 몇 주 동안 결근하고 있다. (오랫동안 결근한 느낌)

The manager will be away on business until May 7th.
매니저는 5월 7일까지 출장으로 자리를 비울 것입니다.

잠깐 자리를 비우거나 잠시 외출하는 경우에는 out을 씁니다.

예 He's out for lunch now. he는 지금 식사하러 나갔습니다.

89-3] 예 Please keep the children away from the fire.
아이들을 불로부터 멀어져 있게 〉 불 가까이 못 가게 하세요.

You have to stay away from fatty foods.
기름진 음식을 멀리해야 합니다.

89-4] 예 When I stared at her, she looked away.
내가 노려보자, she는 고개를 돌렸다. 〉 외면했다.

I couldn't stand the cruel spectacle and looked away.
잔인한 광경을 견딜 수 없어 눈길을 돌렸다.

소멸·제거

비행기가 하늘로 날아오릅니다. 시야에서 '서서히' 멀어집니다. '멀어짐'은 결국 '사라짐'입니다. '소멸'입니다. 소멸하되, 조금씩 '점진적으로' 소멸합니다. ('점진적', away의 중요한 속성입니다.)

89–5] The candle <u>burned away</u>.
89–6] We should <u>do away with</u> nuclear weapons.
89–7] The grandmother <u>passed away</u> last year.

89–5] 촛불이 다 타 없어졌다. [89–6] 우리는 (보유하고 있는) 핵무기를 없애 버려야 한다. 〉폐기해야 한다. [89–7] 작년에 할머니께서 돌아가셨다.

89–5] 촛불은 순간적으로 녹지 않습니다. 차츰차츰, 서서히 녹습니다.

예 The sun rose and the snow soon melted away.
해가 뜨자 이내 눈이 (시나브로) 녹아 없어졌다.

The music faded away. 음악 소리가 (점차) 줄어들었다.
The water boiled away. 물이 다 졸아 들었다. (물이 점차 줄어 없어짐)
The soles on my shoes had worn away. 신발 밑창이 다 닳아 없어졌다.

▷ out과 비교

예 The fire had burnt out before the fire engines arrived.
불은 소방차가 오기 전에 다 탔다. 〉꺼져 있었다.
(화재 상황 종료, 종료에 초점이 있음. '점진적'이라는 느낌은 없음)

It's better to burn out than fade away.
서서히 사라지는 것보다 한 번에 타버리는 것이 낫다.
(고통스럽게 서서히 죽는 것보다 한 번에 죽는 것이 낫다.)

89–6] 때로는 소멸을 시킬 수도 있습니다. '제거'의 의미로 쓰입니다.

예 Put your toys away. 장난감을 (다른 데로) 치워라.
wash away 씻어 버리다 ('씻다'가 아닌, 제거의 의미를 더해 '씻어 버리다')
cut away 베어 내다 / wipe away 닦아 내다 / put away (멀리) 치우다

89-7] ▶ pass away 사망하다: 완곡한 표현으로 우리말 '돌아가시다'에 해당됩니다. 한편 생명에 지장을 주는 내적 요인 '질병·기아, 노령·부상' 등으로 사망하면, 주로 'die of[from]' 으로 표현합니다. 의지와 상관없는 외적 사건 '사고·전쟁·천재지변' 등으로 사망하면, 대개 수동구문 'be killed by'로 표현합니다.

예 He died of cancer. he는 암으로 죽었다.
　　He was killed by an electric shock. he는 감전으로 죽었다. 〉감전사했다.

계속

불 위에 펄펄 끓고 있는 주전자, 수증기가 뿜어져 나오고 있습니다. 다시 말해, 수증기가 away하고 있습니다. 수증기 발생은 (일회성으로 그치는 일이 아니라) 계속되는 일입니다. away에는 끊이지 않고 이어 나가는 '계속'의 의미가 들어 있습니다.

89-8] The coastline is being <u>eaten away</u> year by year.
89-9] They've been <u>hammering away</u> all day.

89-8] 해안선이 매년 계속 침식되고 있다. [89-9] 그들은 온종일 계속 망치질을 하고 있다.

89-8] 예 The water was bubbling and boiling away. 물이 보글보글 계속 끓고 있었다.
　　Ask away. (대답해 줄 때까지) 자꾸 물어봐.

89-9] 예 He was pounding away at his computer.
　　　he는 연신 컴퓨터를 두드리고 있었다.
　　She was singing away to herself in the bath.
　　　she는 욕조에서 줄곧 콧노래를 부르고 있었다.
　　We danced the night away. 우리는 밤새도록 춤을 추었다.
　　work away 열심히 일하다 (계속 〉꾸준히 〉열심히)

AWAY

UP ↔ DOWN

■ 상승의 up

'X up Y'에서, up은 '상승'을 의미합니다.

　　개념 ■ 상승: X가 위로 올라감 (이때의 up은 부사: 위로)

예문90은 상승의 up이 쓰인 문장입니다.

90-1] The sun <u>came up</u> at 7 in the morning.
90-2] <u>Pick up</u> the phone.

　　90-1] 해가 아침 7시에 떴다. [90-2] 수화기를 집어 올려라. 〉전화 받아라.

　　90-1] 예 Look up at the sky. 하늘을 올려다봐라. [하늘을(at) 보되(look), 올려다봄(up)]
　　　　　　He's up in the tree. he는 나무 위에 올라가 있다. [나무에(in) 있되(is), 올라가(up) 있음]
　　　　　　The sun was already up when I set off. 출발할 때, 해는 이미 떠 있었다.
　　　　　　The sun rose up over the horizon. 해가 지평선 위로 떠올랐다.
　　　　　　The diver came up for air. 다이버는 숨을 쉬려고 수면 위로 올라왔다.
　　　　　　Why did you stay up all night? 왜 밤새 일어나 있었니? 〉안 자고 있었니?
　　　　　　get[stand/jump] up 일어나다[일어서다/뛰어오르다]

　　90-2] 'the phone'은 up의 목적어가 아닙니다. 'pick up'의 목적어입니다.
즉 'pick up'은 구동사로, 한 단어와 같은 하나의 타동사구입니다.

　　　　　예 Pull up your socks. 양말을 끌어올려라. (= Pull your sock up.)
　　　　　　blow up the fire (불어서) 불을 일으키다 / put up a tent 텐트를 세우다 〉치다

▶ put up with ···을 참다: 잘 안 쓰는 물건은 선반 위나 장롱 위에 올려놓듯이 '위에 올려놓음 〉 안 씀 〉 안 함 〉 참음'으로 풀이됩니다.

예 I can't put up with your rude behavior any more.
무례한 네 행동과 관련해(with) 〉 네 행동을 더는 참을 수가 없다.

성장·증가

나무의 키가 올라간다는 말은 곧 나무가 성장한다는 뜻입니다. 성장은 여러 의미로 확장됩니다.

90-3] He wants to be a pilot when he <u>grow up</u>. [성장]
90-4] We need to <u>step up</u>. [발전]
90-5] The train suddenly began to <u>slow up</u>. [증가]

90-3] he는 커서 조종사가 되고 싶어 한다. [90-4] 우리는 발전할 〉 분발할 〉 노력할 필요가 있어. [90-5] 기차는 갑자기 속도를 줄이기 시작했다.

90-3] 예 He was brought up by his aunt. he는 고모 손에 컸다.

90-4] 예 Cheer up! 기운 내!

90-5] 감속은 감소량의 증가입니다. (가속은 증가량의 증가)
예 Will you turn the volume up? 소리 좀 높여 줄래?
(speak up 더 크게 말하다 〉 큰소리로 말하다)
The fare has gone up by two dollars. 요금이 2달러 올랐다.
The wind is getting up. 바람이 세지고 있다.
Pump the tires up before you set off. [팽창]
출발 전에 타이어에 바람을 넣어라.

출현 · 발생

새싹이 흙을 뚫고 땅 위로 올라왔습니다. 새싹이 나타났습니다. '출현'의 의미로 up이 쓰입니다. 출현은 여러 의미로 확장됩니다.

90-6] The azaleas are just beginning to <u>come up</u>. [출현]
90-7] What's up? (= How are you doing?) [발생]

90-6] 진달래가 막 피기 시작했다. [90-7] 무슨 일이야? 〉 요즘 어때?

90-6] 예 The full moon is up. 보름달이 나타났다. 〉 떴다.
"I've lost my key." "Don't worry. It'll turn up."
"열쇠를 잃어버렸어." "걱정 마. 어디선가 나타날 거야. 〉 나올 거야."
Two members didn't show up yesterday.
어제 회원 두 명이 나타나지 않았습니다. 〉 나오지 않았습니다.
The movie "Avatar" is coming up soon. 영화 아바타를 곧 상영해요.

90-7] 예 Can't you think up a better plan than that? [발상]
저것보다 나은 계획은 생각해 낼 수 없니?
The volcano unexpectedly blew up. [폭발] 화산이 갑작스럽게 폭발했다
The building was blown up by terrorists. 빌딩은 테러범들 손에 폭파되었다.
I'll post up the notice on a board tomorrow morning. [공고]
내일 게시판에 게시물을 붙일 거야. (post up = pin up)

▶ close-up 근접 촬영: 산을 멀리서 보면 낮아 보이지만, 가까이 가면 산이 높아 보입니다. 높아지니, 상승하니, 이 또한 up의 상황입니다. 산에 '가까워질수록' 산이 높아짐 이렇듯 up에는 '근접'의 의미가 들어 있습니다.

예 Keep up with the times. 시대에 근접한 상태를 유지해라. 〉 뒤떨어지지 마라.
Go on ahead. I'll catch up with you. 먼저 가. 곧 따라잡을게. 〉 따라갈게.
A car drove up and she got in. 차 한 대가 다가오자 she가 탔다.
close-up pictures of Saturn 토성을 근접 촬영한 사진들

완결 · 강조

한정된 공간에서 up하면 결국, 더는 올라 갈 곳이 없어집니다. 완결됩니다. 완결에 완결을 더해 강조도 합니다. ☞ p. 338, 363

90-8] Time <u>is up</u>. [완결]
90-9] "<u>Hurry up</u>!" "I'll soon <u>finish</u> it <u>up</u>." [강조]

90-8] 시간이 다 됐다. 〉시간 종료 [90-9] "서둘러!" "곧 끝낼 거야."

90-8] 예 Would you please fill up the tank[tires]?
연료통에 연료를[타이어에 바람을] 완전히 〉가득 넣어 주세요.
We need to fix up the house. (완전히 〉 전체적으로) 집수리를 해야겠어요.
It's all up with us now. 우리는 이제 끝장났다.
The ship broke up on the rocks. 배는 좌초로 박살났다.
eat[drink] up 다 먹다[마시다] / use up 다 쓰다 / pay up 다 갚다
tie up 단단히 묶다 / dry up 바싹 마르다 / tear up 갈기갈기 찢다

90-9] up이 hurry와 finish의 의미를 강조하고 있습니다.
예 I locked up the house and went out. 문단속을 철저히 하고 외출했다.
He'll end up in prison. he는 끝내 철창신세를 지고 말 것이다.

▶ give up 항복하다, 포기하다: 'give up'에서 up은 ('위로'가 아닌) '완전히'를 뜻합니다. 총도 주고 칼도 주고 완전히 다 주었습니다. 항복한 것이고, 비유적으로 포기한 것입니다.
예 I won't give up easily. 쉽게 포기하지를[그만두지] 않겠다.
He threw up his job yesterday. he는 어제 일을 때려치웠다.

▶ make up for 보충하다: '완전히 만듦 〉 보충함'
예 I'll work overtime at night to make up for the lost time.
야근해서 허비한 시간을 보충하겠습니다. [허비한 시간에 상응하는(for) 보충]
make up …을 이루다[형성하다], (여러 가지를 모아서) …을 만들다, 화장하다

up은 주로 부사로 쓰입니다. 아래는 전치사로 쓰인 up입니다.

개념 ■ 상승: X가 Y 위로 올라감 (이때의 up은 전치사: 무엇의 위로)

- We walked slowly up the hill.
  우리는 천천히 언덕 위로 〉언덕을 걸어 올라갔다.
  예 I climbed up a tree to get a better view. 더 잘 보려고 나무 위로 올라갔다.
  The otter swam up the river. 수달은 강 위로 〉 상류로 헤엄쳤다.
  He lives up the street. he는 이 길을 올라가 〉 이 길 끝에 산다.
  (at이 아닌 up을 썼으므로, 시선이 아랫길에서 윗길로 이동하는 느낌을 줌)

▣ UP TO

'X up to Y'는 X가 'up해서' Y에 '붙음[to]'입니다. 이때의 Y는 이르거나 다다른 곳입니다. '한계점'이나 '최대치'로 풀이됩니다.

- The water came up to my neck. 물은 목까지 차올랐다.
  예 The wild geese flew up to the sky. 기러기가 하늘 위로 〉 하늘로 날아올랐다.
  The temperature is expected to climb up to 38℃ this afternoon.
  오늘 낮 기온이 38도까지 올라갈 것으로 예상됩니다.
  My mom lets me watch up to two hours of TV a day.
  우리 엄마는 하루에 2시간까지 TV를 볼 수 있게 하셔. (up to midnight 한밤중까지)
  I didn't think it was up to your usual standard.
  그것은 네 평소 수준에 미치지 못한 것 같았다.
  up to 3 people 3명까지 / up to ten years 10년까지 / up to date 현재까지

- A stranger came up to me. 낯선 사람이 다가왔다. (내게 이르러 붙음)
  예 I look up to my parents. 부모님을 존경한다. (바라봄이 부모님에게 다다라 붙음)
  It's up to you. 그것은 너에게 달렸다. (너에게 이르러 붙음)

■ 하강의 down

'X down Y'에서, down은 '하강'을 의미합니다.

개념 ■ 하강: X가 아래로 내려감 (이때의 down은 부사: 아래로)

예문91은 하강의 down이 쓰인 문장입니다.

91-1] Betty <u>isn't</u> <u>down</u> yet.
91-2] <u>Leave</u> the blind <u>down</u>.

91-1] 베티는 아직 내려오지 않았다. [91-2] 블라인드를 내린 채로 놔둬라.

91-1] 예 She lives two floors down from me. she는 우리 집보다 2층 아래에 산다.
　　　　　He was down on his back on the floor. he는 바닥에 드러누워 있었다.
　　　▶ be down[up]: 아래로 내려와[위로 올라가] 있음 (내려온[올라간] 상태에 있음)

91-2] 예 Put your gun down on the floor. 총을 바닥에 내려놓아라.
　　　　　(lay down 내려놓다 / threw down 패대기치다 / write down 적어 놓다)
　　　　Please sit down. 앉으세요.
　　　　　[lie down 눕다 / bend down 숙이다 / upside down (위가 아래로) 거꾸로, 뒤집혀]
　　　　I fell down from a tree. 나무에서 떨어졌다.
　　　　　(roll down 굴러 내리다 / jump down 뛰어 내리다)
　　　　What goes up must come down.
　　　　　올라간 것은 내려오기[떨어지기] 마련이다.
　　　　The custom has come down to us from our ancestors.
　　　　　그 풍습은 우리 선조로부터 전해 내려온 것이다. (hand down 물려주다)
　　　　He looked me up and down with a suspicious eye.
　　　　　he는 의심의 눈초리로 나를 위아래로 훑어보았다.

하락 · 감소

하강은 '하락 · 감소' 등의 의미로 확장됩니다.

91-3] The exchange rate have <u>gone down</u> recently. [하락]
91-4] Could you <u>turn</u> the TV <u>down</u>? [감소]
91-5] The wind has <u>gone down</u>. [퇴보 > 쇠퇴]
91-6] My brother <u>is down</u> with flu.
91-7] The house was <u>burned down</u> last night. [소멸 > 폐쇄]
91-8] The computer <u>is down</u>. [고장 > 정지]
91-9] Will you <u>nail</u> the board <u>down</u>? [고정 > 정착]

91-3] 최근에 환율이 하락했다. [91-4] TV 소리를 좀 줄여 줄래요? [91-5] 바람이 잠잠해졌다. [91-6] 남동생은 감기로 누워 있다. [91-7] 그 집은 어젯밤 전소되었다. [91-8] 컴퓨터가 고장 났다. > 정지했다. [91-9] 못으로 판자를 고정시켜 줄래?

91-4] 스위치를 '돌려(turn)' TV를 어떻게 해 달라? 소리를 '줄여(down)' 달라.
  예 Keep your speed down. 유지해라. 속도를 아래로. > 속도를 내지 마.

91-6] 예 Calm down. 진정해.
  I've been feeling down lately. 요즘 기분이 좋지 않아요.
  Don't let me down. 나를 실망시키지 마.
  I could not keep down my anger. 화를 누그러뜨릴 수 없었다.
  The challenger knocked down the champion. 도전자는 챔피언을 녹다운시켰다.
  We're already two goals down. 우리는 이미 두 골 뒤져 있다.
  Don't look down on me because I'm young. [비하]
    내가 어리다고 얕보지 마세요. (look down <u>on</u>: 비하는 심적 영향을 끼치는 일이므로 on을 씀 ↔ look up to ★ 영향의 on ☞ p. 326)

91-7] 예 The moon is down. 달이 졌다.

　　　　The theater is about to close down. 극장은 폐관을 앞두고 있다.

　　　　All the dead trees were cut down. 죽은 나무를 모두 베어 넘겼다.

　　　　I'm down to my last dollar. 한 푼밖에 안 남았다. 〉 거덜 났다.
　　　　(down해서 결과적으로 마지막 1달러에 붙음 〉 1달러만 남음)

91-8] 컴퓨터가 'down한 상태에 있다. 〉 고장 나다.'

　　　　예 My car has broken down. 차가 (부서져) 고장 났다.

　　　　The battery has run down. 건전지가 다 되었다.

　　　　[be shut down (기계 등이) 멈추다 / be worn down (신발 등이) 닳다]

91-9] 판자에 못을 박아 판자를 'down해 달라. 〉 고정해 달라.'

　　　　예 I'll settle down in my hometown. 고향에 정착할 거야.

up과 같이, down도 주로 부사로 쓰입니다. 아래는 전치사로 쓰인 down입니다.

　　　　개념 ■ 하강: X가 Y 아래로 내려감
　　　　　　　(이때의 down은 전치사: 무엇의 아래로)

- Climb down the tree right now.
　　　　당장 나무에서 내려와라.

　　　　예 Tears were streaming down my cheeks.
　　　　　　눈물이 뺨을 타고 흘러내렸다.

　　　　The girl's hair comes down to her waist.
　　　　　　그 여자아이는 머리가 허리까지 내려온다.

　　　　Go down this street till you reach the post office.
　　　　　　이 길을 따라 우체국까지 가세요. (시선이 윗길에서 아랫길로 이동하는 느낌을 줌)

OVER ↔ UNDER

■ 상부와 넘음의 over

'X over Y'에서, over는 Y의 '상부'를 의미합니다. 하늘을 올려다보았을 때, 눈에 들어오는 하늘의 모든 영역이 over입니다. over는 (지점이 아닌, 때로는 광범위한) 영역으로 인식됩니다.

> 개념1 ■ 상부: X가 Y 위에 걸쳐 있음
> – 위쪽 부분, 위 영역, 즉 '상부', 영역으로 인식
> 넘음: X가 Y를 넘음 (이동을 뜻하는 동사와 함께)

주의! 'above·below'는 '상하좌우' 할 때의 '상·하'입니다. '상위·하위' 개념으로 위치로 인식됩니다. 'over·under'와 혼동하면 안 되겠습니다.

예문92는 상부와 넘음의 over가 쓰인 문장입니다.

92-1] There was a lamp hanging <u>over the table</u>. [상부]
92-2] The ball flew <u>over the left field fence</u>. [넘음 〉건넘]
92-3] There is a village <u>over the mountain/river</u>.
92-4] I fell <u>over a stone</u>.

92-1] 탁자 위에 램프가 달려 있었다. [92-2] 공은 좌측 담장을 넘어갔다. (홈런) [92-3] 산 넘어/강 건너 마을이 있다. [92-4] 돌부리에 걸려 넘어졌다.

92-1] (over를 '위에'라는 위치로 알면, over는 수렁에 빠지고 맙니다.) over는 단지 위치만 나타내지 않습니다. 탁자 위에 있는 것은 램프라기보다는 불빛입니다. 램프는 탁자 '상위[above]'에 있지만, 탁자 '상부[over]'에 있는 것은 불빛입니다. 위에서 아래로, 불빛이 탁자를 내리 비추는 그림이 그려집니다. (over: 상부 영역 [범위] / above: 상위 지점[위치])

> 예 Look at the moon[rainbow] over the hill. 동산 위에 달을[무지개를] 봐.
> (달이 동산을 굽어보듯, 달빛이 동산을 내리 비추는 장면이 그려짐)
>
> A helicopter circled over the park. 헬리콥터가 공원 상공을 〉 공원을 선회했다.
> (공원 상부 〉 공원 상공. 헬리콥터의 선회 영역, 단순히 위치적 '공원 위'가 아님)

92-2] 공이 담장 상부로 날아감 〉 (이동을 뜻하는 동사와 어울리면) 공이 담장을 넘어감 (포물선을 그리며 담장을 넘어간 공의 궤적이 담장의 상부입니다.)

> 예 The plane flew over the Rocky Mountains. 비행기는 로키 산맥을 넘어갔다.
>
> The thief jumped[climbed] over the wall. 도둑은 벽을 뛰어넘었다[타고 넘었다].
>
> I heard it over the radio. 그것을 라디오로 들었다.
> (라디오 전파를 타고 넘어온 〉 라디오를 통해 〉 라디오로)

92-3] 예 He lives over the river in Richmond. he는 강 건너 리치몬드에 산다.

> Come over here and have a drink. 이리로 건너 와서 술 한잔해.
>
> That's Mike over there. 저기 건너에 있는 친구가 마이크예요.
>
> The old man rowed us over to the other side of the lake.
> 노인은 노를 저어 호수 맞은편까지 우리를 데려다 주었다.

92-4] 공이 포물선을 그리며 담장을 넘어가듯이, (돌에 걸려 돌을 넘게 되는) '넘어지거나 구르는' 모습을, 이와 비슷하게 '굽히거나 뒤집히는' 모습을 over 가 나타냅니다.

> 예 I fell[tripped] over a stone and broke my toe.
> 돌에 걸려 넘어지는 바람에 발가락이 부러졌다.
>
> Try not to knock the vase over. 꽃병을 넘어뜨리지 않도록 해.
>
> Bend over and touch your toes. 허리를 굽혀 손을 발가락에 대 봐.
>
> The car skidded and turned over. 차가 미끄러져 뒤집혔다.
>
> The newspaper was folded over. 신문이 접혀 있었다.

극복

앞서 살펴보았듯이, 상부의 over가 이동을 뜻하는 동사와 어울리면, 'X가 Y의 상부에 있음'은 'X가 Y를 넘음'이 됩니다.

'넘음'은 여러 의미로 확장됩니다. 높이가 있는 담장과 같은 곳뿐 아니라, 비유적으로 어려움이나 고비도 넘을 수 있습니다. 즉 '극복'의 의미로 over가 쓰입니다. (어려움을 넘음 〉 어려움을 극복)

92-5] Have you gotten <u>over your cold</u>?

92-6] I was victorious <u>over my opponent</u>.

92-5] 감기를 극복했나요? 〉 감기가 나았나요? [92-6] 상대를 극복했다. 〉 이겼다.

92-5] 예) My son had a fever last night, but he seems to be over it now.
아들은 간밤에 열이 있었지만 지금은 열을 극복한 것처럼 〉 열이 내린 것처럼 보인다.

She hasn't got over the death of her son yet.
she는 아직 아들의 죽음을 극복하지 〉 아들의 죽음에서 헤어나지 못하고 있다.

It took his ages to get over his illness[financial difficulties].
그이는 병을[재정난을] 극복하는 데 〉 회복하는 데 〉 벗어나는 데 오랜 세월이 걸렸다.

I think we're over the worst of the crisis now.
이제 우리는 최악의 위기를 극복한 것 〉 넘긴 것 같다.

A bell was heard over the noise.
소음을 극복하고 〉 뚫고 종소리가 들렸다.

Bridge over Troubled Water
(험한 세상을 넘는 〉 극복하는) 험한 세상의 다리가 되어

92-6] 예) He was awarded the grand prize over the other nominees. [승리]
he는 다른 후보자를 극복하고 〉 이기고 〉 제치고 대상을 받았다.

> 초과

또한, 기준이나 한계도 넘을 수 있습니다. 즉 '초과'의 의미로 over가 쓰입니다.

92-7] He's <u>over forty</u>, I should think.
92-8] The soup is <u>boiling over</u>.
92-9] Time'<u>s over</u>. (= Time's up.)

92-7] he는 마흔 살이 넘은 거 같은데. [92-8] 수프가 끓어 넘치고 있어. [92-9] 시간을 넘겼다. 〉 시간이 초과되었다. 〉 시간 종료

92-7] 예 It takes over an hour to go there. 그곳에 가려면 한 시간 넘게 걸린다.
This luggage is over 20kg in weight. 이 짐은 무게가 20킬로그램을 초과한다.
There were over fifty applicants for the job. 그 일자리에 지원자가 50명이 넘었다.
It cost over 100 dollars to repair it. 그것을 수리하는 데 100달러가 넘게 들었다.
We stayed in Busan for over a month. 우리는 부산에서 한 달 넘게 머물렀다.
children of 9 and over (9세 포함) 아홉 살 이상 아동 ★ 미만, 이하 ☞ 415
Don't be over polite. [과도] 너무 공손하게 행동해서는 안 된다.

92-8] 예 The river flowed over its bank. 강물이 강둑을 넘쳐흘렀다.
The water spilled over the rim of the glass. 물이 유리잔 가장자리로 넘쳤다.
Is there any food left over? (음식이 초과해) 남은 음식이 있나요?

92-9] 시간을 넘김 〉 시간 초과 〉 시간 종료 (이때의 over는 부사)
예 Game is over. 게임 종료 (= Game Over)
School will be over at five. 수업은 5시에 끝날 거야.
Is the meeting over yet? 미팅 이제 끝났니?
Winter is over and spring has come. 겨울이 가고 봄이 왔다.

양도 · 인수

'X가 Y를 넘음'은 (단순한 장소 이동이 아니라) 강을 건너기 전후와 같은, '이편(X)에서 저편(Y)으로' 넘어가는 것입니다. 이편과 저편은 아군과 적군일 정도로, 때로는 상반된, 서로 다른 세계입니다.

over는 (단순히 건네주는 전달이 아니라) 이편에서 저편으로 넘겨주는 '양도'고, 상대편에서 보면 넘겨받는 '인수'입니다.

92-10] He <u>handed over</u> his business to his son. [양도]
92-11] I <u>took over</u> my father's business last year. [인수]

92-10] he는 자기 사업을 아들에게 넘겨주었다. 〉양도했다. [92-11] 작년에 아버지 사업을 넘겨받았다. 〉인수했다. 〉맡았다.

92-10] 예 Now I'd like to turn it over to you. 이제는 그것을 당신에게 넘기고 싶습니다.
　　　　I handed over the baton to the last runner. 마지막 주자에게 배턴을 인계했다.
　　　　I signed most of my land[all my property] over to my son.
　　　　　땅 대부분을[모든 재산을] 아들에게 양도하는 데 서명했다.
　　　　the prize money carried over from the last lottery
　　　　　지난 회차에서 넘어온 〉이월된 로또 상금
　　　　Please change the wheels over. [위치 변경] 바퀴들을 바꿔 끼워 보세요.
　　　　Over (to you). [차례 변경] (무선 통신에서) 이상/응답 바람) (발언을 상대방에게 넘김)
　　　　The matter was held over until the next meeting. [연기]
　　　　　그 문제는 다음 회의로 넘어갔다. 〉미루어졌다.
　　▷ to와 비교 ★ pass on to ☞ p. 320
　　　　예 She handed the letter to me. she가 나에게 편지를 건네주었다. (단순한 전달)

92-11] 예 The company was taken over by ABC Inc.
　　　　　그 회사는 ABC사에게 인수되었다.

반복 · 강조

'이편에서 저편까지'를 동작이나 행위에 적용하면, '처음부터 끝까지'가 됩니다. 여기에는 '(처음부터 끝까지) 다시 한 번 되풀이'라는 반복의 의미가 들어 있습니다. 한편, '(처음부터 끝까지) 완전히'라는 뜻으로 서술 내용을 강조합니다.

92-12] I saw the movie <u>three times over</u>. [반복]
92-13] The lake was <u>frozen over</u>. [강조]

92-12] 그 영화를 세 번 반복해 봤어. 〉세 번이나 봤어. [92-13] 호수가 완전히 얼었다. 〉꽁꽁 얼어붙었다.

92-12] 예 They sang the song over and over (again).
그들은 노래를 반복하고 반복해 〉여러 번 (다시) 불렀다.

several times over 여러 번 반복해 〉몇 번이나 / all over again 처음부터 다시

92-13] 예 I looked all over the report.
보고서를 샅샅이[꼼꼼히] 살펴보았다.

She showed me over the museum.
she는 나에게 박물관을 구석구석 안내했다.

My shoes were covered over with mud.
신발은 진흙으로 완전히 덮여 있었다. 〉온통 진흙투성이였다.

Always keep a good watch over the kids.
항상 아이들을 (눈을 떼지 말고) 잘 지켜보세요[살펴보세요].

Please think it over before you make a decision.
결정을 내리기 전에 그것을 곰곰이[충분히] 생각해 〉숙고해 보세요.

cry[mourn/grief/worry] over 한탄하다[애통해 하다/비탄에 빠지다/애태우다]
travel the whole world over 전 세계를 구석구석 여행하다

■ 덮음의 over

over의 개념 '상부'에는 매우 중요한 뜻이 들어 있습니다. 다시 한 번, 아래 예문을 유심히 보십시오.

- A helicopter circled <u>over the park</u>.
  헬리콥터가 공원 상공을 〉 공원을 선회했다.
  – over the park: 공원 이 끝에서 저 끝까지 〉 공원 '전체 위'를 〉 공원 상공을
  – 공원 상부 〉 공원 상공: 공원 '전체'를 두루 내려다볼 수 있음
  예 The seagulls flew low over the harbour.
   갈매기들이 항구 '전체 위'를 〉 항구 상공을 〉 항구를 낮게 날았다.
   There are many lamps over the hall.
   홀 '전체 위'에 〉 홀 위에 ('전체적으로') 많은 램프가 있다.

하늘을 올려다보았을 때, 눈에 들어오는 하늘의 모든 영역이 over입니다. 모든 영역의 상부, 요컨대, 상부에는 '전체적'이라는 뜻이 들어 있습니다.

개념2 ■ 덮음: X가 Y를 (전체적으로) 덮음

'X over Y'에서, 상황에 따라 X가 Y로 내려오거나 내려와 있게 되면, over가 '전체적인' 상부의 개념이라, X가 Y를 덮게 됩니다. (램프가 탁자를 비춥니다. 불빛이 탁자를 전체적으로 덮습니다.) '덮음'은 다양한 상황에 적용되어 여러 의미로 쓰입니다.

예문93은 덮음의 over가 쓰인 문장입니다.

93-1] I put a blanket <u>over the sleeping baby</u>.
93-2] Clothes were lying all <u>over the floor</u>.
93-3] Two children were <u>run over</u> by a car.

93-1] 자고 있는 아기에게 담요를 덮어 주었다. [93-2] 옷들이 온 바닥을 덮고 〉 온 바닥에 널려 있었다. [93-3] 아이 두 명이 차에 덮였다. 〉 치였다.

93-1] 예 Cover the sleeping baby over with a blanket.
　　　　자고 있는 아기에게 담요를 덮어 주어라.

She was wearing a large jacket over her sweater.
　　she는 스웨터 위에 큰 재킷을 덮고 〉 입고 있었다.

I hung the shirt over the arm. 셔츠를 팔에 덮었다. 〉 걸쳤다.

I spread a cloth over the table. 식탁에 식탁보를 덮었다. 〉 깔았다.

He held a large umbrella over his daughter.
　　he는 큰 우산으로 딸을 덮어 〉 씌워 주었다.

You have to put a handkerchief over your mouth when you cough.
　　기침할 때 손수건으로 입을 덮어야 〉 막아야 〉 가려야 한다.

93-2] 예 The fallen leaves lay thick over the ground.
　　　　낙엽이 수북이 땅 위를 덮고 〉 땅 위에 쌓여 있다.

Overnight all the windowpanes had frosted over.
　　밤사이 모든 창유리가 서리로 덮였다. 〉 모든 창유리에 서리가 끼었다.

She poured syrup over the pancake.
　　she는 시럽을 팬케이크에 (팬케이크가 덮이게) 부었다.

This railroad is over 100 miles long.
　　이 철도는 길이가 100마일을 덮고 〉 100마일에 걸쳐 있다.

all over the country[world] 전국을[전 세계를] 덮는 〉 전국에[전 세계에]

93-3] 예 The truck ran over a road sign.
　　　　트럭이 도로 표지판을 덮쳤다. 〉 들이받았다.

93-4] The suspect drew a hat <u>over the face</u>. [엄폐]
93-5] I'll never skip <u>over your fault</u>. [묵과]

93-4] 용의자는 모자로 얼굴을 덮었다. 〉가렸다. 〉모자를 푹 눌러 썼다. [93-5] 네 잘못을 결코 덮을 수 없다. 〉봐줄 수 없다.

93-4/5] '얼굴/잘못/비밀'을 덮는 것은 '가리고/봐주고/숨기는' 일입니다.
  예) I can't pass over your mistake. 네 실수를 묵과할 수 없다.

93-6] How about waiting <u>over a beer</u>? [⋯하는 동안, ⋯하면서]
93-7] We'll stay here <u>over till Sunday</u>. [⋯까지 죽]

93-6] 맥주 한잔하면서 기다리는 게 어때요? [93-7] 우리는 일요일까지 이곳에 죽 머무를 것입니다.

93-6] '기다림이 맥주를 마시는 일을 덮음', 이는 곧 '맥주를 마시기 시작해 다 마실 때까지'를 뜻합니다. '맥주를 마시는 동안 〉맥주를 마시면서'로 해석됩니다.
  예) Shall we talk about it over a cup of coffee[lunch] somewhere?
    어디 가서 커피 한 잔 하면서[점심 식사를 하면서] 그것에 대해 이야기할까요?
  I fell asleep over my work. 일을 하면서 〉하다가 잠들어 버렸다.

93-7] '머무름이 일요일까지를 덮음', 이는 곧 '일요일이 끝날 때까지 〉일요일까지 죽'을 뜻합니다.
  예) Over a period of ten years, my boss built up the business.
    10년이라는 기간에 걸쳐 〉10년 동안 사장님은 그 사업체를 세웠다.
  all the year over 1년 내내

지배

'X over Y'에서, X가 '권력·위력·권한'이 있고, 이런 X가 Y를 덮으면, 이는 '누름 〉 억압 〉 제압'의 의미고, X가 Y를 '통치·통제·관리'를 한다는 뜻입니다. '지배'의 의미로 over가 쓰입니다.

93-8] He once <u>ruled over</u> the Roman Empire.
93-9] The kids were <u>arguing over</u> Lego bricks.

93-8] he는 한때 로마 제국을 통치했다. 〉 다스렸다. [93-9] 아이들은 레고 블록을 지배하려고 〉 차지하려고 〉 레고 블록을 갖고 말싸움을 하고 있었다.

93-8] 예 Genghis Khan conquered and reigned over many countries.
  칭기즈칸은 많은 나라를 정복하고 통치했다.

The armed rebels took over power of the nation in disorder.
  무장 반군들이 혼란을 틈타 국가 권력을 넘겨받았다. 〉 장악했다.

The chairman will preside over the meeting tonight.
  의장이 오늘밤 회의를 주관할 것입니다.

He has no control over himself.
  he는 자신을 통제하지 못한다. 〉 자제력이 없다.

He was the person directly over me.
  he는 나의 직속 상사였다.

He has a 10-point lead over his rival. [우월 〉 승리]
  he는 경쟁 선수를 지배하며 〉 이기며 〉 경쟁 선수보다 10점 앞서 있다.

Korea's 2-0 win over Japan
  한국이 일본을 2:0으로 승리

93-9] 예 a quarrel over an inheritance (차지하려는) 유산 다툼

◼ BEYOND

['넘어'와 '너머'는 발음부터 같고 뜻까지 비슷해 혼동하기 쉽습니다. '넘어'의 기본형 '넘다'는 동사고, '너머'는 명사입니다. '넘다'는 '고양이가 담장을 넘었다.'처럼 '동작'을 나타내고, '너머'는 '담장 너머에 고양이가 있다.'처럼 '위치'를 나타냅니다.]

'X beyond Y'는 'X가 Y 너머에 있음'을 나타냅니다.

아래 예문을 비교해 보십시오. 그 말이 그 말 같지만, 뉘앙스가 다릅니다.

- **The old man lives over the river.**
    그 노인은 강 건너에 산다.
    - '강 건너편[맞은편/반대편]에 on the other[opposite side] of the river' 산다는 말
    - 노인이 사는 집에 가려면 강을 건너야 한다는 뉘앙스
        예 There must be a village over the mountain.
            산을 넘으면 분명히 마을이 있을 거야.

- **The old man lives beyond the river.**
    그 노인은 강 너머에 산다.
    - '강에서 떨어진, 강 너머 어딘가에 on the further side of the river' 산다는 말
    - 노인 집에 가려면, 강에서 떨어져 있어, 시간이 걸린다는 뉘앙스
        예 There must be a village beyond the mountain.
            산에서 떨어진, 산 너머 어딘가에 〉 산 너머에 분명히 마을이 있을 거야.
        The railroad continues beyond the village.
            철길은 마을 너머로 〉 마을 이후로도 〉 마을을 지나 계속 이어진다.
    - 떨어져 있는 느낌이라 far와 잘 어울림
        예 The ship disappeared far beyond the horizon.
            배는 수평선 너머 저 멀리 사라졌다.

'너머'는 다양한 상황에 적용되어 여러 의미로 쓰입니다.

- The party went on until **beyond midnight**. [특정 시간을 지나]
    파티는 자정 너머 〉 자정 이후 〉 자정을 지나 〉 밤늦게까지 계속되었다.
    예 Can I stay in your hotel beyond 11:00 AM?
        오전 11시 너머 〉 11시 이후 호텔에 묵을 수 있나요?
    The ban on hunting these animals has been extended beyond 2025.
        이 동물들의 사냥 금지법은 2025년 너머까지 〉 이후까지 연장되었다.
    Inflation has risen beyond the 5% level. 인플레이션이 5% 수준 그 이상 올랐다.
    beyond the usual hour 평소보다 늦게 / beyond the age of 60 예순을 넘어
    the year 2025 and beyond 2025년과 그 이후

- It's **beyond me**. ['능력·한계, 수량·정도' 등을 넘는]
    그것은 나 너머에 있는 〉 나 밖에 있는 〉 나를 넘는 〉 나로서는 할[이해할/알] 수 없는 일이다.
    예 The task is beyond my power.
            그 과제는 내 힘 너머에 있는 〉 내 힘이 미치지 못하는 일이다. (= out of my power)
    The TV remote control was just beyond my reach.
            TV 리모컨이 손이 닿는 곳 너머에 있는 〉 손이 닿지 않는다.
    My brother has gone far beyond me in music.
            음악은 동생이 나 너머로 〉 나를 넘어 멀리 갔다. 〉 나보다 훨씬 뛰어나다.

    beyond control 통제력 너머 〉 통제를 벗어난 〉 통제할 수 없는, 어찌할 수 없는
    beyond a joke 농담 너머 〉 농담을 벗어난 〉 농담이 아닌, 웃을 일이 아닌
    beyond doubt 의심 너머 〉 의심을 벗어난 〉 의심의 여지없이, 틀림없이
        (beyond doubt = beyond question = out of question)
            ('out of the question 의논해 봐야 소용없는 〉 불가능한'과 혼동하지 말 것)
    beyond repair[help] 수리할[구제할] 수 없는
    beyond comprehension[recognition] 이해할 수 없는[알아볼 수 없는]
    beyond words 말로 다 표현할 수 없는, 더 말할 나위 없이
    beyond belief 믿을 수 없을 정도로, 믿어지지 않는
    beyond compare 비교가 안 될 정도로, 비할 데가 없는
    beyond count 셀 수 없을 정도로, 무수한

■ 하부의 under

'X under Y'에서, under는 Y의 '하부'를 의미합니다. 산 정상에 올라 아래를 내려다보았을 때, 눈에 들어오는 산 아래의 모든 영역이 under입니다. under도 (over와 마찬가지로, 지점이 아닌, 때로는 광범위한) 영역으로 인식됩니다.

개념 ■ 하부: X가 Y 아래에 걸쳐 있음
- 아래쪽 부분, 아래 영역, 즉 '하부', 영역으로 인식

예문94는 하부의 under가 쓰인 문장입니다.

94-1] My puppy was lying under the table.
94-2] My kitten was hiding under the blanket.

94-1] 강아지는 탁자 아래에 누워 있었다. [94-2] 새끼 고양이는 담요 밑에 숨어 있었다.

94-1] 예 Let's take a rest under the shade of a tree.
　　　나무 그늘 아래에서 쉬자.

There is nothing new under the sun.
　태양 아래 〉하늘 아래 새로운 것은 없다.

Can we live under the same roof?
　우리가 한 지붕 아래에 〉한 집에 같이 살 수 있을까?

There was an old woman lived under the hill.
　언덕 아래에 〉산기슭에 노파가 살고 있었다.

The two lovers are walking under an umbrella.
　두 연인은 한 우산 아래에 〉한 우산을 쓰고 걷고 있었다.

94-2] 예 The Titanic went under the sea on her first voyage.
타이타닉호는 처녀항해 중 바다 아래로 〉 바닷속으로 침몰했다.

He is wearing a vest under his coat.
he는 코트 아래에 〉 코트 안에 조끼를 입고 있다.

The accident happened under my nose.
사고는 코 아래서 〉 코앞에서 일어났다. (= before my eyes)

The prisoners escaped under cover of darkness.
죄수들은 야음 아래에 〉 야음을 틈타 탈출했다.

A robber entered the shop under the guise of a customer.
강도가 손님 모습 아래에 〉 손님으로 가장해 가게에 들어왔다.

Whales come under mammals, not under fish. [하위 범주]
고래는 포유류에 속하지 어류에 속하지 않는다.

classified under biology 생물학으로 분류된

미만

94-3] Mike is under 25.

94-4] The shoes cost under $100.

[94-3] 마이크는 스무 다섯 살이 되지 않는다. [94-4] 신발 가격은 100달러 아래 〉 미만이다.

94-3] 예 Children under seven years of age are not charged.
7세 미만의 어린이는 무료입니다. (7세 미만: 7세 미포함, 6세까지)

You're not allowed to smoke if you're under age.
미성년자는 흡연이 허락되지 않는다. 〉 흡연할 수 없다.

★ 초과, 이상 ☞ 415

94-4] 예 It's under 2km from here to the station. 여기서 역까지 2킬로미터가 안 된다.
It took me under an hour. 그것을 하는 데 1시간이 안 걸렸다.

피지배

'X under Y'에서, Y가 '권력·위력·권한'이 있고, 이런 Y 아래에 X가 있으면, 이는 곧 X가 Y에게 '통치·통제·관리'를 받는다는 뜻입니다. '피지배'의 의미로 under가 쓰입니다.

94-5] The area was <u>under the control</u> of the army.
94-6] I studied economics <u>under Prof. Park</u>.
94-7] I can't work <u>under such a terrible condition</u>.

94-5] 그 지역은 군대의 통제 하에 있었다. [94-6] 박 교수님 수하에서 경제학을 공부했다. [94-7] 그렇게 끔찍한 조건 아래에서는 일할 수 없다.

94-5] 예 France was under German occupation during World War II.
　　　2차 세계대전 중, 프랑스는 독일 점령 하에 있었다.

I've been feeling under a lot of pressure at work lately.
　　　최근에 업무에서 많은 압박 아래에 〉 많은 압박을 받고 있다.

He sank under the burden of his failure. he는 실패의 중압감을 감당하지 못했다.

You're under arrest[siege]. 너희들을 체포한다[너희들은 포위되었다].

under attack from the enemy 적의 공격을 받고 있는

under order[obligation] 명령[의무] 하에 / under martial law 계엄령 하에

94-6] 예 I have a total staff of 10 working under me.
　　　내 밑에서 일하는 직원이 총 10명 있다.

A major is under a colonel in rank.
　　　소령은 대령보다 계급이 낮다.

the orchestra under the baton of Beethoven
　　　베토벤이 지휘하는 오케스트라

94-7] '환경, 상황, 조건' 등에 지배나 영향을 받을 수 있습니다.

　　예 This program operates[runs] under Windows.
　　　　이 프로그램은 윈도우 환경 하에서 > 윈도우 환경에서 작동한다.

　　Don't drive under influence of alcohol.
　　　　술김 하에 > 술에 취한 채 > 음주 운전을 하지 말라.

　　I can't accept it under any circumstances.
　　　　어떤 상황에서도 그것을 받아들일 수 없다.

　　He's under anesthetics.
　　　　he는 마취 하에 있다. > 마취된 상태다. > 마취되었다.

　　I felt myself going under. 기절할 것 같았다.

진행

'빌딩이 공사 아래에 있음'은 빌딩이 공사의 영향력이 미치는 범위에 있다는 말이고, 이는 곧 '공사를 하고 있다'는 뜻입니다. '진행'의 의미로 under가 쓰입니다.

94-8] The building is still <u>under construction</u>.

94-9] The matter is now <u>under discussion</u>.

　　94-8] 그 빌딩은 아직 공사 중이다. [94-9] 그 사안은 지금 논의 중이다.

　　94-8] 예 The elevator broke down again. It's under repair now.
　　　　엘리베이터가 또 고장 났어. 지금 수리 중이야.

　　94-9] 예 The incident is under investigation. 그 사건은 수사 중이다.
　　　　The negotiation is well under way. 그 협상은 순조롭게 진행 중이다.
　　　　He's under the knife. he는 수술 중이다.

- **OF**
  - ■ 소유 227
  - ■ 구성 232
  - ■ 소속 237
  - ■ 보충 240

- **WITH**
  - ■ 보유 246
    - 찬성·동의   조화·동화   동시동작   도구·방법
  - ■ 관계 260
    - 비교   이유·원인   대립·단절

- **BY**
  - ■ 기준 268
    - 단위   준거   근거   옆에   기한
  - ■ 수동 274
    - 수단·방법   우연·운명

- **FOR**
  - ■ 미래 278
    - 목표·목적   용도·이익   선호·찬성
  - ■ 상응 285
    - 교환   대가   거리·기간   대신·간주   적합
    - 상대적인 비율·대비   상대적인 비교·판단

╙ TO

- **부착** 297

  고집 　 집중 　 귀속 　 귀착 　 부가 · 결합

  일치 · 부합 　 결속 · 구속 　 제한 · 범위 · 정도 　 결과

- **비교** 308

  대비 · 비율 　 유사 · 비유

╙ ON ↔ OFF

- **접촉** 313

  장소의 on 　 시간의 on 　 착용 　 승차 　 연결 · 진행

  계속 · 연속동작 　 의지 · 의존 　 기초 · 기반, 근거 · 이유

- **압박** 324

  요구 · 부담 　 영향 　 비중 · 중점

- **분리** 330

  제거 · 이탈 · 발산 　 단절 · 중단 　 비정상 　 완결 · 강조

╙ IN ↔ OUT (INTO ↔ OUT OF)

- **내부** 340

  장소의 in 　 범위 · 범주 · 영역 　 형태 · 형식 · 방식

  상태 · 지속, 상황 　 시간의 in

- **진입 INTO** 354

  시작 · 발생 　 변화 · 나눔

- **외부** 358

  출현 　 소멸 　 완결 · 강조

╙ AT

- **한 점** 364

  장소의 at 　 시간의 at 　 순간 · 일시 · 일회

  수치 · 값 　 목표 · 목적

└ **FROM, AWAY**
- **기점** 372
   - 시작점·출발점
   - 출처·근원
   - 이유·원인
   - 격리·분리
   - 구별·차이
- **멀어짐, 멂** 380
   - 소멸·제거
   - 계속

└ **UP ↔ DOWN**
- **상승** 384
   - 성장·증가
   - 출현·발생
   - 완결·강조
- **하강** 389
   - 하락·감소

└ **OVER ↔ UNDER**
- **상부와 넘음** 392
   - 극복
   - 초과
   - 양도·인수
   - 반복·강조
- **덮음** 399
   - 지배
- **하부** 404
   - 미만
   - 피지배
   - 진행

휴~, 힘드셨죠? 주요 전치사 17개를 모두 살펴보았습니다.

전치사는 어렵다면 어렵습니다. 분량부터 많고, 생각할 것도 많고, 생각이 생각을 낳는 과정에서 머리가 지끈거리기도 합니다. 하지만 이 어려운 것을 우리가 해냈지 말입니다. 확실히, 영어에 자신감이 생겼을 것입니다.

한 장 한 장 책장을 넘기다 보니, 어느새 종착지가 얼마 남지 않았습니다. 현재시제에서 시작한, 예문1에서 출발한 문법이라는 긴 여정을 나머지 기타 전치사로 갈무리하겠습니다. 영어문법을 완성하겠습니다.

- ABOVE ↔ BELOW
- AFTER ↔ BEFORE
- AHEAD ↔ BACK
- ABOUT, AROUND
- ACROSS, THROUGH
- AGAINST, ALONG
- LIKE, AS, BUT

◼ ABOVE ↔ BELOW

'X above[below] Y'에서, above는 X가 Y보다 '위에' 위치함을 나타내고, below는 X가 Y보다 '아래에' 위치함을 나타냅니다.

주의! above[below]는 상위[하위]로 위치인 '지점'을 말하고, over[under]는 상부[하부]로 '영역'을 말합니다. 확실히 구별해야겠습니다.

예문95는 above와 below가 쓰인 문장입니다.

95-1] A plane was flying <u>above the clouds</u>.
95-2] There is a waterfall <u>above the bridge</u>.
95-3] The shoes cost <u>above $100</u>.
95-4] Health is <u>above wealth</u>.
95-5] It's <u>above my understanding</u>.

[95-1] 비행기가 구름 위를 날고 있었다. [95-2] 다리 위쪽에〉상류에 폭포가 있다. [95-3] 신발 가격은 100달러가 넘는다. [95-4] 건강은 부보다 중요하다. [95-5] 그것은 이해가 안 된다.

95-1] 예 Mt. Halla is 1,950 meters above sea level. 한라산은 높이가 해발 1,950미터다.
　　　　 Cliffs stand high above the ocean. 절벽이 바다 위로 높이 솟아 있다.
　　　　 a strange noise coming from the room above 위층 방에서 나는 이상한 소리

계급 · 서열과 같은 '상하 관계'도 나타냅니다.
　　 예 A major is above a captain in rank.
　　　　 소령은 대위보다 계급이 높다.

95-2] '수직적'뿐 아니라 '수평적' 상위[하위]도 나타냅니다.

예 The city is 10 miles above Beijing.
그 도시는 베이징에서 10 마일 북쪽에 있다.

I live in an apartment above the department store.
백화점 위쪽에 있는 아파트에 산다.

▷ beyond와 비교

예 The waterfall is beyond the bridge.
폭포는 다리 너머에 있다.

95-3] 위치적 상위[하위] 〉 수량·정도의 초과[미만]

예 Applicants must be above the age of 19.
응모 자격은 19세를 넘는다. 〉 20세 이상이다. (19세 미포함, 20세부터)
('over 19'처럼, 바로 뒤에 숫자가 붙는 경우는 over나 'more than'이 일반적)

The anaconda was about 30 feet long and weighed above 200 pounds.
아나콘다는 길이가 30 피트 가량이었고, 무게가 200 파운드 넘게 나갔다.

A score of 90 or above will get you an 'A'.
90점 이상이면 A를 받게 된다.

Quality is rated 'above average', 'average', or 'below average'.
품질은 '상(평균 초과)', '중(평균)', '하(평균 미만)'로 평가 된다.

two degrees above[below] zero 영상[영하] 2도

above all 모든 것 위에 〉 무엇보다도, 특히

95-4] 어떤 가치가 어떤 가치 위에 있음, 그만큼 중요함 〉 우선함

예 I value safety above profit. 이익보다 안전을 우선한다.

95-5] 이 경우, 미국영어는 beyond가 일반적입니다.

예 This book is above me[my head].
이 책은 나한테는[내 머리로는] 이해가 안 된다. (above = beyond)

She's above telling lies[speaking ill of others].
she는 거짓말을 할[남을 험담할] 사람이 아니다.

above suspicion[criticism] 혐의[비난의 여지]가 없는

▶ 형용사·명사로 쓰인 above

예 the above description [형용사] 앞서 말한 기술 〉 상술

the above [명사] 상기 〉 위 사람

95-6] The ship is sinking <u>below the surface</u> of the water.
95-7] Busan is well <u>below Seoul</u>. (well = far)
95-8] The temperatures remained <u>below freezing</u> all day.
95-9] Nobody would be <u>below you</u> in mathematics.

95-6] 배가 수면 아래로 가라앉고 있어. [95-7] 부산은 서울보다 한참 남쪽에 있다. [95-8] 기온이 하루 종일 영하에 머물렀다. [95-9] 수학을 너보다 못하는 사람은 없을 거야.

95-6] 예 He lives on the floor below. he는 아래층에 살고 있다.
　　　　The captain went down below. 선장은 아래층 선실로 내려갔다.
　　　　A police sergeant is below an inspector. 경사는 경위 밑이다. (below = under)
　　　　(above와 below는 사회적 위치나 계급·서열과 같은 상하 관계만 나타냄 /
　　　　over와 under는 지배와 피지배, 명령과 복종의 관계를 드러냄)
　　▷ under와 비교
　　　　예 It was dark under the bridge. 다리 밑은 (전체적으로) 어두웠다.

95-7] 예 a few miles below the bridge 다리에서 수마일 하류에

95-8] 예 Your mark in mathematics is below average. 네 수학 성적은 평균을 밑돈다.

95-9] 예 It's below you to do such a thing. 그런 짓을 하다니 너답지 않구나.
　　▶ underneath 밑에[바로 아래에]: '숨겨짐, 가려짐'이라는 뉘앙스가 있습니다.
　　　　예 The coin rolled underneath the piano.
　　　　　　동전이 (찾기 어렵게, 꺼내기 힘들게) 피아노 밑으로 굴러 들어갔다.
　　　　I found my cell phone underneath the sofa.
　　　　　　소파 밑에서 (숨어 있던) 핸드폰을 찾았다.
　　　　The girls wear shorts underneath their skirts.
　　　　　　여학생들은 스커트 안에 (속옷이 안 보이게) 짧은 속바지를 받쳐 입는다.
　　▶ beneath 밑에[바로 아래에]: 격식체입니다.
　　　　예 I enjoyed feeling the warm sand beneath my feet.
　　　　　　발밑에서 따뜻한 모래의 감촉을 즐겼다.

궁금합니다. '초과/미만, 이상/이하'를 영어로 어떻게?

9 초과 (9 미포함, 9보다 큼)	9 미만 (9 미포함, 9보다 작음)	9 이상 (9 포함, 9보다 큼)	9 이하 (9 포함, 9보다 작음)
over 9	under 9	9 and[or] over	9 and[or] under
above 9	below 9	9 and[or] above	9 and[or] below
more than 9	less than 9	9 and[or] more	9 and[or] less

- children over[under] 9 (years old)
  (9세 미포함) 9세를 넘는[넘지 않는] 아동

- children of nine and above 9세 이상의 아동
  − and above: 9세 아동이 한 명이라도 포함되어야 한다는 뉘앙스

  children of nine or above
  − or above: 9세 아동이 포함되지 않아도 된다는 뉘앙스

- over 10 days 열흘을 초과해 〉 열흘이 넘게

  above 10 days 열흘 넘게

  more than 10 days 열흘보다 오래

- for over 10 days 열흘이 넘는 동안

  for 10 days or more[less] 열흘 이상[이하] 동안

  for less 10 days 열흘 미만 동안

- not less than 10 days 열흘보다 짧지 않음, 열흘 이상

  not more than 10 days 열흘보다 길지 않음, 열흘 이하

ABOVE ↔ BELOW

▣ AFTER ↔ BEFORE

'X after[before] Y'에서, after는 X가 Y보다 '나중에' 일어남을 before는 X가 Y보다 '먼저' 일어남을 나타냅니다. 시공간의 선후 관계로, 시간상 '후에[전에]'와 공간상 '뒤에[앞에]'로 해석됩니다.

예문96은 after와 before가 쓰인 문장입니다.

96-1] He arrived shortly <u>after two o'clock</u>.
96-2] <u>After you</u>.
96-3] The police are <u>after the criminal</u>.
96-4] I named the baby 'Ella' <u>after her grandmother</u>.
96-5] <u>Car after car</u> passed by.

96-1] he는 2시 직후에 도착했다. [96-2] 먼저 가세요/타세요/하세요. [96-3] 경찰은 범인을 뒤쫓고 있다. [96-4] 할머니 이름을 따서 아기 이름을 '엘라'라고 지었다. [96-5] 차가 줄지어 지나갔다.

96-1] 예 He'll leave straight after dinner.
　　　　he는 저녁을 먹고 난 후 바로 떠날 것이다.
　　I couldn't see Betty after May 1st. 5월 1일 이후로 베티를 만나지 못했다.
　　　　(5월 1일 당일을 포함한 이후는 'on and after May 1st') ★ 이틀 후에 ☞ p. 351
　　Soon after leaving school, he worked in a restaurant for a year.
　　　　he는 학교를 그만두자마자 1년 간 식당에서 일했다.
　　Not long after the wedding, they broke up.
　　　　그들은 결혼한 후 얼마 안 돼 헤어졌다.
　　Remember to close the door after you when you go out.
　　　　외출할 때 문을 닫는 것을 잊지 말아라. (after = behind)

after school[work/war/death] 방과[퇴근/종전/사] 후 / after dark 어두워진 후

five minutes after(= past) two o'clock 2시 5분 / after a while 잠시 후

the day after tomorrow 모레 / after all 결국, 어쨌든

96-2] (다른 사람에게 순번을 양보할 때) 내가 you보다 나중이니, 역으로 'you가 나보다 먼저임'을 뜻합니다. (= go ahead)

예 He's the tallest, after Mike. he는 마이크 다음으로 키가 가장 크다.

Whose name is after yours on the list?
명단에 너희들 이름 다음에/뒤에 누구 이름이 있니?

96-3] 뒤쫓음 > 찾음 > 추구

예 The hunting dogs were running after two hares.
사냥개들은 토끼 두 마리를 뒤쫓고 있었다.

The miners was seeking after gold. 광부들은 금을 찾고 있었다.

The professor seeks after fame. 그 교수는 명예를 추구한다.

I'll look after the children while you're away.
네가 없는 동안 내가 아이들을 돌볼게. (뒤를 봄 > 돌봄/보살핌 > 감독/감시)

96-4] 뒤따름 > 따라함 > 닮음 > 모방

예 Repeat after me. 내 말을 따라 하세요.

Your daughter doesn't take after you at all.
당신 딸은 당신을 전혀 안 닮았네요.

a painting after Picasso 피카소풍의 그림

96-5] 앞뒤로 동일한 명사를 써서 반복을 나타냅니다.

예 I've told you time after time not to do that.
내가 너한테 그것을 하지 말라고 몇 번을 말했다.

hour after hour 몇 시간이나 / day after day 다음날도 그 다음날도 > 매일

year after year 매년 / generation after generation 몇 세대에 걸쳐

▶ 양보의 after

예 After he had done his best, he failed.
최선을 다했음에도, he는 실패했다.

After all his troubles, he entered into a new business.
온갖 고난에도, he는 새로운 사업을 시작했다.

96-6] I got up <u>before sunrise</u>.
96-7] He arrived <u>before me</u>.
96-8] My dog walked <u>before me</u>.
96-9] He puts his work <u>before everything</u>.

96-6] 해뜨기 전에 일어났다. [96-7] he는 나보다 먼저 도착했다. [96-8] 개는 나를 앞서 걸었다. [96-9] he는 모든 것 앞에 일을 둔다. 〉무엇보다 일을 우선시한다.

96-6] 예 Lock the window before going to bed. 잠자기 전에 창문을 잠가라.
Haven't I met you before? 전에 내가 당신을 만난 적이 없나요?
the year before last 재작년 / before the end of this year 올해가 가기 전
two[a few] days before the launch of the Nuri 누리호 발사 2일[며칠] 전
five minutes before two o'clock 2시 5분 전 (before = to)
the day before yesterday 그저께 / before long 오래지 않아
the day[night/week] before 전날[전날 밤/전 주]

★ before vs. ago ☞ ❶ p. 104

96-7] 예 'F' comes before 'G' in the alphabet. 알파벳에서 F는 G 앞에 〉먼저 나온다.
Your name is before mine on the list. 명단에 네 이름이 내 이름보다 먼저 나온다.

96-8] 예 He spoke before a large audience. he는 많은 청중 앞에서 연설했다.
We must solve the problem before us. 우리는 직면한 문제를 해결해야 한다.
The case is before the court. 그 사건은 법정 앞에 있다. 〉재판 중이다.

96-9] 먼저 〉 우선시 〉 중요시
예 Safety must always come before profit.
안전은 항상 이익보다 우선해야 한다.
I would die before submitting. 굴복하느니 차라리 죽겠다.
[= I would die before I would submit.]

▶ in front of: (구체적으로 언급하고 싶은 대상) 앞에
예 He spends all day sitting in front of his computer.
he는 하루 종일 컴퓨터 앞에 앉아서 보낸다. (컴퓨터를 콕 집어 말하는 느낌)

◼ AHEAD ↔ BACK

- **Keep your eyes <u>ahead</u>!** 앞을 똑바로 봐!
  - 부사 'ahead': 공간상 앞에/전방에, 앞으로, 앞선
    - 예) The road ahead was busy. 도로 앞쪽은 혼잡했다.
      The driver was staring straight ahead. 운전자는 똑바로 전방을 응시하고 있었다.
      Our team was ahead by two goals. 우리 팀이 두 골 앞서 있었다.
      10 meters ahead 10미터 전방 / walk ahead 선두에서 걷다

  Let me know a week <u>ahead</u>. 일주일 전에 미리 알려 주세요.
  - 시간상 앞에, 미리, 먼저, 사전에
    - 예) You have to order 2 hours ahead. 2시간 전에 미리 주문하셔야 합니다.
      a few days ahead 며칠 먼저 (= in advance)
  - ahead of + (대)명사 (ahead는 부사이므로, 목적어를 취하려면 of를 써야 함)
    - 예) He's ahead of us in Math. he는 수학이 우리보다 앞서 있다.
      half an hour ahead of schedule 예정보다 30분 빨리

- **I'll be <u>back</u> in ten minutes.** 10분 후에 돌아올게.
  - 부사 'back': 뒤에/후방에, 뒤로, 되돌아가서[와서], 다시
    - 예) Step back, please. The bus is coming.
      뒤로 물러나 주세요. 버스가 옵니다. [back = backward(s) ↔ forward(s)]
      He went back to Seoul yesterday. he는 어제 서울로 돌아갔다.
      I'll pay you back next week. 다음 주에 네 돈을 돌려줄게. 〉 갚을게.
      Don't talk back to your mother like that. 엄마한테 그런 식으로 말대꾸하지 마라.
      I'll call you back later. 나중에 다시 전화할게.
      the fare to Busan and back 부산까지 왕복 요금

    ▶ behind 뒤에: (↔ in front of)
    - 예) The sun disappeared behind the clouds. 해가 구름 뒤로 사라졌다.
      My dog was walking just behind me. 개는 바로 내 뒤를 따라 걷고 있었다.
      I left my pencil case behind after school. 방과 후에 필통을 두고 왔다.
      We were two goals behind the team. 우리가 상대팀보다 두 골 뒤져 있었다.

▣ ABOUT, AROUND

'X about[around] Y'에서, about은 X가 Y의 '근처에' 있음을 나타내고, around는 X가 Y의 '주변에' 있음을 나타냅니다.

예문97은 about과 around가 쓰인 문장입니다.

97-1] I met Mike somewhere <u>about/around here</u>.
97-2] I'll call back (at) <u>about/around five o'clock</u>.
97-3] It costs <u>about/around $10</u>.
97-4] I know <u>about Betty</u>.
97-5] I'm <u>about to go out</u>.

97-1] 이 근처/주변에서 마이크를 만났다. [97-2] 5시쯤에 다시 전화하겠습니다. [97-3] 그것은 가격이 약 10달러 한다. [97-4] 베티에 대해 알고 있다. [97-5] 외출하려던 중이다.

97-1] 근처에: 여기저기, 이곳저곳, 이리저리
  예 The toys were scattered about (in) the living room.
  장난감들이 거실 여기저기에 흩어져 있었다.
  I wandered about the town. 한 시간 동안 시내 이곳저곳을 돌아다녔다.
  The dog were running about the garden. 개는 정원을 이리저리 뛰어다녔다.

97-2] 5시 근처/주변의 시간이니, '5시쯤, 5시경'으로 해석됩니다.
  예 I met Mike about 2 hours ago. 2시간 전쯤에 마이크를 만났다.
  It takes about twenty minutes to get there. 그곳에 도착하려면 20분쯤 걸린다.
  about the end of July. 7월 말께

97-3] 10달러 근처/주변의 가격이니, '약 10달러'로 해석됩니다.

예 The price has risen to about $100. 가격이 100달러 선까지 올랐다.
It's about ten feet high[long]. 그것은 높이[길이]가 약 10피트 정도다.
He's about the same height as me. he는 나와 키가 거의 같다.

97-4] 베티 근처의 이것저것이니, '베티에 대해'로 해석됩니다.

예 He knows a lot about computers. he는 컴퓨터에 대해 (이것저것) 많이 알고 있다.
(about은 일반적인 화제에, on은 특정한 전문적인 주제에 ★ 비중의 on ☞ p. 327)
I'm feeling hungry. How about you? 나는 배고픈데, 너는 어때?

97-5] 나는 지금 외출 근처에 있습니다. 잠시 후, 외출할 것입니다. '외출하려는 중이다, 막 나가려던 참이다.'라는 말입니다. ★ be about to ☞ ❷ p. 56

예 Don't go out. We're about to have dinner. 나가지 마. 우리 곧 저녁 먹을 거니까.
It's about time to start. 출발할 시각이 거의 다 됐다.

97-6] We sat <u>around the campfire</u>.

97-7] She wore a belt <u>around her waist</u>.

97-8] Just <u>turn around</u> and look up.

97-9] He's <u>around my age</u>.

97-6] 우리는 모닥불 주변에 둘러앉았다. [97-7] she는 허리 둘레에 〉 허리에 벨트를 매고 있었다. [97-8] 뒤돌아 위를 봐. [97-9] he는 내 나이쯤 된다.

97-6] 주변에, 둘레에: 한 바퀴 돌거나 도는 듯한 모습. 원을 그리거나 그리는 듯한 모습. 이러한 모습에는 around를 씁니다.

예 I'm just looking around. 단지 (주변을) 둘러보고 있어요. 〉 구경 좀 할게요.
I'll travel all around the world someday. 언젠가 세계 일주를 할 거야.
a convenience store around the corner 길모퉁이를 돈 곳에 있는 편의점

97-7] 예 The old tree is three feet around. 고목은 둘레가 3피트다.

◼ ACROSS, THROUGH

'X across[through] Y'에서, across는 X가 Y를 가로질러 '횡단함'을 나타내고, through는 X가 Y를 뚫고 '관통함'을 나타냅니다. (across의 Y는 '평면적'이고, through의 Y는 '입체적'입니다.)

예문98은 across와 through가 쓰인 문장입니다.

98-1] There used to be a bridge <u>across/over the river</u>.
98-2] He lived <u>across/over the river</u>.
98-3] I was sitting with <u>my arms across</u>.
98-4] I <u>ran across</u> an old friend in town yesterday.

98-1] 예전에는 강에 다리가 놓여 있었다. [98-2] he는 강 건너에 살았다. [98-3] 팔짱을 끼고 앉아 있었다. [98-4] 어제 시내에서 우연히 옛 친구와 마주쳤다. 〉만났다.

98-1] across는 (하늘에서 내려다보았을 때) 강을 두 갈래로 나눈 듯합, 강을 가로질러 다리가 놓여 있는 그림이 그려집니다. over는 (땅에서 올려다보았을 때) 무지개가 하늘에 걸려 있는 것처럼, 강 이편에서 저편까지, 강 위에 다리가 걸쳐 있는 그림이 그려집니다.

　　예 How far across is this lake? 이 호수의 폭은 얼마나 되나요?

98-2] 이 경우 across와 over는 둘 다 '건너편[맞은편/반대편]'을 뜻하는데 심리적 궤적이 across는 일직선이고, over는 포물선입니다.

　　There's a bank right across the street. 도로 바로 건너편에 은행이 있다.
　　I'll soon be across. 맞은편에 곧 도착할 거야.

넓이가 있는 '길·운동장·들판, 강·호수·바다' 등은 가로지를 수 있으니 across로 표현하고, 높이가 있는 '산길·언덕·담장' 등은 넘어야 하니 over로 표현합니다.

예 I helped the children across the road. 아이들이 길을 건너는 것을 도와주었다.
The dog ran[came] across the grass. 개는 풀밭을 가로질러 달려갔다[건너왔다].
fly across the Pacific 비행기로 태평양을 횡단하다
the road over the mountain 산을 넘어가는 길
people from across[over] the country 전국에서 온 사람들

98-3/4] X가 Y를 가로지르면, X와 Y는 교차하게 됩니다. (팔이 교차 〉 팔짱을 낌) 한편, 교차는 우연히 서로 마주치는 〉 만나는 일을 뜻하기도 합니다.

예 Did you come across anything interesting?
뭐 좀 재미있는 것과 마주쳤니? 〉 만났니? 〉 뭐 재미있는 것 좀 있었니?

98-5] The train passed **through a tunnel**.
98-6] First you have to get **through the exam**.
98-7] He spoke loudly **through a microphone**. [수단]

98-5] 기차가 터널을 관통했다. 〉 통과했다. 〉 빠져 나갔다. [98-6] 너는 먼저 시험을 통과해야 한다. [98-7] he는 마이크를 통해 〉 이용해 〉 마이크로 소리 높여 말했다.

98-5] 예 A bullet went through the wall. 총알은 장벽을 관통했다. 〉 꿰뚫었다.
The Han River runs through Seoul. 한강은 서울을 관통해 흐른다.
Let me through. 지나갈게요.

98-6] 예 The Korean archery team was through to the semi-finals.
한국 양궁 팀은 준결승전까지 통과했다. 〉 진출했다.

98-7] 예 Today there is nothing we can't do through the Internet.
오늘날 인터넷을 통해 〉 이용해 〉 인터넷으로 못하는 게 없다.
The burglar got in through the window. 도둑은 창문으로 들어갔다.
learn through trial and error 시행착오로 배우다

through의 핵심 의미는 '관통'이고, 관통은 '한쪽 끝에서 다른 한쪽 끝까지' 꿰뚫고 지나가는 것입니다. 이를 동작이나 행위에 적용하면, '처음부터 끝까지'가 됩니다. '처음부터 끝까지'는 '내내' 라는 뜻과 '완전히'라는 뜻으로 서술 내용을 강조합니다.

98-8] It rained all through the night.
98-9] Are you through with your work?

98-8] 밤새도록 비가 내렸다. [98-9] 너 일 다 끝난 거니?

98-8] 처음부터 끝까지 > 내내

예) We are open from Monday through Friday.
월요일에서 금요일까지 (내내) 영업합니다. (금요일 포함)

He lived in the country all through his life. he는 인생 처음부터 끝까지 > 평생에 걸쳐 > 평생 동안 죽 시골에서 살았다. (all through the year 1년 내내)

The ball is 9 inches through. 그 공은 끝에서 끝까지 > 직경[지름]이 9인치다.

98-9] 처음부터 끝까지 > 완전히 > 철저히

예) I got wet through. 흠뻑 젖었다.

It's cooked through. 완전히 익었다.

I read through the Bible. 성경책을 처음부터 끝까지 읽었다. > 통독했다.

The customs officer searched through and through my suitcase.
세관원은 내 여행 가방을 철저히[샅샅이] 뒤졌다.

I believe that you'll get through with the new job.
새 직장에서 일을 잘 해내리라 믿습니다.

travel through Vietnam 베트남을 두루 여행하다

꿰뚫고 지나감 > 끝남

예) Are you through with that newspaper?
그 신문 다 보셨어요?

He's now through with alcohol[his friend].
he는 이제 (마시던) 술을 끊었다[친구와 (관계가) 끝났다].

◼ AGAINST, ALONG

'X against[along] Y'에서, against는 X가 Y를 거슬러 '역행함'을 나타내고, along은 X가 Y를 따라 '평행함'을 나타냅니다.

예문99는 against와 along이 쓰인 문장입니다.

99-1] The salmon swam <u>against the current</u>.
99-2] Every council member voted <u>against the bill</u>.
99-3] <u>Against my advice</u>, he drank too much.
99-4] The rain was beating <u>against the windows</u>.
99-5] It protects us <u>against ultraviolet rays</u>.

99-1] 연어는 물살을 거슬러 헤엄쳤다. [99-2] 모든 의회 의원들은 그 법안에 반대 투표를 했다. [99-3] 내 충고를 듣지 않고, he는 과음했다. [99-4] 비가 창문을 때리고 있었다. [99-5] 그것은 자외선으로부터 우리를 지켜 준다.

99-1~5] 역행 〉 반대 〉 거부 〉 대항 〉 저항 〉 저지 〉 방지

예 Why are you trying to go against the tide? 왜 시류에 역행하려 드느냐?
We sailed against the strong wind. 우리는 강풍을 거스르며 항해했다.
I'm not against buying Lotto. 로또 구입을 반대하지 않는다.
He argued against the passage of the bill. he는 법안 통과에 반론을 제기했다.
Rub your knife against the whetstone. 칼을 숫돌에 대고 문질러라.
Don't lean against the door. 문에 기대지 마라.
fight against the enemy 적과 싸우다 / the fight against terrorism 대테러전
a paint that helps protect against rust 녹이 스는 것을 방지해 주는 페인트

AGAINST, ALONG

425

99-6] The red tie looks good <u>against the blue shirt</u>. [대조, 대비]

99-7] I had my picture taken <u>against the beach</u>. [배경]

99-6] 빨간 넥타이가 파란 셔츠와 대조되어 멋져 보인다. [99-7] 해변을 배경으로 사진을 찍었다.

99-6] 예) What's the rate of exchange against the dollar?
달러 대비 환율이 어떻게 됩니까?

99-7] 예) Mont Blanc looked beautiful against the blue sky.
몽블랑은 파란 하늘을 배경으로 아름답게 보였다.

99-8] I walked <u>along the beach</u>.

99-9] I <u>get along with</u> my friends.

99-8] 해변을 따라 걸었다. [99-9] 친구들과 잘 지낸다.

99-8] 해변과 평행하게 (나란히) 〉 해변을 따라 (함께)
예) Come along with me. 나와 나란히 〉 나와 같이 가자.
He was not along. he는 (누구를 따라) 함께 오지 않았다.
Bring your friends along to the party. 파티에 친구들을 데리고 함께 와.
I'll be along soon. 곧 따라 갈게 〉 그리로 갈게.

99-9] 따라 가다 〉 뒤처지지 않다 〉 잘되어 가다
예) How are you getting along? 어떻게 지내니?
('학업·사업·대인 관계' 등, 세상일에 뒤처지지 않고 잘 따라가고 있느냐는 말)
Does my son get along with others? 우리 아들이 다른 애들과 잘 어울리나요?
How are you getting along with your English? 영어 공부는 잘되고 있니?
Everything is coming along nicely. 모든 것이 순조롭게 되어 가고 있다.
I knew it all along. 처음부터 그것을 알고 있었다. (all along 내내, 처음부터 죽)

LIKE, AS, BUT

아래는 'like, as, but'이 전치사로 쓰인 문장입니다.

- **He speaks like an American.**
    he는 미국인처럼 말한다.
    - 직유: '…처럼'
        예 He works[eats] like a bee[pig].
            he는 벌처럼 열심히 일한다[돼지같이 먹어 댄다].
            He ran like the wind. he는 바람처럼 〉 쏜살같이 달렸다.
            It's like having a piece of cake. 그것은 누워서 떡 먹기다.
    - 비슷한, 유사한
        예 You're very like your mother. 너는 엄마를 꼭 닮았구나.
            I don't care what he looks like. he가 어떻게 생겼는지 관심 없어.
            What does it taste like? 그것은 어떤 맛인가요?
            It looks like rain. 비가 올 것 같아.

- **He works as a tour guide.**
    he는 관광 가이드로 일한다.
    - 자격: '…로서'
        예 I think of you as a friend. 너를 친구로 생각해.
            Don't treat me as a child. 나를 애 취급하지 마.
            We look up to you as our leader. 우리의 지도자로서 당신을 존경합니다.
            They regarded you as a suspect. 그들은 너를 용의자로 간주하고 있어.

- **I could see nothing but fog.**
    안개 말고는 하나도 안 보였다. 〉 안개만 보였다.
    - 제외: '…외에' (= except)
        예 All but me were tired. 나를 제외하고 모두 지쳐 있었다.
            I could go there any day but Sunday.
                일요일만 아니면 그곳에 갈 수 있을 거야.

영어문장으로 말하는 법
남다르게,

나는 "생각문법" 했다.

＼(^o^)／

생각문법을 마치며

　드디어 생각문법을 모두 마쳤습니다. 지금 기분이 어떻습니까? 끝냈다는 후련함보다 해냈다는 뿌듯함이 더 클 것입니다. 천 쪽이 훌쩍 넘는 책인데, 그동안 생각문법을 공부하시느라 정말 고생 많으셨습니다. 그만큼 지성인으로서 자부심을 가지셔도 됩니다.

　마침내 이렇게 해내고 나면, 뿌듯함에서 나온 자신감과 자신감에서 생긴 안도감으로, 한결 여유 있게 영어를 대할 수 있습니다. 중요한 사실은 보통 문법책과 다른, 이 시대에 부합하는, 새로운 문법 세계를 경험했다는 것입니다. 이 경험은 영어에 대한, 배우는 분에게는 견고하고 강렬한 자신감이 될 것이고, 가르치는 분에게는 남다르고 강력한 경쟁력이 될 것입니다.

　우리는 영어와 화해했고, 영어와 친해졌습니다. 이제 영어와 오랫동안 사귀는 일만 남았습니다. 진짜 어렵고 힘들게 사귀게 되었으니, 부디 예전처럼 쉽게 헤어지지 마십시오.

　생각문법이 사장(死藏)되지 않고 꼭 살아남기를, 주입식 영어문법 교육이 대물림되지 않도록 세상에 널리 알려지기를……. 아쉽고 아쉽지만, 마지막 질문으로 대단원의 막을 내리고자 합니다.

　여러분

　문법이 무엇입니까?

오랜 세월 필자의 마음속에 늘 담아 온 말을
미래를 꿈꾸는 이 땅의 모든 청춘에게 전합니다.

포기되는 꿈은
원래 꿈이 아니었으리라.

꿈은 꿈꿀 때 꿈이다.
꿈을 쉬이 이룰 수 있으랴마는

다만 꿈꾸지 않을까
그것이 두려울 뿐이다.

꿈을 찾고, 꿈을 꾸고, 꿈을 키우고
꿈을 꼭 이루시길 기원합니다.

· · ·

생각문법 시리즈
동사편, 명사편·문장편, 연결어편

관심과 성원에 진심으로 감사드립니다.

하상호

1968년 서울 출생. 「봄찬」 출판사 대표. 대학에서 관광학을 공부했다. 여행사에서 관광 가이드로 일하다가 공부에 미련이 남아 1997년 호주로 유학을 갔다. 유학 생활에 적응할 즈음, 대한민국이 F학점을 맞았다는 소식이 태평양을 건너왔다. 믿기지 않는 환율, 버티기 힘든 현실, 불현듯 찾아온 시련은 필자로 하여금 사람의 학문이요, 삶의 학문인 '인문학'에 눈뜨게 했다. 인문학을 공부해야 하는 이유를 깨달았을 때, 필자는 다시 태어났다. 오랜 세월, 「생각문법」은 영문법에 관한 필자의 인문학적 사색이다. 문법에는 이유나 원인이 있다고 굳게 믿는 필자는 유학을 다녀온 이후로 줄곧 문법을 사유하며, 암기식 영문법에서 못 벗어난 대학생과 일반인에게 「생각문법」을 강의하고 있다.

https://www.youtube.com/@thinkinggrammar

교육의 시작과 끝은 사람과 사람입니다.

「생각문법」 로고

표지를 보라. 물음표는 의문을 품고 생각하자는 취지다. 빨간색은 국어[동양]을 상징하고, 파란색은 영어[서양]을 상징한다. 이 둘을 비교하자는 취지로 위아래로 맞물려 놓았다.